Serbien entdecken

Unterwegs zu
verborgenen Klöstern
und Kulturschätzen
Aufgezeichnet
von Birgitta Gabriela
Hannover

W0271780

Trescher
Reihe Reisen

1. Auflage 2006

Trescher Verlag Berlin
Reinhardtstr. 9
10117 Berlin
www.trescherverlag.de
post@trescherverlag.de

ISBN 3-89794-066-3

Trescher Reihe Reisen
Herausgegeben von Sabine Fach
und Bernd Schwenkros
Reihenentwurf: Robert Schumann
Redaktionelle Konzeption:
Detlev von Oppeln
Satz und Bildbearbeitung: Ulla Nickl,
Farbteil: Tom Schülke
Titellayout: Bernd Chill
Lektorat: Corinna Grulich
Stadtpläne und Karten: Johann Maria
Just, Bernd Schwenkros

Das Werk einschließlich seiner Teile ist urheberrechtlich geschützt. Jede Verwertung ist ohne Zustimmung des Verlages unzulässig. Dies gilt insbesondere für den Aushang, Vervielfältigungen, Übersetzungen, Nachahmungen, Mikroverfilmung und die Einspeicherung und Verarbeitung in elektronischen Systemen.
Alle Angaben in diesem Buch wurden sorgfältig recherchiert und überprüft, trotzdem kann für die Richtigkeit keine Gewähr übernommen werden. Hinweise und Informationen unserer Leserinnen und Leser nimmt der Verlag gerne entgegen. Bitte schreiben oder mailen Sie unter obiger Adresse.

Gedruckt auf chlorfrei gebleichtem Papier

Printed in Germany

Vorwort

Serbien ist in den letzten Jahren ins Abseits geraten durch eine extrem nationalistische Politik, deren Folgen blutige Auseinandersetzungen in Bosnien-Herzegowina und der Provinz Kosovo waren. Doch, um mit Präsident Tadićs Worten zu sprechen: »Nicht alle Serben sind Mörder!« Nicht wegzuleugnen ist die Tatsache, daß Serbien große Probleme mit der Verarbeitung seiner jüngsten Vergangenheit und ebenso große mit der Realisierung seiner Zukunft hat. Das Land ist in sich gespalten: Da sind diejenigen, welche sich gerne immer wieder in der Opferrolle sehen, und da sind jene, die lieber heute als morgen den Anschluß an Europa anstreben würden. Aber Serbien ist ein Land, das eine Reise unbedingt lohnt.

Vom ehemaligen Jugoslawien kannte man im Westen vor allem die Küstenregionen, aber auch die Plitvicer Seen in Kroatien, die als Kulisse für die Karl-May-Filme berühmt wurden. Serbien diente mit dem Autoput als wichtige Verkehrsachse Europas, vor allem als Durchgangsland für Gastarbeiter und Touristen, um in weiter entfernte Länder wie die Türkei zu gelangen. Als Kulturland scheint Serbien völlig in Vergessenheit geraten zu sein. Sucht man Landkarten, Wörterbücher, Reise- und Geschichtsinformationen über Südosteuropa, so findet man Kroatien, Rumänien, Ungarn, Montenegro, Bosnien-Herzegowina und sogar das Kosovo, das formal noch immer zu Serbien gehört. Wo aber bleibt Serbien? Erst seit jüngster Zeit gibt es einen eigenen serbischen Sprachführer. Die Landkarten sind immer kombiniert mit anderen Balkanländern. Nur in Ungarn und in Serbien selbst werden spezielle Serbienkarten herausgegeben. Vor allem was den Süden des Landes betrifft, weisen diese Karten noch Mängel auf. So kann es passieren, daß eine asphaltierte Straße plötzlich endet und als Schotterweg weitergeführt wird, obschon es letzteren laut Karte nicht gibt.

Auch wenn Serbien eine verlockende Küstenzone fehlt, wird der Reisende nicht enttäuscht. Das Land ist sehr nah an den Zentren Europas. Startet man von Süddeutschland aus, erreicht man die Vojvodina nach etwa 900 Kilometern. Die Straßenverhältnisse sind relativ gut, die Autobahn wird derzeit großräumig ausgebaut und saniert. Noch fehlt im Land eine einheitliche Beschriftung. Manchmal erfolgt sie nur in kyrillischer, dann wieder in lateinischer Schrift. Auffällig ist, daß bei starker Präsenz der serbisch-orthodoxen Kirche das Kyrillische überwiegt.

Trotz aller politischen Zerwürfnisse und Unwägbarkeiten hat das Tourismusministerium in Belgrad gute und wichtige Arbeit geleistet. In allen größeren Städten gibt es Fremdenverkehrsbüros mit sehr sprachbewanderten und kompetenten Mitarbeitern. Es wurden große und bereits sichtbare Anstrengungen unternommen, um dem Fremden die Orientierung im Land zu erleichtern. Für die Zukunft wird auch eine einheitliche Ausschilderung der Straßen und Klöster angestrebt.

Die Festung Petrovaradin in Novi Sad

Das 20. Jahrhundert hat in Serbien viele Spuren hinterlassen, viele aber auch verwischt. Viele Monumente existieren unbeschadet seit Hunderten von Jahren, andere werden derzeit vollständig neu aus dem Boden gestampft, wieder andere sind in der Zwischenzeit zerstört und manche auch so verwahrlost, daß es zu Enttäuschungen kommen kann.

Die Menschen in Serbien sind sehr zurückhaltend, stolz und insbesondere wegen der jüngsten Auseinandersetzungen auch sehr mißtrauisch. Aber immer wenn man Hilfe benötigt, wird sie einem gewährt. Nur dank dieser allseitigen Hilfsbereitschaft konnte dieses Buch entstehen. Mit Englisch kann man sich sehr gut im Land bewegen, besonders viele junge Menschen sprechen die Sprache. Dank der vielen im Ausland tätigen Serben ist auch Deutsch verbreitet.

Freilich ist Serbien kein Land für Gäste, die, umworben von westlichen Anbietern mit immer luxuriöseren Arrangements, ein hohes Hotelniveau für wenig Geld erwarten. Ein offenes Wort sei an dieser Stelle erlaubt: Noch gibt es zu wenige Hotels, von denen manche auch mangelhaft sind. Andererseits gibt es bereits viel privates Engagement mit liebevoller Bewirtung, so daß man vielerorts positiv überrascht sein wird.

Serbien ist ein abwechslungsreiches Urlaubsland. Naturerlebnisse von außerordentlicher Schönheit bieten sich am Mittellauf der Donau, wo man neben dem Badevergnügen das einzigartige Eiserne Tor durchfahren kann, sowie in den satten Wäldern seiner Mittelgebirge, die an Ursprünglichkeit und Dichte in Europa ihresgleichen suchen. Denkmäler aus 7000 Jahren sind zu bewundern, sie reichen von der prähistorischen Zeit bis ins 20. Jahrhundert. Ein unschätzbares Erbe stellen insbesondere die vielen einsam gelegenen Klöster dar, herrlich anzuschauen in ihrer Architektur und eingebunden in die Natur. Ihre Schätze im Inneren überraschen immer wieder aufs Neue mit Malereien, die farbig, seelenvoll und ergreifend sind. Man wird die Gastlichkeit von Nonnen und Mönchen schätzen lernen, aber auch erstaunt sein von einem teilweise deutlich ersichtlichen Mißtrauen.

Die serbisch-orthodoxe Kirche gibt die Zahl ihrer Klöster allein in Serbien mit 300 an. Daneben stehen die vielen Burgen, Festungen, Bauten anderer Religionen, Städte und Museen mit herausragenden archäologischen Funden und Sammlungen. Alles zu berücksichtigen, würde den Rahmen dieses Buches sprengen.

Reisen heißt Erfahrungen sammeln, sich mit Neuem konfrontieren, Menschen kennen, das Land und dessen Bewohner besser verstehen zu lernen. Interesse und Neugierde zu wecken, ist eines der Anliegen dieses Reiseführers. Serbien aus der Isolation zu holen, soll nicht den Politikern überlassen bleiben. Ethnische Spannungen im Land bestehen zweifellos, weswegen das Auswärtige Amt noch immer vor Reisen nach Serbien, vor allem in den Süden, warnt. Viele Menschen nutzen jedoch Serbien längst wieder als Durchgangsland, und es wäre schön, wenn so mancher sich auch für einen Aufenthalt entschiede.

Größter kultureller Schatz des Landes sind die meist schön gelegenen Klöster

Hinweise zur Benutzung

Das Buch ist in drei große Abschnitte gegliedert. Im ersten Abschnitt wird ein Einblick in das Land und seine Bewohner gegeben. Der zweite Abschnitt, der Reiseteil, ist der Hauptstadt Belgrad, den einzelnen Regionen und der autonomen Region Vojvodina gewidmet. Ein kurzer Abstecher führt ins Kosovo.

Im dritten Abschnitt finden sich praktische Hinweise, die bei der Vorbereitung einer Reise helfen sollen. Daran schließt sich ein Glossar an. Übersichtskarten und Stadtpläne sollen die Orientierung erleichtern. Die Schrift wechselt darin zwischen kyrillischer und lateinischer Umschrift. Da die Umbenennungen der Straßen noch nicht abgeschlossen wurde, kann es zu abweichenden Straßennamen kommen.

Die Bezeichnung von Ortsnamen erfolgt in lateinischer Umschrift, das Kyrillische wurde in Klammern gesetzt. Bei den Klöstern und Kirchen wurde meist auf den häufig vorkommenden Zusatz ›Manastir/Манастир‹ (Kloster) beziehungsweise ›Crkva/Црква‹ (Kirche) verzichtet. In der Vojvodina findet der Leser auch die ungarischen und deutschen Bezeichnungen. Überall dort, wo es zum besseren Verständnis beiträgt, wurde auch der türkische oder albanische Name eingefügt.

Zeichenlegende

- Vorwahl, Touristeninformation
- Banken
- Post
- Parkplätze, Autovermietung
- Busbahnhof, Busverbindungen
- Zugauskunft, Bahnhof
- Flughafen
- Schiffahrten, Fähren
- TAXI Taxiruf
- Unterkünfte
- Campingplätze
- Restaurants
- Cafés
- Nachtleben, Bars
- Museen
- Ausflugsmöglichkeiten
- Apotheken
- Einkaufen

Serbien sucht den Weg zurück nach Europa und ist bereit zum Dialog. Seine ursprünglichen Landschaften, dichten Wälder und weiten Flußsysteme sowie die große Vielzahl seiner Klöster, die einzigartige Kunstschätze bergen, warten darauf, entdeckt zu werden.

Land und Leute

Balkanische Landschaft

Serben und Verwandte, von Norden nach Osten wandernd, verweilen in Macedonien und kehren bald nach der Mitte zurück, nach dem eigentlichen sogenannten Serbien. Das ältere serbisch Lokale wäre nun vor allen Dingen zu betrachten, allein es ist schwer, sich davon in der Kürze einen Begriff zu machen. Es blieb sich wenige Zeiten gleich, wir finden es bald ausgedehnt, bald zusammengedrängt, zersplittert oder gesammelt, wie innere Spannung oder äußerer Druck der Nation bedingte. Auf alle Fälle denke man sich die Landschaft weiter und breiter als in unseren Zeiten, und will man sich einigermaßen an Ort und Stelle versetzen, so halte man vorerst an dem Zusammenfluß der Save mit der Donau, wo wir gegenwärtig Belgrad gelegen finden. Bewegt sich die Einbildungskraft an dem rechten Ufer des erstern Flusses hinauf, des andern hinunter, hat sie diese nördliche Grenze gewonnen, so erlaube sie sich dann, südwärts ins Gebirg' und darüber weg bis zum Adriatischen Meer, ostwärts, bis gegen Montenegro hin zu schweifen.

Johann Wolfgang von Goethe

Serbien liegt im Zentrum der Balkanhalbinsel. Das Land grenzt im Norden an Ungarn, im Nordosten an Rumänien, im Osten an Bulgarien und im Süden an Makedonien und über das Kosovo an Albanien. Die Westgrenze Serbiens teilen sich im nördlichen Abschnitt Kroatien, im südlichen Bosnien und Herzegowina.

Im Norden hat Serbien mit der Vojvodina Anteil am großen ungarischen Tiefland. Dieses und das Belgrader Becken am Zusammenfluß von Save und Donau sind die einzigen Ebenen im Land. Der zentrale Teil Serbiens wird als Inneres

Die Donau bei Golubac

oder Altserbien bezeichnet. Er beginnt südlich der Donau und besteht fast nur aus Hügeln und bewaldetem Bergland mit Mittelgebirgscharakter. Von der Pannonischen Tiefebene im Norden steigt das Land allmählich nach Osten, Süden und Westen an; im Osten, in Richtung Donau, zu den Ausläufern des Karpatenbogens, dem serbischen Erzgebirge mit den Gebirgsstöcken Homoljske Planine, Deli Jovan und Veliki Maljenik. Südlich vom Eisernen Tor, östlich des Timokflusses, reicht das Balkangebirge, das Stara Planina, ins Land. Auf serbischem Boden ist der höchste Gipfel des Balkan der Midžor mit 2169 Metern. Der Westbalkan bildet sozusagen die natürliche Grenze zu Bulgarien.

Schlucht im Erzgebirge

Im Südosten wird der Gebirgskranz mit dem serbisch-makedonischen Gebirgsmassiv Besna Kobila mit 1923 Metern weitergeführt. Südlich von Belgrad liegt das fruchtbare Hügelland der Šumadija. Sie reicht im Westen und Südwesten zum Rand des Gebirgsblock der inneren Dinariden mit den Gebieten um Tara, Zlatibor, Zlatar, Jadovnik, Kopaonik. Den höchsten Gipfel stellt der Pančićev Vrh mit 2017 Metern. Das Kopaonikgebirge grenzt das Innere Serbien vom Kosovo ab. Im Kosovo liegt auch die höchste Erhebung, der Djervica im Prokletijegebirge mit 2656 Metern.

Die wichtigsten Flüsse des Landes sind die Donau, über die alle Flüsse des Inneren entwässern, und deren Nebenflüsse Theiß, Save und Morava. Die Nebenflüsse von Morava und ihren Quellflüssen sind Ibar, Nišava, Jablanica, Veternica und Timok. In ihren Tälern liegen einige der schönsten Klöster. Die größeren Seen sind vorwiegend Stauseen wie der Drina-See an der Grenze zu Bosnien und Herzegowina, der Đerdap-See (die im Eisernen Tor gestaute Donau) der Vlasinsko-See im Südosten, der Zlatarsko-See im Zlatibor, der Bovansko-See bei Sokobanja sowie der Sjeničko-See im Sandžak Novi Pazar. Daneben gibt es viele kleinere Seen: im Norden den Palićko und Ludaško-See, den Srebrno- und den Borsko-See im Osten. Serbien verfügt über insgesamt 53 Thermalbäder, darunter Vrnjačka Banja, Sokobanja, Niška Banja, Mataruška Banja, Ribarska Banja. Drei große Nationalparks wurden zwischenzeitlich eingerichtet: das Taragebirge in der bergigen Region im Westen des Landes, das sich über die Tara- und Zvezdaberge entlang der Drina ausbreitet, der Đerdap-Nationalpark an der Donau, der bei Golubac beginnt und dessen Hauptattraktion das Eiserne Tor ist, eine über 100 Kilometer lange Schlucht, die das Eingangstor zu den südlichen Ausläufern der Karpaten bildet, sowie die Fruška Gora, eine der beiden Erhöhungen in der flachen Vojvodina. Kleinere geschützte Gebiete sind der Golija-Naturpark im Stari-Ras-Gebiet und beim Kloster Manasija der Beljanica-Nationalpark. Daneben gibt es kleinere Naturreservate wie das Gebiet Ludaško- und Palićkosee und das Jagdgebiet Deliblatska Peščara in der Vojvodina.

Serbien ist als Binnenland von kontinentalem Klima geprägt. Niederschlagsreiche und relativ kalte Winter im Gebirge werden von warmen, trockenen Sommern abgelöst. Die Jahresniederschläge betragen zwischen 700 und 800 Millimeter im Westen und 500 bis 600 Millimeter im Osten. Das Temperaturmittel in Belgrad liegt bei 22 Grad im Sommer und 0 Grad im Winter. Manchmal weht ein eisiger Ostwind, die sogenannte Košava. Ganz im Süden ist das Klima schon mediterran beeinflußt.

Staat

Die Republik Serbien (Republika Srbija/Република Србија) – das Socijalistička wurde 1990 gestrichen – ist der größte Staat, der aus dem ehemaligen Jugoslawien hervorgegangen ist. Zusammen mit der unabhängigen Republik Montenegro trat es aus der Konkursmasse Jugoslawiens als Bundesrepublik unter dem Namen Rest-Jugoslawien auf. Seit dem 4. Februar 2003 lautet der offizielle Staatsname dieser Verbindung ›Staatengemeinschaft Serbien und Montenegro‹. Ihr Autokennzeichen ist SCG, aufgelöst zu Srbija i Crna Gora in lateinischen Lettern. Zur Republik Serbien gehören die Provinzen Vojvodina und das seit 1999 unter UN-Verwaltung stehende Kosovo und Metohija, abgekürzt Kosovo. Inklusive seiner beiden Provinzen umfaßt die Republik Serbien 88361 Quadratkilometer, in dem fast elf Millionen Menschen leben.

Nach dem Zusammenbruch Jugoslawiens zeigte sich in Serbien ein verstärkter, von radikalen Zügen geprägter Nationalismus. Dieser wurde populistisch gefördert durch den damaligen Machthaber Slobodan Milošević und seine Sozialistische Partei Serbiens, allerdings mit nicht unerheblicher Unterstützung seiner Politik durch die serbisch-orthodoxe Kirche.

Der Wechsel kam im Dezember 2000, als aus vorgezogenen Wahlen mit geringer Wahlbeteiligung das Bündnis der Demokratischen Opposition Serbiens (DOS) als Sieger hervorging. Ein Neubeginn und große Hoffnungen waren mit der Wahl des charismatischen Premierministers Zoran Djindjić (DS) am 25. Januar 2001 verbunden. Er suchte den Anschluß an Europa und verantwortete die Auslieferung von Milošević ans Den Haager Tribunal. Tragischerweise fiel Djindjić am 12. März 2003 einem Attentat zum Opfer.

Die Volksvertretung Serbiens ist die Volksversammlung (Narodna Skupština Srbije), deren 250 Abgeordnete für vier Jahre im Amt sind. Seit der Verfassungsänderung vom Jahr 2000 werden sie und der Präsident direkt vom Volk gewählt.

Seit dem Sturz von Milošević im Jahr 2000 haben die Serben turbulente politische Zeiten hinter sich, und ein Ende ist noch nicht absehbar. Nach dem Zusammenbruch der Regierungskoalition der Demokratischen Opposition Serbiens (DOS) erfolgten im Dezember 2003 vorgezogene Neuwahlen. Aus diesen ging die Serbisch Radikale Partei (SRS), geführt von Vojislav Šešelj, gegen den gerade ein Verfahren in Den Haag läuft, mit 28 Prozent als stärkste Partei hervor. Nach zähen, langandauernden Verhandlungen kam es zu einer Minderheitenregierung des demokratischen Blocks, wobei die Demokratska Stranka (DS) ausgeschlossen wurde. An der Spitze der derzeitigen Regierung steht Premierminister Vojislav Koštunica, der der Demokratischen Partei Serbiens (DSS) angehört. Nach mehreren mangels Wahlbeteiligung gescheiterten Versuchen konnte endlich im Juni 2004 auch ein neuer Präsident gewählt werden. Die Stichwahl gewann der liberale und Europa zugewandte Reformer Boris Tadić von der Demokratischen Partei (DS) gegen den radikalen Nationalisten Tomislav Nikolić. Die Parteienlandschaft in Serbien ist aber noch vielgestaltiger; nicht ganz einflußlos sind darunter: die liberale G17-Plus, die Sozialistische Partei Serbiens (SPS), die pro-monarchische Erneuerungsbewegung (SPO), die am liebsten den

Skulpturen vor dem Parlamentsgebäude in Belgrad

König zurückhätte, sowie die Partei der Serbischen Einheit (SSJ) und die Radikale Partei (SRS), angeführt von Tomislav Nikolić, die sich extrem nationalistisch und großserbisch zeigt.

Serbien ist untergliedert in 29 Kreise, Okrugs und in 173 sogenannte opštine, örtliche Selbstverwaltungseinheiten, die mit Gemeinden oder Landkreisen vergleichbar sind. Die Vojvodina wählt seit dem Jahr 2000 ihr regionales Parlament wieder direkt und demokratisch.

Das neue Parlament beschloß ohne eine einzige Gegenstimme die Einführung der Hymne ›Bože Pravde, ti što spase‹ (Gott der Gerechtigkeit, der du gerettet hast) und des früheren königlichen Wappens, beides Symbole des 19. Jahrhunderts. Die rot-blau-weiß gestreifte Flagge trägt einen doppelköpfigen Adler auf rotem Schild mit einem weißen Kreuz auf der Brust. In den Winkeln des Kreuzes ist viermal der Buchstabe ›C‹ zu sehen. Das Kreuz mit den vier Buchstaben ist sehr alt, seine Auflösung sehr spannend. Die vier Buchstaben wurden schon als stilisierte Unterschrift des heiligen Sava ›Sava, Sava, Sava, Sava‹ gewertet. Die serbischen Mönche hatten in den Winkeln eines Kreuzes ihre Unterschriften ausgeführt und tun das heute noch. Die byzantinische Kaiserfamilie der Palaiologen hatte dieses Symbol mit dem Kreuz und vier Beta im 13. Jahrhundert in die Flagge des Kaiserreiches aufgenommen. Die Bedeutung der vier Buchstaben war dort: ›Basileus Basileon Basileion Basileusin‹ (der König der Könige regiert über die Könige). Häufig stilisiert, ähnelte ihre Form immer mehr den vier ›C‹. In dieser Form erschienen sie zum erstenmal in Serbien auf den Ketten eines Leuchters im Kloster Dečani von 1397. Die Deutung ›Samo sloga Srbina spasava‹ oder ›Nur die Eintracht rettet den Serben‹ ist neueren Datums und stammt aus dem 18. Jahrhundert. Seit 1819 war es das Symbol des serbischen Volkes, das 1835 in die Verfassung Serbiens integriert wurde. Erst nach der Proklamation zum Königreich wurde das Wappen um den zweiköpfigen Adler mit der Krone auf dem roten Schild erweitert: unter jedem Fuß des Adlers eine Lilienblüte und auf der Brust das serbische Wappen mit dem roten Feld und den vier ›C‹.

Das serbische Wappen auf dem Gebäude des Erziehungsministeriums in Belgrad

Zum Nationalfeiertag wurde der 15. Februar erklärt, der Tag, an dem im Jahr 1835 der erste serbische Staat konstituiert wurde.

Wirtschaft

Noch zu Titos Lebzeiten hatte es im ehemaligen Jugoslawien eine Scheinblüte der Wirtschaft gegeben. Dank Titos Integrität war es zu nahezu grenzenlosen Auslandskrediten gekommen. Im Westen beschäftigte Jugoslawen, Tourismus und Auslandsschulden brachten einen gewissen Konsum selbst in entlegenste Gebiete. Unrentable Industrieprojekte und Bürokratie verhinderten jedoch eine eigene stabile Wirtschaft, die fähig gewesen wäre, die Kredite selbständig zurückzuzahlen.

Kraftwerk bei Kostolac an der Donau

len. Die Begrenzung der landwirtschaftlichen Güter auf zehn Hektar verhinderten eine Modernisierung derselben. Nach Titos Tod in Ljubljana 1980 wurden die Mängel der Wirtschaft mehr als deutlich.

Die serbische Wirtschaft heute ist stark zerrüttet und erholt sich nur langsam. Das Bombardement der NATO von 1999 hat unzweifelhaft einen großen Teil der Infrastruktur wie Brücken, Kraftwerke, Straßen, Krankenhäuser und die gesamte Schwerindustrie zerstört. Andererseits lagen viele Fabriken bereits nach dem Zerfall Jugoslawiens überaltert, unmodern, verwahrlost und konkurrenzunfähig am Boden. Nach der Auslieferung von Slobodan Milošević an den Internationalen Gerichtshof in Den Haag wurden die Embargos seitens der EU und der USA aufgehoben, der Weg war frei für internationale Finanzhilfen.

Im Jahr 2000 wurde die damalige Bundesrepublik Jugoslawien in den Stabilitätspakt aufgenommen. Die Europäische Ratstagung hatte einer Soforthilfe von 200 Millionen Euro zugestimmt, deren Umsetzung bereits im darauffolgenden

November in Form von Energielieferung begonnen wurde. Das ›World Food Program‹ veranlaßte Lieferungen von Zucker und Öl, die Unabhängigkeit der Medien wurde finanziell unterstützt. Im Jahr 2001 folgten weitere 240 Millionen Euro Finanzhilfe, außerdem wurden 22 Millionen Euro zur Schiffbarmachung der Donau bereitgestellt.

Die Donauschiffahrt ist in der Zwischenzeit wieder angelaufen, auch die Kreuzfahrten mit Gästen aus dem Ausland. Unterstützung kam bis heute aus aller Welt: aus der EU, aus Rußland in Form von Gas und als Beitrag zum Aufbau von Wärmekraftwerken sowie aus den USA; gefolgt von bilateraler Hilfe aus Japan, England, Norwegen, Italien, der Tschechischen Republik, Kanada, Dänemark und der Schweiz in Form eines zinsfreien Überbrückungskredites in Höhe von 240 Millionen Schweizer Franken, um den Beitritt zum Internationalen Währungsfond IWF zu ermöglichen. Seit 2001 konnten Fortschritte in der angestrebten Privatisierung gemacht werden.

Deutschland, das für Südosteuropa einige Millionen Euro zur Verfügung stellte, genießt trotz negativer geschichtlicher Erfahrungen einen guten Ruf in Serbien und ist mit Rußland einer der wichtigsten Handelspartner des Landes. Ein Großteil der Anlagen und Technologien in Serbien stammt aus Deutschland.

Seit der Ermordung von Djindjić im März 2003 stagnieren sowohl Reformen als auch die Zusammenarbeit mit Europa. Vor allem der Beschluß, keinen serbischen Kriegsverbrecher mehr an Den Haag auszuliefern, sondern sie in Serbien unter Kostenerstattung ihrer Spesen zu verurteilen, mutet angesichts der Armut im Land grotesk an. Die USA hatten im Januar 2005 bereits Konsequenzen gezogen und ihre zugesagte finanzielle Unterstützung zurückgezogen. Derzeit ist die Regierung in Belgrad jedoch um Wohlverhalten und Zusammenarbeit mit dem UNO-Tribunal in Den Haag bemüht und signalisierte auch Bereitschaft, im Kosovo einzulenken.

Im Juli 2004 gingen die Bergarbeiter der Kupferwerke von Bor auf die Straße und blockierten tagelang den Autoput, um höhere Gehälter zu erzielen. Die langsame Privatisierung blockiert das Land. In den Staatsbetrieben, auch in den Hotels, ist das Engagement eher gering, die Gehälter sind einfach zu niedrig.

Andererseits hat die Übernahme bestehender Betriebe durch ausländische Kapitalträger viele Menschen in die Arbeitslosigkeit getrieben. So wurden die ›Duvanka Industrija Niš‹ (DIN) und ›Duvanka Industrija Vranje‹ (DIV) im Jahr 2003 von ›Philipp Morris‹ beziehungsweise ›British American Tobacco‹ (BAT) gekauft. Eine Entlassungswelle war die Folge. Die komplette Zerstörung der Rüstungsindustrie in Valjevo hat eine halbe Stadt zur Arbeitslosigkeit verurteilt. Internationale Gelder versickern teilweise in dunklen Kanälen.

Eine wichtige Stütze der Wirtschaft ist noch immer die Landwirtschaft, in der etwa 17 Prozent der Bevölkerung tätig sind. Die Landwirtschaft trug trotz der bergigen Landschaft im Jahr 2001 immerhin 26 Prozent zum Bruttoinlandprodukt bei. Es wird viel Getreide, Mais, Sonnenblumen, Tabak, aber auch Obst angebaut, an Gemüse vor allem Kartoffeln, Paprika und Kohl. Die Weinproduktion hat sich in den letzten Jahren enorm verbessert, außerdem wird Schnaps gebrannt. Daneben gibt es Vieh- und Fischzucht. Für den Eigenbedarf wird sehr viel Honig produziert.

Die Preise, die auf den Märkten erzielt werden, reichen für die Bauern gerade zum Überleben. Andererseits liegen in der Vojvodina riesige Felder brach. Es fehlt an Dünger und Saatgut, und die unlukrativen Marktpreise bewirken das übrige.

Schon früh hat in Serbien die Industrialisierung Fuß gefaßt: Die Zentren waren Leskovac für Textilien, Kragujevac für den Maschinenbau, in Niš saß die Elektronik, in und um Belgrad die Pharmazie, der Flugzeugbau in Kruševac. Außerdem wurde Stahl erzeugt; Maschinen, Lastwagen und Autos wurden gebaut. Die Rüstungsherstellung war ein wichtiger Industriezweig. Mit seinen Lieferungen an Länder wie den Irak hat sich das Land jedoch vielfach starker Kritik ausgesetzt.

Auch an mineralischen Bodenschätzen ist Serbien nicht arm: Der Erzbergbau liefert vor allem Blei, Zink und Kupfer, das in riesigen Bergwerken von Majdanpek und Bor gefördert wird. In Krupanj wird auch Nickel gewonnen, Braun- und Steinkohle nahe der Donau. Die Bergwerksregion Trepča im Kosovo steht unter UNO-Kontrolle.

30 Prozent des Landes sind bewaldet. Von der Forstwirtschaft profitiert eine starke papier- und holzverarbeitende Industrie.

Kohlernte in der Vojvodina

Umwelt und Tourismus

Serbien hat aus der jugoslawischen Ära eine gehörige Portion Altlasten übernommen. Die Flüsse Save, Donau, und Morava wurden über Jahrzehnte durch die großen Industrieansiedlungen stark verschmutzt. Umgeben von kommunistischen Anrainern, die vom Umweltschutz ebensowenig hielten, wurden die Flüsse dauerhaft mit hohen schädlichen chemischen Konzentrationen belastet. Im Januar 2000 gelangte hochgiftiges Zyanid der Goldmine ›Aurul‹ aus dem rumänischen Baia Mare über die Theiß in die Donau. Der Palićko jezero im Norden war völlig umgekippt und mußte mit großem Aufwand regeneriert werden.

Die wirtschaftliche Stagnation während der Bürgerkriege hatte einen hohen Produktionsrückgang zur Folge, so daß sich die Flüsse geringfügig erholen konnten. Während des NATO-Luftkrieges 1999 wurde uranhaltige Munition im Kosovo und bei den Luftangriffen auf Belgrad eingesetzt. Bei der Zerstörung ganzer Chemiekombinate drangen Unmengen an hochgiftigen Chemikalien, darunter Dioxin, in das Grund- und Donauwasser. Teilweise war und ist die Trinkwasserversorgung in den Städten wie Novi Sad und Belgrad gefährdet. Die Donau bei Belgrad lädt nicht unbedingt zum Baden ein, schon optisch wird man den Eindruck großer Verschmutzung nicht los. Nach der Zerstörung der Düngemittel- und Petrochemiefabriken in Pančevo hingen tagelang Vinychlorid-Wolken über der Region. Die Krebsrate in Serbien ist rapide angestiegen.

Andererseits ist das Land sehr dünn besiedelt. Auf einen Quadratkilometer kommen etwa 100 Menschen. Man kann kilometerweit durch Waldgebiete fahren, ohne auf ein einziges Haus zu stoßen – ein Paradies für die Tierwelt. Man sieht sogar wildlebende Schildkröten gemütlich die Hauptverbindungsstraße überqueren, Schlangen sich zuhauf durchs Dickicht winden und Rehe durch den Mais spazieren.

Serbien hat begonnen, sein Land für den Tourismus attraktiv zu gestalten. Ein gut organisiertes Fremdenverkehrsamt mit Sitz in Belgrad hat innerhalb der letzten Jahre ein ganzes Netz an kompetenten Führern, Informationszentren und Internetseiten installiert, die dem Gast hilfreich zur Verfügung stehen. Nach Serbien fährt man einerseits, um die unzähligen Klöster mit Spitzenwerken der europäischen Kunst des Mittelalters anzuschauen. Andererseits lohnen auch seine Naturparks eine Reise. Ein breites Spektrum an sportlichen Aktivitäten bieten Wälder und Flüsse: am Ibarfluß Rafting, am Fluß Pek Goldschürfen, in den Gebirgsstöcken von Kopaonik, Zlatibor, Tara und Brezovica Wintersport. Kinder sind immer willkommen. Die Hotels suchen noch den Anschluß an westliche Standards, aber auch darin hat sich allein von 2003 bis 2004 schon vieles verbessert, und mit seinen unergründlichen Wäldern ist Serbien ein einzigartiges Gefilde für Jäger und Angler.

Geschichte Serbiens

Serbien war bereits in prähistorischer Zeit besiedelt. Vor allem die Funde entlang der Donau und in der Vojvodina bezeugen dies deutlich. Während Rom mitten in den Punischen Kriegen steckte, war der Westen des Balkan und das Kosovo zunächst von illyrischen Stämmen, der Osten hingegen von Thrakern besiedelt. Westlich der Donau saßen Pannonier und weiter im Osten die Daker. Noch heute erinnern vor allem die Flußnamen an die frühen Siedler: Donau, Save, Ibar, Morava. Die Griechen bevorzugten die Küste und gründeten dort ihre Kolonien. Auf das Binnenland verzichteten sie. Griechische Einflüsse und ihre Sitten verbreiteten sich aber auf dem Wege des Handels.

Die Römer

Im 1. Jahrhundert vor Christus setzte die Romanisierung der Balkanhalbinsel ein. Auf serbischem Gebiet begann sie im Donauraum. Ein Großteil der von den Römern gegründeten Provinz Moesia liegt hier, aber auch ein Teil der Provinz Pannonia. Unter Marcus Licinius Crassus war es dem römischen Heer gelungen, den Widerstand der moesischen Stämme zu brechen. Es folgte ein planvoll betrie-

Serbien zu römischen Zeiten

bener Ausbau eines Straßennetzes mit der Anlage befestigter Plätze und einer geordneten Provinzverwaltung. Wichtige Straßen durchquerten Serbien, sie sind teilweise auf der Tabula Peutingeriana, die das Straßennetz des spätrömischen Reichs aufzeigt, eingezeichnet.

Kaiser Augustus (27 vor Christus bis 14 nach Christus) ließ den römischen Balkan an der Donau und der Save enden. Seine Nachfolger überschritten die Flüsse. Aurelian gab die Gebiete nördlich der Donau dann wieder auf. Die Soldatenkaiser kamen regelmäßig aus dem Balkangebiet: Claudius und Diokletian stammten aus Dalmatien, Konstantin der Große, geboren in Naissus, Marcus Aurelius Probus und Marcus Aurelius Valerius Maximianus, beide bei Sirmium geboren, aus dem heutigen Serbien.

Mitrovica wurde während der diokletianischen Tetrarchie (Viererherrschaft, 293–324) Hauptstadt des dritten Teiles des römischen Reiches. Auf Diokletian geht das von der Kirche übernommene System der Diözesen und Vikaren zurück. Die lange Grenze Moesiens, die besonders im Norden an unruhige Nachbarn stieß, war unentwegt Angriffen ausgesetzt. Dies erforderte die ständige Anwesenheit zahlreicher römischer Truppen. So entstanden große Bauten wie Aquädukte, Straßen, Kastelle und eine Brücke über die Donau. Bis in die späte Kaiserzeit waren hier mindestens zwei, wenn nicht gar drei Legionen stationiert. Dazu kam die Classis Moesica, die moesische Flotte auf der Donau.

Die Stele der vier Herrscher in Gamzigrad erinnert an die Tetrarchie

In der Schlacht von Adrianopel im Jahr 378 wurde der oströmische Kaiser Valens getötet, die Römer konnten zunächst vom Balkan zurückgedrängt werden. Der weströmische Kaiser Gratianus erhob daraufhin Flavius Theodosius aus Nordspanien, besser bekannt als Theodosius der Große, in Sirmium zum Mitkaiser (379–395). Mit seinem Edikt von 381 auf dem Konzil zu Nikaia (Iznik, Türkei), das das Christentum endgültig zur Staatsreligion des römischen Reiches erklärte, hatte er eine Entscheidung von unumkehrbarer Tragweite getroffen. Theodosius bemühte sich um einen Neuaufbau der Armee des Ostens und um die Befriedung der Balkangebiete. Er machte sich die Kampfkraft der Goten zunutze, schloß mit den Siegern von Adrianopel 382 einen Vertrag, der ihnen die Herrschaft über den größten Teil von Moesia und Pannonia sicherte. In beiden Provinzen durften die Goten eigenständige Staaten errichten, unter der Bedingung, Konstantinopel militärischen Beistand zu leisten.

Die Teilung Roms

Eine Zäsur für die Region war die Teilung des Römischen Reiches im Jahr 395 in einen östlichen und einen westlichen Teil unter den Erben des Theodosius Arcadius und Honorius. Dies sollte mit kurzer Unterbrechung unter Justinian endgültig bleiben. Dabei fiel das Gebiet des heutigen Serbien unter die östliche, die byzantinische Oberhoheit. Die Grenze verlief von der heutigen Küste Montenegros zur Drina und entlang dieser bis zur Save und deren Mündung in die Donau.

Die Einfälle fremder Völker in das Balkangebiet ließen nicht nach. Zunächst erschienen an der Donau die von den Hunnen nach Westen abgedrängten iranischstämmigen Alanen. Dann folgten die Hunnen selbst, vertrieben die Germanen und drangen mit deren Unterstützung, dem Stamm der Gepiden, sogar bis an den Rhein vor. Nach Attilas Tod im Jahr 453 zerfiel ihr Reich. Gepiden, die einst aus dem Karpatenraum gekommen waren, und Ostgoten nahmen ihre Stellung ein.

Seit dem 6. Jahrhundert drangen Slawen über die Donaugrenze. Vor ihnen zog sich ein Teil der römischen und romanisierten Einwohnerschaft, die Walachen oder Welschen, in die Gebirgsregionen des Balkan zurück. Dort behielten sie ihre romanische Sprache und wanderten in den folgenden Jahrhunderten über die Donau allmählich in den Karpatenraum ein: Sie gelten als Vorfahren der Rumänen. Einige blieben jedoch an der Donau und teilten sich die Gebiete mit den Slawen. Noch heute werden sie Wlachen genannt.

Kurz nach dem Tod Justinians I. (527–565) drangen die Awaren auf den Balkan vor. Sie stammten wie die Hunnen aus Kleinasien, im Jahr 567 unterwarfen sie sowohl Slawen als auch Germanen; das bedeutendste Bollwerk im Norden, Sirmium, fiel 582 in ihre Hände. Die Langobarden zogen daraufhin nach Italien.

Eines der eindrucksvollsten Zeugnisse der römischen Besiedlung ist die Ausgrabungsstätte Gamzigrad im serbischen Erzgebirge

Das entleerte Gebiet besiedelten die Slawen im 6. und 7. Jahrhundert. Wenige Quellen berichten aus jener Zeit. Eine Chronik des Kaisers Konstantin VII. Porphyrogennetos (913–959) erzählt, daß serbische und kroatische Stämme nach 627 auf den Balkan gerufen wurden, um Byzanz unter Kaiser Herakleios im Kampf gegen die Awaren zu unterstützen. Das erstarkte Awarenreich konnte bald schon in mehreren Feldzügen 791 bis 805 von Karl dem Großen besiegt werden, der daraufhin die pannonisch-avarische Mark gründete, die fast bis nach Belgrad reichte. Der Name des Frankenwaldes (Fruška Gora) stammt noch aus jener Zeit. Die Voraussetzung für die Ausbreitung des lateinischen Christentums war geschaffen.

Die dort siedelnden Slawen gerieten nun in den Machtbereich des fränkischen Reiches und der damit einhergehenden Christianisierung. Daneben waren sie der byzantinischen Interessensphäre ausgesetzt und hatten sich ständig gegen die Bulgaren, die einen ersten slawischen Staat begründet und im Jahr 864 das Christentum angenommen hatten, zu behaupten. Bajuwarische Siedlungsströme drangen ein. Ins Pannonische Becken strömten auf der Flucht vor den Petschenegen die Magyaren, die seit dem 9. Jahrhundert die Oberhoheit über dieses Gebiet innehatten. Die fehlende einheitliche Ordnung bot den Magyaren eine gute Gelegenheit, sich im Donauraum festzusetzen.

Die slawischen Stämme gruppierten sich im Laufe der Zeit in drei ethnische und politische Gemeinschaften: Serben, Kroaten und Bulgaren. Die Serben formierten sich in Gau- oder Sippenverbänden, sogenannten Župen, an deren Spitze Župane standen.

Das erste serbische Reich

Erste Versuche einer Staatsgründung gingen von zwei Zentren aus: Zunächst von Raszien (serbisch Raška), einem Gebirgsland zwischen den Flüssen Ibar, Lim und Piva, dem oberen Tal der Tara und den Zuflüssen der Drina, deren Stämme unter den serbischen Herrschern Višelav um 780, Vlastimir um 850 und Mutimir (863–891) kurzfristig geeint wurden. Vlastimir setzte sich noch erfolgreich gegen die Bulgaren zur Wehr. Unter Mutimir war das Land von Byzanz aus christianisiert worden. Nach dessen Tod geriet es bis 927 wieder unter bulgarische Herrschaft. Fürst Časlav (927–960) einte für einige Jahrzehnte mit Hilfe von Ostrom das Gebiet zwischen Save, Adria und Morava gegen die Interessen kleinerer Župane. Daneben bestanden damals die unabhängigen Fürstentümer von Bosnien und Zachumien.

Ein zweites Zentrum entstand von 1035 bis zum Beginn des 12. Jahrhundert als küstenländisches Diokletia (Dioklitija, Doclea), dem serbischen Duklja, in der Provinz Illyrien. Es wurde seit dem 11. Jahrhundert Zeta (von Zenta oder Genta) genannt. In seinen Grenzen nahm es in etwa das heutige Montenegro ein. Unter Stefan Vojislav, einem Serbenfürsten, übernahm Zeta die Führungsrolle vor Raszien und konnte das Herrschaftsgebiet über die Berge hinaus bis an die fruchtbare Küstenregion ausdehnen. Im Jahr 1042 erreichte Stefan Vojislav die Unabhängigkeit gegenüber Byzanz. Im Jahr 1077 erhielt sein Sohn Mihajlo (1050–1082) aus der Hand von Papst Gregor VII. die Königskrone. Seinem Sohn, Konstantin Bodin, der bereits im Jahr 1072 gegen Byzanz einen Aufstand in Makedonien angeführt hatte, gelang die Vereinigung ganz Bosniens und Rasziens. Sein größter Erfolg war jedoch die Unabhängigkeit der Kirche des Staates Zeta. Papst Clemens III. gewährte ihm die Einrichtung eines Erzbistums in Bar (Antivri), dem alle Bistümer seines Reiches unterstellt waren. In Prizren ließ sich Bodin zum Zaren ausrufen. Das lateinisch orientierte Zeta zerfiel nach dem Tod Bodins und wurde 1183 dem Nemanjidenstaat einverleibt.

Raszien gewann an Stärke, bedrohte beständig die byzantinischen Grenzen und verbündete sich dynastisch mit Ungarn: Bela II. ehelichte eine Tochter des Großžupans und wuchs zu einem gefährlichen Gegner von Byzanz heran. Der byzantinische Kaiser Manuel I. Komnenos versuchte Einfluß auf die dynastischen Auseinandersetzungen zu nehmen, indem er den ihm gewogenen Tihomir 1168 als Großžupan unterstützte. Dessen jüngerer Bruder, Stefan Nemanja, initiierte daraufhin eine Unabhängigkeitsbewegung und stürzte Tihomir.

Im Laufe des 12. Jahrhunderts entstand durch den Anschluß des lateinisch geprägten Zeta an das orthodoxe und politisch erstarkte Raška und die Eroberung weiterer Gebiete westlich der Morava, von Belgrad, Niš, Kosovo und Shkodra ein Reich, das sich von Byzanz emanizipieren konnte.

Stefan Nemanja auf einer Darstellung im Kloster Studenica

Der eigentliche Begründer dieses mittelalterlichen serbischen Staates, der bis zur Mitte des 14. Jahrhunderts praktisch über den gesamten Balkan herrschte, war Stefan Nemanja (1166–1196). Er folgte auf die Županen Vukan, Uroš, Deza und Tihomir und wurde zum Großžupan, vergleichbar einem Großfürsten, ausgerufen. Stefan war eigentlich durch einen Putsch an die Macht gekommen und sollte zum Stammvater der 200 Jahre lang herrschenden Nemanjiden werden. Die Zeit des großserbischen Reiches von 1169 bis 1371 stellt im Selbstverständnis der Serben eine wichtige historische Epoche dar: eine Ära, die ausschließlich von der Dynastie der Nemanjiden (Nemanjići) bestimmt wurde. Ihr Name ist die serbische Form für den biblischen Namen Naeman, der im adriatischen Mittelalter sehr häufig auftrat.

Stammtafel der Nemanjiden

Stefan Nemanja
Großfürst (1166–1196)
⚭ Anna (Anastasia)

Vukan
Großfürst
(1202–1203)

Stefan II.
Großfürst
(1196–1202)
⚭ 1. Eudokia Angela
2. unbekannt
3. Anna Dandolo

Rastko (Sava)
Erzbischof
(1219–1233)

Stefan Radoslav
König
(1228–1234)

Stefan Vladislav
König
(1234–1243)

Stefan Uroš I.
König
(1243–1276)
⚭ Jelena von Anjou

Predislav
Erzbischof
(1263–1270)

Stefan Dragutin
König
(1276–1282)

Stefan Uroš II. Milutin
König
(1321–1331)
⚭ 1. Helena von Thessalien
2. Elisabeth von Ungarn
3. Anna von Bulgarien
4. Simonida Palaiologina

Vladislav II.
Fürst von Srem
(1316–1325)

Konstantin

Stefan Uroš III.
König (1321–1331)
⚭ 1. unbekannt
2. Theodora von Bulgarien
3. Maria Palaiologina

Simeon
Despot von Epirus
bis 1369

Stefan Uroš IV.
König (1331–1355)
ab 1346 Kaiser der
Serben und Griechen
⚭ Jelena von Bulgarien

Uroš V.
Zar
(1355–1371)

Stefan Nemanja gelang es, die Oberhoheit über Raszien und alle serbischen Stämme zu wahren und sein Gebiet sogar noch zu erweitern. Zunächst mußte er jedoch in der Schlacht an der Morava im Jahr 1172 gegen den byzantinischen Kaiser Manuel I. eine Niederlage einstecken. Aber der Friedensvertrag brachte die ausdrückliche Anerkennung des Serbenstaates. Byzanz brauchte Verbündete. Sein zweiter Sohn Stefan erhielt sogar die Tochter Kaiser Alexios III. Komnenos zur Frau, während dem Vater der Titel ›Sebastokrator‹ (Ehrwürdiger Regent) verliehen wurde.

Stefan Nemanja hatte das Reich nicht nur konsolidiert, sondern unter Ausnutzung der Schwäche des byzantinischen Reiches sogar nach Süden und Osten erweitert. Er sicherte die Unabhängigkeit Serbiens und gründete viele Klöster. Sein Kampf gegen die als Ketzer verurteilten Bogumilen wurde ihm sowohl von Rom als auch von Konstantinopel löblich ausgelegt. Die Bogumilen, benannt nach ihrem Gründer Bogumil (Gottlieb) waren eine wichtige religiöse Bewegung des Mittelalters, in deren Mittelpunkt Askese und die reine Liebe zu Gott standen. Wegen der Verfolgung auch durch die Nemanjiden zogen sie sich in die bosnischen Berge zurück, wo sie bis zur Eroberung durch die Türken 1463 großen Einfluß auf die Staatsführung hatten; danach traten sie geschlossen zum Islam über.

Die Küstengebiete des Balkan waren zu diesem Zeitpunkt noch lateinisch orientiert, das bergige Hinterland byzantinisch. Stefan war zweimal getauft worden, einmal nach lateinischem Ritus und dann nach byzantinischem. Mit seinem Sohn lebte er als Mönch Simeon über ein Jahr auf dem Athos, bevor er im Kloster Hilandar verstarb. Simeons Gebeine waren auch nach acht Jahren unversehrt. Er wird in Serbien als sogenannter Ölheiliger verehrt, galt doch damals das Hervorquellen wohlriechenden und wundertätigen Öls als sicherster Beweis der Heiligkeit.

Simeons Leben wurde uns von seinen Söhnen Rastko und Stefan II., dem Erstgekrönten, in den berühmten Herrscherbiographien überliefert, die nicht nur Aufschlüsse über den ersten großen Nemanijden geben, sondern auch Einblicke in die an byzantinischen Vorbildern orientierten Machtansprüche und Denkweisen gewähren.

Vom Fürstentum zum Königreich

Der erstgeborene Sohn Stefans, Vukan, hatte zwar die Zeta bekommen, war jedoch seinem jüngeren Bruder unterstellt. So versuchte er mit päpstlicher und ungarischer Hilfe von Zeta aus seinen Bruder zu stürzen, um das ganze Reich zu erhalten. Stefan II. floh zunächst, konnte sich aber letztendlich mit der Unterstützung der Bulgaren gegen seinen älteren Bruder durchsetzen. Serbien war in dieser Zeit von Ungarn und dem starken Bulgarien umgeben.

Im Kloster Mileševa werden die Gebeine des heiligen Sava aufbewahrt

Byzanz war im Jahr 1204 von lateinischen Kreuzfahrern erobert worden. Es entstanden das lateinische Kaisertum in Konstantinopel, das byzantinische Reich von Nikaia, das Kaiserreich von Saloniki und das Despotat Epirus.

Während seiner Herrschaft wurde Stefan II. zunächst vom Bündnis des bulgarischen Zaren mit dem lateinischen Kaiser von Konstantinopel, Heinrich von Flandern, bedrängt. Auch die Ungarn setzten ihm immer wieder zu. In all diesen Wirrnissen zeichnete sich Stefan als geschickter Diplomat und herausragender Feldherr aus. Seine romfreundliche Politik und die Freundschaft mit dem Despoten von Epirus wurde von Rom mit Wohlwollen betrachtet, so daß er durch einen Legaten des Papstes Honorius III. 1217 mit einer Corona regis, einer Königskrone, und dem Beinamen ›der Erstgekrönte‹ (Prvovenčani) ausgezeichnet wurde. Er verstieß seine byzantinische Frau, um mit der Heirat von Anna Dandolo aus dem Haus des venezianischen Dogen sein Prestige zu erhöhen. Stefan II. trat wie sein Vater an seinem Lebensabend mit Mönchsnamen Simeon ins Kloster ein, wo er um 1228 starb. Auch er wird als Heiliger verehrt.

Sein Sohn Stefan Radoslav war mit einer byzantinischen Kaisertochter verheiratet und wurde von seinem Bruder Stefan Vladislav im Jahr 1233 gestürzt. Radoslav wurde als Mönch Jovan im Kloster Studenica bestattet. Vladislav, der zweite Sohn Stefans II. war durch seine Frau mit dem bulgarischen Königshaus verwandt, was als Zeichen einer bulgarienfreundlichen Politik gewertet werden darf. Er begründete das bedeutende Kloster Mileševa, das sogenannte Sava-Mausoleum. Bis zum Sturz durch seinen jüngsten Bruder Stefan Uroš I. vergingen nur neun Jahre.

Dafür regierte Stefan Uroš seit 1242 für 34 Jahre um so länger. Er war verheiratet mit Jelena von Anjou, einer hochgebildeten Frau, die westliche Künstler und Wissenschaftler ins Land holte, Kirchen, Schulen und Bildungsstätten errichten ließ. Im 13. und 14. Jahrhundert wurde die serbische Macht sowohl politisch als auch wirtschaftlich ausgebaut. König Stefan Uroš I. (1243–1276) schuf die wirtschaftlichen Grundlagen, indem er unter anderem sogenannte Sachsen – tatsächlich waren es eher Moseldeutsche, Elsässer und Schwaben und nur wenige Sachsen – als Fachleute für das Silberbergwerk Brskovo ins Land rief. Die serbische Kultur erlebte unter seiner Ägide eine einzigartige Blüte. Der König stiftete viele Klöster, für deren Gestaltung er byzantinische Künstler ins Land holte. Mit seinem Tod endete der sogenannte Raškastil: Klosterbauten mit Kuppelbasiliken und Monumentalmalereien. Stefan Uroš I. wurde als Mönch Simeon im Kloster Sopoćani, ebenfalls eine seiner Stiftungen, bestattet.

Das von König Stefan Uroš I. gestiftete Kloster Sopoćani

Stefan Dragutin folgte 1272 dem Vater, übergab aber schon 1282 den Thron mehr oder weniger freiwillig seinem Bruder Stefan Milutin (1282–1321). Eigentlich war Stefan Dragutin (1276–1282) als Thronfolger vorgesehen, aber ein Unfall beim Pferderennen zwang ihn zum Thronverzicht. Er wurde schlichtweg entmachtet und stattdessen mit der Verwaltung einiger Banate Bosniens und Nordserbiens (Mačva, Sirmien, Belgrad) betraut. Seine Abdankung erfolgte in Deževo (Stari Ras) 1282, den Titel eines Königs durfte er weiter führen. Seine Tochter heiratete Stjepan Kotromanić, einen Bosnier aus führender Familie.

Stefan Milutin, der als Uroš II. bis zum Jahr 1321 herrschte, knüpfte an die Erfolge seines Vaters an. Zunächst eroberte er das nördliche Makedonien. Unter seinem Sohn wurde Bulgarien nach der für die Serben siegreichen Schlacht bei Velbužd (heute Kjustendil) eingegliedert. Strategische Ehen unterstützen seine Ziele. Uroš II. Milutin machte während seiner 42 Regierungsjahre viele Stiftungen und förderte Kirchen und Klöster auch außerhalb des serbischen Staatsgebietes wie Hilandar auf dem Athos und das Erzengelkloster in Jerusalem, das heute nicht mehr existiert.

Auf Uroš II. Milutin folgte sein Sohn Stefan Uroš III., der nach seiner Klosterstiftung Dečani bei Peć (Kosovo) mit dem Beinamen Dečanski ausgezeichnet wurde. In dritter Ehe war er mit einer Griechin verheiratet, deren Anhänger den gemeinsamen Sohn zum Nachfolger ausriefen. Prinz Stefan Dušan aus vorangegangener Ehe setzte daraufhin, gestützt vom serbischen Hochadel, den Vater ab, der bei seiner Flucht ums Leben kam.

Zar Stefan Dušan

Stefan Dušan, abgeleitet vom serbischen Wort für Seele, regierte als Uroš IV. von 1331 bis 1355. Unter seiner Regentschaft erreichte Serbien die größte Ausdehnung. Man eroberte byzantinische Provinzen bis zum Golf von Korinth (Thessalien und Epirus), Südmakedonien, Albanien und zuletzt Nordgriechenland. Am 9. April 1346 wurde der Erzbischof von Skopje von Dušan zum Patriarchen der Serben und Griechen erhoben. Sieben Tage später ließ sich Dušan von diesem zum Kaiser (Zaren) der Serben und Griechen krönen ›Stefan v Hrista Boga blagovernyi Srbljem i Grkom‹. Das Zentrum wurde aus dem altserbischen Siedlungsraum in den griechisch beeinflußten Süden um Prilep und Ohrid verlegt und Skopje Hauptstadt der Serben. Alles war mit einer weitgehenden Gräzisierung verbunden. Bedeutend wurden die innenpolitischen Maßnahmen zur Festigung des Reiches: Hofzeremoniell, Kanzleiwesen und Verwaltungsorganisation folgten byzantinischem Vorbild.

Der Rechtsvereinheitlichung diente das berühmte Gesetzbuch des Zaren ›Dušanov Zakonik‹, das im Mai 1349 von einer Adelsversammlung in Skopje gebilligt und 1354 in Seres (Serrhai) erweitert und ergänzt wurde. Es war eines der modernsten seiner Zeit und enthielt 201 Artikel. Das Original ging leider verloren. Abschriften befanden sich unter anderem in Hilandar, Studenica und Hodoš, die alle auf die Jahre von 1426–1454 zurückgehen.

Der für das Jahr 1355 geplante Schlag gegen Ostrom und die mit diesen verbündeten, seit 1354 auf den Balkan vordringenden Osmanen wurde durch den Tod Stefan Dušans verhindert. Bald darauf nahmen die Ungarn Belgrad ein. Schon 1371 kam Makedonien unter türkische Herrschaft. Dušans Sohn Stefan Uroš V. (1355–1371) war nur noch nominell Herrscher und letzter Vertreter der Familie der Nemanjiden, die mit seinem Tod 1372 erlosch. Er teilte die Macht mit seinem Halbbruder Simeon, der in Epirus und Thessalien regierte und sich in Trikkala zum Kaiser der Serben und Griechen krönen ließ. Das serbische Großreich zerfiel zunächst in Altserbien und den griechischen Süden. Einzelne Landesteile gingen wieder ihre eigenen Wege und etablierten sich in von verschiedenen Herrscherfamilien geführte Kleinstaaten, die zur Schwächung des serbischen Reiches beitrugen. Nach dem Tod König Stefan Uroš V. ging die Königskrone an die Familie der Hrebeljanovići, an deren Spitze Lazar in Morava-Serbien stand.

Kurzfristig wurde Tvrtko I. von Bosnien auch König von Serbien. Aus diplomatischen Gründen war er zum katholischen Glauben übergetreten, erhob aber nach dem Aussterben der Nemanjiden aufgrund seiner verwandtschaftlichen Beziehungen zu den Nemanjiden Anspruch auf den serbischen Thron. Er war ein Sohn des Stjepan Kotromanić, sozusagen ein Enkel Dragutins. 1377 wurde er vom serbisch-orthodoxen Metropoliten im Kloster Mileševa zum König Serbiens, Bosniens und der dalmatinischen Küste gesalbt. Sein Reich hielt sich bis 1391.

Die Schlacht auf dem Amselfeld

Mit der Besetzung des bulgarischen Plovdiv 1363 setzte die systematische Errichtung der Osmanenherrschaft auf dem Balkan ein. Im Jahr 1371 erlitten die Serben in Makedonien die erste Niederlage gegen die neue Großmacht. Alle serbischen Gebiete südlich der Šar-Planina wurden Vasallenstaaten: Ihre Führer und Truppen mußten sich an den weiteren Feldzügen von Murad I., dem dritten osmanischen Sultan, beteiligen, in denen viele ihr Leben ließen, auch der in der serbischen Literatur vielbesungene Kraljević (Königssohn) Marko Mrnjavčević. Als führende Persönlichkeit unter den Serben kristallisierte sich Fürst Lazar heraus. Er kam aus Morava-Serbien und Raszien. Mit seinem bosnischen Nachbarn Tvrtko stand er in gutem Einvernehmen. Durch kluge Heiratspolitik sicherte er sich Bundesgenossen: Vuk Branković um Priština, Georg II. Balšić von Zeta. Noch verbuchten die Serben kleine Erfolge, zum Beispiel bei Pločnik an der Toplica. Die von Fürst Lazar Hrebeljanović geschaffene Allianz serbischer Fürsten, darunter der bosnische König Tvrtko, trat gegen die Türken auf dem Amselfeld an.

Fürst Lazar auf einem Holzschnitt aus dem 17. Jahrhundert

Am Abend vor der Schlacht hatte Lazar gedroht: »Wer Serbe ist, von serbischer Geburt und nicht zum Amselfelde zieht, um Krieg zu führen gegen Türken, soll weder einen Sohn noch eine Tochter je erzeugen und ohne jede Ernte sein.«

Am 15. (julianischer Kalender) beziehungsweise am 28. Juni (gregorianischer Kalender) 1389, dem Veitstag (Vidovdan), wurden die Serben in der Schlacht auf dem Amselfeld (Kosovo Polje) von den Türken geschlagen. Obwohl es sich um eine Niederlage handelte, wird dieser Tag bis heute als Feiertag begangen.

Fürst Lazar kam ums Leben, während der scheinbar desertierende serbische Edelmann Miloš Obilić, der Schwiegersohn Lazars, Sultan Murad tötete und heute noch als Held gefeiert wird.

Vuk Branković herrschte um Priština zur Zeit Lazars. Er mußte 1392 Skopje an die Osmanen abtreten und verlor 1396 durch die Schlacht bei Nikopolis (Bulgarien) auch sein übriges Herrschaftsgebiet. In den serbischen Volksliedern erscheint er entgegen der geschichtlichen Wahrheit als Verräter. Tatsächlich hatte Branković gegen die Türken gekämpft und dabei Skopje verloren, das dann türkisch Usküb hieß. Schließlich unterwarf er sich dem Sultan. Seine Söhne Đurđe I. (Georg) und Grgur (Gregor) kämpften gegen die Mongolen auf osmanischer Seite und wurden dafür mit dem Despotentitel ausgezeichnet.

Lazar war von den Türken geköpft worden, so überliefern es auch die Heldenlieder. Sein Leichnam wurde ins Kloster Ravanica überführt, von dort ins Kloster Vrdnik in den Frankenbergen vor den Türken gerettet. Zum 600jährigen Jahrestag der Schlacht stellte man seinen Sarg im ganzen Land zur Schau, um ihn dann wieder ins Kloster Ravanica zurückzuführen.

Das Datum der Schlacht auf dem Kosovo Polje sollte für Serbien auch zukünftig schicksalsträchtig werden: Am 28. Juni 1914 wurde das Attentat auf den habsburgischen Thronfolger in Sarajevo verübt, sieben Jahre später am gleichen Tag die Verfassung des Königreichs der Serben, Kroaten und Slowenen angenommen. Marschall Tito verließ an diesem Tag niemals seine Residenz, und am 28. Juni 1989 ließ der neue Serbenführer Milošević eine großartige 600-Jahr-Feier auf dem Amselfeld veranstalten, auf der nationalistische Reden geschwungen wurden.

Die Schlacht auf dem Amselfeld verfolgt die Serben bis heute und war in der Vergangenheit immer wieder Thema in der Literatur. Berühmt ist ihre Verarbeitung im ›Bergkranz‹ von Petar Petrovič Njegoš.

Die osmanische Besetzung

Nach der Schlacht auf dem Amselfeld blieben nach wie vor Teilfürstentümer bestehen, die noch 70 Jahre der endgültigen osmanischen Eroberung widerstanden. Innerhalb ihrer Despotate (Teilstaaten) konnten sich die Herrscher eine gewisse Selbständigkeit bewahren. Lazars Sohn, Stefan (Stjepan) Lazarević, regierte als Despot von 1389 bis 1427 und unterstellte sich freiwillig als Vasall dem ungarischen König Sigismund. Dafür erhielt er das südliche Donauland zwischen Save und Morava. Unter ihm entwickelte sich Belgrad zum religiösen und kulturellen Mittelpunkt des serbischen Restreiches.

Das benachbarte Bosnien wurde im Jahr 1428 tributpflichtig und erlag 1461 dem Ansturm der Osmanen völlig.

Den Serben war es im Jahr 1443 im Bündnis mit dem ungarischen Feldherrn Johannes Hunyádi und dem polnischen König Wladyslaw III. sogar noch einmal gelungen, die Osmanen unter Murad II. (1421–1451) bis hinter Sofia zurückzudrängen. Bei Niš errangen sie einen Sieg gegen die Türken. Der türkische Sultan Mehmed II., der Eroberer (1451–1481), schloß mit Georg Branković (1427–1456), einem Sohn des Vuk Branković und einem Enkel Lazars, zunächst einen Waffenstillstand, aber nur, bis Konstantinopel erobert war. Danach fiel er über Serbien her.

1456 wurde Belgrad belagert, konnte aber von den Ungarn gehalten werden. Die Festungen Golubac und Smederevo widerstanden auch, Hunyádi und Branković starben. Ein ehemaliger Gefolgsmann Brankovićs wurde in Smederevo als Großwesir eingesetzt, und 1459 wurde die Stadt endgültig vom Feind erobert. Belgrad blieb noch 50 Jahre in christlicher Hand und wurde erst unter Süleyman dem Prächtigen (1520–1566) erobert. Im großen und ganzen war die Eroberung Serbiens im Jahr 1459 abgeschlossen. Damit war die osmanische Expansion zunächst gestoppt. Gerne sehen sich deshalb die Serben als Opfer des Westens an die Türken. Die Zusammenhänge sind vielfältiger: Die stark geschwächten Byzantiner waren von Dušan bedroht worden. In der Hoffnung, die Serben ebenfalls zu schwächen, stoppte man das Vordringen der Türken nicht, dabei wurde das byzantinische Reich mit dem Fall von Konstantinopel im Jahr 1453 selbst ein Opfer.

Die mächtigen Festungen wie Golubac konnten dem ersten Ansturm der Osmanen standhalten

Moschee in Tutin

Serbien war nun zwar von der übrigen europäischen Entwicklung abgeschnitten, es kam aber keineswegs zum absoluten Bruch und Niedergang mit allem. Die Bewahrung der Kultur lag in den Händen der von den neuen Machthabern tolerierten Kirche. Das im Jahr 1459 aufgelöste Patriarchat wurde später wieder ins Leben gerufen. Das osmanische Milletsystem garantierte allen nichtislamischen Bevölkerungsgruppen eine innere Selbstverwaltung. So wurden über die Kirchenorganisationen Autonomiebezirke aufgebaut, die rechtliche, wirtschaftliche und administrative Anforderungen weitgehend in eigener Regie erledigten. Über sie wurde auch die Kopfsteuer eingetrieben und an den Sultan abgeführt. Es kam nicht zu einer Zwangsislamisierung. Wer jedoch zum Islam übertrat, war von der Kopfsteuer befreit. Diese kirchlichen Abgrenzungen sollten zur Voraussetzung der Entstehung eines politischen und nationalen Eigenbewußtseins werden. Serbien und Bulgarien wurden in osmanische Militärprovinzen, sogenannte Sandžaks und übergeordnete Paschaliks, umgewandelt. Beys und Agas verwalteten dann fernab vom Hof des Sultans diese Provinzen. Sie herrschten praktisch unabhängig und unkontrolliert. Darunter litten häufig die Rajahs, die Schutzbefohlenen, worunter man alle Andersgläubigen verstand. Die Verteidigungseinheit waren die sogenannten Janitscharen, abgeleitet von Yeni Tscheri (neue Truppe), berühmt-berüchtigte Truppen, die vom Sultan Orkhan ausgehoben wurden. Nach der Eroberung des Balkan wurden die Janitscharen durch die Knabenlese aus christlichen Kindern rekrutiert. Viele Byzantiner verschwägerten sich mit Serben, viele Serben wiederum stellten sich in den Dienst der Osmanen. Diese sollten von nun an alle klugen Köpfe der eroberten Gebiete in ihren Dienst stellen: Bosnien, Serbien, Montenegro, Makedonien. Die serbische Sprache kam bei Hofe gleich nach der Türkischen. Als Sultan Selim II. 1566 den Diwan bestieg, hatte der Großwesir Mehmed Pascha Sokolović aus Bosnien das Sagen, er war ein Serbe, der drei Sultanen diente. Ivo Andrić hat diesem serbischen Großwesir in seiner ›Brücke über die Drina‹ ein würdiges Denkmal gesetzt. Die letzte Blüte der osmanischen Herrschaft war angebrochen: Zypern konnte noch erobert werden, doch im gleichen Jahr erhielt der Mythos von der Unbesiegbarkeit der Osmanen in der Schlacht von Lepanto 1571 einen schweren Schlag.

Hatten die Römer den wegelosen Balkan mit Wegen, Heer- und Handelsstraßen bestückt, so brachten ihm die Türken den Kaffee aus Türkisch-Arabien, das Milchgetränk der Nomaden, genannt Joghurt, und viele Hirtengerichte auf der Basis von Kebab. Sie haben den Mais hierher verpflanzt. In den Speisen sind die Türken präsent bis auf den heutigen Tag. Auch den Tabak haben sie über Ägypten ins Land gebracht, und was wäre der Balkan ohne seine Minarette, die spitzen Lederschuhe, die weichen Schaftstiefel und die schirm- und randlosen Kopfbedeckungen der Männer. In Zentralserbien sind die baulichen Reste an kunstvollen Brunnen und Bleikuppeln der Moscheen, an Konaks (Amtsgebäude, Fürstenresidenzen) und Karawansereien nur spärlich erhalten geblieben.

Der Weg in die Unabhängigkeit

Die Wende leiteten die Türkenkriege gegen Österreich ein. Schon im 16. Jahrhundert hatten die Österreicher mit der Einrichtung einer sogenannten Militärgrenze entlang der Donau begonnen. Trotzdem standen die Türken im Jahr 1683 vor Wien, wo sie dank eines Entsatzheeres aus Polen geschlagen werden konnten. Die Habsburger und ihre Verbündeten drangen weiter nach Süden bis in die Balkanländer vor. Im Jahr 1688 hatte Max Emanuel aus Bayern den Oberbefehl der kaiserlichen Armee für den erkrankten Karl V. von Lothringen übernommen: Er gewann Ilok, Peterwardein und 1688 kurzfristig die Festung von Belgrad, und 1689 errang man einen Sieg bei Niš. Die Serben waren zum Widerstand gegen die Türken aufgerufen und unter kaiserlichen Schutz gestellt worden. Mit ihrer Unterstützung drang Österreich unter General Graf Johann Norbert Piccolomini, aus Siena stammend, zweimal sogar bis Skopje vor. Doch die Unterstützung der Habsburger ließ nach, Piccolomini starb in Prizren an der Pest. Die Habsburger

Truppen wurden im Krieg gegen Ludwig XIV. gebraucht, der in die Pfalz einmarschiert war. Ludwig Markgraf von Baden (1655–1707), genannt der Türkenlouis, blieb mit einem verkleinerten Heer zurück. Ein Bündnis von Türken und Franzosen rüstete zum Gegenangriff und schlug die Aufstände in Zentralserbien nieder. Nun waren die Serben der Rache der Osmanen ausgeliefert. Viele tausend serbische Familien flüchteten unter Führung des Patriarchen von Peć, Arsenije Crnojević (1633–1706), nach Norden, während die katholischen Albaner zum Islam übertraten. Doch bei Slankamen konnte der Türkenlouis im Jahr 1691 die überlegene türkische Armee schlagen.

Nach kurzer Kriegspause betrat Prinz Eugen das Parkett. In der Schlacht bei Senta am 11. September 1697 wurde ein Teil der Vojvodina, das Batscherland, endgültig befreit. Dieser Erfolg begründete seinen Ruhm als großer Feldherr. 30 000 Türken ließen ihr Leben in der Theiß und auf dem Schlachtfeld. Es folgte der Frieden von Karlowitz am 26. Januar 1699: Das Batscherland und Ungarn

Eine der entscheidenden Schlachten gegen die Türken fand an der Belgrader Festung Kalemegdan statt

kamen an den österreichischen Kaiser, ein Teil des Banat und Belgrad blieben in Türkenhand. Weitere Schlachten fanden auf serbischem Boden statt: bei Peterwardein und Belgrad. Im Frieden von Passarowitz 1718 gingen Teile von Bosnien und Serbien an Österreich. Im Frieden von Belgrad 1739 mußte Österreich Südserbien und Belgrad wieder an die Türken abtreten. Der beginnende Zerfall des Osmanenreiches führte auf dem Balkan zu Unterdrückungsmaßnahmen, die große serbische Aufstände zur Folge hatten.

Die Dynastien der Karađorđevići und Obrenovići

Kara Đorđe Petrović, besser bekannt als Karađorđe, und Miloš Obrenović wurden die Begründer der beiden serbischen Dynastien, die für 100 Jahre das Schicksal Serbiens und teilweise auch ihrer Nachbarn bestimmen sollten. Zwischen 1804 bis 1941 fanden vier aus ihren Reihen einen gewaltsamen Tod und vier wurden vom Thron verstoßen.

- Kara Đorde Petrović, genannt Karađorđe, (geb. 1762 inViševac, 1817 in Radovanje bei Smederevo ermordet), beerdigt in Topola, 1804 Führer im ersten serbischen Aufstand
- Aleksandar Karađorđević (1806–1885), Sohn von Đorđe Petrović, von 1842–1859 vierter serbischer Fürst
- Petar I. Karađorđević (1844–1921), ältester Sohn Aleksandars, König Serbiens 1903–1921
- Aleksandar I. Karađorđević (1888–1934), zweiter Sohn von Petar I., von 1921–1934 König der Südslawen, seit 1929 Jugoslawien, verheiratet mit der Rumänin Maria, ermordet
- Petar II., Karađorđević, Sohn von Aleksandar, (1923–1970), ab 1934 König von Jugoslawien, für ihn regierte der Onkel Pavle I., ging 1941 ins Exil, starb in Los Angeles
- Pavle I. Karađorđević, (1893 in Petersburg–1976 Neuilly sur Seine), Onkel von Petar II., Vetter von Aleksandar, 1934–1941 Prinzregent
- Tomislav Karađorđević, Bruder des letzten Königs
- Aleksandar II. Karađorđević, Sohn von Petar II., Kronprinz von Serbien, lebt mit seiner Frau Katherine in London und seit 2001 auch zeitweise in Serbien. Ihre Kinder sind Prinz Alexander, Erbprinz Peter und Prinz Philip.
- Elizaveta Karađorđević, Tochter von Petar II., Fürstin von Serbien, lebt in London

Die Familie der Obrenović regierte Serbien in zwei Zeitabschnitten:

- Miloš I. Obrenović (1780 in Dobrinja, Kreis Užice, geboren, gestorben 1860), erster serbischer Fürst 1817–1839, zum zweitenmal 1858–1860, zwei Söhne
- Milan II. Obrenović (Juni/Juli 1839), zweiter serbischer Fürst, litt an einer unheilbaren Krankheit
- Mihajlo III. Obrenović (1822 in Kragujevac–1868) dritter Fürst der Serben 1839–1842 und 1860–1868, ermordet, bestattet in Belgrad
- Milan IV. Obrenović (1855–1901), Neffe von Mihajlo, Fürst, von 1882–1889 König der Serben

▶ Aleksandar V. Obrenović (1876–1903), Sohn Milans, König der Serben 1889–1903, ermordet

Fast 70 Jahre waren vergangen, bis es in den Jahren 1804 bis 1813 zum ersten serbischen Bauernaufstand gegen die Türken kam. Ihr Anführer, Kara Đorđe Petrović (1752–1817), der Schwarze Georg, war bei Kragujevac (Viševac) als Sohn eines zu Wohlstand gekommenen Viehhändlers geboren worden. Sein Vater war als Führer und Dorfältester (Knez) politisch sehr einflußreich. Im österreichischen Freikorps geschult, kehrte Petrović nach Serbien zurück. Nach dem Mord an 70 Knezen durch die Janitscharen rief er am 14. Februar 1804 zum Aufstand im Paschalik Belgrad auf. Dem Aufstand schlossen sich die Christen und Hajduken an. Im Jahr 1806 gelang die Vertreibung der Türken aus Belgrad und der Vorstoß nach Süden. Die Serben erkämpften sich ein neues Kernland. Sultan Selim III., selbst sehr geschwächt, gestand den Serben das Recht auf eine gewisse Selbstverwaltung zu, unter der Voraussetzung, daß seine Oberhoheit anerkannt würde. Ein Senat wurde ins Leben gerufen, dazu eine zweite Volksvertretung, die Skupština.

Der Aufstand, zunächst gegen die Terrorherrschaft der Janitscharen gerichtet, wendete sich in seinem Verlauf gegen die Osmanenherrschaft überhaupt. Europa war unterdessen von Napoleon umklammert, Moskau infolgedessen bedroht. Dies wiederum veranlaßte die Russen zum Frieden mit dem Sultan, der nun den Rükken freihatte, um den Aufstand in Serbien 1813 niederzuschlagen. Karađorđe, der erste serbische Fürst, floh ins Ausland, zunächst nach Österreich, wo er in Petrovaradin interniert und auf Druck Rußlands nach Bessarabiens entlassen wurde. Von dort kehrte er 1817 nach Serbien zurück, um in Radovanje bei Smederevo ein Opfer seines Erzfeindes Miloš Obrenović zu werden. Zum Zeichen seiner angeblichen Treue zur Pforte schickte Miloš den abgeschlagenen Kopf des besiegten Feindes nach Konstantinopel. Der Grundstein zur Blutrache und damit zum Dauerkonflikt beider Familien war dadurch gelegt. Nahe bei Topola, seinem ehemaligen Hauptquartier, entstand 1910 ein weißes Marmormausoleum, in dem der Schwarze Georg feierlich beige-

Kara Đorđe Petrović

Miloš Obrenović

setzt wurde. Seine Idealisierung zur mythischen Gestalt war nicht mehr aufzuhalten.

Die Macht übernahm der serbische Fürst Miloš Obrenović als Oberknez. Er war in einfachsten Verhältnissen als Miloš Teodorović geboren und hatte den Namen seines Förderers Milan Obrenović angenommen, der sich im ersten serbischen Aufstand ausgezeichnet hatte. Bis zu seinem Lebensende blieb Miloš Analphabet, besaß aber großes politisches Geschick und diplomatisches Gespür für seine Führungsrolle nach der Niederschlagung des ersten Aufstandes. Er stellte sich gut mit dem Sultan, den er zunächst bei der Befriedung des Landes unterstützte. Als Geisel festgesetzt, wurde er zur Flucht getrieben und verkündete aufgrund steter türkischer Übergriffe im Jahr 1815 eine neuerliche Erhebung. Der Sultan war wiederum durch außenpolitische Zwänge genötigt, den Serben Zugeständnisse zu machen.

Skrupellos und machtbewußt hatte Miloš seinen Erzfeind Karađorđe aus dem Weg geräumt. Unter ihm erhielten die Serben das Recht auf eine eigene Fürstenwahl und gegen jährliche Tribute eine erweiterte Autonomie. Miloš ließ sich von der Skupština in Belgrad zum Fürsten wählen. In kleinen Schritten erkämpften sich die Serben ihre Unabhängigkeit. Die Zugeständnisse an die Serben gipfelten im Ausbau des Paschaliks Belgrad zu höchster Autonomie, die im Vertrag von Adrianopel 1829 festgeschrieben wurde. Im Jahr 1830 wurde die Fürstenwürde erblich. Miloš wehrte sich jedoch gegen den ihm zur Seite gestellten Staatsrat. Die von außen aufgezwungene Verfassung ließ ihm 1839 keine andere Wahl als die Abdankung zugunsten seines Sohnes Milan, der nur ein Jahr später starb. Sein jüngerer Bruder Mihajlo folgte ihm für drei Jahre, vertrieben von Aleksandar Karađorđe, Sohn des Schwarzen Georg, dem vierten Fürst Serbiens, aber auch dessen Zeit war kurz.

Miloš wurde zurückgeholt und mit ihm sein Sohn Mihajlo. Seinerzeit nicht sehr beliebt, schuf er die erste nationale Armee, erreichte den Abzug der türkischen Garnisonen und schuf Bündnisverträge mit den Balkanländern. 1862 verließen die Türken den Kalemegdan, die Belgrader Festung, endgültig, Smederevo, Golubac, Kladovo-Festislam und Šabac folgten.

Der Sieg der Russen gegen die Türken im Jahr 1877 brachte auch den Serben Vorteile. Der Reformsultan Mahmud hatte die zum Staat im Staat gewordenen Janitscharen aufgelöst und war sehr geschwächt. Im Frieden von Akkerman wurde diktiert: Die Bürger des jungen Königreiches Serbien genießen Religionsfreiheit. Sie sind unabhängig von der osmanischen Justiz und Verwaltung. Sie haben das Recht, die ihnen auferlegten Steuern selbst einzutreiben. Sie können jederzeit reisen, wohin sie wollen. Sie dürfen in ihren Schulen lehren, in ihren Verlagen veröffentlichen lassen, was sie für richtig und passend halten. Außerdem dürfen auf serbischem Boden keine weiteren Muslime mehr angesiedelt werden. Damit begann die endgültige Vertreibung der Türken aus Serbien und Bosnien. Auf dem Berliner Kongreß unter der Führung Bismarcks wurde die serbische Unabhängigkeit im Jahr 1878 anerkannt.

Serbien im 19. Jahrhundert

Das 19. Jahrhundert in Serbien mutet wie ein einziges Wechselspiel der Machtverhältnisse an. Dennoch wurden in dieser Zeit die Grundlagen für einen modernen Staat gelegt.

Die türkischen Poststraßen des 19. Jahrhunderts verliefen zum großen Teil auf alten Römerstraßen und wurden vom Militär, den Handeltreibenden und den Nachrichtenüberlieferern genutzt. Der kürzeste Weg nach Konstantinopel verlief

Die Inschrift an der Festung Kladovo (Fetislam) erinnert noch an ihre türkischen Erbauer

über Serbien, in Kriegszeiten wählte man rumänisches Gebiet. Unter den Türken war der Beruf eines Tataren, eines Briefboten, sehr angesehen und anspruchsvoll. Man mußte unter anderem viele Sprachen beherrschen. Als Raststationen hatten die Türken sogenannte Menzulanen errichtet, von denen einige erhalten geblieben sind. Als 1837 die Pest in Teilen des Osmanischen Reiches ausgebrochen war, wurden an den Poststraßen Quarantänestationen errichtet, da Österreich große Furcht vor einem Übergreifen der Seuche hatte.

Bis ins 19. Jahrhundert galten in Serbien türkische Maße (Oka und Dramm). Per Gesetz vom 1. Dezember 1873 wurden in Angleichung an Westeuropa bereits die metrischen Maße eingeführt. Das erste serbische Geld der Neuzeit führte Mihajlo III. Obrenović 1868 ein. Im Jahr 1875 trat Serbien unter Fürst Milan IV. Obrenović der lateinischen Währungsunion bei. Als Einheit wurde der serbische Dinar bestimmt, den man in 100 Para teilte. Nach dem Zerfall Jugoslawiens wurde auf diese Währung zurückgegriffen und der neue Dinar ins Leben gerufen. Man wollte sich von den Türken befreien, was sich auch in der Umbenennung einiger Städte ausdrückte: Aus Šupeljak wurde erst Jovanovac und nach 1886 Varvarin, aus Gurgusovac wurde Knjaževac, und das türkische Fetislam wurde durch Kladovo ersetzt. Despotovica an der Donau wurde in Gornji Milanovac umbenannt.

Das Königreich Serbien

Das unabhängige Serbien war von Beginn an von innenpolitischen Machtkämpfen stark erschüttert. Die Dynastien der Obrenovići und Karađorđevići kämpften ständig um die Vorherrschaft. Die erfolglosen Kämpfe gegen die Türken um Bosnien 1876 und gegen Bulgarien 1885 hatten den jungen Staat sehr geschwächt.

Milan Obrenović proklamierte 1882 das serbische Königreich. Anläßlich dessen wurde die Stadt Karanovac in Kraljevo umbenannt, was übersetzt die Königsstadt bedeutet. Zunächst vertrat Milan eine österreichfreundliche Politik, die ihm jedoch nicht den gewünschten Zugang zum Meer verschaffte. Er trat zugunsten seines Sohnes Aleksandar schon 1889 zurück. Dieser erklärte sich mit 17 Jahren für volljährig, löste 1900 die Verfassung auf und heiratete gegen den Willen vieler die um vieles ältere Hofdame Draga Mašin. Beide wurden Opfer einer Verschwörung und fanden 1903 einen gewaltsamen Tod in Belgrad, womit das Geschlecht der Obrenović ausgelöscht war.

Petar I. Karađorđe, einer der wenigen, der eines natürlichen Todes starb, wurde daraufhin von der Nationalversammlung gewählt. Seine Außenpolitik wurde von Nikola Pašić gelenkt und von der großserbischen Idee bestimmt. Unter ihm engagierte sich Serbien im Bündnis mit Montenegro, Bulgarien und Griechenland in den Balkankriegen, für die Befreiung der letzten in osmanischer Hand verbliebenen Gebiete. Die Osmanen wurden zwar vertrieben aber die Neuaufteilung der Region brachte das Bündnis auseinander. Ein zweiter Balkankrieg endete im Debakel für Sofia, das unbedingt Makedonien für sich gewinnen wollte. Serbien war Hauptgewinner und konnte im Frieden von Bukarest sein Territorium verdoppeln um den Sandžak, das Kosovo und Nordmakedonien. Albanien war als Schachzug gegen Rußland bereits 1912 von Österreich und Italien als eigenständig anerkannt worden.

Immer stärker wurde von serbischer Seite die Ausgliederung der Südslawen aus dem Habsburgerreich propagiert. Handelsboykott und Wirtschaftsembargo seitens der Habsburger blieben dank französischer, englischer und deutscher Wirtschaftskreise wirkungslos. Nikola Pašić (1846–1926) wurde Ministerpräsident. 1908 annektierte Österreich Bosnien und Herzegowina, wo immerhin

Das Attentat Gavrilo Prinčips auf Franz Ferdinand löste den Ersten Weltkrieg aus

40 Prozent Serben lebten, was das Verhältnis zu Serbien sehr strapazierte. Die Problematik gipfelte in der Ermordung des österreichischen Thronfolgers in Sarajevo am Vidovdan, dem 28. Juni 1914 durch Gavrilo Prinčip, die den Serben zur Last gelegt wurde. Die Doppelmonarchie Österreich-Ungarn erklärte daraufhin im Bündnis mit dem Deutschen Reich Serbien den Krieg. Geplant war eine Neuordnung auf dem Balkan. Diese Mittelmächte standen gegen die Entente aus Briten, Franzosen und Russen. Die serbischen Truppen hielten zunächst stand, erst mit dem Eintritt Bulgariens an der Seite der Mittelmächte mußte sich die serbische Regierung bis nach Korfu zurückziehen. Montenegro, Serbien und Albanien wurden von Österreich-Ungarn besetzt, Bulgarien erhielt Makedonien. Griechenland trat auf Druck der Entente ebenso wie kurz darauf Rumänien in den Krieg ein. Italien wurde nach Zugeständnissen wie Dalmatien, Istrien und Albanien 1915 ebenso Mitglied der Entente. Gestärkt durch die Entente, wendete sich seit 1916 das Blatt auch für die Serben. Die Großoffensive von Saloniki aus brachte zunächst Bulgarien, dann die gesamte Balkanfront zu Fall, die die endgültige Niederlage der Mittelmächte Deutschland, Österreich, Bulgarien und Türkei einleitete.

Bis ins 19. Jahrhundert hatte in Serbien der julianische Kalender gegolten. Dieser hinkte dem gregorianischen um zwölf Tage hinterher. Der Rückstand war im Jahr 1900 auf 13 Tage angewachsen. Nach dem Ersten Weltkrieg vollzog Serbien den Wechsel auf den neueren Kalender, weswegen das Datum des Vidovdan in zwei Daten angegeben wird. Auf den 19. Januar 1919 folgte der 1. Februar.

Das Königreich der Serben, Kroaten und Slowenen

Während des Ersten Weltkriegs etablierten sich mehrere slawische Bewegungen, die die Unabhängigkeit der Südslawen von Habsburg anstrebten: In London tagte ein Komitee unter dem Kroaten Trumbić und dem kroatischen Bildhauer Ivan Meštrović. Die serbische Regierung, das Königshaus, die auf der Insel Korfu Zuflucht genommen hatte, bekundete ihren Willen zu einer gemeinsamen Staatsbildung der Südslawen, einem Königreich der Serben, Kroaten, Slowenen ›Kraljevina Srba, Hrvata i Slovenca‹, abgekürzt SHS.

Im österreichischen Reichsrat forderten die südslawischen Abgeordneten eine Vereinigung der österreichisch-ungarischen Südslawen der Donaumonarchie zu einem selbständigen Staat innerhalb des Habsburgerreiches. In den letzten Kriegstagen vereinten sich alle zur großserbischen beziehungsweise südslawischen Bewegung.

Auf die Proklamation des Nationalrates in Agram/Zagreb folgte 1921 die des SHS in Belgrad durch Prinzregent Aleksandar, den zweiten Sohn Petars. Im Grun-

Die Unterzeichner der Korfu-Deklaration von 1917

de war es eine staatliche Vereinigung der seit 400 Jahren unter Habsburger Herrschaft stehenden Südslawen, Slowenen, Kroaten und ungarländischen Serben, und eine Wiederholung der Deklaration von Korfu. Diesem Zusammenschluß wurde auch Montenegro einverleibt. Jetzt herrschten Prinzregent Aleksandar Karađorđe und Ministerpräsident Pašić über etwa zwölf Millionen Bürger, unter denen die Serben 45 Prozent stellten. Aber selbst diese Serben waren in sich gespalten: Da gab es die ›iz preka‹, die von drüben, die Balkanserben aus dem Altreich südlich der Donau und Save, und die ›podunavski‹ jenseits der Donau, von Slawonien und der Vojvodina, die die historisch vom Habsburgerreich geprägt und daher eher westlich ausgerichtet waren.

Die Serben des Altreichs, Kleinbauern und Hirten, stellten Soldaten und hatten sich in den Balkankriegen tapfer geschlagen. Sie wurden zur Hauptstütze des neuen Staates, während die jenseitigen bereits eine bürgerliche Mittel- und Bildungsschicht kannten und mit Katholiken und anderen Konfessionen zusammenlebten. Die Donau wurde also innerstaatlich als Kulturgrenze empfunden und brachte die Südslawen in Opposition zu den Altserben.

Außerdem standen sich von Beginn an zwei politische Auffassungen gegenüber: Die Kroaten strebten eine föderative Einrichtung, die Serben eine zentralistische an. Nikola Pašić setzte die serbische Idee durch und proklamierte am 28. Juni 1921 die zentralistische Verfassung, die sogenannte Vidovdan-Verfassung. Das Land wurde in administrative Bezirke eingeteilt, die eine serbische Mehrheit begünstigten. Der Grundstein für eine lang andauernde Feindschaft zwischen Serben und Kroaten war gelegt, die mit dem Zerfall Jugoslawiens blutig zum Ausbruch kam.

Doch zunächst gipfelten die Auseinandersetzungen 1927 in der Ermordung des Führers der kroatischen Bauernpartei, Stjepan Radić. Sein Nachfolger Vladimir Macek arbeitete auf ein autonomes Kroatien hin. Dem kam Aleksandar zuvor, indem er die Königsdiktatur im Januar 1929 ausrief. Parlament und alle Parteien wurden aufgelöst, die Vidovdan-Verfassung aufgehoben, der Name ›SHS‹ gelöscht, der Staat in Jugoslavija umbenannt und in neun Banate unterteilt. Innenpolitisch regierte Aleksandar Karađorđe sehr autoritär, außenpolitisch suchte er zu ganz Europa gute Kontakte. Zu Deutschland, das wichtigster Handelspartner war, bestanden gute Beziehungen. Karađorđe und seine Frau, die Rumänin Maria, fielen 1934 in Marseille einem Attentat zum Opfer. Sein Vetter Pavle übernahm für den erst zehnjährigen Thronfolger Petar die Regierung.

Vor dem Zweiten Weltkrieg waren aus Unzufriedenheit Geheimbünde und Widerstandsgruppen gebildet worden: die IMRO (Innere Makedonischen Revolutionäre Organisation), die in Makedonien agierte, in Kroatien die von Italien unterstützte Ustaša (der Aufstand) und andere.

Der Zweite Weltkrieg

Im Zweiten Weltkrieg verschwand der ehemalige SHS-Staat von der Landkarte. An seine Stelle traten Gebietsabtretungen, Besatzungsgebiete und Vasallenstaaten. Am 25. März 1941 wurde Jugoslawien im Wiener Belvedere zum Beitritt in das Achsenbündnis und zur vertraglichen Überlassung aller militärischen Einheiten gezwungen. Ein Putsch serbischer Generäle unter der Führung von Dušan Simović stürzte daraufhin den Prinzregenten, der Pakt mit dem Achsenbündnis wurde aufgekündigt und Jugoslawien in den Krieg hineingezogen. Deutschland überfiel in einem Blitzkrieg das Land und zerschlug es. Die Bombardements erfolgten am 6. April 1941, nur elf Tage später kapitulierte das Land. Der 17jährige König Petar und die Regierung General Dušan Simovićs gingen zunächst nach Jerusalem, dann nach London ins Exil. Der König hat trotz Proklamation der Republik am 29. November 1945 nie auf seine Thronrechte verzichtet. Er starb in Los Angeles. Seine Kinder Fürst Alexander und Fürstin Elisabeth leben in London und zweitweise sogar wieder in Serbien.

Jugoslawien zerfiel mehr oder weniger in seine historischen Landschaften. In Zagreb wurde der unabhängige kroatische Staat einschließlich des Sremgebietes von Gefolgsleuten der Ustaša ausgerufen. Ante Pavelić kam aus dem Exil und wurde ihr Führer. Kroatien arbeitete Deutschland und Italien in die Hände. Serbien geriet unter deutsche Militärverwaltung. Der kroatisch-serbische Religionskonflikt brach erneut auf. Die katholischen Kroaten und ihre kirchlichen Würdenträger sind bis heute umstritten, so der Erzbischof von Zagreb Alojzije Stepinac, aber auch der Erzbischof von Sarajevo, Ivan Šarić. Die orthodoxen Serben besiedelten einen großen Teil der Kraijna. Viele von ihnen wie auch Roma und Juden kamen im kroatischen Konzentrationslager von Jasenovac ums Leben. Es wurde zeitweise vom Franziskanerpater Miroslav Filipović geleitet. Den orthodoxen Patriarchen Gavrilo verschleppten die Deutschen ins Konzentrationslager Mauthausen. Alle Gebiete nördlich der Donau, Baranya, Bačka und Vojvodina, fielen an Ungarn.

Die Serben nördlich der Save wurden nach Süden vertrieben. Ein Großteil Makedoniens ging an Bulgarien, das Kosovo an Albanien, Montenegro wurde als italienischer Satellitenstaat wiederhergestellt. Das Banat, von Ungarn und Rumänen gleichermaßen gefordert, wurde unter deutsche Verwaltung gestellt. Die Demarkationslinie verlief mitten durchs Land: Binnenkroatien blieb den Italienern, Slawonien, Bosnien und Serbien den Deutschen. Serbien selbst wurde unter deutsche Militärverwaltung gestellt, eine Marionettenregierung installiert: die Zivilregierung unter dem ehemaligen Kriegsminister General Milan Nedić als Ministerpräsident. Er wurde nach Kriegsende als Kollaborateur an Jugoslawien ausgeliefert und nahm sich am 4. Februar 1946 das Leben.

Verschiedene Bewegungen, darunter königstreue und kommunistische Widerstandsgruppen, letztere geführt von Josip Broz alias Tito, kämpften getrennt gegen die Besatzer. Auch ihnen fielen viele Menschen zum Opfer. Einen ergreifenden Eindruck von den Geschehnissen während dieser Zeit vermittelt der Film ›Die letzte Brücke‹ (Poslednji most, 1954) von Helmut Käutner, in dem Maria Schell eine der Hauptrollen spielt. Die Kampfverbände des Königs, die Četniks, serbisch Četnici (Freischärler), wurden von Oberst Draža Mihajlović, der sich als Statthalter des exilierten Königs betrachtete, geführt. In Bosnien gerieten sie in Kämpfe mit der Ustaša. Ihre Opfer wurden dort die der Kollaboration verdächtigten Muslime und Kroaten.

Tito und sein ranghöchster Offizier Milovan Djilas, Montenegriner und Historiker, erhielten nach dem Bruch des Hitler-Stalin-Paktes das Zeichen zum Aufstand. Ihre gut organisierten und disziplinierten Einheiten brachten der notleidenden Bevölkerung Hilfe, was deren breite Unterstützung für den Untergrund zur Folge hatte. Beherrschende Figur war Josip Broz mit dem Decknamen Tito. Als k.u.k. Soldat geriet er 1915 in russische Gefangenschaft und schloß sich während der Oktoberrevolution den Kommunisten an. Nach seiner Rückkehr 1920 baute er in Jugoslawien die kommunistische Partei mit auf. Geschult in der Komintern, entging er den Säuberungen Stalins 1937 in Moskau. Unter seiner Führung begann nach dem Angriff Hitlers auf die Sowjetunion der Aufstand. Als Tag der Erhebung galt der 7. Juli 1941, als im westserbischen Dorf Bela Crkva ein Kommunist, der verhaftet werden sollte, zwei Gendarmen erschoß. In Titos Jugoslawien war dies der Nationalfeiertag. Aus einem isolierten Aufstand gelang es ihm, eine breite patriotische Volksbewegung unter kommunistischer Führung zu aktivieren. Sein Ziel war ein föderatives Jugoslawien mit gleichberechtigten autonomen Republiken. Nach der Kapitulation Italiens trugen die Alliierten der Stärke Titos Rechnung und stellten die Unterstützung für die Četniks ein. 1943 wurde in Jajce, 70 Kilometer südlich von Banja Luka, eine provisorische antifaschistische Regierung gebildet, die sowohl Mihajlović als auch dem König jegliche Regierungsvertretung absprach. Tito ließ sich zum Marschall Jugoslawiens ausrufen. Noch im Mai versuchten deutsche Fallschirmjäger, Titos Hauptquartier in Bosnien zu stürmen – ohne Erfolg. Belgrad wurde von der Roten Armee und Partisanen eingenommen. Tito setzte sich bei den nachfolgenden Verhandlungen durch. Er erreichte den raschen Abzug der Sowjetarmee und gestaltete nach seiner Wahl von 1945 Jugoslawien zu einer föderativen Volksrepublik um, in der die Volksrepubliken Serbien, Kroatien, Slowenien, Bosnien und Herzegowina, Makedonien und Montenegro gleichberechtigt sein sollten. Die Republik Serbien umfaßte außerdem die autonomen Provinzen Vojvodina, Kosovo und Metohija (Kosmet). Damit wurde Serbien nach 1945 zur größten Volksrepublik innerhalb der ›Demokratischen Föderativen Republik Jugoslawien‹, aber insgesamt beschnitten. Nach der Anerkennung Jugoslawiens durch die alliierten Großmächte USA, UdSSR und England wurden Opposition und vermeintliche Gegner verfolgt. Es kam auch zu Massakern und großangelegten politischen Prozessen. Eine dunkle Seite der Tito-Ära war die ›Kahle Insel‹ (goli otok), ein Tabuthema, das erst nach Titos Tod zur Sprache kam. Eines der Opfer war der Četnikführer Draža Mihajlović. Erst vor kurzem hat das serbische Parlament beschlossen, die Veteranen der nationalistischen serbischen Četnikverbände aus dem Zweiten Weltkrieg jenen der kommunistischen Partisanenbewegung rechtlich gleichzustellen. Über die Opfer aller Verbände wird eher geschwiegen.

Draža Mihajlović, Anführer der Četniks im Zweiten Weltkrieg

Serbien als Teil Jugoslawiens

Nach dem Zweiten Weltkrieg fanden auf dem Balkan in großem Rahmen Enteignungen statt, wovon in Serbien vor allem die Volksdeutschen betroffen waren. Klöster und Kirchen wurden verstaatlicht. Die Kollektivierung der Landwirtschaft erwies sich als Fehler und wurde rasch wieder rückgängig gemacht. Die zunehmende Eigenständigkeit führte zum Bruch zwischen Tito und Stalin. Das Wirtschaftsembargo der Sowjetunion wurde durch den Westen abgefangen. Die heutige Hauptstadt Serbiens, Belgrad, war auch die Hauptstadt von Jugoslawien.

Im Mai 1980 starb nach langer Agonie Tito. Im Zeitraum 1980 bis 1992 zerfiel die von ihm gegründete Föderation. Erste Unruhen erschütterten das Kosovo 1981, von der Welt fast unbemerkt. Jugoslawien, das besonders hart von der damaligen Ölkrise betroffen war, litt unter dramatischen Wirtschaftsproblemen. Die Landeswährung, der Dinar, verlor rapide an Wert, der Lebensstandard sank, die Hilfen aus Ost und West blieben aus. Die Arbeitslosenrate stieg unermüdlich. Von all diesem waren besonders der Süden und hier das Kosovo betroffen, das seine Bevölkerung mit der höchsten Geburtenrate Europas innerhalb weniger Jahrzehnte um fast 200 Prozent gesteigert hatte. Der Ministerpräsident Branko Mikulić, ein Bosnier, gab angesichts der Probleme auf. Es folgte der Kroate Ante Marković. In den ersten Mehrparteienwahlen gewannen in fast allen Teilrepubliken die Nationalisten, die vorwiegend Altkommunisten waren. Forderungen nach mehr Selbstbestimmung und freier Meinungsäußerung der einzelnen Republiken, allen voran der Slowenen nach mehr Eigenständigkeit und weniger Zahlungen an die Regierung in Belgrad, führten zum ersten Bürgerkrieg der Serben gegen die Slowenen.

Josip Broz Tito (1892–1980)

Serbien unterstützte Marković und erhielt freie Hand im Kosovo. Die autonomen Provinzen Vojvodina und Kosovo wurden 1989 mit einigen Verfassungszusätzen wieder Belgrad unterstellt. Der Zerfall der Sowjetunion und ein zunehmender serbischer Nationalismus verfehlten ihre Wirkung nicht. Ein Memorandum der serbischen Akademie der Wissenschaften von 1986 rechnete mit der vermeintlich antiserbischen Politik eines Tito ab und spricht von ihm seitdem nur noch als Josip Broz. Ultranationalisten traten auf: Das Begräbnis des Serben Marko Ranković, einst neben Tito und Djilas mächtigster Mann in Jugoslawien, geriet zur Massenveranstaltung in Belgrad. Theaterstücke wie ›Die Schlacht an der Drina‹ unterstützen das serbische Gefühl ›Immer ist alles gegen uns!‹. Der serbische Präsident Ivan Stambolić schickte 1987 seinen Parteichef, Slobodan Milošević, bis dato Bankangestellter in New York, nach Priština. Verstecktes Ziel der jugoslawischen Regierung wurde die Zusammenführung aller Serben, die in großer Zahl in Bosnien, Montenegro, aber auch in Kroatien lebten. Die Minderheiten erklärten ihre Regionen zu autonomen Republiken und riefen Belgrad um Hilfe an. Da weder Kroatien noch Serbien nachgeben wollte, führte dies zum Bürgerkrieg mit Kroatien.

Der radikale Politiker Vojislav Šešelj, gegen den ein Verfahren in Den Haag läuft, brüstete sich öffentlich, daß seine Leute, die neuen Četniks, den Schutz der Serben in Ostslawonien übernommen hätten. Im Laufe dieses Bürgerkrieges wurde die Stadt Vukovar dem Erdboden gleichgemacht. In Bosnien führten die Auseinandersetzungen zu den Massakern von Srebrenica, nur eine der vielen Greueltaten.

Das unabhängige Serbien

Europa versuchte mehr oder weniger halbherzig, Jugoslawien zusammenzuhalten. Als erstes erklärten sich Kroatien und Slowenien 1991 für unabhängig, was von deutscher Seite vorschnell anerkannt wurde. Die Frage der Minderheiten war nirgends gelöst. Serben wurden einfach als ›andere Völker‹ bezeichnet. Slobodan Milošević stieg vom Parteivorsitzenden der kommunistischen Partei Serbiens 1987 zum Präsidenten der Republik Serbien auf. Er schaltete die Opposition aus und hob den Autonomiestatus der Vojvodina und des Kosovo auf. Seit 1990 herrschte der Ausnahmezustand im Kosovo. Der serbische Block erreichte die absolute Mehrheit im Staatspräsidium. Die Wahlen im Dezember 1990 bestätigten Milošević, der ab sofort die serbischen Nationalisten mit Parolen wie ›Serbien ist überall dort, wo Serben leben‹ bediente. Nach seiner zweiten Amtszeit 1997 avancierte Milošević vom Präsidenten Serbiens zu jenem der Bundesrepublik Jugoslawien. Gleichzeitig bestand aber auch eine Opposition in Serbien, die sich nichts als Freiheit und offene Meinungsäußerungen wünschte. Menschen gingen auf die Straße gegen Milošević und büßten dafür mit Gefängnis. Politisch war die Opposition im Bündnis ›Zajedno‹ (Gemeinsam) organisiert, das jedoch bald an inneren Gegensätzen zerbrach. 2000 verabschiedete das Bundesparlament ein neues Wahlgesetz, das Staatspräsident Milošević eine zweite Amtszeit möglich machte. Aus den darauffolgenden Wahlen ging dennoch Vojislav Koštunica als Wahlsieger hervor. Milošević akzeptierte seine Niederlage erst nach dauerhaften Massenprotesten.

Geschichte im Überblick

5. Jahrhundert vor Christus Illyrische Stämme besiedeln die Gebiete links und rechts der Donau.
1. Jahrhundert vor Christus Die Römer beginnen, den Balkan zu erobern.
395 Römische Teilung. Serbien wird Ostrom zugeschlagen.
6./7. Jahrhundert Südslawische Stämme dringen auf den Balkan.
8./9. Jahrhundert Das serbische Raszien etabliert sich.
1170–1371 Großserbisches Reich. Stefan I. Nemanja wird 1169 zum Großžupan ausgerufen und vereint Raszien und Zeta zum Nemanjidenreich.
1217 Stefan II., der Erstgekrönte, wird serbischer König.
1219 Gründung der autokephalen serbisch-orthodoxen Kirche, Sitz des Erzbischofs wird Žiča.
1290 Das serbische Patriarchat wird von Žiča nach Peć verlegt.
1331–1356 Regierungszeit König Stefan Dušans, unter dem Serbien mit Makedonien, Thessalien, Albanien und Epirus Serbien seine größte Ausdehnung erreicht.
1389, 15./28. Juni (Vidovdan) Die Serben unterliegen in der Schlacht auf dem Amselfeld (Kosovo Polje) den Osmanen. Die Unterwerfung Serbiens wird eingeleitet.
1389–1427 Despot Stefan Lazarević, Sohn Lazars, wird türkischer beziehungsweise ungarischer Vasall. Die Serben siedeln an der südlichen Donau.
1427 Despot Georg I. Branković wird Nachfolger Stefan Lazarevićs, Smederevo wird Residenz.
1459 Fall von Smederevo, ganz Serbien wird türkischer Paschalik, Auflösung des Patriarchat von Peć durch den Patriarchen von Konstantinopel.
1521 Belgrad fällt endgültig in osmanische Hand.
1557–1776 Das Patriarchat von Peć wird durch Großwesir Mehmed Pascha Sokolović erneuert.
16. Jahrhundert Aufbau der Militärgrenze an der Donau durch Habsburg.
1593–1606 Kriege Türken gegen Habsburg,
1683 Vergebliche Belagerung Wiens.
1690 Exodus der Serben unter Führung des Patriarchen Arsenije III. Črnojević in die ungarisch-habsburgische Vojvodina.
1697 Prinz Eugen siegt in der Schlacht bei Senta gegen die Türken.
1699 Frieden von Karlowitz,
1718 Frieden von Passarowitz,
1739 Frieden von Belgrad.
1804–1813 Erster serbischer Aufstand unter Karađorđe.
1815–1817 Zweiter serbischer Aufstand unter Miloš Obrenović.
1835 Erste serbische Verfassung.
1844 Serbisches Bürgerliches Gesetzbuch.
1867 Abzug der letzten türkischen Truppen aus Serbien.
1878 Berliner Kongreß: Die Unab-

hängigkeit Serbiens wird anerkannt.
1882, 22. Februar Milan Obrenović IV. proklamiert das Königreich Serbien.
1912/1913, 1913/1914 Balkankriege, Südserbien und Makedonien werden erobert.
1914 Attentat auf Erzherzog Franz Ferdinand in Sarajevo.
1914–1918 Erster Weltkrieg, Serbien auf der Seite der Entente (Rußland, Frankreich, Großbritannien).
1918 Proklamation des Königreiches der Serben, Kroaten und Slowenen (SHS).
1921 Verabschiedung der Vidovdan-Verfassung.
1929 Aleksandar errichtet die Königsdiktatur, das Königreich wird in Jugoslavija umbenannt.
1941 Prinz Pavle wird entmachtet, der Beitritt zum Dreimächtepakt rückgängig gemacht.
1941 Deutschland überfällt Jugoslawien, Belgrad wird bombardiert, der SHS-Staat von der Landkarte getilgt.
1945 Die föderative Volksrepublik Jugoslawien wird proklamiert unter Führung Marschall Titos.
1948 Bruch mit der Sowjetunion.
1980 Tod Titos.
1981 Erste Unruhen im Kosovo wegen Forderung der Albaner nach eigener Republik.
1989 Verfassungsänderung in Serbien hebt den Autonomiestatus des Kosovo und der Vojvodina faktisch auf. Slobodan Milošević tritt an die Spitze des serbischen Staates.
1991, 25. Juni Der Zerfall Jugoslawien beginnt mit der Unabhängigkeitserklärung von Kroatien und Slowenien.
1992 Anerkennung von Kroatien und Slowenien als unabhängige Staaten. Das Problem der serbischen Minderheit in Kroatien bleibt ungelöst.
1992 Bosnien und Herzegowina erklärt seine Unabhängigkeit, ein Bürgerkrieg nimmt seinen Anfang.
1992 Gründung der UÇK, der Befreiungsarmee der Kosovo-Albaner
1994 Bosnische Serben geben dem Druck der NATO nach. **10. April:** NATO-Luftangriffe gegen serbische Einheiten bei Goradže.
1995, 11. Juli Srebrenica fällt bei serbischer Offensive, **4.–7. August** Kroatische Truppen erobern Krajina, Massenflucht der serbischen Bevölkerung, **14. Dezember** Bosnien-Friedensplan, Ifor-Einsatz zur Sicherung des Abkommens von Dayton.
1996 Sarajevo wiedervereinigt. Erste Verfahren vor Kriegsverbrechertribunal, 70 000 Serben auf der Flucht, Serbische Zivilisten werden im Kosovo Opfer der UÇK.
1997 Djindjić wird erster nichtkommunistischer Bürgermeister Belgrads.
1998 Lage im Kosovo eskaliert, serbische Vergeltungsschläge, Druck der EU und der UN, OSZE-Beobachter werden von Belgrad zugelassen.
1999 Blutbad bei Raćak (Kosovo), letzte Warnung der NATO an Milošević. **6. Februar:** Kosovo-Konferenz in Rambouillet, **24. März:** Krieg

gegen Restjugoslawien, Serbien und Montenegro, beginnt mit Luftangriffen unter deutscher Beteiligung.
12. Juni: Einmarsch internationaler Friedenstruppe Kosovo Force (KFOR) im Kosovo.
1999 Formelle Auflösung der UÇK.
2000 Wahl V. Koštunicas zum Präsidenten von Serbien; Volksaufstand und Sturz Milošević. Übergangsregierungen bis zur Neuwahl. Gründung der Befreiungsarmee von Presheva, Medvegja und Buanovovci (UÇPMB)
2001, 25. Januar Das serbische Parlament bestätigt die neue Regierung mit Djindjić an der Spitze.
2003, 4. Februar Restjugoslawien wird umbenannt in Staatengemeinschaft Serbien und Montenegro. Ende der jugoslawischen Existenz.
2003, 12. März Der serbische Premierminister Zoran Djindjić wird ermordet, Zoran Živoković wird provisorischer Nachfolger.
2003 Nach dem Zusammenbruch der Koalition unter der Führung der DOS haben im Dezember Neuwahlen zur Folge: mit 28 Prozent wird die SRS von Vojislav Šešelj stärkste Partei, die Minderheitenregierung aus DSS, G17 und SPO-NS übernimmt unter Premierminister Vojislav Koštunica die Regierung.
2004, Februar Bei Unruhen im Kosovo sterben 18 Menschen, viele Kirchen und Klöster werden dem Erdboden gleichgemacht.
2004 Die Regierung beschließt, keine der Kriegsverbrechen angeklagten Serben mehr an das UN-Tribunal nach Den Haag auszuliefern.
2004, Juli Boris Tadić wird in einer Stichwahl zum Präsident Serbiens gewählt.
2004, 3. Dezember Auf Präsident Tadić wird ein Attentat verübt, das der Präsident unverletzt überlebt.
2005 Erneute Regierungskrise wegen unterschiedlicher Auffassungen im Umgang mit den Kriegsverbrechern und der Zusammenarbeit Serbiens mit Europa und den USA.

Die Schäden des NATO-Bombardements von 1999 sind noch nicht überall beseitigt

Die Völker Serbiens

Nach Slowenien war Serbien lange Zeit das ethnisch geschlossenste Gebiet Jugoslawiens mit 85 Prozent serbischer und 1,4 Prozent montenegrinischer Bevölkerung. Erst im letzten Jahrzehnt von Jugoslawien entwickelte sich das Kosovo zum ethnisch homogensten Gebiet. Heute ist die Zusammensetzung der Bevölkerung in allen drei Landesteilen sehr unterschiedlich. An der Volkszählung vom April 2002 hatte sich das Kosovo nicht beteiligt. Es wird heute noch stärker als vor dem Kosovokrieg von Albanern dominiert, weil viele Serben und Ange-

Altes Ehepaar in Ram

hörige anderer Minderheiten wie Roma, Bosniaken, Goranen und Türken das Land mehr oder weniger freiwillig verlassen haben.

Ein großes Nationalitätengemisch besteht in Belgrad: Viele Gastarbeiter, oft Albaner und Montenegriner, die vor allem in führenden Positionen des Wirtschaftsleben stehen, Roma, eine jüdische Gemeinde, die einheimischen Serben, die serbischen Flüchtlinge und viele mehr bestimmen das Bild.

Seit dem Ende der Bürgerkriege strömten viele serbische Flüchtlinge, zunächst aus Kroatien, der Kraijna, dann aus Bosnien und dem Kosovo ins Land. Die Zahlen schwanken zwischen 300 000 und einer halben Million. Nach dem Sturz Miloševićs hat sich die Situation der Minderheiten verbessert. Seit dem 7. März 2002 ist ein Gesetz über den Schutz und die Freiheiten von Minderheiten in Kraft, das alle Rechte im Sinne des internationalen Rahmenabkommens über Minderheitenschutz garantiert.

Slawen und Serben

Im heutigen Serbien leben verschiedene ethnisch den Slawen zugerechnete Gruppen in geschlossenen Dörfern der Vojvodina. In Subotica leben Kroaten, die aber auch in Novi Sad und Belgrad zu finden sind. Gerade zwischen Kroaten und Serben gab und gibt es viele Mischehen, die die Wirren und Auseinandersetzungen der letzten Jahre überstanden haben: Ehen, wie sie über all die Jahrhunderte zwischen Albanern und Serben fast gar nicht, zwischen Bulgaren und Serben, Rumänen und Serben, Deutschen und Serben eher selten waren. Die Kroaten wurden auch nach den Bürgerkriegen nicht aus Serbien vertrieben.

Etwa 60 000 Slowaken leben im Land, die von den Habsburgern wie so viele andere Volksgruppen in die Vojvodina geholt wurden. Häufig gehören sie der reformierten Kirche an. Die Minderheit der Bulgaren siedelt vorwiegend an der Grenze zu Bulgarien, um Pirot, Dimitrovgrad und Bosilegrad. Daneben gibt es die slawischen Makedonier, Slowenen und natürlich Montenegriner, die Teil des Staatenbundes sind.

Die Serben, die zur Gruppe der Südslawen gehören, sind in mehreren Einwanderungswellen vom 6. bis 7. Jahrhundert in das heutige Südserbien, das Kernland Raška und Kosovo, eingewandert. Unter den Byzantinern erreichten sie schon bald die südliche Donau. Geleitet von Županen, sogenannten Stammesführern, lebten sie in der Zadruga, der südslawischen Großfamilie. Im 9. Jahrhundert nahmen sie das östliche Glaubensbekenntnis an und gerieten unter den Einflußbereich des Patriarchen von Konstantinopel. Die Serben stellen heute mit knapp 83 Prozent das größte Volk in Serbien. Sie bekennen sich vor allem zur serbisch-orthodoxen Kirche.

Im Frühjahr wird das serbische Fest Velika Hoča gefeiert

Unter den Serben versteht man auch die Raitzen, wie sie von den Österreichern, und die Rać, wie sie von den Ungarn genannt wurden. Das war die Bezeichnung für diejenigen, die von den Habsburgern zum Schutz der Militärgrenze geholt wurden. Zu den Serben zählen auch die Schokatzen, serbisch Šokci und ungarisch Sokácok genannt. Sie sind Nachkommen der 1690 aus Serbien und der Herzegowina geflüchteten Serben, die unter Kaiser Leopold I. Autonomierechte erhielten und den katholischen Glauben annahmen.

Ruthenen, Ukrainer und Bunjewatzen

Die slawischen Ruthenen leben in Serbien vorwiegend in der Vojvodina. Sie sind ethnisch Ukrainer aus der Westukraine. Früher nannte man die Russen Ruthenen oder Rusinen. Heute bezieht sich die Bezeichnung auf die Ukrainer, die aus dem Karpatenraum kommen. Ihre Volksgruppe ist auf die Slowakei, Ungarn und Serbien verteilt. Nach der letzten Volkszählung haben sich etwa 10 000 Menschen als Ruthenen bezeichnet. Sie gehören dem griechisch-katholischen Glauben an. Eine ihrer Kirchen steht in Novi Sad.

Weniger geklärt ist die Herkunft der Bunjewatzen. Sie leben vorwiegend in der Vojvodina und verstehen sich als eigene Volksgruppe. Sie sprechen eine dem Serbischen und Kroatischen ähnliche Sprache. Da sie sich zum römisch-katholischen Glauben bekennen, werden sie gerne in die Nähe der Kroaten gebracht. Es gibt auch Vermutungen, daß ihre Vorfahren Albaner waren, die zum Christentum bekehrt wurden.

Ungarn, Wlachen und Rumänen

Die Ungarn stellen die zweitgrößte Minderheit nach den Albanern. Sie leben größtenteils in der Vojvodina und dort in der Bačka. Lange war dies ungarisches Territorium. Die Ungarn der Vojvodina sind vorwiegend katholisch. Ihr Anteil an der Gesamtbevölkerung beträgt fast vier Prozent, der Anteil an katholischen Mitgliedern ebenfalls. Seit das Mutterland Ungarn zur Europäischen Union gehört, benötigen die serbischen Ungarn ein Visum, es gelten aber Sonderbedingungen.

Im Nordosten Serbiens siedeln sogenannte Wlachen (serbisch Vlasi), eine weitgehend assimilierte Bevölkerungsgruppe, die wie die Rumänen Nachfahren der römischen Provinzialbevölkerung sind. Sie sind den makedonischen Vlachen oder nach ihrer Selbstbezeichnung Aromunen ähnlich. Sie leben überwiegend in Dörfern der Gemeinden Bor, Petrovac. Žagubica, Blujevac, Kučevo, Negotin, Zaječar, Batočina und Majdanpek. Oft sind sie Landwirte und Viehzüchter. Nicht alle gaben als ihre Muttersprache noch das Vlaški an, eine Sprache romanischen Ursprungs, die zum Dakorumänischen gehört, aus dem sich das heutige Rumänisch entwickelt hat.

Viele Rumänen siedeln im Banat, in Bela Crkva und Vršac. Hier stehen ihre Kirchen, hier pflegen sie sehr engagiert ihr Brauchtum.

Muslime

In Serbien leben viele Menschen, die dem islamischen Glauben, vorwiegend sunnitischer Ausprägung, angehören. Im gesamten Serbien einschließlich Kosovo beträgt ihr Anteil etwa 19 Prozent der Gesamtbevölkerung. Dazu zählt zunächst die große Gruppe an muslimischen Albanern, die vorwiegend das Kosovo bewohnen. Sie sind aber auch im Preševotal angesiedelt, dem sogenannten Ostkosovo, das zum serbischen Kernland gehört; in den Gemeinden Preševo (albanisch Presheva), Medveđa (Medvegja) und Bujanovac (Bujanovci) beträgt ihr Anteil mehr als 50 Prozent.

Etwa 300 000 Muslime leben im Sandžak Novi Pazar. Sie sind einerseits Serben, die irgendwann zum islamischen Glauben übertraten, andererseits gibt es Muslime, die vielleicht osmanischer Abstammung sind. Die Menschen dort sind sehr zurückhaltend mit ihren Aussagen. Sie selbst bezeichnen sich als Bosniaken und hätten als solche gerne die Anerkennung. Dies führte in der Vergangenheit zu Befürchtungen seitens der Serben, eine Angliederung an Bosnien werde angestrebt. In den Statistiken werden sie einfach als Muslime bezeichnet, ohne ethnischen Namen. Muslimischen Glaubens ist auch die Minderheit der Goranen oder Goranci, vom serbischen Wort für Gora, Gebirge. Sie gehören ethnisch zu den Südslawen und sind vorwiegend im südwestlichen Kosovo beheimatet. Sie sprechen serbisch, sehen sich aber als eigene Volksgruppe, die den Serben gegenüber positiv eingestellt ist.

Deutsche

Im heutigen Serbien kann man von zwei verschiedenen Einwanderungsbewegungen der Deutschen sprechen. Zum einen wurden sie bereits unter den Nemanjiden im Mittelalter für die Erschließung der Bergwerke in den Süden geholt. Eine zweite Einwanderungsbewegung gab es an der Donau in habsburgisch-österreichischem Auftrag. Seit dem 18. Jahrhundert wurden zu beiden Seiten der mittleren Donau deutsche Siedler zur Kolonisierung und Urbarmachung der südlichen ungarischen Tiefebene – Bačka, Vojvodina und Banat – geholt. Sie kamen vorwiegend aus Baden und Württemberg, was ihnen den Namen ›Schwaben‹ einbrachte. Der ›Schwob‹ ist noch heute ein Synonym für Deutsche.

Damals war nicht die Nationalität, sondern die Religion wichtig. Die Bačka- und Banater Schwaben waren vorwiegend Katholiken, im Gegensatz zu den Siebenbürger Sachsen (Rumänien) und Zipser Sachsen (Slowakei).

Steuererleichterung und Befreiung vom Militär waren die Lockmittel. Die Einwanderer kamen auf der Donau, die die alte und die neue Heimat verband. Drei große Schwabenzüge wurden organisiert: 1723 bis 1726, 1763 bis 1773 und 1782 bis 1787. Ihre östlichste Niederlassung war Bela Crkva (Weißkirchen). Sie verwandelten das Sumpfgebiet in die Kornkammer der Vojvodina. Die Anlage von deutschen Musterdörfern wurde vorbildlich. Nach der Volkszählung von 1933 lebten etwa 500 000 Deutsche in der Vojvodina.

Die Besetzung Serbiens durch Deutschland und der mit rücksichtsloser Härte geführte Kampf gegen die jugoslawische Widerstandsbewegung änderte die Stellung der Donauschwaben. Die Folgen nach dem Zweiten Weltkrieg waren Flucht, Enteignung, Vertreibung. Als Minderheit waren die Deutschen rechtlos geworden. Nur einem Drittel gelang die Flucht. Eine hohe Zahl wurde in die Sowjetunion verschleppt. Einige konnten erst Jahre später nach Deutschland auswandern. Etwa 90 000 Deutsche fielen den Tito-Partisanen und ihren serbischen Nachbarn zum Opfer. Viele gaben sich als Kroaten oder Ungarn aus, um bleiben zu können. Heute sind wenige wieder in Verbänden auf Gemeindeebene organisiert. Man zählt innerhalb der Vojvodina etwa 5000 Deutsche. Viele davon leben in und um Novi Sad, wo sie sich um das Kulturleben verdient machen.

Roma

Die Zahl der in Serbien lebenden Roma war immer sehr schwankend. Seit der letzten Volkszählung sollen es 100 000 sein. Weitere leben im Kosovo. Der größte Anteil siedelt im Südosten Serbiens südlich von Niš, in und um Vranje, wo sie in Vranjska Banja einen großen Anteil stellen. Daneben leben sie in Niš, aber auch in Belgrad und an der Donau, zum Beispiel bei Kostolac. Die Situation der Roma in Serbien ist umstritten. Einerseits mahnen internationale Menschenrechtsor-

Romakind in Niš

ganisationen mehr Humanität an, andererseits fühlen sich die Roma laut eigenen Aussagen in Serbien besser behandelt als anderswo.

Die in der Provinz Kosovo siedelnden Roma sind urkundlich seit dem Jahr 1348 zur Regierungszeit König Dušans ansässig und verblieben auch unter dem Osmanischen Reich. Sie waren in handwerklichen Berufen oder in Minen tätig. Während der deutschen Besetzung Jugoslawiens und der damit einhergehenden Verfolgung schlossen sie sich den Tito-Partisanen an. Die Roma im Kosovo sind mehrheitlich albanischsprechend, was sie von anderen Romagruppen unterscheidet, die ihre Muttersprache, das Romanes, sprechen.

Vieles über die Roma ist ungeklärt, eines aber ist gewiß: Die serbische Musik ist ohne die Roma und ihren Einfluß, serbische Hochzeiten ohne Romamusiker nicht denkbar.

Während der Pogrome im Kosovo im März 2004 sind die dort ansässigen Roma neben anderen Minderheiten wieder einmal Opfer geworden. Für viele ist die Auswanderung die einzige Hoffnung auf eine Zukunft. Ein beliebtes Ziel ist Italien.

Juden

Die Geschichte der Juden in Serbien reicht lange zurück, auch wenn es nicht viele Quellen gibt. Zu römischer Zeit waren sie in der Provinz Pannonia, in der heutigen Vojvodina, nachweisbar. Nach der türkischen Invasion wanderten Juden von Mähren, Niederösterreich, Galizien und der Ukraine ein und fühlten sich als Aschkenasim eng dem deutschen und österreichischen Kulturkreis verbunden. Nach dem habsburgisch-ungarischen Ausgleich 1867 sanken die Einwanderungszahlen, aber es kam zu einer Verschiebung von Nord- nach Südserbien. Ein beträchtlicher Teil assimilierte sich Ende des 19. Jahrhunderts auch zum Magyarischen hin.

Auf dem jüdischen Friedhof in Novi Sad

Eine andere große Einwanderungswelle von Juden auf den gesamten Balkan wurde Anfang des 16. Jahrhunderts nachgewiesen. Die Sephardim waren von den katholischen Königen Ferdinand und Isabella aus Spanien vertrieben worden. Sie brachten die spanische Sprache, die hebräische Religion und Kultur mit. Während viele nach Saloniki und Konstantinopel weiterzogen, blieben andere in

Sarajevo und auch in Serbien. Unter Sultan Beyazit II. wurden die Statthalter seiner Provinzen angehalten, die Flüchtenden freundlich aufzunehmen. Sie spielten vor allem in den Städten und da besonders im Donauraum eine nicht zu unterschätzende Rolle.

Mit den Deportationen durch die deutsche Besatzungsmacht wurden die Juden und ihre Kultur 1944 weitgehend vernichtet. Antisemitische Tendenzen der Frühphase des Kommunismus bewogen Überlebende zur Auswanderung in den Westen oder nach Israel. Heute sind traurige Zeugen der Vergangenheit nur noch die zum Teil wunderschönen Synagogen wie in Subotica oder die Friedhöfe in Novi Sad und Belgrad, aber auch in Sombor.

Die serbisch-orthodoxe Kirche

Die serbisch-orthodoxe Kirche ist eine eigenständige, das heißt autokephale Kirche innerhalb der verschiedenen orthodoxen Kirchen. Ihre Ursprünge gehen auf den Fürsten Mutimir von Raszien zurück, der in seinem Todesjahr 891 den orthodoxen Glauben annahm. Im 9. Jahrhundert wirkten die Slawenapostel Kyrill und Method bis nach Mähren, schufen eine erste slawische Schrift, das Glagolithische, und setzten beim Papst das Recht der Slawen durch, die Liturgie in slawischer Sprache zelebrieren zu dürfen. Ihre Schüler Klemens und Naum wirkten im Bistum Achrida, dem heutigen Ohrid, dem sich die Serben unterstellten.

Um 1171 gelang es Stefan Nemanja, einen unabhängigen Serbenstaat zu errichten, in dem die serbisch-orthodoxe Glaubensrichtung zur Staatsreligion werden sollte. Er und sein Sohn Rastko zogen sich als Simeon und Sava auf den Athos zurück, wo sie das Kloster Hilandar zum serbischen Kulturzentrum ausbauten.

Mönch im Kloster Vitovnica

Der heilige Sava

Der heilige Sava war die bedeutendste Persönlichkeit des serbischen Mittelalters. Ursprünglich hieß er Rastko und wurde um 1174 als jüngster Sohn des Großžupans Stefan Nemanja geboren. Schon früh fühlte er sich zum Mönch berufen und begab sich im Jahr 1192 auf den Berg Athos, wo er ins Kloster Watopedi eintrat und den Mönchsnamen Sava (Sabbas) annahm.
Als ihm sein Vater nach seiner Abdankung auf den Berg Athos gefolgt war, gründeten beide dort zusammen das serbische Kloster Hilandar, das sich zum geistigen Zentrum des serbischen Mittelalters entwickelte. Im Jahr 1208 kehrte Sava mit den Gebeinen seines Vaters nach Serbien zurück und wurde Archimandrit in der Familienstiftung ›Studenica‹. Von hier aus betätigte er sich als Organisator des kirchlichen und klösterlichen Lebens. Die Orientierung seines Bruders nach Rom, in deren Folge Stefan II. vom Papst 1217 zum serbischen König gekrönt wurde, mißbilligte er. Er sah sich veranlaßt, die Heimat erneut zu verlassen. Unter Umgehung des Erzbistums Ohrid, dem das serbische kirchliche Leben bis dahin unterstellt war, erwirkte er 1219 vom nun in Nikaia residierenden Patriarchen Manuel Sarantenos Charitopulos – Konstantinopel war seit 1204 in den Händen der Kreuzfahrer, die Weihe zum autokephalen Bischof von Serbien. Als solcher kehrte er in die Heimat zurück. Seine Aufgaben waren die Organisation der kirchlichen Strukturen, der Ausbau eines Schulwesens und die diplomatischen Angelegenheiten seines Landes. Repräsentation und Pracht waren Sava dabei nicht unangenehm. So ließ er sich als prächtige Residenz das Kloster Žiča bauen. Sava war ein ausgezeichneter Reiter und liebte edle Pferde.
Nach der Krönung seines Neffen Stefan Radoslavs zum König von Serbien begab sich Sava auf eine Pilgerfahrt nach Palästina. Bei seiner Rückkehr hatte sein zweiter Neffe Stefan Vladislav im Jahr 1233 die Herrschaft übernommen und strebte einen bulgarienfreundlichen Kurs an, der durch Sava unterstützt wurde. Nach der endgültigen Ordnung der staatlichen und kirchlichen Angelegenheiten Serbiens dankte Sava als Erzbischof 1233 ab. In letzter diplomatischer Mission für den bulgarischen Zaren Asen II. hatte er auch für die Bulgaren die kirchliche Selbständigkeit unter einem Patriarchen mit Sitz in Trnovo erwirkt. Auf seiner Rückreise starb Sava in Trnovo und wurde am 6. Mai 1237 nach Serbien ins Kloster Mileševa überführt. Die Türken verbrachten seine Gebeine im Jahr 1594 nach Belgrad, wo sie auf dem Vračarhügel verbrannt wurden. Savas Namenstag, der 14. Januar, war bis zum Jahr 1945 staatlicher und kirchlicher Feiertag und soll es auch wieder werden.

Sava wurde der erste Erzbischof, Kloster Žiča erster Erzbischofssitz, den im Jahr 1290 Peć ablöste. Unter Stefan Dušan erreichte das mittelalterliche Serbien seine größte Ausdehnung. Dušan wurde Zar der Serben und Griechen und das Erzbistum zum serbischen Patriarchat mit Sitz in Peć erhoben. Ersthierarch Joannikije II. (1338–1354) erhielt zum erstenmal den Titel ›Patriarch der Serben und Griechen‹. Dies wurde 1375 von Konstantinopel anerkannt.

Die Schlacht auf dem Amselfeld und der Fall von Konstantinopel im Jahr 1453 beendeten die kirchliche Eigenständigkeit Serbiens. Das osmanische Milletsystem band die gesamte orthodoxe Bevölkerung ihres Reiches in kirchlicher wie zivilrechtlicher Hinsicht an den Patriarchen von Konstantinopel. Dieser hob das Patriarchat von Peć im Jahr 1459 auf und unterstellte die serbische Kirche dem Erzbistum Ohrid. Der Großwesir Mehmed Pascha Sokolović, ein turkifizierter Serbe, erneuerte es 1557 in Peć und ernannte seinen Bruder Makarije zum ersten Patriarchen. Nach 200 Jahren wurde das Patriarchat Peć 1767 erneut aufgehoben und mit ihm das Erzbistum Ohrid. Die Fanarioten, einflußreiche Griechen in Konstantinopel, hatten diese Aufhebung beim dortigen ökumenischen Patriarchen durchgesetzt. Bereits 1690 waren zahlreiche serbische Familien vor den Türken nach Norden unter Anführung des Patriarchen Arsenije III. Crnojević in die Vojvodina, geflohen und hatten den Bischofssitz Sremski Karlovci gegründet. Crnojević hatte hier in der Vojvodina von Kaiser Leopold am 21. August 1690 per Dekret Glaubensfreiheit, freie Wahl der Bischöfe und Vojvoden und das Recht zum weiteren Gebrauch des alten Kalenders erhalten. Die Metropolie wurde 1848 von der kaiserlichen Regierung zum Patriarchat für die Orthodoxen im habsburgisch-österreich-ungarischen Raum erhoben. Hiervon löste sich die Metropolie von Czernowitz in der Bukowina und erklärte sich ihrerseits für autokephal. Die nationale Befreiungsbewegung führte 1879 zur autokephalen Metropolie Belgrad.

Mit der Gründung Jugoslawiens 1920 billigte das ökumenische Patriarchat die Vereinigung aller serbischen Teilkirchen zur autokephalen orthodoxen Kirche unter einem Patriarchen, dem Erzbischof Dimitrije Pavlović von Belgrad. Seither führt der Patriarch den Titel ›Seine Seligkeit, Erzbischof von Peć, Metropolit von Belgrad und Karlovci, serbischer Patriarch‹.

Während des Zweiten Weltkrieges leitete der Patriarch Dožić die serbische Kirche. Viele Geistliche waren Repressalien durch die Besetzer ausgesetzt. In der Tito-Ära wurden die Kirchen Staatseigentum.

Ersthierarch und 44. Patriarch ist seit 1990 Patriarch Pavle Stojčević mit Sitz in Belgrad.

1920 wurde die theologische Fakultät der Universität Belgrad gegründet und 1946 von der Universität getrennt. Für den geistlichen Nachwuchs gibt es außerdem vier Seminare, in Belgrad, Kraguejevac, Sremski Karlovci und das von Prizren verlegte in Niš. Die Anzahl der aktiven Klöster wird unterschiedlich angegeben. Mindestens 100 dürften noch aktiv bestehen; davon wird ein größerer Teil von Männern geführt, ein kleinerer von Frauen. Seit 1965 ist Serbisch Liturgiesprache und hat das Kirchenslawische abgelöst, der Gottesdienst findet also in Neuserbisch statt.

Es gibt Eparchien in Westeuropa, in Rumänien, vor allem im Banat und in Ungarn, außerdem in Übersee. In Deutschland sind die Serben im Bistum mit Sitz in Himmelsthür bei Hildesheim vertreten. Man spricht von 200 000 Serben, die in Deutschland leben.

Im einstigen Bischofssitz Sremski Karlovci studiert noch heute der geistliche Nachwuchs

Außerhalb Serbiens befindet sich ein großes serbisch-orthodoxes Kloster auf dem Athos. Das ehemalige Erzengelkloster in Jerusalem wurde leider zerstört. Serbisch-orthodoxe Kirchen befinden sich noch in der Vielvölkerstadt Saloniki. Die serbisch-orthodoxe Kirche ist seit 1968 Mitglied im ökumenischen Rat, der seinen Sitz in Genf hat.

Die serbische Sprache

Die serbische Sprache wurde bis vor gar nicht so langer Zeit von etwa 15 Millionen Serben, Kroaten, Muslimen, Montenegrinern in Jugoslawien und außerhalb lebenden Minderheiten gesprochen. Sie war als serbokroatisch, auch kroatoserbisch, die Verkehrssprache, die in Schulen gelehrt und mehr oder weniger von allen verstanden wurde. Der Zerfall Jugoslawiens hatte die Auflösung dieser normierten Sprache in eine kroatische, serbische und bosnische zur Folge. Die Sprecher aller drei Sprachen verstehen einander. Die Unterscheidung zum Kroatischen besteht, für jeden ersichtlich, in der Schrift, dem Kyrillischen. Darüber hinaus gibt es Unterschiede in der Lexik, die heute besonders gepflegt werden.

Die Vereinheitlichung der serbischen Sprache im 19. Jahrhundert geht auf den großen serbischen Sprachreformer Vuk Stepanović Karadžić (1787–1864) zurück. Er trat als Sammler serbischer Volkslieder hervor, die vom großen slowenischen Gelehrten Jernej Kopitar übersetzt und in Deutschland sehr berühmt wurden. Sogar Goethe beschäftigte sich mit ihnen. Karadžić übersetzte das Neue Testament und schuf eigene Werke. Dichter wie Petar Petrovič Njegoš und Branko Radičević schlossen sich seiner Reform an, während er von der serbisch-orthodoxen Kirche bekämpft wurde.

Karadžić schuf im Jahr 1818 auf der Basis von Volksdichtung und Literatur ein grundlegendes serbisches Wörterbuch einschließlich einer Grammatik, ›Srpski rječnik‹, die nun verbindlich wurden. Die Sprache wurde in kyrillischen Lettern geschrieben.

Diese kyrillische Schrift entstand in Nachfolge des Glagolithischen gegen Ende des 9. Jahrhunderts auf der Basis der griechischen Uniziale auf der Balkan-

Kyrillischkenntnisse sind häufig von Vorteil

halbinsel. Sie wurde nach dem heiligen Kyrill, dem Slawenapostel benannt, vermutlich aber von einem seiner Schüler entwickelt.

Die heutige kyrillische serbische Schrift wurde ebenfalls von Vuk Karadžić geschaffen. Nach dem Prinzip ›Schreibe, wie du sprichst‹ veränderte er das Alphabet. Überflüssige Buchstaben der alten Schreibweise schloß er aus. 24 Zeichen blieben übrig. Diesen fügte er sechs neue Buchstaben hinzu: љ, њ, j, џ, ћ, ђ. Nun besaß das serbische Alphabet 30 Zeichen. Diese Schreibweise wurde 1865 offiziell anerkannt. Seinen Namen, Azbuka, bekam das Alphabet von den beiden ersten Buchstaben az und buka. Daneben bedienen sich die Serben auch der lateinischen Schreibweise, die nur 27 Buchstaben kennt. Sie wurde vor allem in der jugoslawischen Ära gefördert und unterscheidet sich von der ursprünglichen lateinischen Schrift durch folgende Buchstaben: lj, nj, č, ć, š, ž, dž, đ. Bis heute ist das so geblieben.

Leider ist im Land bis heute keine Normierung der Schrift, besonders der Straßenbezeichnung zu erkennen, so daß der Reisende ohne Kyrillischkenntnisse es nicht immer leicht hat.

Die serbische Sprache ist natürlich auch von fremden Völkern bereichert worden: Es finden sich reichlich türkische, französische, ungarische und sogar deutsche Lehnwörter. Außerdem bestehen unterschiedliche dialektale Ausprägungen.

Bildende Kunst

Die herausragende Epoche der serbischen Kunst ist das Mittelalter. Diese Zeit der Eigenstaatlichkeit ist zunächst stark beeinflußt von Byzanz. Dies gilt für alle Regionen auf und um den Balkan, die das orthodoxe Glaubensbekenntnis übernommen und bewahrt haben: Bulgarien, Kosovo, Montenegro, Makedonien und natürlich Serbien. Aus dieser byzantinischen Einflußsphäre heraus haben die Serben eine eigenständige Kunst entwickelt. Durch den Bildersturm sind die byzantinischen Kunstwerke und Vorbilder für Serbien verlorengegangen. Die serbische Weiterentwicklung bewahrte aber sowohl die Themen als auch die stilistischen Merkmale und kann uns bis heute eine Vorstellung von der orthodoxen Kunstauffassung vermitteln.

Innerhalb Europas hat das Schisma, die Trennung von Ost- und Westkirche im Jahr 1054, eine unterschiedliche Entwicklung in der bildenden Kunst begünstigt. In der serbisch-orthodoxen Kirche findet die Kunst vorwiegend am Bau, in Ikonen, der Wandmalerei und in Miniaturen ihren künstlerischen Ausdruck. Mosaiken, wie sie von Byzanz gepflegt wurden, sind hier fast nicht anzutreffen. An die westliche Kunst erinnert in Serbien die häufige Darstellung des gekreuzigten Christus; außerdem die wenigen, aber wunderbaren Bildhauerarbeiten wie in Studenica.

Wandmalereien

Nach der Überwindung des Bildersturms im 9. Jahrhundert im byzantinischen Reich, die den Sieg über das Bilderverbot zur Folge hatte, bildete sich ein festes System der Kirchendekoration, ein sogenannter Kanon, heraus. Dieser wurde über Jahrhunderte mit wenigen Abweichungen wiederholt und findet sich im gesamten byzantinischen Reich und seinen Einflußgebieten. Der Raum wird in der Regel vertikal in drei, seltener auch vier Zonen untergliedert. In der untersten Zone sind Kirchenväter und Märtyrer gemalt, Personen, die an das irdische Leben gebunden waren. In der mittleren folgten Ereignisse und Personen göttlicher Abstammung. Der dritte und obere Teil blieb himmlischen Szenen vorbehalten. Auch baulich war der Sakralbau hierarchisch gegliedert: Der Altarraum stand nur den Priestern offen und war für liturgische Szenen reserviert. Den Mittelteil, den Naos, schmückten Szenen aus dem Evangelium. Hier standen während der Liturgie die Gläubigen. Im Narthex findet man den Kalender, Heiligengeschichten, das Jüngste Gericht und andere Themen. Hier hielten sich Büßer, Täuflinge und Katechumenen auf.

Der heilige Arilje im gleichnamigen Kloster, Wandmalerei aus dem Jahr 1296

Die byzantinische Kunst ist eine verinnerlichte und geistige Kunst. Die Kunst war das Mittel zur Formulierung eines geistigen und übersinnlichen Gehaltes, einer ihr zugrundeliegenden Idee. Dies führte zu idealen Darstellungen von Christus, der Gottesmutter und den Heiligen nach feststehenden Formen. Innerhalb der Regeln entfalteten sich individuelle Eigenheiten und Ausdrucksmöglichkeiten, die den besonderen Reiz der serbischen Kunst ausmachen.

Mit der Eroberung Konstantinopels im Jahr 1204 durch lateinische Kreuzfahrer und dem kurzfristigen Untergang des byzantinischen Staates mußten sich die Künstler neue Wirkungsbereiche suchen. Serbien, unter den Nemanjidenherrschern stabil und expandierend, bot sich förmlich an. Deswegen ist hier eine stark an Byzanz angelehnte Wandmalerei anzutreffen, die im ausgehenden 13. Jahrhundert von den byzantinischen Kaisern der Palaiologen geprägt wurde. Wir finden sie in Sveta Nikola in Studenica, Mileševa, in Peć (Kosovo), Gradac, in der Peterskirche bei Novi Pazar und in Arilje, der dem heiligen Achilleus aus Larissa geweihten Kirche. Aus diesem Palaiologenstil formte sich eine neue Kunstrichtung, die ihre volle Ausprägung in der Milutinschule fand.

Die Milutinschule

Die Milutinschule bezeichnet den Abschnitt der serbischen mittelalterlichen Malerei, die entscheidend vom Herrscher Milutin (1282–1321) und seiner Mutter Jelena geprägt ist. Jelena stammte aus Frankreich, vermutlich aus dem Hause Anjou, war hochgebildet und holte hervorragende Künstler an den Hof. Ihr Sohn, Stefan Milutin, der als Uroš II. in die Geschichte einging, gewann die herausragenden byzantinischen Meister Michael, Eutychios und Astrapas für sein Reich. Ihr Stil ist am reinsten im Chorakloster in Konstantinopel vertreten.

Stefan Uroš II. Milutin mit einem Modell der von ihm gestifteten Kirche Sveta Joakim i Ana in Studenica

Da Milutin viele Klöster stiftete, darunter in Konstantinopel, Thessaloniki und in Palästina, standen die Maler zwei Jahrzehnte bis zu seinem plötzlichen Tod am 29. Oktober 1321 in seinen Diensten. In Serbien stiftete Milutin folgende Kirchen: Sveta Bogorodica Ljeviška in Prizren 1310–1313, Sveta Joakim i Ana in Studenica 1314, Sveta Spas in Žiča 1309–1316, Sveta Nikita bei Skopje um 1316, die Apostelkirche (Narthex) in Peć um 1316, Staro Nagoričino bei Kumanovo 1316–1318, Gračanica bei Priština um 1320 und Sveta Petar in Bjielo Polje 1320–1321. Zunächst malten die Maler ganz in der ihnen vertrauten Tradition sehr monumental und belebten die antiken Formen neu. Doch innerhalb von 20 Jahren flossen in ihre Malerei ikonographische Neuerungen und erzählerische Details ein, in die kleinere Figurengruppen aufgenommen wurden. Diese Darstellungsformen bezeichnet man gerne als narrativ. Vielleicht waren sie von den Künstlern aus dem Westen beeinflußt. Vorher waren die Meister in Sveti Kliment in Ohrid tätig gewesen. Ein beliebtes Thema der Milutinschule war der Stammbaum der Nemanjiden, der im weitesten Sinne als Pendant zum Stammbaum Jesse gesehen werden darf. Ein letztes Beispiel entstand in der Kirche Sveta Bogorodica Ljeviška in Prizren. Im Auftrag von Erzbischof Sava III. malte Astrapas mit seinen Mitarbeitern in Kloster Žiča in den Nebenkapellen, der Apsis, dem Portikus und im Kuppelraum. Leider ist hier vieles zerstört. Der Reichtum an mittelalterlichen Wandmalereien und die Dichte der Klöster machen es möglich, die künstlerische Entwicklung in Serbien vom 12. bis zum 15. Jahrhundert zu verfolgen.

Ikonen

Zu jeder serbisch-orthodoxen Kirche gehörte auch eine Ikonostase, die geschnitzt und mit Ikonen geschmückt war. Wie in der Wandmalerei stand Serbien auch hierin in Abhängigkeit von byzantinischen Vorbildern, die unterschiedlicher Intensität war und innerhalb der künstlerischen Produktion zur Bildung nationaler und lokaler Schulen auf dem Balkan führte, die oft ein sehr hohes Niveau erreichten.

Eines der bedeutenden byzantinischen Vorbilder für die Maler Milutins war nachweislich die Ikone der Verkündigung von Ohrid. Über eineinhalb Jahrhunderte läßt sich von Saloniki über Ohrid, Nordmakedonien und das Kosovo bis nach Morava-Serbien die Wirkung der Wanderung der Künstler verfolgen. Die Impulse gingen zunächst von Konstantinopel und Saloniki aus. Später kamen Berührungen mit der westeuropäischen Kunst der Romanik und Gotik dazu. Als Vorlage diente auch die altserbische Literatur, die vor allem die Herrscherleben zum Inhalt hatte und darin einen Idealtypus schuf. So wurden die heiligen Erzbischöfe als tapfere Helden geschildert. Das und die Nähe zum restlichen Europa begünstigten die Entwicklung eines eigenen Stils und die teilweise Loslösung von byzantinischen Vorbildern.

Bis zum Fall Konstantinopels hielt sich die serbische Ikone an die gewohnten Themen: Die Ikone war entweder repräsentatives Bild, das bescheidene Porträt einer heiligen Person oder eine getreue Illustration von Ereignissen. In seltenen Fällen übernahm sie bis dahin Motive aus der Miniatur- oder Wandmalerei.

Auf den Karawanenwegen drangen geringe ausländische Einflüsse ein, dennoch blieb Serbien von den Veränderungen in der europäischen Kunst mehr oder weniger abgeschirmt. Auch der Ikonenmalerei mangelte es an Impulsen. Erst mit der Erneuerung der selbständigen serbischen Kirchenorganisation im neuen Patriarchat von Peć 1557 traten Ende des 16. Jahrhunderts Ikonenmaler mit eigener persönlicher Auffassung in Erscheinung. Einer von ihnen war Hieromonachos

Longin, ein bedeutender Maler der Patriarchenwerkstatt. Longin war Kopist und Schriftsteller und in seinem künstlerischen Ausdruck konservativ und stark literarischen Tendenzen unterworfen. Seine langgestreckten Figuren waren deutlich inspiriert von der serbischen Malerei des 14. Jahrhunderts. Ein unbekannter Meister malte die Ikonen von Kučevište. Sie befinden sich jetzt im Nationalmuseum in Belgrad. Ihre Merkmale sind strenge, magere Gestalten, stark beschattet und farbig wie Email.

Die Ikonen des 16. Jahrhunderts kopierten vielfach kretische Muster. In ihrer Frische und Leichtigkeit erinnern sie oft an naive Volkskunst. Der bedeutendste serbische Maler dieser Epoche war Đorđe Mitrovanović, als Mönch malte er im Kloster Hilandar den Speisesaal, eines der bedeutendsten Werke der nachbyzantinischen Kunst. Seine Farbpalette erinnert stark an die Meister der Moravaschule.

Die Ikonen des 17. Jahrhunderts, vor allem jene aus Peć, sind sehr geometrisch und halten sich streng an die theologischen Vorgaben. Sie verraten aber auch Einflüsse aus Renaissance und Barock. Nördlich der Save und Donau, wohin viele Serben nach dem Zusammenbruch der christlichen militärischen Intervention geflohen waren, blieben die Ikonenmaler bis ins 19. Jahrhundert tätig, die einen verstanden sich eher als Handwerker, die anderen brachen mit der traditionellen Malerei und stellten sich auf das Neue um, wie Todor Ilić Češljar (1793 gestorben), der vielfach im Auftrag des Metropoliten tätig war und Teodor Kračun (gestorben 1781); seine Ikone der Himmelfahrt Christi in Sremski Karlovci zeigt barocken Aufruhr, eine verträumte Muttergottes in der Mitte, neben ihr die verwunderten Engel, dahinter aufgeregte Apostel. Sein heiliger Georg ist zwar mit barocker prunkvoller Rüstung ausgestattet, sein Gesicht jedoch heldenhaft und ganz Ikone.

Die serbischen Ikonen wurden häufig mit griechischen Schriftzeichen gekennzeichnet, egal, ob der Maler Grieche oder Slawe war. Viele Ikonen wurden importiert, viele waren Geschenke, von Gesandten, Geistlichen, hochgestellten Persönlichkeiten wiederum an andere Geistliche, Klöster, Diplomaten und Ausländer. Mit einer Ikone beehrt zu werden, galt als hohe Auszeichnung und besondere Ehre. Auf diese Weise gelangten schöne Exemplare ins Ausland wie die Ikone Christi Antlitz auf dem Mandylion aus dem 13. Jahrhundert, die in Laon in Nordfrankreich als ›La Sainte Face de Laon‹ verehrt wird. In vatikanischem Besitz befindet sich eine Peter-und-Paul-Ikone aus dem Besitz der Königin Beloslava, Gemahlin König Vladislavs.

Die zeitliche und stilistische Zuordnung der Ikonen ist nicht ganz leicht, da viele eine sehr wechselvolle Geschichte haben. Von ihrer Entstehung bis hin zu ihrem endgültigen Verwahrungsort haben die Andachtsbilder häufig viele Stationen passiert. Manche Ikone wurde in Griechenland gefertigt, ans Kloster Hilandar geschenkt, von dort einem Mönch nach Serbien mitgegeben und von diesem

Ikonostase im Kloster Lazarica

an ein auserwähltes Kloster weiterverschenkt. Vor Brand und Räuberei wurden die Schätze häufig in Sicherheit gebracht und weitergereicht. Die kostbarsten Ikonen Serbiens befinden sich daher oft nicht mehr an ihrem ursprünglichen Ort, viele gingen auch verloren.

Nach dem Zweiten Weltkrieg wurden viele Ikonen in die Museen gebracht, teilweise aus konservatorischen, aber auch aus politischen Gründen. Religion war zwar erlaubt, die Stellung der orthodoxen Kirche jedoch stark eingeschränkt. Da das Nationalmuseum in Belgrad seit langem geschlossen ist und dies für eine nicht absehbare Zeit so bleiben wird, hat man derzeit nur wenig Gelegenheit, Originalikonen zu sehen. Einige kostbare Werke zeigt das Museum der orthodoxen Kirche in Belgrad. Andere sind als Leihgabe im Ausland.

Die ältesten serbischen Ikonen befinden sich im Kloster Hilandar, wie die Ikone der Muttergottes Hodegetria im Mosaik. Ein qualitätvolles Beispiel für eine Ikone nach byzantinischen Vorbildern von serbischer Hand besitzt Studenica in seiner Südkapelle im Narthex als Fresko gemalt. Sie stammt aus dem Jahre 1233 und stellt die Muttergottes Paraklesis (Stellvertreterin) mit Schriftrolle statt mit Jesuskind dar. In ihrer Ikonographie und Komposition ist sie byzantinisch geprägt, weist aber eine einfachere Zeichnung auf und trägt als Muttertyp slawische Züge, während die Farbgebung frischer und kräftiger ist als bei ihren Vorbildern.

Meisterhafte Ikonen des mittelalterlichen Serbien des 14. Jahrhunderts befinden sich heute in den Nachbarrepubliken Makedonien und Kroatien. In der großen Kirche im Kloster Dečani zeigen die Tafeln der Altarschranken deutlich die Loslösung von Byzanz und den Einfluß des Westens dieser Epoche. Die streng komponierte Altarschranke besaß drei Türen und acht Interkolumnien, in denen schmale hohe Ikonen standen. Fünf davon bestehen noch: Christus, die Muttergottes, Johannes der Täufer, der heilige Nikolaus und der Erzengel Gabriel. Besonders schön erhalten ist die Muttergottes Eleusa, des Erbarmens.

Im späten 15. Jahrhundert veränderte sich die Ikonostase, sie wurde immer monumentaler gestaltet. Seit dem 14. Jahrhundert waren die Interkolumnien der Altarschranken mit Ikonen geschlossen worden. Im letzten Viertel des gleichen Jahrhunderts wird auf den Marmorarchitrav eine obere Ikonenreihe, der sogenannte Čin, aufgesetzt: Die Mitte bildet die Deesis, die Fürbitte, flankiert von je einem Erzengel und je sechs Aposteln. Der Stil dieser Zeit ist feierlich und kalt. Ein bekannter Meister war Metropolit Jovan aus Zrze, Jovan der Zograph (Ikonenmaler). Eine schöne zweiseitig bemalte Ikone von 1395 besitzt das Kloster Poganovo. Sie war ein Geschenk der Kaiserin Helena, Gattin des byzantinischen Kaisers Manuel II., zur Erinnerung an ihren Vater, Konstantin Dejanović, den Stifter der Kirche. Auf der Vorderseite sieht man die Muttergottes mit Johannes dem Theologen, auf der Rückseite das Wunder im Kloster zu Saloniki.

Literatur

Die serbische Literatur nahm ihren Anfang im mittelalterlichen kirchlichen Schrifttum. Um sie niederzuschreiben, entwickelte sich eine serbische Variante der altkirchenslawischen Sprache. Schon im großserbischen Reich des 12. bis 15. Jahrhunderts entstand neben den aus dem Griechischen übersetzten Evangelientexten und Lobgesängen eine reichhaltige, byzantinisch geprägte, eigenständige serbische Literatur in Form von Herrscher- und Heiligenbiographien. Die Vita des heiligen Sava erhielten uns die Mönche Domentijan (1200–1264) und Teodosije (um 1246–1328), während wir Erzbischof Danilo chronikartige Biographien der Nemanjidenherrscher des 13. und 14. Jahrhunderts verdanken. Sie liegen in deutscher Übersetzung in staatlichen Bibliotheken vor und sind ein schöner Einstieg in die serbische Vergangenheit.

Am Ende des serbischen Großreiches wirkten die Geistlichen Grigorij Camblak (1365–1419) und Konstantin von Kostenec (gestorben 1433). Zu Beginn der Osmanenherrschaft dichtete Fürst Stefan das Lied an die Liebe ›Slovoljubavi‹.

Es entstand eine reiche mündliche Volksdichtung, die in Form von Heldenliedern von Barden oder Guslaren immer wieder verändert vorgetragen wurde. Das zentrale Thema waren die Schlacht auf dem Amselfeld und der tapfere Kampf der Slawen, besonders der Hajduken, gegen die Osmanenherrschaft. Ein vielbesungener Held war der idealisierte Kraljević Marko, aber auch die Frauen als tapfere Heldenmütter oder Geliebte. Der italienische Reiseschriftsteller Abbate Fortis hatte Aufzeichnungen solcher Heldenlieder nach Europa mitgebracht. Der serbische Gelehrte Vuk Stepanović Karadžić sammelte die Lieder seiner Heimat zum ersten Mal. Sie wurden ins Deutsche übersetzt und weltberühmt.

Zentrum erster Strömungen klassischer Literatur war Novi Sad. Beeinflußt vom Westen entstand auf der Basis der slawenoserbischen Schriftsprache ein religiös beeinflußtes Schrifttum. Zentrale Gestalt der serbischen Aufklärung war Dositej Obradović (1739–1811), ein weitgereister und sehr sprachbewanderter Lehrer und Literat. Mit bürgerlichem Namen hieß er Dimitrije und war in Ciakovo bei Timišoara geboren und aufgewachsen. Studiert hatte er in Halle und Leipzig. Seine Erfahrungen und Erlebnisse hielt er in unterhaltsamen Sachbüchern fest wie in ›Ratschläge des gesunden Menschenverstandes‹ (Sovjeti zdravago razuma), das 1784 erschien. Außerdem bediente er sich der Fabel. In seiner Zeit wirkten auch der Autodidakt Zaharija Orfelin (1726–1785) und der Mönch Mušicki (1777–1837) mit seinen Oden. In vorromantischer Manier schrieb Jovan Sterija Popovič (1806–1856) erste sentimentale Unterhaltungsromane, Komödien und historische Dramen.

In der ersten Hälfte des 19. Jahrhunderts verband sich die serbische Romantik mit der Bewegung der nationalen Wiedergeburt in Südosteuropa. Die Slawen träumten dank Napoleons Idee der ›illyrischen Vereinigung aller Südslawen‹ erstmals von einer gemeinsamen Bewegung. In Serbien führte dieses Gedankengut zur Verbindung zwischen Vuk Stepanović Karadžić, dem montenegrinischen Fürstbischof und dem Dichter Petar II. Petrović Njegoš, der uns das romantische Epos ›Der Bergkranz‹ hinterließ, und dem großen serbischen Romantiker Branko Radičević.

Vuk Stepanović Karadžić (1787–1864)

Branko Radičević (1824–1853) ist das Synonym für serbische Lyrik. Sein Werk ›Lieder‹ (Pesme) wurde 1847 veröffentlicht. Darin nimmt den größten Teil das Poem ›Schülerabschied‹ (Djački rastanak) ein, das seine Schulzeit in Karlovci in einer lyrischen Autobiographie verklärt. Der Dichter gedenkt in ihm der Toten aus der Schlacht vom Amselfeld und läßt seine Helden im serbischen Volkstanz, dem Kolo, auftreten. Sein Werk löste eine sogenannte ›Brankomanie‹ aus.

Die Bewegung der ›Omladina‹ (Jungserben) brachte die Talente Đura Jakšić (1832–1878), Jovan Ilič (1823–1901) und Jovan Jovanović (1833–1904) hervor. Jovanović ist einer der bis heute beliebtesten Lyriker Serbiens. Er veröffentlichte unter dem Pseudonym Zmaj, der Drache, eine zarte Liebeslyrik, ›Đulici‹, und patriotische politische Gedichte, in denen er satirisch zu aktuellen Fragen Stellung nahm. Jedes Schulkind lernt noch heute aus seinen humorvollen Gedichten. Daneben wirkte Zmaj als Übersetzer und machte Dichter wie Goethe und Lermontov in seiner Heimat bekannt.

Die zweite Hälfte des 19. Jahrhunderts und auch das 20. waren geprägt von patriotischen Ideen, die sich mehr als reichlich in der gesamten Literatur niederschlugen. Unter den Erzählern ist Borislav Stanković mit seinen leidenschaftlichen Romanen und Novellen bis heute sehr populär.

In den ersten drei Jahrzehnten des 20. Jahrhunderts kam es zu einer gewaltigen Schaffensperiode innerhalb der serbischen Literatur. In dieser begann der Aufstieg des bosnischen Literaturnobelpreisträgers von 1961, Ivo Andrić.

In jeder Gattung waren die Serben vertreten: die Expressionisten Miloš Crnjanski (1893–1977), Momcilo Nastasijević (1894–1938) und Rastko Petrović (1898–1949); als Vertreter des Surrealismus sei Marko Ristić genannt. Isak

Samokovlija, ein serbischer Jude aus Bosnien, schrieb über Sepharden. Isidora Sekulić (1891–1974), eine der bedeutenden Frauen unter den Schriftstellern, trat mit Reiseerzählungen hervor. Der bekannteste Dramatiker der Zeit war der Diplomat Branislav Nušić (1864–1938), seine Komödien wie ›Die Frau Ministerin‹ (Gospođa Ministarka) fanden im Theater viel Beifall. Eine kurze Zeit währte die sozialistische Phase in der Literatur.

Danach brachen sich künstlerische Freiheiten Bahn: Erotische Gedichte und einen sinnlichen Roman, ›Die Nacht des Leibes‹ (noć tela), hinterließ uns Branko Radičević. Der Roman erlebte eine breite Entfaltung. In ihnen setzte man sich mit den Kriegserlebnissen auseinander.

Denkmal für Borisav Stanković in seiner Heimatstadt Vranje

Der vielgelesene Dobrica Śosić veröffentlichte 1951 ›Die Sonne ist fern‹ (Daleko je sunce). Der 1921 in Zagreb geborene Śosič wurde auch im Westen sehr bekannt. ›Die Wurzeln‹ (Koreni) von 1954 und die Trilogie ›Zeit des Todes‹ (Vreme smrti) gehören zu seinen bedeutendsten Werken und haben die vielfältigen Leiden der Serben zum Thema. Śosić entwickelte sich vom kommunistischen Partisanen zum politischen Funktionär des Zentralkomitees, bis er 1966 in Ungnade fiel. Titos Dritter Weg des Sozialismus hatte ihn enttäuscht; er ging in die Opposition. Śosić war vom Juni 1992 bis zu seiner Abwahl 2003 Staatspräsident von Rest-Jugoslawien und hat sich erst kürzlich wieder zu Wort gemeldet, indem er einen Vorschlag zur Lösung des Kosovostatus äußerte. Einer der bedeutendsten Lyriker war Stevan Raičković, er schrieb viele Gedichte über das moderne Stadtleben.

Unter den vielen großen serbischen Gegenwartsautoren sei der vor nicht allzu langer Zeit verstorbene Danilo Kiš hervorgehoben, der für sein Gesamtwerk, darunter die Romantrilogie ›Garten, Asche‹ (Bašta, pepeo, 1965), ›Frühe Leiden‹ (Rani jadi, 1970), ›Die Sanduhr‹ (Peščanik, 1972) den Grand-Aigle-d'Or-Preis erhielt. Immer wieder spielte seine Herkunft eine tragende Rolle in seinen Werken: Die Mutter war Montenegrinerin, der Vater ungarischer Jude, der in

Auschwitz ums Leben kam. Um ihn zu schützen, wurde Kiš kurz nach seiner Geburt getauft. Seine letzten Jahre verbrachte er als Dozent in Paris. In Belgrad erhielt er ein offizielles orthodoxes Begräbnis, das diejenigen erstaunte, die seine kritische Haltung zur Kirche kannten.

Der Literaturwissenschaftler Milorad Pavić, 1929 geboren, ist Professor an der Universität in Novi Sad. Sein Lexikoroman ›Hazarski rečnik‹ von 1985, in Deutschland unter dem Titel ›Das chassarische Wörterbuch‹ veröffentlicht, ist ein amüsant-verwirrendes Mosaik der südslawischen Geistesgeschichte. Auch Aleksandar Tišma und Miodrag Bulatović gehören zu den großen Autoren Serbiens.

Bezeichnend für das Land ist das politische Engagement vieler Literaten. Nicht nur Śosić, sondern auch Borislav Pekić ist einer Partei angeschlossen. Der Lyriker Veljko Radović saß im Präsidium der Sozialistischen Partei, der Romancier Vuk Drašković war ein Kopf der Partei der Demokratischen Erneuerung, und Vac Vuković kandidierte für das Amt des serbischen Präsidenten.

Aus dem literarischen Leben sind die serbischen Erzähler der Gegenwart, Svetlana Velmar-Janković, Mladen Markov aus dem Banat, Ivan Ivanji und Milorad Grujić, beide aus Zrenjanin, David Albahari aus Belgrad, Borislav Mihajlović und Radomir Smiljanić nicht wegzudenken. Viele Erzählbände erschienen Ende der 80er/Anfang der 90er Jahre in deutschen Übersetzungen. Sehr verdient um die Übersetzung serbischer Literatur haben sich der Zsolnay-Verlag in Österreich und der Hanser-Verlag in Deutschland gemacht.

Musik

Wer nach Serbien kommt, wird überrascht sein, wie sehr die Volksmusik bis heute gepflegt wird. In vielen Restaurants ist es Standard, daß Musik den Abend untermalt. Sie ist entscheidend geprägt von der Gusla, einem Lauteninstrument, das nur mit einer Roßhaarsaite bespannt ist, kein Griffbrett besitzt und mit einem Roßhaarbogen gestrichen wird. Zu diesem altertümlichen Instrument werden die Heldenlieder in einer Art Sprechgesang vorgetragen. Die Gusla, Mehrzahl Gusle, wird in allen Balkanländern gespielt. Ein bekannter Guslasänger war Filip Višnjić, dessen Grab sich in Višnjićevo bei Šid befindet. Daneben spielt man Tamburica, Geige, Klarinette und den Baß. Die ältesten Volkslieder sind fast ausschließlich Heldenlieder. Bis zu Vuk Stefanović Karadžić lebte die Volksmusik nur durch Übertragung vom Vater auf den Sohn fort. Erst Vuk schrieb die Lieder seines Volkes auf und veröffentlichte sie in zwei Bändchen 1814 und 1815.

Sehr tragisch ist der Totengesang, den die Frauen den Verstorbenen widmen. Schon Goethe hatte 1775 nach der ›Dalmatinischen Reise‹ des Abbate Fortis den Klagegesang der edlen Frauen des Asan Aga für Herders Volkslieder verfaßt.

Während der Befreiungskriege kam im 19. Jahrhundert das kurze, vom Westen beeinflußte Volkslied auf, das patriotisch angewandt wurde: ›Freudig geht der Serbe zum Militär‹ oder ›Erwacht, erwacht ihr Serben‹.

Auf großen Festen wird der serbische Volkstanz, der Kolo, aufgeführt. Jeder serbische Ort hat seine eigene Variation, Vranjansko Kolo, Užicko Kolo. Manchmal heißt er auch Cocek oder Vez. Bei seinen lebhaften bis ruhigen Bewegungen fassen sich die Tänzer an den Händen oder legen ihre Arme auf die Schultern des anderen, so daß ein Kettentanz entsteht. Er wird in verschiedenen Variationen auf dem gesamten Balkan getanzt.

1831 entstand auf Initiative von Josif Šlezinger (1794–1870) in Kragujevac das erste Orchester Serbiens, das 1840 nach Belgrad verlegt wurde, sowie die ersten Nationaltheater in Novi Sad 1861, in Belgrad 1868. Die erste serbische Musikschule wurde 1899 in Belgrad ins Leben gerufen.

Als erster herausragender Komponist gilt Josif Marinković (1851–1931), der an der Prager Orgelschule studierte. Er komponierte Chormusik, darunter die Nationalhymne ›Narodni Zbor‹ 1876 und wurde zum Begründer des serbischen Kunstliedes. Isidor Bajić (1878–1919) hinterließ die Oper ›Fürst Ivo von Semberija‹. Gerne wird an den Beginn der serbischen Kunstmusik der Komponist, Pianist und Dirigent Kornelije Stanković gestellt, der auch Kunstlieder sammelte. Über die Grenzen hinaus erfolgreich war Stevan Mokranjac aus Negotin.

Das Geburtshaus des Komponisten Mokranjac in Negotin

Die in Serbien geborene Pianistin Nataša Veljković lebt und arbeitet heute in Wien. Sie konzertiert seit 1985 in ganz Europa und wurde unter anderem 1990 mit dem ersten Platz des World Music Masters in Paris ausgezeichnet.

In Serbien gibt es traditionell zwei große Orchesterformen: einmal das Tamburica-Gitarren-Orchester, das stärker in Nordserbien verbreitet ist, und das Blechblasorchester, das im Süden zu Hause ist; hier leben auch die Roma, ohne die das serbische Musikleben nicht denkbar ist. Unter ihnen sind herausragende Bläser, vor allem Trompeter.

Fischer an der Donau
Marktfrau in Novi Sad; Popcornverkäufer in Belgrad

Romakapelle in Belgrad

Für die Musiker aus der Region Dragačevo, wo die Trompete unter dem Einfluß militärischer Blasorchester Anfang des 20. Jahrhunderts populär wurde, entstand in Guča ein Blasorchesterfestival. Dieses hat sich in den 44 Jahren seines Bestehens zum größten Festival des Balkan entwickelt. Bis zu 300 000 Besucher zieht das ›Dragacevski Sabor Trubacka‹ jährlich an und wird sogar mit Musikzentren wie Havanna oder New Orleans verglichen. Herausragende Trompeter wie Nenad Mladenovic aus Vranje, Dejan Petrović aus Užice und Boban Marković, der mit seinem Orchester weltweit auftritt, haben zu seinem Ruhm beigetragen.

Das moderne Musikleben Serbiens ist geprägt von Rocksängerinnen wie Ceca Raznatović, Jelena Karleusa, Aca Joksimović, deren Musik Moderne und serbischer Volksmusik vermischt. ›Riblja Corba‹ ist eine der populärsten Bands.

Film

Serbien besitzt eine überaus produktive Filmindustrie, deren Filmgesellschaften in Belgrad, Priština und Novi Sad ansässig sind.

Im Ausland wurden vor allem Goran Paskaljević mit ›Tango Argentino‹ (1992) und der in Sarajevo geborene Filmemacher Emir Kusturica bekannt. Sein

Melonenverkauf am Straßenrand; Weinfest in Novi Sad
Straßenkehrer in Belgrad

erster großer Erfolg war ›Erinnerst Du Dich an Dolly Bell?‹ (1981). Sein Film ›Papa ist auf Dienstreise‹ wurde 1985 ausgezeichnet, für ›Underground‹ erhielt Kusturica 1996 die Goldene Palme von Cannes. Der Film hat den Bruderkrieg im ehemaligen Jugoslawien zum Thema. Der Fellinischüler Kusturica, der sich häufig in Belgrad aufhält, drehte außerdem so bekannte Filme wie ›Schwarze Katze, weißer Kater‹. Eines seiner jüngsten Projekte, das im Jahr 2004 in Deutschland in englischer Sprache gezeigt wurde, war ›Life is a Miracle‹. Zu den 58. Festspielen von Cannes im Jahr 2005 wurde der Regisseur zum Jurypräsidenten berufen.

Auf dem Münchner Filmfest 2004 wurde der Film ›The State of the Dead‹ vorgestellt. Das Werk des 1998 verstorbenen Zivojin Pavlović hatte Dinko Tucakovic fertiggestellt. Er handelt von einem Offizier der jugoslawischen Volksarmee, der nach Beginn des Krieges in einem Flüchtlingslager dem Zerfall seiner Familie zusehen muß.

Unter den Dokumentarfilmen ragt ›Exodus auf der Donau‹, (1999) von Nandor Andrasovicz besonders hervor.

Im Bereich der Cartoons hat Serbien eine herausragende Stellung. Die Produktion begann nach dem Zweiten Weltkrieg dank Ljubisa und Vera Jocic mit ihrem populären Marionettenfilm ›Pionir i dvojka‹. Die Tradition führten Nikola Majdak und der Cartoonist Zoran Jovanović fort und begründeten die ›Belgrader Cartoonschule‹, aus der Schüler wie Vera Vlajic, Rastko Ciric und Veljko Bikić hervorgingen. Das Bikic-Studio avancierte zum bekanntesten Cartoonproduzenten Jugoslawiens. Neue Kunstformen, eine Kombination von Cartoons mit Spielfilmen, wurden hier kreiert. Einer der bekannten zeitgenössischen Cartoonisten ist Aleksandar Zograf aus Pančevo.

Kulinarisches

Die serbische Küche ist, ebenso wie die des gesamten Balkan, von den verschiedenen Völkern der Region sowie von den Nachbarn und Eroberern geprägt. Habsburger, Ungarn, Türken, Griechen, Venezianer haben ihre Rezepte hinterlassen und dennoch nicht verhindert, daß die Küche der Völker des Balkan unterschiedliche Ausprägungen genommen hat. Es wird immer noch türkischer Kaffee getrunken, der habsburgische Palatschinken serviert. Wer Tee bestellt, wird sich wundern, daß er – abgesehen von großen Hotels – immer mit Kräutertee bedient wird.

Die Serben essen gerne Fleisch, und dies in allen Variationen: gegrillt, gekocht, gebraten. Gewürze sind vorwiegend Pfeffer, Paprika, Petersilie und Knoblauch. Als Beilage werden gerne gehackte oder ganze Zwiebeln gereicht. Dazu darf der srpski-Salat, feingeschnittene Tomaten, Gurken und Zwiebeln mit und ohne weißen Käse, nicht fehlen. Der Kajmak, eine Art Milchrahm oder Crème fraîche, wird gerne auf dem Fleisch zerlassen.

Das reiche Agrarland Serbien produziert viel Gemüse, das häufig mit Speck angereichert wird. Paprika, Gurken, Tomaten und Kohl werden pikant eingelegt oder gefüllt im Backofen gegart.

Weinfest in Novi Sad

Weinanbau gibt es auf serbischem Boden seit der Römerzeit. Der Legende nach hat Kaiser Probus aus Sirmium Weinreben aus Asien nach Europa mitgebracht und diese zuerst in der Fruška Gora anpflanzen lassen. In Serbien reichen die Anbaugebiete vom Norden bis nach Süden. In der Vojvodina liegen sie in Palić, Čoka, Sremski Karlovci, Erdevik und Irig in der Fruška Gora und bei Vršac im Banat. An der Donau sind die Ortschaften Slankamen, Smederevo und Negotin für ihre guten Weine bekannt. Im inneren Serbien baut man in Kruševac, Zupa Aleksandrovac, um Oplenac, in Südostserbien in Knjaževac und Sićevo die Reben an. Das große Amselfeld im Kosovo wird immer mit der Schlacht in Verbindung gebracht, weniger mit seinen guten Weinen. Einheimische Reben für den Rotwein sind Tikveska Smederevka, Banatski, Negotinski, Prokupac. Man trinkt sie gerne als Hausweine. Lange gab es nur den roten Vranac, eine typische Balkanrebe, die aber heute häufig aus Montenegro importiert wird. Daneben werden europäische Reben wie Cabernet, Pinot Noir, Merlot als Rotweine ausgebaut, Riesling und Sauvignon als Weißweine.

Man trinkt gerne Schnäpse, vor allem Obstler (Rakija). Der berühmteste ist der Šljivović, der Pflaumenschnaps. Ein besonders empfehlenswerter Hersteller sitzt in Zemun. Diese alte Brennerei geht auf den Österreicher Bruno Moser von 1848 zurück. Der Pflaumenschnaps ist serbisches Nationalgetränk, ob Muslim oder serbisch-orthodox, da macht man keine Unterschiede.

Die Serben trinken gerne Bier, das vor allem in der Vojvodina in Apatin, Zrenjanin und Pančevo gebraut wird. Einheimische Marken sind ›Jelen Pivo‹, ›Laško‹ und ›Nikšićko‹.

Viele Heilquellen bescheren Serbien gutes Mineralwasser; eine der berühmten Marken ist ›Knjaz Miloš‹.

Im ganzen Land gibt es ausgezeichneten Kaffee. Man hat sich auf die italienische Zubereitung eingestellt. In den Hotels serviert man jedoch nach wie vor den türkischen Kaffee zum Frühstück.

Was für eine herrliche Lage hat aber diese Stadt!
Just am Zusammenfluß mächtiger Ströme, der kalten Save und der wunderschönen Donau. Ihre mauer- und wallumschlossene Krone erhebt sich hoch auf einem Felsvorsprung, einem Wachtturm gleich ragt Belgrad empor …

Jan Neruda, reisender Chronist, 1870

Belgrad

Erste Eindrücke

Belgrad (Beograd, Београд), die Hauptstadt des ehemaligen Jugoslawien, ist heute die Hauptstadt von Serbien. Für die Republik Serbien und Montenegro fungiert sie als Verwaltungszentrum. Belgrad ist auch das wirtschaftliche und kulturelle Zentrum Serbiens.

Erstmals erwähnt wurde Belgrad am 16. April des Jahres 878, als Papst Johannes VIII. eine Bulle an den damaligen Herrscher, den bulgarischen Fürsten Boris Michael, sandte. In dieser rief er den Bischof ›episcopatus belgradiensis‹ Sergej wegen seiner lasterhaften Lebensweise ab. In Wirklichkeit ist die ›weiße Stadt‹ viel älter, eine der ältesten Städte Europas. Spuren einer 7000 Jahre alten Siedlungsgeschichte wurden nachgewiesen.

Beeindruckend ist Belgrads Lage am Zusammenfluß von Donau und Save. Kelten, Römer, Byzantiner, Bulgaren, Slawen, Ungarn, Osmanen und Habsburger wußten um die Bedeutung dieser Wasserwege. Die drittgrößte Stadt an der Donau gilt nach wie vor als Tor zwischen Europa und Asien, als Weg von Mitteleuropa zum Balkan. Die Ost-West-Achse, durch die Save und Donau vorgegeben, verläuft von Triest zum Schwarzen Meer, während die Nord-Süd-Achse von Pannonien durch die Morava-Vardar-Furche zum Mittelmeer führt.

Die vielen Kriege haben der Bausubstanz der Stadt sehr zugesetzt. In seiner langen Geschichte wurde Belgrad über vierzigmal zerstört. Allein während des Zweiten Weltkrieges wurden durch die deutsche Bombardierung mehr als 700 Gebäude dem Erdboden gleichgemacht. Die Spuren der jüngsten militärischen Auseinandersetzungen mit der NATO im Jahre 1999 sind ebenfalls noch zu sehen. Die Stadt scheint daher heute eher aus einem planlosen Nebeneinander von Bauten und Stilen vom 18. bis 20. Jahrhundert zusammengesetzt zu sein. Nur wenige Häuser sind älter als 100 Jahre. So beeindruckt Belgrad weniger durch antike oder mittelalterliche Baudenkmäler als durch den Historismus des 19. Jahrhunderts, monumentale Straßen und Bauten des 20. und 21. Jahrhunderts. Aber in ihren vielfältigen Museen hat die Stadt die Kunstschätze ihrer jahrtausendealten Vergangenheit bewahren können.

Kontinentales Klima prägt die Stadt. Im Sommer erwarten den Besucher drückend heiße Temperaturen, meist über 30 Grad. Im Winter ist mit dem scharfen aus Nordosten kommenden Wind, dem Košava, zu rechnen. Kein Berg zwischen der Donauebene bis zur Ukraine und weiter nach Rußland vermag die Stadt vor ihm zu schützen.

Belgrads Ausdehnung ist sehr weitflächig. Anfangs lag Belgrad noch unmittelbar am Ufer, rückte im Laufe der Zeit immer weiter vom Wasser ab, auf die Anhöhen, den Kalemegdan, und erst viel später auch auf die umliegenden Hügel. Insgesamt umfaßt das Stadtgebiet heute etwa 20 Anhöhen. Noch bis 1914 bildete die

Save die Grenze zu Österreich-Ungarn. Erst nach der Gründung Jugoslawiens entstanden die verbindenden Brücken über die Flüsse. Das alte Semlin (Zemun) wurde eingemeindet. Neue Siedlungsgebiete entstanden und wurden nach ihren Anhöhen, den Brdo (Hügel), benannt, wie der Topčidersko Brdo oder der Banovo Brdo. Aber auch in der Ebene entstand Neues: Neu-Belgrad erhebt sich nur 75 Meter über den Meeresspiegel und ist der am niedrigsten gelegene Punkt Belgrads, während die Stadt an sich 138 Meter hoch liegt.

Die Industrie von Belgrad ist einerseits an der Donau angesiedelt, hinter dem Kalemegedan in Richtung Pančevo. Der Krieg von 1999 hat auch hier tiefe Wunden hinterlassen. Außerdem ist zwischen den Weltkriegen das Industriegebiet im Süden, Železnik, entstanden.

Belgrad ist Messestadt. Ein etwa 40 Hektar großes Messegelände, ›Beogradski Sajam‹, befindet sich zwischen dem bulevar Vojvode Mišića und dem rechten Saveufer. In 14 Messehallen stehen 100 000 Quadratmeter Ausstellungsfläche zur Verfügung. Nationale wie internationale Messen finden hier statt.

Immer wieder wird man in der Stadt der Flüchtlinge gewahr. Viele stammen aus der Krain, heute Kroatien, andere aus dem Kosovo. Überall in der Stadt sieht man Plakate, die für Benefizkonzerte zugunsten der humanitären Hilfe in Serbien werben. Überhaupt gibt und gab es viel Widerstand gegen die in der Vergangenheit geführte Politik und viele Bemühungen, die Flüchtlinge zu versorgen.

Eine wichtige Verkehrsanbindung, der Autoput nach Süden – Griechenland, Makedonien, Bulgarien, Türkei – führt mitten durch die Stadt und sorgt für ein nicht geringes Verkehrsaufkommen. Man erreicht Belgrad per Auto über den

Blick auf die Festung Kalemegdan und die Altstadt

Die serbisch-orthodoxe Kathedrale

Autoput am besten, per Eisenbahn, per Autobus und per Flugzeug über den internationalen Flughafen ›Surčin‹ im Westen der Stadt. Er wurde 1962 eröffnet und ist heute der größte Flughafen des Landes. Bei geringem Verkehrsaufkommen benötigt man mit dem Taxi etwa 20 Minuten ins Zentrum. Schon von weitem erkennt man die Stadtgrenze an einem Doppelhochhaus. Es wurde von Mihajlo Mitrović 1972 entworfen und an der Stelle realisiert, wo die Autobahn von Zagreb Belgrader Stadtgebiet erreicht. Es ist das Westtor Belgrads, damals das höchste Gebäude Neu-Belgrads. Weiterhin fällt der Bau einer neuen Sporthalle auf, in der 2005 die Basketball-Europameisterschaft stattfand. Die serbischen Basketballer gehören zur Weltspitze in dieser Disziplin.

In der Stadt verkehren Busse und Straßenbahnen, manche ausrangierte aus Wien. Die Metro ist geplant, begonnen, aber noch nicht einsatzbereit.

Die rasante Bevölkerungsentwicklung der Stadt vom 19. Jahrhundert mit etwa 100 000 Einwohnern bis zur heutigen 1,6 Millionen-Metropole haben der Stadt in Bezug auf Verkehrsentwicklung, Wohnungsbau und auch Umweltverschmutzung sehr zugesetzt. Dennoch gibt es außergewöhnlich viele Grünzonen, zum Beispiel an den Ufern von Save und Donau. Aber auch in der Innenstadt laden Parkanlagen zum Rasten ein. Die beiden Weltkriege haben viele Breschen in das Häusermeer geschlagen, die vielfach nicht zubetoniert, sondern bepflanzt wurden.

Stadtgeschichte

Der Keltenstamm der Skordisker beziehungsweise der Singer errichtete auf dem Hügelsporn über der Einmündung der Save in die Donau ein Oppidum (Burg). Die Römer eroberten das Gebiet und erweiterten es zu einem Castrum mit einer Unterstadt, der Donji grad (Доњи град). Sie gaben ihm den Namen des ersten bekannten Gründers der Stadt, dem Stamm der Singer, Singidunum. Singidunum lag rechts der Savemündung in die Donau und gehörte damit zur römischen Provinz Moesia. Seit der römischen Reichsteilung im Jahr 395 gehörte Singidunum zu Ostrom. In der Völkerwanderungszeit wurde der Ort von ostgermanischen Stämmen und Steppenvölkern, den Goten, Sarmaten, Hunnen, Awaren, Bulgaren und Slawen, heimgesucht. Mit der Ankunft der Slawen in diesen Gebieten verlor sich der alte Name Singidunum, und der slawische Name Beograd (Weiße Burg, von serbisch beli, kroatisch beo) wurde gebräuchlich.

Im Mittelalter hieß der Ort Alba Iulia, Alba Graeca beziehungsweise Beligrad, Weiße Festung, Alba Bulgarica, Nandor Albor, Nandor-Féhérvár, Asagu Belgrad, Weißenburg und schließlich Belgrad. Dabei gehörte es abwechselnd den Bulgaren, Byzantinern, Ungarn und Serben. Auch die Kreuzfahrer suchten es heim. Auf dem Weg zum zweiten Kreuzzug legte Friedrich I. zu Hohenstaufen, besser bekannt als Barbarossa, seine Flotte hier an der Donau an. Schon im Mittelalter gehörte zur Burg eine große Stadt, die von starken Mauern und Türmen umgeben war.

Im Jahr 1284 wurde Belgrad Hauptstadt des serbischen Teilkönigreichs von König Dragutin, der sie von seinem Schwiegervater, Stefan V. von Ungarn, als Geschenk erhielt.

Die Ungarn erobern die Stadt im Jahr 1319 zurück. Nach der Schlacht auf dem Amselfeld 1389 herrschten mit ungarischer Unterstützung in Belgrad die Despoten Stefan Lazarević (1403) und Georg Branković. Letzterer gab Belgrad, bedrängt von den Osmanen und Ungarn, zugunsten Smederevos auf. Noch unter Stefan entwickelte sich die Stadt zum religiösen und kulturellen Mittelpunkt des nach Norden gedrängten serbischen Restreiches. Stefan hatte sich dem ungarischen König Sigismund als Vasall angedient. Er erhielt das südliche Donauland zwischen Save und Morava, zu dem auch Belgrad gehörte, zugesprochen, von den Ungarn Nandor-Féhérvár genannt. Nach dem Tod Stefans 1427 übernahm wieder der Ungar Sigismund Belgrad.

Der Kampf um Belgrad zwischen Ungarn und Türken begleitete das 15. und 16. Jahrhundert. Nach den für die Ungarn verlustreichen Schlachten von Nikopolis 1396 und Varna (Bulgarien) wurde Belgrad ernsthaft bedroht. Sultan Mehmed II. der Eroberer hatte dem byzantinischen Reich mit der Eroberung Konstantinopels 1452 ein Ende gesetzt. Belgrad fiel im Jahr 1456 erstmals an die Türken. Ein Zwischenspiel gelang Johann Hunyadi, der mit Hilfe deutscher Kreuzfahrer

Die dicken Mauern der Belgrader Festung verhinderten eine schnelle Eroberung der Stadt

und den vom italienischen Franziskaner Capistran angeheuerten Massen Belgrad noch einmal zurückeroberte. Da aber weitere Unterstützung der ungarischen Magnaten ausblieb und Smederevo gefallen war, gelang den Türken unter Süleyman dem Prächtigen im Jahr 1521 die endgültige Eroberung Belgrads. Für mehr als 300 Jahre sollte die Stadt zum Sitz eines Paschas werden, der Belgrad zur Janitscharengarnison ausbaute. Serben wurden umgesiedelt, Osmanen zogen in die Stadt. Die Türken nannten die Stadt Dar ul Çihad, Haus der Glaubenskriege. Im Zuge einer gewissen Toleranz in der Siedlungspolitik folgten Armenier, Juden, Griechen, Aromunen sowie Roma. Teilweise war das heutige Siedlungsgebiet geteilt, auf einem Ufer die Österreicher, auf dem anderen die Türken. Viele Reiseberichte geben ein Zeugnis vom orientalischen Flair, von Häusern ohne Fenster zur Straße, gewundenen Gassen und gutem Essen. Die Serben, die sogenannten Rajahs, hatten keinen Zutritt zur Ober- und zur Unterstadt und ließen sich deshalb auf dem offenen Feld vor der Festung nieder.

Im Jahr 1688 wendete sich das Blatt. Nach 150 Jahren osmanischer Herrschaft begann der lange Weg zur Befreiung. Das Habsburger Heer, angeführt von Kurfürst Max Emanuel von Bayern (der blaue Kurfürst), traf in Semlin ein. Erste Schlachten fanden statt. Am 14. Juni 1717 erkämpfte Prinz Eugen, der ›edle Ritter‹, für die Habsburger einen entscheidenden Sieg.

Belgrad und Nordserbien fielen an Habsburg, die heutige Hauptstadt verblieb ihnen bis 1739 und veränderte ihr Gesicht. Sie erhielt barocke Konturen und verlor ihr orientalisches Antlitz. Nach etwas mehr als 20 Jahren mußten die Habsburger 1739 im Frieden von Belgrad die Stadt wieder aufgeben. Die Türken zerstörten ihre Bauten.

Mehrmals konnte Belgrad noch kurzfristig von den Habsburgern eingenommen werden. Die letzte große Auseinandersetzung mit den Türken begann mit dem Befreiungskampf der Serben. Während ihres ersten Aufstandes konnten sie die Stadt von 1806 bis 1813 für sich gewinnen. Vom Dekret Sultan Mahmut II.

1830 bis zur Übergabe der Stadtschlüssel 1867 sollten noch 37 Jahre vergehen. Doch schon in dieser Zeit veränderte Belgrad wiederum sein Gesicht: Nationale Einrichtungen wurden gegründet, die erste Druckerei (1831), die serbische Nationalbibliothek (1832) und die serbische Nationalzeitung (Narodne Novine 1834).

1835 wurde eine serbische Verfassung verabschiedet und die Volksversammlung ins Leben gerufen. Viele Vertreter serbischer Kultur kamen in die Stadt, darunter Vuk Stefanovic Karadžić. 1869 konnte sich ein festes Theater etablieren, 1884 wurde die erste Bahnlinie von Belgrad nach Niš angelegt. Erste Straßenpflasterungen erfolgten, die elektrische Beleuchtung und ein Wasserwerk wurden installiert. Auch die erste Straßenbahn nahm ihren Betrieb auf.

In dieser Zeit verwischten sich die orientalischen Spuren. Ein Industrialisierungsschub setzte ein: Wo vorher lediglich eine Brauerei, eine Gerberei und Handwerker ansässig waren, entwickelte sich ein bedeutendes internationales Wirtschaftszentrum und ein Knotenpunkt der Eisenbahn.

Die Balkankriege setzten der Stadt ebenso zu wie der Erste Weltkrieg. Im Jahr 1918 proklamierte Alexander I. Obrenović das Königreich der Serben, Kroaten und Slowenen.

Zwischen den Kriegen pulsierte die Stadt, städtebauliche Maßnahmen wurden ergriffen. Am 6. Juli 1941 wurde Belgrad von den Deutschen ohne vorausgegangene Kriegserklärung bombardiert. Die Befreiung erfolgte am 20. Oktober 1944 durch Titos Partisaneneinheiten. Davor hatte aber noch ein schweres Bombardement seitens Englands und der USA stattgefunden, um die deutschen Besatzer zu vertreiben. Nach dem Krieg wurde Belgrad die Hauptstadt der Föderativen Volksrepublik Jugoslawien, die sich ab 1963 Sozialistische Föderative Republik Jugoslawien nannte.

Die Straßenbahn fährt seit dem Ende des 19. Jahrhunderts durch Belgrad

Die Altstadt

Die Altstadt Belgrads (Стари град) liegt am Westhang des zum rechten Saveufer abfallenden Hügels. Wie eine Halbinsel ragt dieser in das Mündungsgebiet der Save in die Donau. Innerhalb der Altstadt liegen der Kalemegdan, die alte Festung, das ehemalige jüdische Viertel Dorćol und die große Fußgängerzone. Dem Besucher wird es nicht leicht gemacht, die Sehenswürdigkeiten der Stadt auf Anhieb zu entdecken. Sie liegen relativ dicht beieinander, sind aber zwischen Neubauten versteckt. Erschwerend kommen die Straßenbezeichnungen hinzu. So wie die politischen Verhältnisse vielfach gewechselt haben, so haben die Straßen unterschiedliche Namen angenommen. Vor noch gar nicht so langer Zeit wurde eigens für diese Problematik ein Komitee gegründet. Dieses hatte zu entscheiden, welche historische Epoche und welche dazugehörigen Straßennamen ab jetzt gültig werden sollen. Eine der ältesten Straßen Belgrads hieß bis vor kurzem noch Straße des 7. Juli. Von 1872 bis 1904 war ihr Name ul. Dubrovačka und von 1904 bis 1946 ul. Kralja Petra I. Man hat sich für den Zeitabschnitt zwischen den Kriegen entschieden, und so heißt sie wieder ul. Kralja Petra I. Die Änderung der Straßennamen wurde noch nicht abgeschlossen, deshalb kann es zu abweichenden Bezeichnungen kommen.

alter Name:	neuer Name:
bul. Revolucije Obrenović	bul. kralja Aleksandra
bul. Maršala Tita	bul. kralja Milana
ul. Proleterski	ul. Krunska
trg Dimitrije Tucovića	trg Slavija
ul. Maršala Tolbuhina	ul. Makenzijeva
ul. 7. Jula	ul. kralja Petra Prvog
ul. Lole Ribara	ul. Svetgorska
ul. Georgi Dimitrova	ul. Ilije Garašanina
ul. Moše Pijade	ul. Dečanska
trg Marksa i Engelsa	trg Nikola Pašića
ul. Generala Ždanova	ul. Svetozara Markovića
bul. JNA	bul. Oslobođenja

Die Wurzeln Belgrads liegen in der Oberstadt (Gornji Grad, Горњи град) und der Unterstadt (Donji Grad, Доњи град). Die Oberstadt ist unter den Türken und den Habsburgern völlig umgestaltet worden. Auf das 15. Jahrhundert gehen nur noch der 30 Meter tiefe römische Brunnen sowie ein rundbogiges Tor in der Oberstadt zurück. In der Unterstadt steht noch der Fürchtenichtsturm. Zwischen ihm und der

Oberstadt liegt die Straße nach Pančevo und hat die Anlage (Ober- und Unterstadt) sozusagen zerschnitten. Einsam steht dieser Turm aus dem 15. Jahrhundert hier in Ufernähe. Die Reste der Unterstadt wurden mehr oder weniger zerstört.

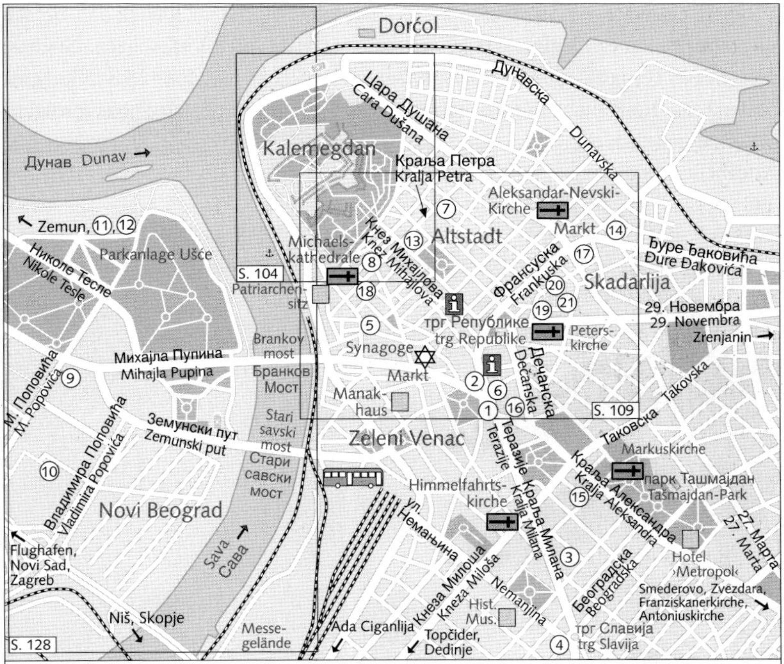

Belgrad (Beograd/Београд), Übersicht

Legende

1 Hotel ›Moskva‹
2 Hotel ›Balkan‹
3 Hotel ›Park‹
4 Hotel ›Slavija Lux‹
5 Hotel ›Palace‹
6 Hotel ›Kasina‹
7 Hotel ›Royal‹
8 Hotel ›Aleksandar Palas‹
9 Hotel ›Hyatt Regency‹
10 Hotel ›Beograd Intercontinental‹
11 Hotel ›Jugoslavija‹
12 Hotel ›Nacional‹
13 Pizzeria Trattoria ›Košava‹
14 Restaurant ›Tanjir‹
15 Restaurant ›Madera‹
16 Restaurant ›Šaran‹
17 Restaurant ›Washington‹
18 Restaurant ›Kafana ?‹
19 Restaurant ›Dva bela goluba‹
20 Restaurant ›Dva jelena‹
21 Restaurant ›Skardalija‹

Das osmanische Belgrad

Wenn man Reiseberichte vergangener Jahrhunderte liest, sprechen die Autoren von den vielen Moscheen Belgrads. Über 80 sollen einst die Stadt geschmückt haben.

Die Reisenden des 19. Jahrhunderts schildern Belgrad auch nach den Befreiungskriegen der Serben als typisch osmanische Stadt mit 14 Moscheen. Noch zu dieser Zeit, vermerkt die Stadtchronik, war europäische Kleidung in Belgrad eine Seltenheit. Die Bürger, mit Ausnahme der Serben aus der österreichisch-ungarischen Monarchie, trugen das traditionelle orientalische Gewand. Der Fez war ihre Kopfbedeckung.

Die Damad-Ali-Pascha-Turbe

Heute erinnert an die osmanische Zeit nur noch wenig. Ein Rest ist der Bedesten (Bazar), der hinter der Savakirche liegt. Wenngleich der ursprüngliche Glanz gewichen ist, bewahren doch die in ihm etablierten Cafés ein wenig davon. Er geht auf den Großwesir Sokolović Pascha zurück und war einst mit Bleikuppeln überdacht. Von den osmanischen Gebetsstätten ist nur noch die Bajraklimoschee, heute Fahnenmoschee (Bajrakli-Džamija/Бајракли-Џамија, ul. Gospodar Jevremova 11/ул. Господар Јевремова), erhalten. Sie hieß nach ihrem Stifter Hajji-

Ali, einem reichen Händler, Čohadžimoschee. Der Ende des 17. Jahrhunderts errichtete schlichte Bau, versteckt hinter Bäumen, besteht aus einem Saal mit einer Kuppel und einem Minarett. Während der österreichischen Besatzung von 1717 bis 1739 wurde sie zur katholischen Kirche umgeweiht. Die Rückkehr der Türken führte sie wieder ihrer ursprünglichen Bestimmung zu. Ende des 18. Jahrhunderts erhielt sie ihren heutigen Namen nach der Fahne, die gehißt wurde, um den Beginn des Betens in allen Moscheen einzuleiten. Ihre Renovierung veranlaßten die serbischen Fürsten im 19. Jahrhundert. Bis heute wird sie als Gebetsstätte der muslimischen Gemeinde genutzt.

Vom osmanischen Belgrad sind auch noch ein paar krumme ungepflasterte Gassen übriggeblieben. Am Stambultor, am Dizdartor und am Zindantor haben sich osmanische Schmuckelemente erhalten. Für die hochgelegene Zitadelle bürgerte sich der türkische Name ›Kalemeydan‹, Burgplatz ein. Die Reisenden des 19. Jahrhunderts schildern Belgrad auch nach den Befreiungskriegen der Serben noch immer als typisch osmanische Stadt mit vierzehn Moscheen.

Auf dem Kalemegdan präsentierte der Pascha im 19. Jahrhundert noch immer die osmanische Macht. Zwei osmanische Mausoleen, die Damad-Ali-Pascha-Turbe und eine weitere am Studentski trg in der Innenstadt, bewahren das Erbe. In der Turbe am Studenstki trg ist Sheik-Mustafa begraben. Auch die Serben orientierten sich am osmanischen Stil. Eines der ältesten erhaltenen Gebäude Belgrads aus der Türkenzeit ist das Dositej-Lyzeum aus dem 18. Jahrhundert. Karađorđe eröffnete hierin die sogenannte Große Schule, die auch von Vuk Karađžić besucht und von Dositej Obradović geleitet wurde. Das heute darin eingerichtete Vuk-und-Dositej-Museum zeigt Exponate, die mit dem Wirken dieser beiden für das serbische Selbstverständnis so wichtigen Persönlichkeiten zu verbinden sind. Es ist im typischen Konakstil aus Stein und Holz erbaut.

Das ehemalige jüdische Viertel

Neben dem Kalemegdan gehört das Viertel Dorćol (Дорћол) zu den ältesten Stadtteilen Belgrads. Vom 17. bis zum 20. Jahrhundert fand in ihm ein reges jüdisches Leben statt. Hier hatten sich vor allem die Sephardim niedergelassen, die in Belgrad zu einer wichtigen Gemeinde heranwuchsen. Die Sephardim aus Spanien siedelten im gesamten osmanischen Reich, so auch auf dem Balkan und im heutigen Serbien, in Belgrad vor allem an den Ufern und Anhöhen über der Donau, in den Stadtteilen Jalija und Dorćol. Schon vorher hatte es Juden in der Stadt gegeben, ihre Spuren sind jedoch spärlich.

Juden aus Osteuropa, die Aschkenasim, kamen in einer späteren Bewegung und siedelten zunächst an der Save. Sie sprachen Jiddisch und hatten bis zum

Ersten Weltkrieg ihre eigenen kulturellen, schulischen und sakralen Zentren. Ihre 1926 errichtete Synagoge befindet sich im Zentrum in der ul. Maršala Birjuzova (ул. Маршала Бирјузова) und ist als einzige bis heute aktiv.

Dorćol erfuhr im 19. Jahrhundert eine intensive Bebauung, die das ehemalige Judenviertel, das nie Ghetto war, sehr verändert hat.

Ein Platz in diesem Viertel wurde serbisch ›Dorćol‹, türkisch ›Dört-Yol‹, genannt. Es bedeutet soviel wie ›vier Straßen‹ und gab dem gesamten Abhang zur Donau den Namen. Die spanischsprechenden Juden stellten bis zum Ausbruch des Ersten Weltkriegs 80 Prozent der jüdischen Gemeinde. Mit ihnen lebten in Dorćol auch Armenier, Griechen und wenige Serben. Ihren kulturellen Höhepunkt erlebte die Belgrader jüdische Gemeinde im 17. Jahrhundert, in dem auch die jüdische Schule, die ›Yeshiva‹, nachweisbar ist. Kurz vor Ausbruch des Zweiten Weltkrieges lebten etwa 10 000 Juden in Belgrad, nur wenige überlebten den Holocaust.

Die einzige noch aktive Synagoge wurde 1926 errichtet

In nur wenigen Straßen des Viertels schlug das Herz des jüdischen Gemeindelebens: in der ul. Slunska (ул. Слунска), der ul. Cara Uroša (ул. Цара Уроша), ul. Cara Dušana (ул. Цара Душана), der König Peter-Straße (ul. Kralja Petra/ул. Краља Петра) sowie in der Jüdischen Straße (ul. Jevrejska/ул. Јеврејска) und der ul. Braće Baruh (ул. Браће Барух). Im Stadtteil gab es alles, was mit jüdischer Traditionspflege und jüdischem Gemeindeleben zu tun hatte. Einst gab es zehn Synagogen, die alte stand zwischen der ul. Jevrejska und der ul. Solunska, war im 18. Jahrhundert erbaut worden, mehrmals zerstört und wiedererrichtet worden, bis die Nazis sie dem Erdboden gleichmachten. Hier befand sich auch das rituelle Bad, die Mikwa, hier das Amam genannt. Im Viertel wurden einige Grabsteine gefunden. Zwei davon sind im Jüdischen Museum ausgestellt: einer von Avraham Koen aus dem Jahr 1641, ein weiterer von Donna Klara mit ihrem Todesdatum dem 13. Schwebt 5380, nach christlicher Zeitrechnung 1619.

Zum Gedenken an die jüdischen Opfer wurde im jüdischen Viertel an der Donau ein Denkmal des Bildhauers Nandor Glid errichtet. Auch der jüdische Teil des sogenannten Neuen Friedhofs in der ul. Milje Kovačevića 1 (ул. Миље Ковачевића) hält die Erinnerung an ihre Existenz fest. Der Neue Friedhof ist heute der älteste in Belgrad und wurde 1882 gegründet, um auch die Überreste der Verstorbenen älterer Friedhöfe, so auch des alten jüdischen Friedhofs in der ul. Dalmatinska (ул. Далматинска), aufzunehmen.

Derzeit leben etwas 2000 Juden in der gesamten Stadt. Bis heute hat sich in Belgrad der jüdische Chor der ›Baruh Brüder‹ erhalten. Das Viertel Dorćol wird heute gerne wegen des BITEF-Festivals aufgesucht. Ein literarisches Denkmal des Viertels schuf die in Belgrad lebende Schriftstellerin Svetlana Velmar-Janković mit ihrer Erzählung ›Das schwarze Licht‹.

Das serbische Belgrad

Das serbische Belgrad begann mehr oder weniger im 18. Jahrhundert. Im Nordwesten der Altstadt, auf einer Anhöhe der Save nicht weit vom Kalemegdan, kann man wenige Gassen aus Kopfsteinpflaster entdecken, die daran erinnern. Der Kosančivć-Ring (Kosančivćev venac/Косанчивћев венац) birgt eingebettet in die Neubauten einige alte Gebäude. Schon im Mittelalter bestand hier eine serbische Siedlung mit Kirche. Anfang des 19. Jahrhunderts bildete dieser Teil den Kern, um den herum Belgrad aufgebaut wurde und sich ausbreitete. Nicht weit davon, in der ul. Kneza Sime Markovića 8 (ул. Кнеза Симе Марковића), befindet sich der Palast der Fürstin Ljubica, Konak Knejginje Ljubice, gegenüber dem Patriarchat. Er ist mit dem ›Wirtshaus zum Fragezeichen‹ und dem Konak

Der Palast der Fürstin Ljubica

des Fürsten Miloš im Topčider Park eines der wenigen erhaltenen Architekturbeispiele der Obrenovićzeit.

Der Palast wurde 1834 auf Geheiß des Fürsten Miloš von den Architekten Janja Mihajlović und Nikola Đorđević, die mehrere Gebäude in Belgrad realisiert haben, errichtet. Es war für seine Frau Ljubica gedacht und ist ein schönes Beispiel der Balkanarchitektur mit symmetrisch angeordneten Räumen. Das zweigeschossige Bauwerk mit Erker über dem Eingang umschließt in seiner Mitte eine geschlossene Halle mit einem Diwanhan im ersten Stock. Zwischen den beiden Weltkriegen war hier zeitweilig das Museum für Moderne Kunst untergebracht, nach dem Krieg das Institut für Denkmalpflege. Heute ist es wieder ein Museum.

Das ›Gasthaus zum Fragezeichen‹ (›Kafana ?‹) in der ul. Kralja Petra 6 ist eines der ältesten Gasthäuser in einer der ältesten Straßen der Stadt. Es wurde 1832 als Wohnhaus im Auftrag des Konsuls des Fürsten Miloš, Naum Ičko, erbaut und 1879 nach dem Willen des Besitzers später in eine Wirtschaft umgewandelt. Als eines der wenigen erhaltenen Altbauten Belgrads gibt es einen Eindruck von der ehemaligen Bausubstanz, einer zierlichen Mischbauweise aus Holz und Stein. Schön renoviert wartet es heute auf seine Gäste. Wer italienischen Espresso bevorzugt, der kann gleich nebenan ins ebenso gemütliche wie freundliche ›Triangle‹ gehen.

An der Ecke zur ul. Gračanička (ул. Грачаничка) steht ein großes gelbes renoviertes Haus, in dem Fürst Petar Karađorđe gewohnt hat.

Der Kalemegdan

Am Nordende der Altstadt liegt ein großes Plateau auf einem etwa 50 Meter hohen Kalkstock im Mündungswinkel zwischen Save und Donau. Auf ihm befand sich bis zum Abzug der Osmanen eine Festungsanlage, die mit einer Ober- und einer Unterstadt zu einer Zitadelle ausgebaut war und eine westliche und östliche Vorstadt besaß.

Die heutige Anlage birgt den bedeutendsten archäologischen und kunsthistorischen Komplex Belgrads, die Festung Beogradska tvrđava (Београдска тврђава). Die Bezeichnung Kalemegdan (Калемегдан) bezieht sich auf das Plateau um die Festung, welches von jeher den jeweiligen Machthabern als Beobachtungsposten gedient hatte. Ihr Hauptquartier, der Festungskern, befand sich auf dem höchsten Punkt des Plateaus. Der Name leitet sich von den türkischen Worten Kale, das Feld, und megdan, Kampf, ab. Die Türken nannten den Kalemegdan auch Fićir-bajir, was soviel wie ›Hügel zum Nachdenken‹ bedeutet.

Bereits in neolithischer Zeit war der Hügel besiedelt und trug später die keltische Befestigung, das römische Castrum und die byzantinische Zitadelle. Immer wieder wurde diese von Eroberern ausgebaut und modernisiert. Die Entwicklung in der Waffentechnik ging weiter, die Feuerwaffen wurden erfunden, Europas Festungen mußten ihnen standhalten. Die Habsburger bauten sie 1717 nach den Vorbildern des großen Festungsbaumeisters Vauban neu. Dieser Neubau wurde von den wiederkehrenden Türken nur geringfügig verändert.

Seit dem 19. Jahrhundert wurde das Areal zu einer großen Grün- und Freizeitanlage umgestaltet. Heute ist der Kalemegdan die größte und höchstgelegene Grünanlage der Stadt, von der man schöne Ausblicke auf die Flußlandschaft, auf den Stadtbezirk Zemun, die Hochhäuser von Neu-Belgrad, das ›Sava‹-Kongreßzentrum sowie die Hotels ›Intercontinental‹ und ›Hyatt‹ hat.

Auf dem Kalemegdan liegen zahlreiche Denkmäler: das Militärmuseum, der Kunstpavillon ›Cvujeta Zuzorić‹, das Amt für Denkmalschutz, der Zoologische Garten, Spiel- und Sportplätze sowie Restaurants und Cafés.

In den Zusammenfluß von Save und Donau liegt eingebettet eine Insel, die sogenannte Kriegsinsel.

Ein Rundgang

Die Festungsanlage selbst besteht aus der Oberen und Unteren Burg. In der Oberen Burg (Gornji Grad) sind die Festungsmauern auf den Fundamenten des römischen Castrums errichtet. Zu ihr gelangt man von der ul. Uzun Mirkova (ул. Узун Миркова) durch den Park zum ersten Stambultor [22] im Vorwerk. Man muß sich hier die Heere vorstellen, die auf diesem Abschnitt nach Konstantinopel entlang ritten. Links liegt das Karađorđetor [23], durch das der große Befreier im Jahr 1806 einzog. Ein Monument zu Ehren der Franzosen, die die Serben einst unterstützt hatten, trägt die kyrillische Inschrift: ›Laßt uns Frankreich lieben, wie Frankreich 1918 uns geliebt hat.‹ Rund um das Monument sind die Büsten und Denkmäler berühmter Landsleute verteilt: Der Sarg für die nationalen Helden wie Djuro Djaković, Ivan Milutinović, Moša Pijade (Politiker, Journalist und Maler), die Denkmäler für die Philologen Djura Daničić und Miloš Djurić, die Dichter Radoje Domanović, Borislav Stanković und Djura Jakčić (1932–1978), den Schriftsteller Vojislav Ilić (1860–1894), den Lyriker Branko Radičević (1825–1853), den Literaturtheoretiker Ivan Skerlić, den Musiker Stevan Mokranjac (1856–1914), den Politiker Jovan Gavrilović, den Despoten Stefan Lazarević im oberen Teil innerhalb der Festung, den Politiker und Publizisten Jaša Prodanović und andere.

Ein Gedenkstein im Park erinnert an die kurzfristige Rückeroberung der Festung durch die Ungarn am 27. Juli 1456. Vor dem Stein liegt ein Graben, in dem Panzer und Geschütze ausgestellt sind. Über das zweite Stambultor [24] gelangt man zur Westbastion, in der das Militärmuseum (Vojni muzei/Војни музеј) [25] untergebracht ist.

Das nächste Tor ist ein Torturm, der achteckige Sahat Kula (Сахат кула, auch Glockentor genannt) [26] mit einer barocken Zwiebelhaube. Dieser Uhrturm wurde im 18. Jahrhundert über dem bestehenden Tor (1690–1698) von den Österreichern errichtet. Die Toranlage hat eine Stärke von mindestens 15 Metern. Schlicht, inmitten von Bäumen, steht das achteckige Mausoleum, die Damad-Ali-Pascha-Turbe (Дамад Али Паша турбе) [27]. In ihr liegt der türkische Großwesir

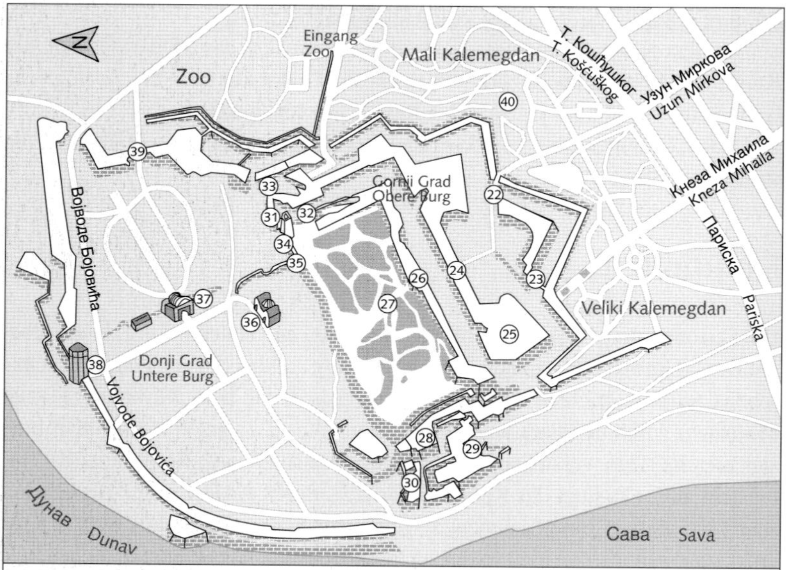

Der Kalemegdan (Калемегдан)

Legende

22 Stambultor 1
23 Karađorđetor
24 Stambultor 2
25 Westbastion/Militärmuseum
26 Sahat Kula (Glockentor)
27 Damad-Ali-Pascha-Turbe
28 Siegesmonument
29 Königstor
30 Römischer Brunnen
31 Dizdartor
32 Zindantor (Gefängnistor)
33 Jakšićturm
34 Ružicakirche
35 Kirche der heiligen Petka
36 Türkisches Bad
37 Prinz-Eugen-Tor (Tor Karls VI.)
38 Fürchtenichsturm (Nebojšaturm)
39 Vidintor
40 Kunstpavillon ›Cvujeta Zuzorić‹

Damad Ali Pascha begraben. Er war 1716 bei Peterwardein gefallen. Am höchsten Punkt der Festung mit Aussicht auf den Zusammenfluß von Save und Donau steht ein riesiges Siegesmonument von 1928 [28]. Der berühmte Bildhauer Ivan Mestrović hat es als falkentragenden Siegesboten auf dorischer Säule gestaltet. Unterhalb des Siegerdenkmals führen weitere Tore in und aus der Festung. Am Königstor (Kralj Kapija/Краљ Капија) [29] von 1690 bis 1696, umgestaltet 1736, befindet sich der sogenannte römische Brunnen (Rimski bunar/Римски бунар) [30] mit einem 35 Meter tiefen Schacht.

Der Sahat Kula

Der gesamte Kalemegdan soll von unterirdischen Gängen oder Tunneln, sogenannten Lagumen, untergraben sein. Sie sind bis heute nicht erforscht, bieten viel Anlaß für Rätsel und Geschichten und sollen sogar bis unter die Save reichen.

Zwei Kirchen sind auf dem Areal des Kalemegdan zu besichtigen: die Ružicakirche in der Nähe der Nordostmauer der Festung und die Kirche der heiligen Petka. Zunächst passiert man das Dizdartor (Dizdar Kapija/Дииздар капија) [31] aus der Zeit von 1404 bis 1424, der Zeit des Despoten Stefan Lazarević. Es ist eines der ältesten der Festung mit mittelalterlicher Mauer auf römischen Fundamenten. In seiner Nähe steht der von Mehmet Pascha Soković gestiftete Brunnen von 1576. Dahinter liegt das Zindantor (Zindan Kapija/Зиндан капија) [32], auch Gefängnistor genannt, vom Beginn des

Das Zindantor

Die Kirche der heiligen Petka

15. Jahrhunderts, das von zwei Rundtürmen flankiert wird. In diesen Türmen befanden sich berühmt-berüchtigte Kerker. Das Zindantor wurde später wiederholt umgebaut. Hinter den Restaurants ragt der Jakšićturm (Jakšić kula/Јакшић кула) [33] hervor. Er geht auf das 15. Jahrhundert zurück.

Etwas weiter abwärts liegen die beiden Kirchen. Die Ružicakirche (Ружица црква) [34] war ursprünglich ein Pulvermagazin, das 1730 von den Österreichern errichtet und nach 1867 in eine Garnisonskirche verwandelt wurde. An dieser Stelle befand sich allerdings schon einmal eine Kirche dieses Namens, die von den Türken bei der Eroberung Belgrad 1521 zerstört worden war. Da sie im Ersten Weltkrieg schwer in Mitleidenschaft gezogen worden war, erfolgte 1925 der Wiederaufbau. Die kleine Ikonostase geht auf Kosta Todorović zurück, die Ikonen auf Rafailo Momčilović. Das Tonnengewölbe ist vom Russen Andrey Bitsenko vollständig bemalt worden. Man sieht mehrere Stifter mit Kirchenmodellen in der Hand.

Die Kirche der heiligen Petka (Sv. Petka/Св. Петка) [35] unweit der Ružicakirche entstand über einer wundertätigen Quelle 1867. Das zierliche Natursteingebäude schuf 1937 der Architekt Momir Korunović. Erst in jüngerer Zeit, von 1980 bis 1983, erhielt das Innere seine für Serbien seltenen Mosaiken vom Künstler Đuro Radulović. In den beiden Nebenkapellen befinden sich die Kerzenräume. Auch heiliges Wasser kann man hier erstehen.

Der Weg führt zur Unteren Burg, Donji Grad. Sie hatte eine eigene Befestigungsanlage mit Türmen. Hier sind das türkische Bad [36] zu sehen und weiter unten das Prinz-Eugen-Tor (Kapija Princa Evgenija Savojsko/Капија Принца Евгенија Савојско) [37], auch Tor Karls VI. genannt. Die siegreichen Österreicher ließen es 1717 errichten. Nicht weit von ihm befindet sich die erste Kanonengießerei aus dem ersten serbischen Aufstand. Von hier gelangt man über die Straße zum Fürchtenichsturm (Nebojša kula/Небојша кула) [38] und zu letzten Mauerresten der Unterstadt. Von der alten Wehranlage ist noch das Vidintor [39] unweit des Dizdartores erhalten.

Zwischen dem Fürchtenichtsturm und der Oberstadt liegt die Straße nach Pančevo. Der obere Teil des Turms wurde im 18. Jahrhundert abgetragen und für den Kampf mit Feuerwaffen umgebaut. Er ist dreigeschossig und bewachte einst den Eingang zum Hafen, der im 18. Jahrhundert zugeschüttet wurde.

Ein Spaziergang durch den Park führt zum Zoologischen Garten.

Die Knez-Mihajlova-Straße

Das Leben der Stadt konzentriert sich heute vor allem auf den Platz der Republik, den Terazije und rund um die Fußgängerzone, die ul. Knez Mihajlova (ул. Кнез Михајлова), benannt nach Fürst Mihajlo Obrenović, dem dritten serbischen Fürsten. Die über einen Kilometer lange Fußgängerzone reicht vom Kalemegdan bis zum Platz der Republik (trg Republike/трг Републике). Der Dichter Momo Kapor hat ihr in seinem Roman ›Die Foliranten‹ von 1974 ein Denkmal gesetzt. Auf diesem wahren Corso reihen sich zahlreiche Gebäude aus dem 19. und 20. Jahrhundert aneinander. Teilweise sind sie frisch renoviert, in ihnen sind wichtige Institutionen, viele Buchhandlungen und Geschäfte untergebracht.

Die Fußgängerzone Knez Mhajlova ist eine beliebte Bummelmeile

Die Einkaufsstraße der Belgrader steht unter Denkmalschutz. Großzügig, breit und gesäumt von Cafés und

Restaurants, scheint das Leben hier weder Tag noch Nacht zum Ruhen zu kommen. Die Geschäfte sind auch sonntags geöffnet, werktags meist bis 22 Uhr.

In Höhe des Kalemegdan steht die von Andra Stefanović und Dragutin Đorđević entworfene Städtische Bibliothek (Nr. 56). Ihr gegenüber in der Grünanlage erinnert eine Büste an Milan Rakić (1876–1938). Er war Dichter und vor allem ein herausragender Diplomat, der Serbien in vielen Städten Europas vertreten hat.

Das Haus der Nikola-Spasić-Stiftung (Haus Nr. 33) wurde für den Kaufmann Nikola Spasić 1889 von Konstantin A. Jovanović entworfen. Das dreigeschossige Gebäude greift den Stil des Neobarock auf. Am Dach wurden drei reichverzierte viereckige Aufbauten hinzugefügt. Eine erste Renovierung wurde in den 70er Jahren durchgeführt. Das Sezessionsgebäude in der Nummer 35 beherbergt die Serbische Akademie der Wissenschaften und Künste. Die Akademie wurde 1886 ins Leben gerufen, das heutige Gebäude 1924 vollendet. Im Haus Nr. 50 sitzt das Goethe-Institut, im Haus Nr. 18 befindet sich die Touristeninformation und in der Nr. 6/1 das Kulturzentrum Belgrads.

Über die Fußgängerzone gelangt man vorbei am Njegoš-Denkmal zum Platz der Republik. Petar II. Petrović Njegoš (1813–1851) war Mitglied der Dynastie der Petrović-Njegoš, die Montenegro über 200 Jahre lang beherrschte. Er regierte sein Land im Geist der Aufklärung und machte sich einen Namen als Dichter. Sein berühmtestes Werk, ›Der Bergkranz‹ (Gorski vijenac, 1846), reihte ihn unter die führenden serbischen Dichter ein. Njegoš starb an Lungentuberkulose.

Der Studentenplatz

Der Studentenplatz (Studentski trg, Студентски трг) ist einer ältesten Plätze der Stadt. In osmanischer Zeit befanden sich hier eine Gebetsstätte und ein Friedhof. Davon gibt das am Rande des Platzes unscheinbar und gerne übersehene Grabmal für den Osmanen Sheikh Mustafa ein Zeugnis ab. Der Friedhof bestand bis zum Jahr 1860. Die heutige Grünfläche, der Universitätspark, war unter den Serben ein riesiger Markt, einer der größten in der Stadt, der sich hier bis 1930 hielt. Während der städtebaulichen Maßnahmen in der zweiten Hälfte des 19. Jahrhunderts wurde der Platz begradigt und erhielt als einer der ersten im neuen Belgrad sein heutiges Gesicht.

Auffälligster Bau an diesem Platz ist jedoch das Kapitän-Miša-Haus (Studentski trg 1). Es wurde für Miša Anastasijević nach Plänen des tschechischen Architekten Jan Nevola 1863 als Privathaus errichtet. Der Kaufmann und Donaukapitän vermachte es der Stadt Belgrad, die es als Verwaltungsgebäude nutzt. Es weist Elemente der Neorenaissance, Gotik und Romanik auf. Heute befindet sich darin das Rektorat der Universität. Gegenüber ist die Fakultät für Chemie der Universität Belgrad untergebracht. Diese besteht aus 27 Fakultäten, deren Gebäude über die ganze Stadt verteilt sind. Sie ist aus der 1808 gegründeten sogenannten Großen Schule (Velika дkola, Велика школа,) in deren Gebäude heute das Vuk-und-Dositej-Museum untergebracht ist, hervorgegangen. Die Große Schule wurde nach dem ersten Aufstand der Serben geschlossen, später nach Kragujevac verlegt und kehrte 1841 nach Belgrad zurück. Die erste serbische Universität wurde dann 1905 an dieser Stelle eröffnet.

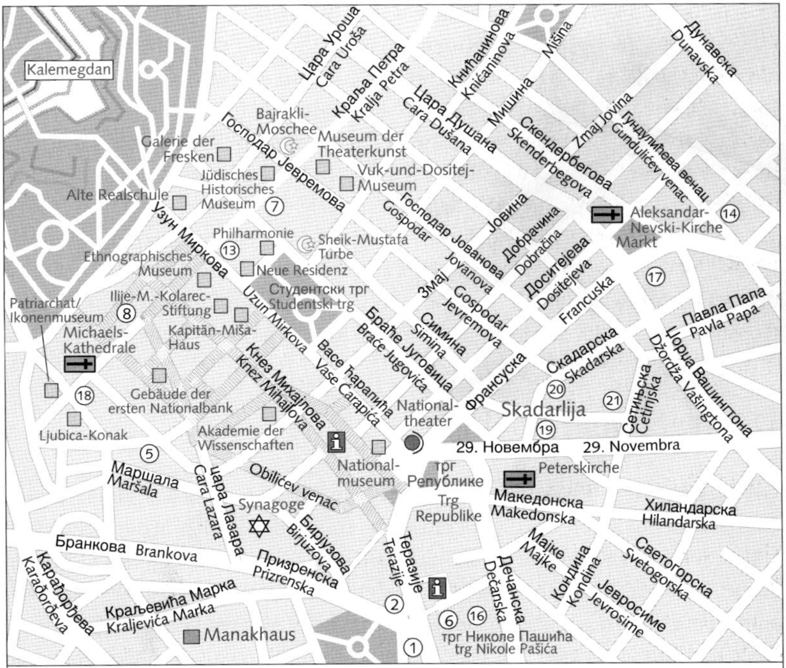

Belgrad, Altstadt

Legende

1 Hotel ›Moskva‹
2 Hotel ›Balkan‹
5 Hotel ›Palace‹
6 Hotel ›Kasina‹
7 Hotel ›Royal‹
8 Hotel ›Aleksandar Palas‹
13 Pizzeria Trattoria ›Košava‹
14 Restaurant ›Tanjir‹
16 Restaurant ›Šaran‹
17 Restaurant ›Washington‹
18 Restaurant ›Kafana ?‹
19 Restaurant ›Dva bela goluba‹
20 Restaurant ›Dva jelena‹
21 Restaurant ›Skardalija‹

Im Universitätspark stehen Denkmäler bedeutender serbischer Persönlichkeiten: Josif Pančić (1814–1888), Botaniker und Zoologe, vom Künstler Đorđe Jovanović Jovan Civijić (1865–1927), Wissenschaftler und Geograph, und Dositej Obradović vom Bildhauer Rudolf Valdec. Dositej Obradović (1730–1811) war Schriftsteller, Philosoph und Lehrer. Er begründete jene Große Schule, aus der später die Universität hervorging. Sein Denkmal stand ehemals vor dem Eingang zum Kalemegdan und wurde 1930 hierher versetzt.

Ein anderer bedeutender Wissenschaftler, der kroatische Physiker Nikola Tesla, sei hier erwähnt, sein Denkmal schmückt die Front der technischen Fakultät.

Am Studentenplatz findet man noch das Gebäude der Ilije-M.-Kolarac-Stiftung (Nr. 5), das Ethnographische Museum (Nr. 13) und die Philharmonie (Nr. 11). Vom Studentski trg ist es nicht weit zur ul. Uzun Mirkova, an deren Ende der Kalemegdan beginnt. In der Straße steht die alte Realschule (Nr. 14) von 1836/37, die im klassizistischen Stil nach dem Entwurf Franz Jankes als Wohnhaus für den Politiker Cvetko Rajović und damaligen Bürgermeister von Belgrad errichtet wurde. Zum erstenmal wurde hier mit den orientalischen Tradition Belgrader Bauten gebrochen. In der gleichen Straße (Nr. 1) entstand von einem unbekannten Architekten 1846 eine neue Residenz für Aleksandar Karađorđević. Später ist hier eines der bekanntesten Belgrader Restaurants, ›Srpska Kruna‹, eingezogen. In dem Gebäude wurde unter anderem das serbische Rote Kreuz begründet.

Der Platz der Republik

Der Platz der Republik (trg Republike/трг Републике) liegt an der Stelle des ehemaligen Stambultores, das die Österreicher Anfang des 17. Jahrhunderts errichtet hatten. Von hier führte die Straße nach Istanbul, woher das Tor seinen Namen bezog. Unter den Osmanen befand sich hier eine Hinrichtungsstätte. Der Platz war außerdem Zeuge des ersten serbischen Aufstandes, während dem Vasa Čaparić, einer der Führer, schwer verwundet wurde. In Erinnerung an dieses tragische Ereignis wurde ihm unweit des Platzes eine Straße gewidmet.

Im Zuge der Neu- und Umgestaltung der Stadt im 19. Jahrhundert wurde das Stambultor abgerissen und die Platzanlage geschaffen, die heute sehr verkehrsreich ist. An einer seiner Flanken steht das Nationaltheater, ein Bau des Architekten Aleksandar Bugarski von 1867, in dem auch die Belgrader Oper untergebracht ist. Es war das einzige professionelle Theater bis zum Jahr 1940.

Eine kleine Grünanlage am Republikplatz lädt zum Verweilen ein. Davor steht ein Denkmal von Branislav Nušić (1864–1938). Branislav Nušić, geboren in 1864 in Smederevo, hatte in Graz und Belgrad Jura studiert, war Diplomat und später Leiter des Nationaltheaters. Ihm verdankt Serbien große Komödien.

Vom Platz der Republik führt die ul. Francuska (ул. Француска) nach Dorćol. Die Nr. 21 ist das Nikola-Pašić-Haus (Никола Пашића дом). Das Gebäude wurde für die Händler Nikola und Kosta Džanga 1872 errichtet und 1893 vom Staatsmann und Politiker Nikola Pašic erworben. Er ließ es von Marijan M. Vujović umgestalten und bewohnte das Haus bis zu seinem Tod 1926.

Die Mitte des Platzes nimmt das Reiterdenkmal des Fürsten Mihajlo Obrenović ein. Das bronzene Reiterbild wurde vom Florentiner Bildhauer Enrico Pazzi 1882 geschaffen.

Das Nationalmuseum

Das Nationalmuseum (Narodni muzej, Народни музеј) wurde bereits 1844 gegründet und nach dem Zweiten Weltkrieg im ehemaligen Gebäude der Fondverwaltung untergebracht. Dieses stammt von 1903 und geht auf die Architekten Andra Stevanović und Nikola Nestorović zurück. Der rechteckige Palast verfügt

Das Nationalmuseum, davor das Denkmal des Fürsten Mihajlo Obrenović

über ein überdachtes Atrium. Die Fassaden sind in zwei Zonen gegliedert: An der Stirnseite befinden sich drei blinde Kuppeln. Die Front zur Straße weist Karyatiden auf, die das Gebälk tragen, sie gehen auf den großen Bildhauer Ivan Mestrović zurück.

Der äußerst kostbare Bestand vermittelt einen Überblick über die Kulturen auf serbischem Boden von der vorgeschichtlichen Zeit bis zum 18. Jahrhundert. Die Gemäldegalerie besteht aus Exponaten europäischer und serbischer Malerei vom 18. bis 20. Jahrhundert.

Unter den prähistorischen Objekten sind Fundstücke aus dem gesamten ehemaligen Jugoslawien vertreten. Hervorzuheben sind die Fundstücke der Ausgrabungsstätten Vinča und Pločnik (bei Prokuplje), darunter Gefäße, Statuetten, aber auch Werkzeuge. Eines der beiden in Dupljaja (Banat) gefundenen Wägelchen der Bronzezeit wird hier aufbewahrt. In der Antikenabteilung werden Fundstücke der Illyrer, der Ureinwohner des heutigen Serbien, ausgestellt. Unter den Schmuckstücken befindet sich die Goldmaske von Tebenište. Weiterhin sind ein illyrischer Bronzehelm und Grabfunde von Radolište aus dem 6. Jahrhundert vor Christus zu sehen. Hervorzuheben ist besonders ein Fund, den man in der Petruskirche bei Novi Pazar gemacht hat: Der Schatz stellt eigentlich ein Depot dar, das sich im Bereich eines gewaltigen Grabhügels befand und dann mit einer Kirche überbaut wurde. Sein Inhalt weist auf eine Frau als Eigentümerin hin, vielleicht das Oberhaupt eines illyrischen Stammes, der mächtigen Autariaten.

Auch Handelsgüter wie griechische Vasen sind ausgestellt. Unter den Skulpturen ragen ein Bronzekopf aus Kladovo und eine Marmorstatuette eines Bürgers aus Stobi (Makedonien) hervor. Fundstücke aus Smederevo, Niš und anderen römischen Städten sowie Objekte aus Klöstern sind zu sehen. Das Mittelalter ist mit Preziosen vom 7. bis zum 17. Jahrhundert vertreten.

Unter den Handschriften ist das Miroslav-Evangeliar als ältestes erhaltenes serbisches Buch zu erwähnen. Es entstand im Auftrag des Fürsten Miroslav von Hum, eines Bruders Stefan Nemanjas, zwischen 1180 und 1190 im Skriptorium von Kotor oder Dubrovnik. Es ist auf Pergament geschrieben und mit 296 Miniaturen und Initialen geschmückt.

Weiter bewahrt das Museum originale mittelalterliche Fresken auf, darunter Werke aus Sopoćani, Studenica und Mileševa. Glücklicherweise wurden auch die letzten Fresken der Kirche

Gemälde von Sava Šumanović im Belgrader Nationalmuseum

Đurđevi Stupovi bei Novi Pazar hierher gerettet. Sie stammen von 1168 und gehen vermutlich auf Meister aus Konstantinopel zurück.

Natürlich dürfen Ikonen nicht fehlen: Da ist eine Muttergottes Geburt aus Šišatovac zu sehen, eine Deesis aus dem 16. Jahrhundert: der thronende Christus mit Johannes dem Täufer. Sie stammt aus dem Kloster der heiligen Erzengel in Kučevište. Eine andere Ikone zeigt das ökumenische Konzil, sie entstand im 17. Jahrhundert in Peć. Dargestellt sind darauf auch die Heiligen Paraskeva und Kiriaki. Hervorgehoben seien außerdem eine Ikone des heiligen Sava und Simeon Nemanja vom Beginn des 15. Jahrhunderts, eine Darstellung des Todes der Muttergottes mit den heiligen Meloden Johannes von Damaskus und Kosmas und die Ikone der fünf Märtyrer Maradrios, Eugenios, Eustratios, Orestes und Auxelios.

Das graphische Kabinett beinhaltet serbische und ausländische Graphiken. Im einheimischen Teil kann man die wichtigen Persönlichkeiten Serbiens vom 18. bis 20. Jahrhundert kennenlernen.

Abschließend sollte man noch die reichhaltige Sammlung bildender Kunst besichtigen. Sie reicht vom 18. bis zum 20. Jahrhundert. Einen großen Teil der europäischen Sammlung, darunter Werke von El Greco, Palma Vecchio, Veronese und der Modernen vom Impressionismus bis zum Expressionismus sind der Sammelleidenschaft des Prinzregenten Pavle Karađorđević zu verdanken.

Das Künstlerviertel Skadarlija

Aus dem alten Romaviertel entwickelte sich das alte Bohèmeviertel und schließlich ein Vergnügungsviertel zwischen Cetinska (Цетинска), Makedonska (Македонска) und Skadarska (Скадарска). Der ›Montmartre von Belgrad‹ entstand Anfang des 19. Jahrhunderts, als sich 1830 hier in der verlassenen Gegend gegenüber dem Festungswall sehr viele Roma niederließen. Bis 1842 nannte man es Ciganska Mala. Im 19. Jahrhundert begann die erste Brauerei in Belgrad nicht weit von hier ihre Produktion. Und so war es naheliegend, daß in ihrer Umgebung viele Kneipen und Restaurants eröffneten. Seitdem heißt es Skadarlija (Скадарлија) nach der albanischen Stadt Skadar (Shkoder oder Shkodra). Sie war im Mittelalter Hauptort des serbischen Zeta gewesen und nach einer wechselvollen Geschichte erst im Jahr 1913 Albanien zugesprochen worden. Einst wohnten viele Maler, Dichter, Schauspieler und Journalisten in diesem Viertel, darunter der serbische Schriftsteller und Maler Đura Jakšić. Sein Wohnhaus in der ul. Skardarska 34, in dem er starb, wurde in ein Literaturhaus umgewandelt. Außerdem ist das Branislav-Nušić-Theater in diesem Viertel plaziert. Gegenwärtig befinden sich hier viele Restaurants mit Livemusik von serbischer Volksmusik bis Pop und Rock sowie Galerien, Antiquitäten- und Souvenirläden. Das Nachtleben endet

In Skadarlija

hier gegen 1 Uhr. Essen kann man bis 23 Uhr, wenn man Glück hat, auch mal später. Und allen Eindrücken zum Trotz, hier sei alles nur für Touristen inszeniert, findet man doch viele Einheimische und eine gute Küche zu realen Preisen. Am Ende der ul. Skadarska trifft man auf den Bailonova pijaca Skver M. Trailović (Баилонова пијаца сквер М. Траиловић), wo sich ein großer Markt befindet.

Terazije

Am Ende der Fußgängerzone gelangt man zum Terazije (Теразије), einer platzartigen Straßenerweiterung. Der Terazije ist der Inbegriff des Zentrums der Stadt und beliebter Treffpunkt der Jugend. Es ist eine der wenigen Straßen der Stadt, die über die Jahrhunderte hinweg niemals den Namen gewechselt haben. Er stammt aus dem Türkischen, von ›teraz‹, was soviel wie Brunnen oder auch Waagebalken heißt. Hier soll im Vorfeld der Festung einer der großen Brunnen gestanden haben, außerdem diente er als Hinrichtungsstätte. Heute ziert der Miloš-Obrenović-Brunnen von 1860 den Platz. Eine der großen Ausfallstraßen Belgrads, die ul. Kralja Milana, hat hier ihren Ausgangspunkt, weswegen die Straße sehr befahren ist. Dieses Zentrum ist umgeben vom sehenswerten Hotel ›Moskva‹ (Москва), einem gepflegten Jugendstilbau von 1906. Jovan Ilkić entwarf das Haus für die Versicherungsgesellschaft ›Rossija‹. Da der Entwurf in Petersburg gebilligt werden mußte, entstanden Veränderungen an der Fassade im Jugendstil. Sie ist mit schwedischem Granit und gelben Keramikplatten verkleidet und mit grünen Fayenceornamenten verziert. Trotz Umbauten des Hotels blieb die Fassade erhalten.

Gegenüber steht das Hotel ›Kasina‹ (Касина), daneben eine Niederlassung der Kaufhauskette ›Beograd‹ und als eines der ersten und lange Zeit höchsten Gebäude Belgrads das Albania-Hochhaus (ul. Knez Mihajlova 4–6), das die Fußgängerzone abschließt. Der Architekt Miladin Prlejvić hat es errichtet.

An der Südwestseite des Terazije ist das Aleksa-Krsmanović-Haus (Terazije 34, Алекса-Крсмановић). Es wurde 1885 im Stil des Neobarock für den Belgrader Kaufmann Aleksa Krsmanović nach dem Entwurf von Jovan Ilkić erbaut. In den prächtig verzierten Räumen des Hochparterre wurde 1918 offiziell die Vereinigung von Serben, Kroaten und Slowenen verkündet.

Gegenüber steht das alte Justizministerium, ein Neorenaissancebau von 1893 nach Plänen Svetozar Ivačkovićs. Das Erdgeschoß schmücken die für die Renaissance typischen Rustika, während das Obergeschoß mit roten Keramikfliesen verkleidet und durch fünf verzierte Fenster gegliedert ist. Zur linken Seite schließt sich das 1889 errichtete Gebäude der Nationalbank an. In der Unterführung des Terazije ist eine Touristeninformation untergebracht.

Der Miloš-Obrenović-Brunnen

Boulevards und Parkanlagen

Vom Terazije führt die ul. Kralja Milana zum trg Slavija (трг. Славија). An ihr entlang reihen sich einige sehenswerte Gebäude. Das dritte Belgrader Gymnasium am Terazije wurde 1906 von Dragutin Đorđević entworfen und von Dušan Živanović beendet. Es weist Elemente des Jugendstils, aber auch des Historismus

Noch immer sind in der Kralja Milana von der NATO zerstörte Häuser zu sehen

auf. Die Bronzebüsten an der Fassade stellen Vuk Karadžić, Dositej Obradović und Josif Pančić dar und gehen auf den Bildhauer Petar Ubavkić zurück.

Nicht weit vom Nikola-Pašić-Platz (trg Nikole Pašića/трг Николье Пашића) mit einem Brunnen und der Statue von Pašič (1845–1926) liegt der Park der Pioniere (Pionirski park/Пионирски парк) in der Mitte der längsten Straße Belgrads, dem bul. Kralja Aleksandra (бул. Краљa Александра). Der Park ist von den Gebäuden aller Regierungen umgeben: Die Bundesregierung (Skupština Srbije i Crne Gore) liegt am bul. Kralja Aleksandra, direkt im Park stehen das Präsidium Serbiens und das Stadtparlament. In der Grünanlage haben Kosovoserben lange eine Zuflucht gesucht. Auf der Seite der ul. Kralja Milana liegt das Gebäude des serbischen Parlaments.

Das Gebäude der Bundesvolksversammlung (Savezna skupština) wurde 1906 nach Entwürfen von Jovan Ilkič begonnen und wegen der Kriegswirren erst 1936 von seinem Sohn Pavle llkič vollendet.

Im Pionierpark, der ursprünglich der alte Schloßpark war, stehen das ›Stari Dvor‹ (Стари Двор, ul. Dragoslava Jovanovića 2/ул. Драгослава Јовановића), die alte königliche Residenz, der Palast der serbischen Dynastie der Obrenović, heute Sitz des Belgrader Stadtparlamentes, und das Rathaus. Der Architekt Aleksandar Bugarski entwarf es 1882 für den Hof des Königs Milan Obrenović. Es handelt sich um eine Vierflügelanlage mit rustiziertem Sockelgeschoß, das an die Renaissance denken läßt. Nur sieben Jahre später (1889) dankte Milan hier im Festsaal ab. Der Architekt Alexander Bugarski schuf einen zweigeschossigen quadratischen Palast mit Innenhof. Die Fassaden sind neoklassizistisch mit Säulen, Dreiecksgiebel und Karyatiden vor den Fenstern geschmückt. Im zweiten Weltkrieg wurde das Gebäude beschädigt. Bei der Wiederherstellung wurden zwei Kuppeln über den Seitenrisaliten entfernt.

Gegenüber im ›Neuen Schloß‹ (Нови Двор) hat das Präsidium Serbiens seinen Sitz.

Die Regierung Serbiens, in deren Hinterhof am 12. März 2003 Premierminister Đinđić ermordet wurde, befindet sich in der ul. Nemanjina (ул. Немањина). In dieser Straße sind auch mehrere vom NATO-Angriff zerbombte Häuser zu sehen, für deren Abriß oder Wiederaufbau entweder das Geld oder der Wille fehlen.

Einen der Eingänge zum Park der Pioniere schmückt die Büste von Ivo Andrić (1892–1975), dem großen bosnischen Schriftsteller, der für sein berühmtes Werk ›Die Brücke über die Drina‹ 1961 den Nobelpreis für Literatur erhielt. Gleich beim Park ist ein Ivo-Andrić-Museum eingerichtet (Andrićev Venac 12, Андрићев Венац).

Läuft man den bul. Kralja Aleksandra entlang, erreicht man den Tašmajdan-Park (парк Ташмајдан), das Hotel ›Metropol‹ (Nr. 69) und die Universitätsbibliothek (Nr. 81). Der Park hat seinen Namen vom türkischen ›Taš‹ (Stein) und ›majdan‹ (Steinbruch). An dieser Stelle hatte Karađorđe sein Lager im Kampf gegen die Türken 1806 errichtet. Viel früher noch befanden sich hier Windmühlen. Vor dem Hotel ›Metropol‹ steht ein Brunnen mit einer weiblichen Nackten von Petar Palavićini von 1956. Noch ein Stück weiter erreicht man den kleinen Studentenpark mit dem beeindruckenden Monument für Vuk Karadžić.

Hält man sich in Richtung trg Slavija, geht es am Haus der Offiziere (bul. Kralja Milana 46) und am Studenten-Kulturzentrum (Nr. 48) vorbei. Letzteres wurde von Jovan Ilkić und Milorad Ruvidić 1895 entworfen. Der zweigeschossige Bau, dessen Stirnseite als kuppelbekrönter Turm ausgeführt ist, wurde zum Kulturzentrum der Belgrader Studenten ›SKC‹. Viele Künstler waren hier zu Gast, unter anderem Joseph Beuys. Die serbische Künstlerin Marina Abramović soll hier ihre ersten Body-Art-Arbeiten vorgeführt haben. Vorbei am Dramentheater (Nr. 50) und Hotel ›Park‹ (ul. Njegoševa, ул. Његошева) erreicht man den trg Slavija (трг Славија) mit dem aus kommunistischer Zeit stammenden gleichnamigen Hotel, dem ein neuer Bau, die Luxusausgabe gegenüber, angegliedert wurde. In der Mitte des Platzes steht das Dimitrije-Tucović-Denkmal. Er gilt als einer der Schöpfer der sozialistischen Idee für die Südslawen Anfang des 20. Jahrhunderts. Hält man sich geradeaus, kommt man direkt zur Savakirche. Folgt man dem bul. Oslobođenja (бул. Ослобођења), erreicht man die Savakirche über den Karađorđepark.

Zeleni Venac

Südlich in Höhe der Brankovabrücke wird die Altstadt von Belgrad vom Zeleni Venac (Зелени Бенац) begrenzt. An dieser Stelle befand sich bis zum Jahr 1840 ein Teich. Nach seiner Trockenlegung entstanden hier Restaurants, Wohnhäuser und öffentliche Gebäude. Eines der Gasthäuser, von der Deutschen Frau Herman eröffnet, war statt durch einen Namen durch einen grünbemalten Blechkranz gekennzeichnet. Er gab dem Viertel den heutigen Namen Zeleni Venac, Grüner Kranz. Ein Markt, einer der großen Belgrads, ist hier zu finden. Dahinter liegt der Busbahnhof (glavna autobuska stanica/главна аутобуска станица) und nicht weit davon der Bahnhof. Das Bahnhofsgebäude (trg Bratstva i Jedinstva 2/трг Братства и Јединства) geht im Entwurf auf den Wiener Architekten Schlicht zurück, dessen Pläne von Dragutin Milutinović 1884 umgesetzt wurden. Ein anderer Markt befindet sich der ul. Vašingtona (ул. Вашингтона). Vom Markt ist es nicht weit zum Manakhaus (ul. Gavrila Principa 5/ул. Гаврила Принсипа). Das pittoreske Gebäude im Balkanstil hat die Wirren und Veränderungen der Stadt von 1834 bis heute glücklicherweise überlebt. Als Ausstellungsgebäude und Literaturhaus wird es genutzt, nachdem es in den 60er Jahren gründlich renoviert wurde. Einst wurde es als Wohn- und Gasthaus für den Händler Manak Mihajlović errichtet.

Die Sakralbauten

Belgrad ist sowohl Sitz des Patriarchats der serbisch-orthodoxen Kirche als auch des römisch-katholischen Erzbischofs (ul. Svetozara Markovića 20/ул. Светозара Марковића). Die religiöse Vielfalt der Stadt spiegelt sich in katholischen Kirchen, Klöstern in Zemun, serbisch-orthodoxen Kirchen, einer aktiven Synagoge und einer bis heute genutzten Moschee.

Gegenüber der serbisch-orthodoxen Michaelskathedrale steht das Gebäude des Patriarchensitzes, die ›Patrijaršija‹ (Патријаршија, ul. Kralja Petra 6). Man erkennt es an einer Kuppel, die eher an eine Kirche erinnert. Das Projekt entwarf der russische Architekt Viktor Lukomski im serbisch-byzantinischen Stil. Hier ist das oberste Verwaltungsorgan der serbisch-orthodoxen Kirche untergebracht. Es beherbergt außerdem die Bibliothek und das Museum der serbisch-orthodoxen Kirche.

Die serbisch-orthodoxe Michaelskathedrale (Saborna crkva/Саборна црква, ul. Kralja Petra) erkennt man an der Silhouette der vergoldeten Laterne des barocken Turmes, womit sie mehr an westliche Kirchen erinnert als an die traditionellen serbischen Klosterbauten. Zwischen Festungsberg und Save entstand sie anstelle eines Baus von 1728 im Auftrag des Fürsten Miloš Obrenović in den Jahren 1837 bis 1840. Als Baumeister wurde der Architekt Quarfeld aus Pančevo gewonnen, der sich klassizistischer und barocker Stilelemente bediente. Das Innere ist ein im Gewölbe durch Querrippen gegliederter Saal. Die Ikonostase von 1841 ist ein Werk des bedeutenden serbischen Bildhauers des 19. Jahrhunderts, Dimitrije Petrović. Zwei Ränge sind mit Ikonen gefüllt, die Dimitrije Avramović zwischen 1841 und 1845 malte. Das Hauptbild zeigt die Himmelfahrt Christi.

In der Kirche wurden die serbischen Fürsten Miloš und Mihajlo Obrenović beigesetzt. Auf dem Friedhof der Kirche ruhen die großen serbischen Gelehrten Vuk Stefanović Karadžić und Dositej Obradović.

Die Markuskirche (Sv. Marko/Св. Марко, bul. Kralja Aleksandra 17) beim Tašmajdanpark entstand zwischen den beiden Weltkriegen (1931–1940) anstelle eines Vorgängerbaus des 19. Jahrhunderts. Die Brüder Petar und Branko Krstić lehnten sich im Entwurf an die bedeutende Klosterkirche Gračanica im Kosovo an. In den Gräbern der Krypta ist das 1903 ermordete Königspaar Aleksandar und Drage Obradović bestattet. Rechts vom Eingang steht der Sarkophag mit den Gebeinen Zar Dušans, die vom Erzengel-Michael-Kloster aus Prizren hierher transferiert wurden. Der linke Marmorsarkophag verwahrt die sterblichen Überreste des Patriarchen German Đorić, des Vorgängers des heutigen Patriarchen Pavle Stojčević. German hatte die serbisch-orthodoxe Kirche mit seiner öffentlich geäußerten Unterstützung der Politik Miloševićs in Mißkredit gebracht.

Der Kirchenbau greift auf den traditionellen byzantinischen Stil zurück und bewahrt eine bedeutende Sammlung von Ikonen vom 18. bis 19. Jahrhundert auf. Die Ikonostase ist mit Mosaiken ausgestattet: Oben sieht man das Abendmahl, im unteren Rang die Deesis, heilige Krieger und den heiligen Nikolaus. Hinter der Kirche befindet sich die kleine russisch-orthodoxe Dreifaltigkeitskapelle (Sveta Trojica/Света Тројица, ul. Takovska 4/ул. Таковска). Sie wurde 1925 für die religiösen Bedürfnisse russischer Emigranten errichtet, die Serbien nach der Oktoberrevolution bewohnten. In der Kirche liegt der russische General Peter Nikolaevič Vrangel', Befehlshaber der antibolschewistischen Armee, begraben. Heute ist die Kapelle Sitz des offiziellen Repräsentanten des Patriarchen von Moskau. Auf dem neuen Friedhof in Belgrad gibt es auch einen Teil für die russisch-orthodoxen Gläubigen, auf dem sie eine Muttergotteskirche unterhalten.

Die Markuskirche ist im traditionellen byzantinischen Stil gehalten

Die Himmelfahrtskirche (црква Успења Богородице) in der Admirala Geprata 19 (ул. Адмирала Гепрата) wurde von Fürst Mihajlo Obrenović und dem Metropoliten Mihajlo in Auftrag gegeben und mit Spenden der Belgrader finanziert. 1863 entwarfen die Architekten Pavle Stanišić und Jovan Ristić den Bau. Der Entwurf folgt den alten serbischen Klöstern und erinnert in erster Linie an Ravanica. Die ersten Ikonen malte Nikola Marković. Später schuf Steva Todorović 1881 weitere Bildnisse. Die alten Wandmalereien von Marković wurden von Andrey Bitsenko 1937 übermalt. Auch diese Kirche besitzt eine Sammlung an Ikonen, kirchlichem Gerät und Büchern des 19. Jahrhunderts.

In der Kirche des heiligen Sava finden 12000 Menschen Platz

Dank der Kirche des heiligen Sava (храм св. Сава) ist der Hügel Vračar (Врачар) oberhalb des trg Slavija heute von vielen Teilen Belgrads zu sehen. Der Name des Plateaus ist vermutlich auf das Wort Vrač, Heiler, zurückzuführen. Wichtige Ereignisse haben sich hier abgespielt. Im Jahr 1806 wurden auf diesem Feld die Türken erstmals unter Karađorđe geschlagen. Zur Erinnerung daran schmückt sein Standbild den Karađorđe-Park vor der Westseite der Savakirche. Der Bildhauer Sreten Stojanović schuf es 1955, feierlich enthüllt wurde es aber erst 1979.

Auch die Kirche für den heiligen Sava ist nicht zufällig an dieser Stelle plaziert. Die Gebeine des Heiligen waren in Mileševa beigesetzt, wurden von den Türken entwendet und sollen an dieser Stelle unter Hodscha Sinan Pascha verbrannt worden sein, um dem Pilgerstrom nach Mileševa ein Ende zu setzen. Die Kirche des heiligen Sava gilt als ›Hram‹, was soviel wie Tempel bedeutet. Von weitem erkennt man sie an ihrer großen Kuppel. Sie sollte die größte orthodoxe Kirche auf dem europäischen Festland mit Platz für 12 000 Gläubige werden. Ihre

Maße betragen 91 mal 81 Meter bei einer Höhe von 80 Meter. Die junge Erlöserkirche in Moskau hat sie aber in ihren Ausmaßen bereits übertroffen.

Am Ostteil der Kirche liegt der Svetosavski trg. An ihrer Nordseite steht die Figur des heiligen Sava mit dem Blick zur Stadt. Am besten erreicht man die Kirche über den bul. Oslobođenja, über die davorliegende Grünanlage an der Westseite. Am 15. September 1935 legte der Patriarch Varnava den Grundstein. Vier Jahre später konnte Patriarch Gavrilo am 27. Mai noch vor dem Zweiten Weltkrieg die Weihe vornehmen und die Gründungsurkunden im Altar verwahren. Der Weiterbau wurde durch die deutsche Invasion am 6. April 1941 unterbrochen. Während der Tito-Ära durfte nicht weitergebaut werden. Die Fortsetzung begann erst am 30. April 1985, als Patriarch German den Bau neu weihte. Bis heute ist der vollständig mit Marmor verkleidete Ziegelbau nicht vollendet.

Auf dem Areal befindet sich eine kleine vollständig ausgemalte Kirche, die anstelle der Savakirche für den Gottesdienst genutzt wird. Außerdem sind auf dem Areal eine dem heiligen Ignatius geweihte Holzkirche und ein Denkmal für Vasa Pelagič zu sehen.

In einem Teil des Viertels Vračar waren eine Zeitlang einst Deutsche angesiedelt, so mancher Straßenname läßt daran denken.

An den Karađorđepark schließt ein neueres Gebäude an, die serbische Nationalbibliothek (ul. Skerlićeva 1/ул. Скерлићева). Sie wurde 1973 fertiggestellt und ist ein Werk der Architekten Ivo Kurtović und Slobodan Mihajlović. Die alte Bibliothek und ihre kostbaren Werke waren 1941 ein Raub der Flammen geworden.

Die Aleksandar-Nevski-Kirche (Александар Невски црква, ul. Cara Dušana 63/ул. Цара Душана) in Dorćol wurde 1877 erbaut und dem russischen Helden und Heiligen Aleksandr Nevskij geweiht. 1891 wurde ein größerer Neubau beschlossen, den Jelizaveta Načić entwarf. 1912 legte man den Grundstein, den Bau verzögerte aber der Erste Weltkrieg. Erst 1928/29 konnte sie vollendet werden. Die Marmorikonostase war ursprünglich für die Kirche in Oplenac geplant und ein Geschenk König Aleksandar Karađorđes von 1930. Die Ikonen malte im gleichen Jahr der Russe Boris Seljanko. Im Chor steht ein Denkmal für die Freiheitskämpfer bis 1918. Die Wandmalereien wurden 1970 bis 1972 von Naum Andrić in Seccotechnik ausgeführt.

Die katholische Franziskanerkirche (Franjevačka Crkva/Фрањевачка црква) liegt abseits der Hauptsehenswürdigkeiten in der ul. Pop Stojanova (ул. Поп Стојанова). Der Bau geht auf den großen slowenischen Architekten Jože Plečnik zurück, der ihn 1932 vollendete. Der Architekt, ein Schüler von Wagner in Wien, ist berühmt geworden durch seine städtebaulichen Leistungen in Ljubljana, der Haupstadt Sloweniens. Nicht weit davon ist die katholische Sankt-Antonius-Kirche in der ul. Bregalnička 14 (ул. Брегалничка), während die katholische Peterskirche direkt in der Innenstadt, in der ul. Makedonska 23, zu finden ist.

Außerhalb der Altstadt

Von Süden kommend, gelangt man über den großen bul. Jugoslavija, vorbei an Villen, Botschaften, dem ›Best-Western‹-Hotel, der Sprachschule ›Banjica Sv. Nikola‹ und wunderbarem altem Baumbestand in die edlen Stadtteile Belgrads. Die Nobelviertel Dedinje (Дедиње) und Topčider (Топчидер) liegen etwa fünf Kilometer vom Stadtzentrum entfernt. Beide großen Fußballvereine der Stadt haben hier ihre Stadien: ›Roter Stern‹ (Crvena Zvezda, Црвена Звезда) und ›Partizan‹ (Партизан).

Das Viertel Dedinje (Дедиње) liegt wie ein Streifen zwischen Topčider Brdo, Topčider, Banjica und Haydpark. Die gesamte Politprominenz unterhält in Dedinje ihren Wohnsitz, auch Präsident Tadić. Die Villen hier sind wie kleine Festungen abgesichert. In der ul. Užička (ул. Ужичка) Nr. 15 besaß Tito seine Residenz im sogenannten ›Weißen Hof‹. Das Gebäude wird von den Belgradern auch das ›Weiße Schloß‹ oder im Volksmund das ›Weiße Haus‹ genannt. Verborgen liegt es hinter einem parkähnlichen Garten und umgeben von einer Mauer und man hat nur wenig Einblick. Die Villa wurde während des NATO-Krieges sehr in Mitleidenschaft gezogen, da sich in ihr Milošević verbarg und sich für unangreifbar hielt. Sie dient seit dem Jahr 2001 der königlichen Familie des Prinzen Aleksandar II. von Serbien während ihrer Aufenthalte in der Heimat als Residenz. Botschaften und ausländische Vertretungen sind in dieser Straße angesiedelt, zum Beispiel die Botschaften von Ghana, Kanada, Iran, aber auch neureiche Serben.

Der Stadtteil hat aber nicht nur dank nobler Leute von sich reden gemacht. Auch der einst steckbrieflich gesuchte Željko Ražnatović, besser bekannt als Arkan, berüchtigter Kommandant der serbischen Freischärlertruppe, die vor allem in Bosnien im Einsatz war, und seine Frau, die berühmte und von vielen verehrte Popsängerin Ceca Raznatović, hatten hier ihr gemeinsames Domizil, bis Arkan am 15. Januar 2000 vor dem Hotel ›Intercontinental‹ erschossen wurde.

Das Titomausoleum, einst Josip-Broz-Tito-Memorial-Zentrum, ist heute Bestandteil des Historischen Museums (muzej istorije Jugoslavija/Музеј историје Југославија, ул. Ботићева) und befindet sich in Dedinje in der ul. Botićeva 6 (ул. Ботићева). Der Komplex wird vom Militär bewacht, hat doch mit dem Zerfall Jugoslawiens eine Anti-Tito-Kampagne eingesetzt. Er ist nicht ganz leicht zu finden und verfügt über wenige Parkplätze; davor steht das ehemalige Museum des 25. Mai, in dem heute Ausstellungen stattfinden. Die Räumlichkeiten werden auch von den Studenten der Kunstakademie genutzt. An diesem Gebäude vorbei erreicht man die Gedenkstätte für Tito. In einem schlichten Gebäude steht der weiße Marmorsarkophag. Fotografien und Dokumente illustrieren das Leben des Marschalls. Gegenüber befindet sich der langgestreckte Bau der Ausstellungsräume, in denen Kunsthandwerk, Trachten, alles Geschenke der jugoslawischen Republiken, aber auch Geschenke des Auslands an Tito ausgestellt werden. Besonders schöne Stücke wurden ihm aus dem Sudan zuteil. Der Besucher sieht malerische Trachten, darunter buntbestickte Hemden, sogenannte Košulja. Auch Waffen aller Art nehmen viel Raum ein.

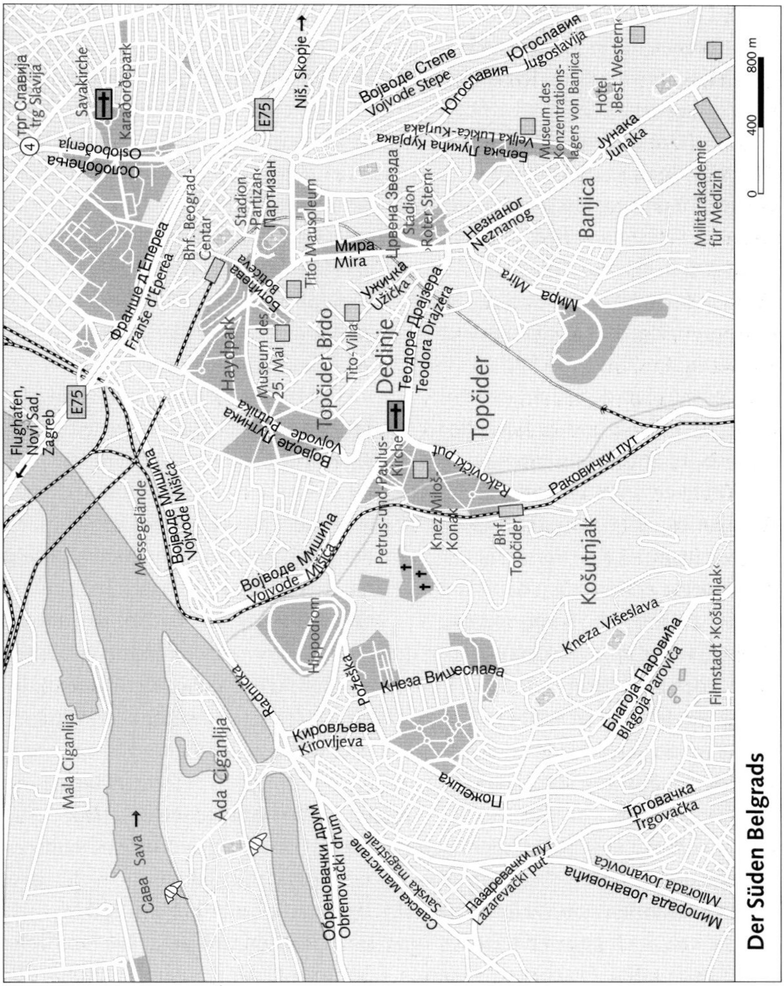

Der Süden Belgrads

Legende

4 Hotel ›Slavija Lux‹

Tito

Der Staatsmann Tito hat das ehemalige Jugoslawien von den Besetzern des Zweiten Weltkriegs befreit und die Nachkriegsgeschichte des Landes entscheidend geprägt.
Josip Broz wurde in Kumrovec (Kroatien) als Sohn eines Kroaten und einer Slowenin am 25. Mai 1892 geboren. Der gelernte Mechaniker geriet 1915 als Feldwebel der österreichisch-ungarischen Armee in russische Gefangenschaft und schloß sich 1918 der Roten Armee an.
Nach seiner Rückkehr beteiligte er sich am Aufbau der kommunistischen Partei und der Gewerkschaften.
Mit dem Verbot derselben geriet er mehrfach in Haft und entwickelte nach seiner Entlassung eine konspirative Tätigkeit unter verschiedenen Tarnnamen, am häufigsten Tito. Im Untergrund für seine Partei tätig, organisierte er nach dem deutschen Angriff auf die UdSSR von seinem Hauptquartier im serbischen Užice den Widerstand. Sein Aufruf zur Verteidigung der Heimat war das Versprechen der Wiederherstellung eines unabhängigen jugoslawischen Staates. Bedrängt von den Deutschen, verlegte er sein Quartier nach Bosnien und konnte sich sowohl gegen konkurrierende Widerstandsgruppen als auch gegen die Deutschen behaupten. Er schaltete innenpolitische Gegner ebenso aus wie die Exilregierung, das jugoslawische Königshaus. So trat er an die Spitze eines Befreiungskomitees, das 1943 zu einer provisorischen Regierung umgebildet und dessen Ministerpräsident er wurde. Bei Kriegsende formte man die provisorische Regierung in die Föderative Volksrepublik Jugoslawien mit Tito als Generalsekretär um. 1963 wurde er Staatspräsident auf Lebenszeit. Die Verfassung lehnte sich eng an das große Vorbild Sowjetunion an, mit der es aber unter Stalin zum Bruch kam. Unter Betonung des Rechtes auf einen eigenen Weg zum Sozialismus entwickelte Tito das Modell einer sozialistisch bestimmten Selbstverwaltung der Wirtschaft. Sowjetischen Wirtschaftsblockaden suchte er mit einer Annäherung an die USA zu begegnen. Nach dem sowjetisch-jugoslawischen Ausgleich im Jahr 1955 gewann er großes internationales Ansehen als einer der Sprecher der Blockfreien Staaten. Innenpolitisch hatte er es immer verstanden, sich seiner Gegner und Kritiker zu entledigen. Andererseits versuchte er dem Konfliktpotential des Vielvölkerstaates durch Verfassungsreformen (1963 und 1974) zu begegnen.
In ihnen wurden besonders nichtserbische Nationalitäten berücksichtigt, was ihm die Serben heute zum Vorwurf machen.
Tito verstarb am 4. Mai 1980 im slowenischen Ljubljana. Die Nachfolger Titos fürchteten eine Einflußnahme seiner dritten Ehefrau, Jovanka Broz, und stellten sie unter Arrest. Sie lebt heute noch in Belgrad.

Tito bei einer Rede in Belgrad 1945

Einst befand sich am Topčider Bach, der den hinteren Teil der großen Parkanlage durchfließt, eine Gerberei, aus der eine Tuchfabrik hervorging. Heute ist das Gebiet ein teurer Villenvorort, Topčider (Топчидерско Брдо), vier Kilometer südwestlich des Zentrums. Er wird von den Belgradern wegen seiner Berge und des schönen gleichnamigen Parks als Naherholungsziel gerne besucht.

Im Topčider Park steht der Konak von Knez Miloš (Кнез Милош), das Wohnhaus des Fürsten, das heute in ein Museum umgewandelt ist. Der Konak wurde 1831 bis 1834 nach Plänen von Hadži Nikola Živković errichtet. Besonders dekorativ sind Decken und Böden. Ausgestellt sind handwerkliche Geräte und Einrichtungsgegenstände des 18. Jahrhunderts: eine Küche, Webstuhl, Pflug, Joch.

Im Park selbst sind einige Denkmäler aufgestellt, zum Beispiel ein Obelisk, der an die zweite Regentschaft des Fürsten Miloš 1859 erinnert, und die Skulptur ›Schnitterin‹ vom Bildhauer E. Kimel.

Außerhalb des Parks, durch die Straße getrennt, steht die ehemals als Hofkapelle angelegte Kirche der Heiligen Petrus und Paulus von 1832 bis 1834 mit schöner Steinfassade und einer Ikonostase mit Werken von Steva Todorović von 1874. Am Wochenende werden gerne Trauungen abgehalten, zu denen dann die Roma herbeiströmen, um sich mit ihrer Blasmusik ein wenig Geld zu verdienen.

Im Park selbst befindet sich ein weiterer Konak, in dem ein empfehlenswertes traditionelles Gasthaus eingerichtet ist.

Der Stadtteil Banjica (Бањица) südlich des Zentrums ist nicht unbedingt ein nobles, aber doch ein sehr grünes Viertel. In ihm sind viele militärische, aber auch sportliche Einrichtungen plaziert. Die Militärakademie für Medizin erinnert in ihrer Architektur an einen weißen Vogel mit geöffneten Flügeln.

Im 19. Jahrhundert war das Viertel bekannt für seine Weinberge und Obstgärten. Während des Zweiten Weltkrieges unterhielten die Deutschen hier ein Konzentrationslager, in dem viele Partisanen ihr Leben ließen. Ein Museum des Lagers ist eingerichtet in der ul. Veljka Lukića-Kurjaka 33 (ул. Бељка Лукића Курјака).

Im Park von Topčider

Das 330 Hektar große Waldgebiet Košutnjak (Кошутњак) auf drei Hügeln mit Kaltwasserquellen liegt 250 Meter hoch im Süden der Stadt. Hier befinden sich auch die Filmstudios (ul. Kneza Višeslava 88/ул. Кнеза Вишеслава), Drehort zahlreicher Produktionen mit berühmten Regisseuren und Schauspielern. Ein trauriges Ereignis ist mit diesem Wald verbunden: Hier kam am 29. Mai (10. Juni) 1868 der serbische Herrscher Mihajlo Obrenović ums Leben. Unter diesem aufgeklärten Absolutisten wurde Belgrad endgültig Hauptstadt des neuzeitlichen Serbien, das erste stehende Heer rekrutiert, eine eigene serbische Währung eingeführt und der Bau des Nationaltheaters veranlaßt.

Die Insel Ada Ciganlija (Ада Циганлија) liegt hinter dem Messegelände inmitten der Save, der hier ein See abgerungen wurde. See und Save bieten den längsten Badestrand Belgrads, die Insel ist ein ganz nah am Zentrum Belgrads gelegenes Naherholungs- und Vergnügungsgebiet. Man kann rudern, segeln, Kajak und Wasserski fahren, Volley- Basket- oder Fußball spielen. Am Ufer steht ein großer, ab 8 Uhr morgens bewachter Parkplatz zur Verfügung. Die Halbinsel ist auch zu befahren, aber es lohnt sich nicht. Auf der Insel und am Strand gilt Hundeverbot.

Novi Beograd

Zur ehemals selbständigen Stadt Zemun und nach Novi Beograd führen drei Brücken über die Save. Die Autobahnbrücke ›Gazelle‹ (Most Gazela) führt fast mitten durch die Stadt. Die sogenannte Alte Brücke (Stari most, Стари мост) war einst die einzige Verbindung über die Save. Als dritte und jüngste Verbindung führt die Brankov most (Бранково мост) von der Altstadt nach Neu-Belgrad. Sie trägt ihren Namen nach dem populären Schriftsteller Branko Šopić, dessen lustige Bücher Pflichtlektüre eines jeden Kindes sind. Er hat sich in einem Augenblick tiefster Depression von der Brücke gestürzt.

Der Stadtteil Novi Beograd (Neu-Belgrad, Нови Београд), von weitem erkennbar an den vielen Hochhäusern, liegt zwischen Zemun und Belgrad, links und rechts des Autoput. Das Neubaugebiet wurde dem Sumpf abgerungen, was seine flache Lage erklärt und ihn zum niedrigsten Punkt Belgrads macht. Das Viertel wurde zum Standort für ein großes Kongreßzentrum, das ›Sava-Centar‹ (Сава-Центар). Daneben wird Neu-Belgrad von vielen Wohnbauten geprägt, zwischen denen die Kirche Vasilija Ostroškog (Василија Острошког, Partizanske avijacije 21 A, Партизанске авијације) steht. Sie wurde 1996 begonnen und in nur fünf Jahren fertiggestellt und geweiht. Sie ist das erste sakrale Gebäude seit dem Zweiten Weltkrieg und die erste Kirche für diesen neuen Stadtteil.

An der Savemündung in die Donau befindet sich eine große Park- und Freizeitanlage, Ušće. Fast am Ufer steht das Museum für zeitgenössische Kunst, das 1958 von den Architekten Ivan Antič und Ivanka Raspopović gestaltet wurde. In

Der Knez-Miloš-Konak im Topčider Park

ihm werden Exponate der jugoslawischen Malerei und Bildhauerei des 20. Jahrhunderts gezeigt. Ein Schwerpunkt sind die Werke des Bildhauers Ivan Meštrović.

Neu-Belgrad reicht bis zum Hotel ›Jugoslavija‹, dem einzigen Hotel am Wasser. Es bildet sozusagen die Grenze zwischen Zemun und Neu-Belgrad. Ihm gegenüber stehen große Verwaltungsgebäude. Ein breiter, sehr befahrener Boule-

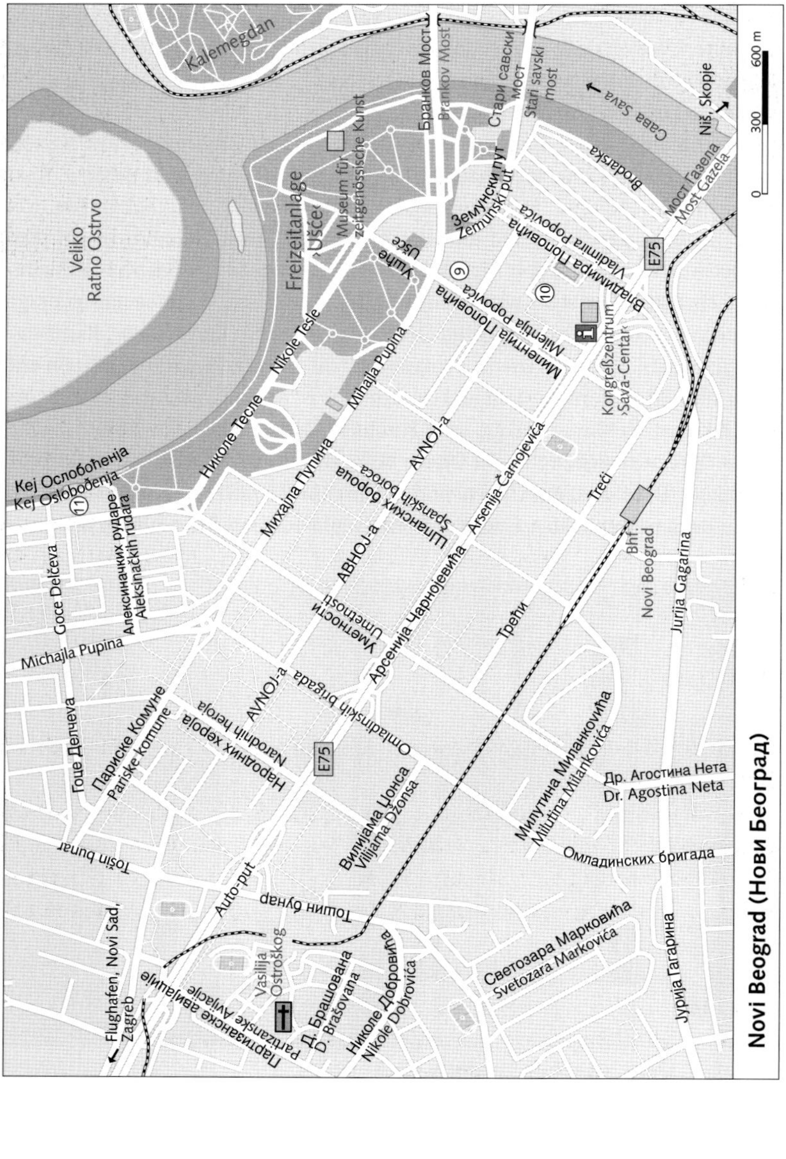

Novi Beograd (Нови Београд)

Blick auf Novi Beograd

vard führt hierher. Das Hotel ›Jugoslavija‹ ist Treffpunkt für Nachtschwärmer, hier findet man auch Taxis. Am Donauufer haben sich viele schwimmende Restaurants, Diskotheken und Bars etabliert. Wer es lärmig mag, ist hier gut aufgehoben. Von alkoholfreien kleinen Restaurants, die sich auf Palatschinken spezialisiert haben, bis hin zu Edelrestaurants ist alles zu finden. Man nehme sich Mückenschutz mit. Von hier hat man einen schönen Blick auf den Kalemegdan und die hochgelegene Altstadt von Belgrad.

Zemun

Die Grenze zwischen Novi Beograd und Zemun (Земун) ist markiert durch das Hotel ›Jugoslavija‹.

Durch den Fluß vom Kalemegdan getrennt, lag hier der südlichste Punkt der österreichischen Militärgrenze, Semlin, was übersetzt ›das Erdloch‹ bedeutet. Er befindet sich an der Stelle, wo einst das antike Taurunum stand, das aus einem Hafen und römischen Castrum bestand. Taurunum wurde von den Hunnen zer-

Legende

9 Hotel ›Hyatt Regency‹

10 Hotel ›Beograd Intercontinental‹

11 Hotel ›Jugoslavija‹

stört und seit dem 9. Jahrhundert ob seiner günstigen Lage wieder befestigt. Es war zeitweise serbisch, 1521 türkisch und erlebte seine größte Entwicklung als habsburgisches Semlin. Im Frieden von Belgrad waren Save und Donau zur Grenze erklärt worden. Es entstanden Klöster und Wohnbauten. Aus dieser Zeit stammt das Ičkov-Haus (ul. Bežanjiska 18/ул. Бежанјиска) – es ist verbunden mit Petar Ičkov, einem Belgrader Händler und Politiker, der im Jahr 1804 in Belgrad starb. Das Karamata-Haus (ul. Karamatina 17/ул. Караматина) von 1764 ist eines der ältesten Gebäude und befindet sich immer noch im Besitz der Familie Karamata.

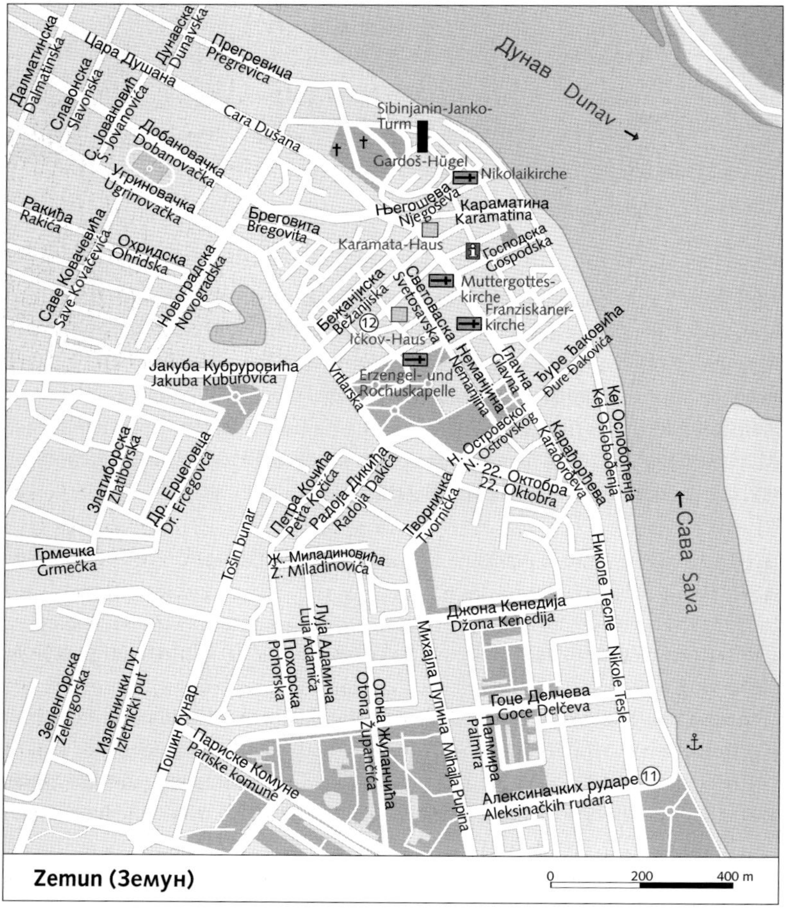

Zemun (Земун)

Legende

11 Hotel ›Jugoslavija‹

12 Hotel ›Nacional‹

Es vermittelt einen wunderbaren Eindruck eines gutbürgerlichen Hauses des 18. Jahrhunderts. Es beherbergt Werke der serbischen Meister Georgije Tenecki und Pavle Đurković. Eine Besichtigung kann über das Tourismuszentrum in Zemun erbeten werden.

Der Sibinjanin-Janko-Turm

Zemun war nach dem österreichischen Ausgleich mit Ungarn bis 1918 ungarisch. Danach verlor es seine Selbständigkeit. Nur sechs Kilometer vom Zentrum entfernt, wurde es in die sich ausdehnende Metropole Belgrad eingegliedert. Ein Zwischenspiel stellte die deutsche Okkupation dar, während der es dem unabhängigen Kroatien zugeschlagen wurde.

Wie Belgrad besteht es aus einer Ober- und einer Unterstadt. Die Oberstadt liegt am Ufer der Donau. Steil bergauf geht es auf den Gardošhügel, auf dem eine mittelalterliche Festung (Gardoški breg/Гардошки брег) seit dem 9. Jahrhundert nachweisbar ist. Die heutigen Reste stammen aus dem 15. Jahrhundert. Der Sibinjanin-Janko-Turm wurde 1896 zum 1000jährigen Geburtstag der Stadt unter den Ungarn errichtet, aus Stein und Ziegel wirkt er wie ein Aussichtsturm. Von hier hat man einen wunderschönen Blick auf die malerische Dächerlandschaft Zemuns, auf Belgrad und seine Flüsse. Die Stadt ist per Auto, Bus oder über die kilometerlange Flußpromenade zu Fuß oder mit dem Fahrrad zu erreichen. Einige schöne Gebäude aus dem 18. Jahrhundert und die steil aufragende Oberstadt lohnen den Besuch. Die mit Kopfsteinplaster belegten Gassen der Oberstadt vermitteln einen dörflichen Charakter, zierliche Häuser mit nicht einsehbaren Innenhöfen sind aneinandergereiht. Man könnte sich genauso gut im Burgenland oder in Ungarn befinden. Auch wenn manches der Renovierung bedarf, lassen sich immer wieder romantische Winkel entdecken.

Ein Großteil der katholischen Kirchen war hier, darunter die barocke Maria-Himmelfahrtskirchemit einem Turm unweit des Marktes. Leider sind die Informationen über Gotteshäuser anderer Konfessionen als der serbisch-orthodoxen besonders nördlich von Belgrad sehr spärlich.

Unterhalb der Festung liegt die serbisch-orthodoxe Nikolaikirche (ul. Njegoševa 43/ул. Његошева). Sie wurde im barocken Stil von 1725 bis 1731 mit einem zweistöckigen Glockenturm errichtet, ein typischer Bau des Sremgebietes des 18. Jahrhunderts. Die Kirche verwahrt Reliquien des Apostels Andreas. Im Inneren ist eine hölzerne reichgeschmückte Ikonostase sehenswert. Die Ikonen gehen auf Dimitrije Bačević (1762) zurück. Außerdem besitzt die Kirche eine reiche Sammlung an kirchlichem Gerät und Ikonen aus dem 18. bis 19. Jahrhundert. Die orthodoxe Muttergotteskirche von 1776 bis 1780 (ul. Rajačićeva 4/ул. Рајачићева) ist die größte Kirche in Zemun. Die holzgeschnitzte Ikonostase schuf Arsa Teodorović.

Das Museum für moderne Kunst

Im Park stehen die Erzengelkapelle von 1786, die Kapelle für den heiligen Rochus von 1830 und die katholische Franziskanerkirche (ul. Štrosmajerevo 6/ ул. Штосмајерево). In Zemun gibt es auch noch einige Konvente und die Franziskanerschule für Nonnen in der ul. Karađorđeva 9 (ул. Карађорђева).

Aus dem Grenzdorf zwischen Osten und Westen hat sich heute mit seinen schwimmenden Restaurants und den Bistros, alle mit Blick auf den Fluß, ein abendlicher Vergnügungsort entwickelt. Zwischen den Restaurants schwimmen viele Ruderboote im Wasser.

In der jüngeren Geschichte machte der Stadtteil, der wie alle Stadtbezirke Belgrads als Gemeinde selbstverwaltet wird, von sich reden. Der Nationalist Vojislav Šešelj gewann am 17. November 1996 den Bürgermeistersessel und sorgte für Unruhen, als er 1997 die ehemalige Synagoge von 1850 in ein Wirtshaus verwandeln ließ. Die Synagoge war von der jüdischen Gemeinde Belgrads an die Zemuner Gemeindeverwaltung verkauft worden mit der Auflage, sie für kulturelle Zwecke zu nutzen. Der Bürgermeister sah sie als Gemeindeeigentum an und genehmigte die Gaststätte. Heute steht Šešelj als Angeklagter vor dem Haager Tribunal. Auch mit dem Flüchtlingsstrom hatte Zemun zu kämpfen. Viele Flüchtlinge waren im Stadion von Zemun untergebracht.

Museen in Belgrad

Belgrad verfügt über mehr als 40 Museen, Galerien und Gedenkstätten. Hier eine Auswahl:

▸ Nationalmuseum
Trg Republike 1a, Tel. 62 43 22.

Das Museum (Narodni muzej, Народни музеј, трг Републике) ist leider seit längerem wegen Renovierung geschlossen. Geldmangel hat bis heute den Renovierungsbeginn verzögert, die Wiedereröffnung ist nicht absehbar. Lediglich das Atrium wird für Teilausstellungen genutzt.

▸ Nationalmuseum, Zweigstelle Galerie der Fresken
Ul. Cara Uroša 20; Di–Sa 10–17, Do 12–20, So 10–14 Uhr.

Das Museum (Galerija fresaka, Галерија фресака) ist didaktisch außerordentlich bedeutend. Im Museum werden die Kopien der Wandmalereien der Klöster und Abgüsse der mittelalterlichen Bildhauerarbeiten ausgestellt. Schulklassen und Studenten nutzen das Museum für ihre Arbeiten. Auch Kunstkurse finden hier statt.

Dank dieser Einrichtung gibt es Duplikate von den während des letzten Zwischenfalls im Februar 2004 im Kosovo zerstörten Klöstern. Bisher konnte noch keine abschließende Bestandsaufnahme der Zerstörungen vorgelegt werden. Ganz sicher wurden die Klöster Devič und Velika Hodža zerstört.

▸ Ethnographisches Museum
Studentski trg 13, Tel. 328 18 88; Di–Sa 10–17, So 9–14 Uhr.

Das Museum (Etnografski muzej, Етнографски музеј) verfügt über eine außerordentlich große Sammlung an Kleidungs-, Schmuckstücken und Trachten aus dem gesamten ehemaligen Jugoslawien. Ihm angeschlossen ist das sehenswerte Manakhaus mit der bedeutenden Hristofor Crnilović-Sammlung.

▶ Dositej- und Vuk-Museum

Ul. Gospodar Jevremova 21, Tel. 62 51 61, Di–Sa 9–17, So 9–14 Uhr.

Das Museum (muzej Dositej i Vuk/музеј Доситеј и Вук) ist im ehemaligen Lyzeum, der Velika Škola, untergebracht, einem Bau aus dem 18. Jahrhundert. Es ist Vuk Stevanović Karadžić und seinem Lehrer und Vorkämpfer, dem Aufklärer und Schriftsteller Dositej Obradović, gewidmet.

▶ Theatermuseum

Ul. Gospodar Jevremova 19, Tel. 62 66 30; Di–Sa 9–17, So 9–14 Uhr.

Das Museum (muzej Pozoriöte umetnosti/музеј Позориште уметности) ist im ehemaligen Haus des Kaufmanns Miloje Božić von 1836 untergebracht.

▶ Museum der serbisch-orthodoxen Kirche

Ul. Kralja Petra 5, Tel. 328 25 96; Mo–Fr 8–15, Sa 9–12, So 11–13 Uhr.

Das Museum (muzej Srpske Pravos/музеј Српске Православне Цркве) wird auch als Ikonenmuseum bezeichnet und befindet sich im Gebäude des Patriarchats, wo es den den ersten Stock einnimmt. Ausgestellt sind Ikonen, Handschriften Reliquiare, Textilien, Stickereien, Manuskripte, Inkunabeln, Ikonen und liturgisches Gerät. Vieles stammt aus den Klöstern des Fruška Gora und Kroatien. Unter anderem sieht man eine Ikone des Johannes des Täufers von 1645 aus Krušedol.

▶ Museum für zeitgenössische Kunst

Ušće bb, Novi Beograd, Tel. 311 57 13.

Das Museum (muzej Savremene Umetnosti/музеј Савремене Уметности) befindet sich in Novi Beograd, im Park rechts der neuen Savebrücke.

▶ Historisches Museum, Städtisches Museum

Ul. Zmaj Jovina 1, Tel. 311 57 13, www.muzejistroijejugoslavija.org; Di–So 12–19 Uhr.

Museum zur Stadtgeschichte (muzej Grada Beograda/музеј Града Београда), zu dem auch der Palast der Fürstin Ljubica gehört.

▶ Museum zur Geschichte Jugoslawiens (muzej istorije Jugoslavija/музеј Историје Југославија)

Trg Nikole Pašića 11, Tel. 334 07 31; Di–So 12–20 Uhr.

▶ Jüdisches Historisches Museum (Јеврејски Истроријски музеј)

Ul. Kralja Petra 71 A, Tel. 62 26 34, muzej@eunet.yu; Mo–Fr 10–12 Uhr.

▶ Naturkundemuseum (Pridrodnjacki muzej/Придродњацки музеј)
Ul. Njegoševa 51, Tel. 3442149; Mo–Fr 10–20 Uhr.

▶ Museum der Luftschiffahrt
Flughafen Surčin, Tel. 601555.

▶ Automobilmuseum
Ul. Majke Jevrosime 30, Tel. 3342625; Mo–Sa 11–19 Uhr.

▶ Museum im Palast der Fürstin Ljubica
Ul. Kneza Sime Markovića 8; Di–Fr 10–17, Sa/So 9–16 Uhr.

▶ Titomausoleum
Ul. Botićeva 6, Dedinje, Tel. 3671485; Di–Sa 9–17 Uhr.

▶ Konak von Knez Miloš
Im Topčider Park; Eintritt kostenlos, Di–So 10–15 Uhr.

▶ Museum des Konzentrationslagers Banjica
Ul. Veljka Lukića-Kurjaka 33, Tel. 669690.

Vorwahl: 011.
Touristeninformation, ul. Knez Mihajlova 18, Mo–Fr 9–20, Sa 9–18, So 11–17 Uhr.
Touristeninformation, Unterführung des Terazije.
Tourismuszentrum Zemun, ul. Zmaj Jovina 14, Tel. 192094.

Mehrere Postämter haben von 8 bis 20 Uhr geöffnet:
ul. Takovska 2, Tel. 3238481.
ul. Slobodana Penezića Krcuna 2, Tel. 64657.
ul. Šumadjinska trg 2a, Tel. 554930.

Banken: täglich geöffnet.
Komercijalna Banka, trg Nikole Pašića 2, Tel. 3235087; Mo–Sa 8–20 Uhr, So 9–15 Uhr.

In der Stadt gibt es bewachte Parkplätze und Parkhäuser. Die Parkplätze in den Straßen sind an Werktagen gebührenpflichtig. Der Parkwächter läuft herum, man sollte ihn suchen, sonst zahlt man schnell einen Strafzettel.
›Obiličev Venac‹, Obiličev Venac 14, Tel. 630824.
›Zeleni Venac‹, Narodnog fronta 13, Tel. 3611515.
›Masarikova‹, Masarikova 4–6, Tel. 645922.
Info-Media-Zentrum ›Parking servis‹, ul. 27. Marta 77, Tel. 3235598, 3345414.

›Taxi Bell‹, Tel. 98 08.
›Beotaxi‹, Tel. 970.
›Zeleni Taxi‹, Tel. 324/60 88.
Für ein Taxi vom Bahnhof zum Flughafen zahlt man zwischen 25 und 30 Euro.

Zugauskunft, Tel. 62 94 00, 64 58 22; rund um die Uhr.

Flugauskunft über ›JAT‹ (Jugoslawische Luftverkehrsgesellschaft), Tel. 45 05 84, 444 14 22.
Flughafenauskunft, Tel. 601-424, -431, -439.

Busverbindungen, Inlandsauskunft, Tel. 63 62 99; 5.30–22 Uhr.
Auslandauskunft, Tel. 65 87 59, 62 71 46, 7–20 Uhr.
Ein Bus fährt jede Stunde zum Flughafen, Haltestelle direkt vor dem Bahnhof, Ticket 120 Dinar.
Der Bus Nr. 72 fährt die Strecke Flughafen – Zentrum in etwa 40 Minuten.

Flußhafen, Tel. 75 12 55; April–Nov. Stadtrundfahrten auf Donau und Save, 90 Minuten, Start am Hotel ›Jugoslavija‹ [11].
Die Schiffahrten per Tragflächenboot zum Eisernen Tor finden noch nicht wieder statt.

In der Innenstadt gibt es eine Vielzahl von Übernachtungsmöglichkeiten in älteren Häusern. Seit neuestem gibt es auch ein Spitzenhotel mit astronomischen Preisen. Wer internationale Standards erwartet, dem seien die Häuser in Neu-Belgrad empfohlen.
Hotel ›Moskva‹ [1], ul. Balkanska 1, Tel. 68 62 55, Fax 68 83 89, hotelmoskva@absoluttok.net; 4 Sterne, DZ 100, EZ 70 Euro. Mitten im Zentrum gelegen, ein Jugenstilgebäude von 1906 mit Atmosphäre, noch in staatlicher Hand. Das 1973 renovierte Haus ist hinreichend gepflegt, Service und Frühstück sehr zufriedenstellend. Parkmöglichkeiten gegen Gebühr vor dem Haus. Das Café im Erdgeschoß hat viel Flair und war beliebter Treffpunkt von Intellektuellen, vor allem aber der Belgrader Surrealisten.
›Balkan‹ [2], ul. Prizrenska 2, Tel. 68 74 66; 3 Sterne, DZ 2680, EZ 1780 Dinar. Nicht weit vom Hotel ›Moskva‹ entfernt und weniger feudal, es stammt von 1936 und wurde 1989 renoviert.
›Park‹ [3], ul. Njegoševa 4, Tel. 323 47 23; 3 Sterne.
›Slavija Lux‹ [4], ul. Svetog Save 2, Tel. 45 08 42; 4 Sterne, DZ 85–140, EZ 70–112 Euro. Das Hotel ist erst 14 Jahre alt.
›Palace‹ [5], ul. Topličin Venac 23, Tel. 18 55 85, Fax 18 44 58, www.palacehotel.co.yu; 4 Sterne.
›Kasina‹ [6], Terazije 25, Tel. 323 55 74, Fax 323 82 57; 3 Sterne, DZ 4200–5300, EZ 3300 Dinar.
›Royal‹ [7], ul. Kralja Petra 56, Tel. 63 42 22, Direktor Madjinca Nelu mobil 063/859 94 44, Fax 62 64 59, toplice@net.yu,

www.hotelroyal.co.yu; 3 Sterne.
›Aleksandar Palas‹ [8], ul. Kralja Petra 13–15, Tel. 33 05-300, Fax -334, www.legis.co.yu, www.aleksandarpalas.com; 5 Sterne, DZ 200–250 Euro/Pers., EZ 300–350 Euro. Eröffnete im Juli 2004 mitten in der Altstadt in einem Gebäude des 19. Jahrhunderts, mit Fitnesscenter, Restaurant und Tiefgarage.
▸ Novi Beograd: Hotel ›Hyatt Regency‹ [9], ul. Milentija Popovića 5, Tel. 301 12 34, Fax 311 22 34, admin@hyatt.co.yu; 5 Sterne.
›Beograd Intercontinental‹ [10], ul. Vladimira Popovića 10, Tel. 3113 33 33; 5 Sterne.
›Jugoslavija‹ [11], bul. Nikole Tesle, Tel. 260 02 22, Fax 69 12 30, hotelyu@sezampro.yu; 3 Sterne, DZ 4800, EZ 3500 Dinar. Das einzige Hotel am Wasser ist ein typisch kommunistisches Hochhaus.
▸ Zemun: ›Nacional‹ [12], ul. Bežanijska kosa bb, Tel. 60 11 22; 3 Sterne.
▸ Außerhalb: ›Avala‹, auf dem Avala, Tel. 90 66 21; DZ 1900 Dinar oder 27 Euro.

Altstadt: Pizzeria Trattoria ›Košava‹ [13], ul. Kralja Petra 36, Tel. 62 73 44; tägl. 9–24 Uhr. Sehr gemütlich.
Restaurant ›Tanjir‹ [14], ul. Francuska 40, Tel. 063/861 46 06; Mo–Sa 12–24 Uhr.
›Madera‹ [15], bul. Kralja Aleksandar 43, Tel. 323 13 32. Gute Küche, ein beliebter Treffpunkt von Schauspielern und Schriftstellern.
›Šaran‹ (Der Karpfen) [16], trg Nikole Pašića 15, Tel. 021/62 18 00. Gut, preiswert, landestypisch.
›Washington‹ [17], ul. Džordža Vašingtona 2, Tel. 323 47 79. Gehobene Preise, gute Küche.
›Kafana ?‹ [18], ul. Kralja Petra 6, Tel. 63 54 21; tägl. 7–24, So 10–18 Uhr. Ältestes Gasthaus der Stadt, sehr traditionelle Küche.
▸ Skadarlija: ›Dva bela goluba‹ (Zwei weiße Tauben) [19], ul. 29. Novembra 3, Tel. 323 90 79; 9–24 Uhr.
›Dva jelena‹ (Zwei Hirsche) [20], ul. Skadarska 32, Tel. 323 48 85; 9–1 Uhr.
›Ima dana‹, ul. Skadarska 38, Tel. 323 44 22; 11–1 Uhr.
›Skadarlija‹ [21], ul. Cetinjska 17, Tel. 3234983; 11–1 Uhr.
›Šešir moj‹ (Mein Hut), ul. Skadarska 27, Tel. 322 87 50; 11–1 Uhr.
›Tri Šešira (Drei Hüte), ul. Skadarska 29, Tel. 324 75 01; 11–1 Uhr.
›Zlatini bokal‹ (Goldener Pokal), ul. Skadarska 26, Tel. 323 48 34; 11–1 Uhr.
▸ Außerhalb der Altstadt: ›Miloševa Konak‹, ul. Topčiderska 1, Tel. 66 31 46. Sehr gemütliches Restaurant im Konak, mit großer Terrasse. Es besteht seit 1834 und wurde 1975 renoviert. Inmitten des Parks gelegen, per Taxi zu erreichen. Nationale Küche, häufig sehr schöne serbische Volksmusik.

Restaurant ›Zvezdara Teatar‹, ul. Milana Rakića 38, Tel. 41 94 01; tägl. 11–1 Uhr. Im Stadtteil Zvezdara, südöstlich vom Zentrum.

▶ Novi Beograd:

›Klub Zabar‹, ul. Kej Oslobodenja bb, Tel. 319 12 26, 065/319 12 26. Reservierung empfohlen.

Restaurant ›Dialog‹, Kej Oslobodenja, Tel. 311 48 47.

›Palačinkarnica‹, Kej Oslobodenja 1e, Tel. 063/37 31 37. Palatschinken in allen Variationen.

›Triangle‹, ul. Kralja Petra 4a.›Caffe‹, ul. Kralja Aleksandra 28, Tel. 51 08 90.

Verschiedene Veranstalter bieten Busfahrten zu den berühmten Klöstern, darunter Studenica und Žiča, an, Infos über die Tourismusinformationen.

Apothekenbereitschaftsdienst: ›Previ Maj‹, ul. Kralja Milana 9, Tel. 324 05 33.
›Sveti Sava‹, ul. Nemanjina 2, Tel. 64 31 70.

Die Umgebung von Belgrad

In südwestlicher Richtung gelangt man in die beliebte Šumadija, das Hügelland bei Belgrad. Auf dem Weg dorthin ist einiges Sehenswertes.

Das Kloster Rakovica (Раковица) liegt acht Kilometer südwestlich vom Zentrum Belgrads. Das Kloster stammt aus dem 16. Jahrhundert, wurde aber oft geplündert und zerstört. Die heutige den Erzengeln Michael und Gabriel geweihte

Das Kloster Rakovica

Kirche geht laut einer Inschrift auf die Jahre 1912/13 zurück. Der Dreikonchenbau mit Kuppel liegt in einem schönen Anwesen mit Nutz- und Zierpflanzen, umgeben von Konaks, den Wohngebäuden der Nonnen. Das Ensemble hat sich trotz der Erneuerung die Aura und das Gesicht der alten Zeit bewahren können. Das große Waldgebiet hinter dem Kloster ist teilweise im Besitz des Klosters.

Unterhalb des Klosters liegt die Johanneskirche von 1939. Im Inneren sind Malereien zu sehen: in der Apsis die stehende Muttergottes mit ausgebreiteten Armen, darunter die Apostelkommunion. Auch im 20. Jahrhundert hat man sich an den klassischen Kanon gehalten.

Die Umgebung von Belgrad

Das Grabmal des Unbekannten Soldaten auf dem Avala

Auf dem Weg zum Avala passiert man Kumodraž (Кумодраж), einst ein Dorf südöstlich von Belgrad, heute eingemeindet. Der Stadtteil bewahrt einen großen Friedhof, auf dem auch Teilnehmer der Weltkriege bestattet sind. Von hier verteidigten sich die Serben, den Avala im Rücken, besonders gut. Stepa Stepanović, der legendäre General des Ersten Weltkriegs, wurde hier geboren.

Der Avala (Авала) ist eine Erhöhung von 511 Metern, etwa 15 Kilometer südlich vom Belgrader Zentrum. Man fährt entweder in Richtung Mladenovac und kommt dann am Kloster Rakovica vorbei, oder von der Innenstadt über Vračar, biegt dann auf den bul. Jugoslavija, fährt am Fußballstadion vorbei, durch Villengegenden und immer geradeaus bis zum Abzweig Avala. Von dort geht es in einem Einbahnstraßensystem vier Kilometer durch unbesiedeltes Waldgebiet. Auf halber Höhe erinnert eine Gedenkstätte an die Opfer eines Flugzeugabsturzes am 19. Oktober 1964. Die Insassen, russische Veteranen, wollten an der Feier zum 20. Jahrestag der Belgrader Befreiung teilnehmen. Das Denkmal schuf Jovan Kratohvil aus Bronze.

Auf dem Gipfel stand einst eine türkische Bastion von 1440, von der aus Belgrad beschossen wurde. Die Gegenburg, die sich auf dem Gelände der einstigen mittelalterlichen Stadt Zrnov befand, mußte 1937 dem Grabmal des Unbekannten Soldaten weichen, das der Gefallenen der Kriege von 1912 bis 1918 gedenkt. Das Denkmal wurde nach Entwürfen des Bildhauers Ivan Meštrović erbaut. Zwei lange Wege führen von Ost und West zu den Eingängen der Gruft. Das Mausoleum aus schwarzem Granit hat die Form eines Sarkophags. Die Eingänge werden beidseitig von je vier Karyatiden in Form von Frauen in Nationaltracht flankiert.

Der Avala war zu Zeiten Jugoslawiens ein beliebtes Wochenendziel der Belgrader mit zwei Hotels, Restaurants, Sport- Spiel- und Picknickanlagen.

Von weither sichtbares Kennzeichen des Avala war bis vor kurzem der Fernsehturm mit einem Drehrestaurant. Er ist 1999 den NATO-Bomben zum Opfer gefallen. Heute suchen vereinzelte Belgrader Ruhe und Erholung in der Abgeschiedenheit. Das Hotel ›Avala‹, ganzjährig geöffnet, wartet mit einem Restaurant und einer schönen Terrasse auf Gäste.

Schon etwas weiter von Belgrad entfernt, nämlich 60 Kilometer südlich, liegt Kosmaj (Космај), 628 Meter hoch. Vorbei am kleinen Städtchen Sopot (Сопот) mit einem sogenannten Han, einer Herberge, erreicht man Kloster Tresije (Тресије) aus dem 15. Jahrhundert. Die einschiffige Kuppelkirche ist eine Stiftung Stefan Lazarevićs. Die Ruinen von Kloster Pavlovac (Павловац) liegen am Südhang der Kosmajerhöhung. Reste einer mittelalterlichen Stadt sind in Kastelan (Кастелан) zu sehen.

Zur Fundstätte Vinča (Arheološko Nalazište Vinča, Археолошко Налазиште Винча) werden Tagesausflüge von Belgrad angeboten. Die prähistorische Ausgrabungsstätte liegt etwa 20 Kilometer südöstlich von Belgrad in Richtung Smederevo, an einem Abhang unmittelbar über dem Donauufer. Die neolithische Siedlung mit einer fast elf Meter dicken Kulturschicht hat der serbische Archäologe Miloje Vasić aus Belgrad (1869–1956) 1908 entdeckt. Während seiner Grabungen förderte er Häuser, Erdhütten und neolithische Plastiken zutage. Die Fundstücke werden im Belgrader Nationalmuseum aufbewahrt, darunter als besondere Kostbarkeit eine etwa 6500 Jahre alte anthropomorphe Skulptur. Hier am Fundort sind das ausgegrabene Areal und Scherben zu sehen. Im Sommer werden archäologische Ausgrabungen angeboten, an denen jeder teilnehmen kann. Informationen gibt es im Internet unter www.vinca.edu.yu.

Das 29 Kilometer von Belgrad entfernt gelegene Grocka (Гроцка) bietet den Hauptstädtern Gelegenheit zum Baden, Angeln und Bootfahren. Gutbetuchte Belgrader haben hier Wochenendhäuser. Im Ort selbst ist ein alter Basar (Čaršija) zu finden. In seiner Umgebung wurde Prähistorisches und Antikes gefunden. An der Straße Grocka–Smederevo kommt man am Friedhof von Brestovik vorbei, auf dem ein römisches Grabmal aus dem 3. Jahrhundert nach Christus zu sehen ist.

Nicht weit davon, fast im Belgrader Vorort Begaljica (Бегаљица), liegt Kloster Rajinovac (Рајиновац). Im Jahr 1528 war an dieser Stelle ein Kloster für den heiligen Rajko, etwas später für den heiligen Theodor und und danach für den Petar erwähnt worden. Viele Legenden ranken sich um das Kloster. So leben im Namen die Worte ›Paradies‹ und ›Geld‹. Nach mehrfachen Zerstörungen entstand es im 18. Jahrhundert neu und wurde 1985 renoviert. Sechs Nonnen leben hier, deren Gotteshaus auch Gemeindekirche ist. Das einfache, tonnengewölbte Kirchlein mit einem Westturm liegt in der gleichnamigen kleinen Ortschaft inmitten eines Obstanbaugebietes. Von hier kommen schmackhafte Pfirsiche, Aprikosen und Erdbeeren. Man sollte also unbedingt zur Erntezeit hierher kommen.

Von Ungarn kommend setzt sich hier die weite Pannonische Tiefebene fort. Der Blick schweift hinweg über unendlich scheinende Fluren, die durch unzählige träge dahinfließende Wasserläufe gegliedert sind. Im dünnbesiedelten Land wird die Weite nur durch die schlanken, hochaufragenden Türme der Dorfkirchen und Rathäuser unterbrochen.

Die Vojvodina

Die Provinz Vojvodina

Die Vojvodina (Војводина) ist heute die nördliche Provinz Serbiens, die mit ihren 21 506 Quadratkilometern den südlichen Teil der pannonischen Tiefebene umfaßt. Im Westen bildet die Donau ihre Grenze zu Kroatien und Bosnien und Herzegowina, im Norden grenzt die Provinz an Ungarn und im Osten an Rumänien. Die Vojvodina reicht über die Berggegend Fruška Gora (Frankenwald) hinaus an die Save heran.

In dieser Provinz, in der schon immer viele Völker zu Hause waren, leben etwas mehr als zwei Millionen Menschen verschiedener Sprache und Religion. Die Bevölkerungszahl hat sich in den letzten 20 Jahren zwar kaum verändert, wohl aber ihre Zusammensetzung. Im Jahr 1981 wurden 26 verschiedene Nationalitäten gezählt. Viele Minderheiten haben die Region jedoch verlassen, ihre Spuren sind für immer verwischt. Die jüngste Volkszählung im April des Jahres 2002 ergab folgende Zusammensetzung: 65 Prozent Serben, gefolgt von knapp

Die Vojvodina (Војводина)

Novi Sad, die Hauptstadt der Vojvodina

15 Prozent Ungarn. Der Anteil an Slowaken und Kroaten beträgt etwas über zwei Prozent. Daneben leben hier Rumänen, Wlachen, Roma, einige Juden, Ruthenen, Bunjewatzen, Bulgaren, Montenegriner, Kosovo-Albaner, einige wenige Deutsche, deren Kulturvereine derzeit in Novi Sad und Subotica belebt werden, und kleine andere Minderheiten. Ein großer Bevölkerungsanteil bekennt sich zur serbisch-orthodoxen Kirche, 19 Prozent sind katholisch und dreieinhalb Prozent protestantisch.

Mit der Vojvodina verbindet man unendliche Weiten, die aber von zwei Anhöhen unterbrochen werden: dem Hügel von Vršac (Vršački Breg/Вршачки Брег) mit einer Höhe von 641 Metern im Banat und dem Nationalpark Fruška Gora (Фрушка Гора) mit 539 Metern.

Die gesamte Ebene ist von Wasser durchzogen: Donau, Save, Theiß und ihre Nebenflüsse sind durch ein ausgedehntes Kanalnetz miteinander verbunden und gewährleisten die Bewirtschaftung dieser fruchtbaren Ebene. Ihre günstigen Boden- und Klimaverhältnisse hatten die Region zur Kornkammer des ehemaligen Jugoslawien werden lassen. Heute liegt davon einiges brach. Aber längst hat auch die Industrialisierung Einzug in diese weite Landschaft gehalten. Erdgas und Erdöl wurden entdeckt, das in den Raffinierien von Novi Sad weiterverarbeitet wird.

Die Hauptstadt der Vojvodina ist Novi Sad. Daneben gibt es größere Städte wie Subotica im Norden, Zrenjanin und Pančevo im Süden, Sombor im westlichen Teil und Sremska Mitrovica an der Save. Daneben Vršac, Bela Crkva, der Erzbischofssitz Sremski Karlovci und das ehemals selbständige Petrovaradin, das Novi Sad eingemeindet wurde. Die Region läßt sich gut von Belgrad aus erkunden, oder man beginnt eine Rundreise von ungarischer Seite im Norden. Am unkompliziertesten ist es mit dem Auto. Auf vielen Straßen wird man allein unterwegs sein, nur in den größeren Ortschaften ist es lebhafter. Wer kleinere Ortschaften kennenlernen möchte, sollte nicht die Autobahn benutzen. Da es nicht so viele Ausfahrten gibt, ist es unkomplizierter, die kleineren Straßen zu nutzen, die in der Regel in gutem Zustand und kaum befahren sind. Eine Ausnahme stellen die Landstraßen parallel zur Autobahn dar: Sie werden stark frequentiert, da in jüngster Zeit die Autobahngebühren drastisch erhöht wurden.

Sehr schön lassen sich in der Region Reit- und Jagdferien machen, die man mit Abstechern zu den Sehenswürdigkeiten abwechslungsreich gestalten kann.

Geschichte der Vojvodina

Die Vojvodina existiert als Gebietseinheit in ihrer heutigen Form erst seit 1945. Davor gab es bereits die serbische Vojvodschaft, die mit anderer Ausdehnung nach der Revolution und den serbischen Aufständen vom Kaiser am 17. November 1849 eingerichtet worden war, ebenso das Temescher Banat von 1860. Der Name Vojvodina wird hergeleitet von einem Vojvoden, ungarisch Vajdaság, was soviel wie ›Herzog‹ bedeutet. Obwohl nie von einem Herzog einheitlich regiert, hat sich die Bezeichnung für die Belgrad unmittelbar vorgelagerte Provinz eingebürgert. In diesem Gebiet lebten im 19. Jahrhundert etwa gleichviel Deutsche und Serben – jeweils etwa 350 000 – sowie 400 000 Rumänen und 220 000 Ungarn, daneben Roma, Juden, Bulgaren, Slowaken und Kroaten.

Die Vojvodina setzt sich aus historischen Landschaften des vormaligen Südungarn zusammen, die durch die drei großen Flüsse der Vojvodina – Donau, Theiß und Save – unterteilt werden. Der westliche Teil der Vojvodina ist die Südbačka (ungarisch Bács), an die sich die südliche Baranya (deutsch früher serbische Türkei und Branau, serbisch Baranja), der sogenannte Donau-Drau-Winkel, der heute zu Kroatien gehört, anschließt. Im Osten liegt das Westbanat. Banat und Bačka sind durch die Theiß voneinander getrennt. Den südlichen Abschluß bildet die historische Landschaft Ostsirmien (serbisch Srem, kroatisch Srijem, ungarisch Szerém), das Land zwischen Donau und Save.

Fast 500 Jahre, von 1071 bis 1541, gehörte die Vojvodina zum ›Regnum Hungaricum‹ des Mittelalters. Das Vordringen der Osmanen führte zur Ansiedlung von serbischen Flüchtlingen. Doch den Türken konnte kein Einhalt geboten werden. Die Vojvodina wurde Schauplatz vieler Kriege und zuletzt, von 1541 bis 1699, ebenfalls zu einem Bestandteil des Osmanischen Reiches, schwer verwüstet und weitgehend entvölkert. Eine Wende leiteten die Habsburger ein, die das weitere Vordringen der Osmanen nach Westen stoppen konnten. Wieder wurde die Vojvodina zum Schlachtfeld. In Karlowitz (Sremski Karlovci) fand 1699 nach sieben Jahren Krieg gegen die Türken der Friedensschluß statt. Durch diesen Frieden der Liga – bestehend aus Habsburg, Polen und Venedig – mit der Türke, wurden Ungarn, Siebenbürgen, Teile von Kroatien und Slawonien frei. Für die Vojvodina bedeutete dies, daß Bačka, Baranya und Sirmien an den Habsburger Kaiser fielen. Der Flußabschnitt der Donau, der durch die Vojvodina fließt, wurde zur südlichsten Grenze des Kaiserreiches. Im Frieden von Passarowitz (Požarevac) im Jahr 1718 gelangte auch das Banat, das östlich der Theiß gelegene Gebiet mit der Hauptstadt Temesch, in den Besitz des Kaisers. Der Mittellauf der Donau wurde in der Folgezeit großräumig als Militärgrenze gegen das Osmanische Reich ausgebaut und erst 1881 vollständig wieder aufgehoben.

Die historischen Landschaften der Vojvodina gingen nach 1718 getrennte Wege. Während in der Bačka die ungarische Komitatsverfassung wieder eingeführt wurde, stand das Banat bis 1778 unter unmittelbarer Verwaltung durch Wien. Das 18. Jahrhundert war geprägt durch eine umfassende staatlich geförderte Neubesiedelung. Es kamen Magyaren, Deutsche, Serben, Rumänen, Kroaten, Slowaken und andere. Die spätere Vielfalt an Völkern und Religionen ist auf diesen Zeitabschnitt zurückzuführen. Am bekanntesten wurden die drei großen ›Schwabenzüge‹ (1723–1726, 1763–1773, 1782–1787).

Die großen Flüsse Donau, Theiß und Save prägen die Landschaften der Vojvodina

Die Serben waren schon während der türkischen Besetzung ihres Kernlandes südlich der Donau unter den Schutz Habsburgs gewechselt. Ein Massenexodus 1690, angeführt vom Patriarchen Arsenije III., brachte etwa 100 000 Menschen in die Vojvodina.

Zum Zentrum des Serbentums entwickelte sich im 18. Jahrhundert Karlowitz, wo sich auch eine Kaufmanns- und Bürgerschicht herauskristallisierte. Im Jahr 1711 wurde Karlowitz Metropolitensitz und somit auch religiöses Zentrum der serbisch-orthodoxen Kirche. In diesem Zusammenhang steht auch die Dichte der Klöster in der Fruška Gora. In Karlowitz entstand 1791 das erste serbische Gymnasium. Auf dem Boden der Habsburger Monarchie erfolgte sozusagen das Erwachen des serbischen Nationalbewußtseins. Im Jahr 1848 brodelte es in Europa. In Osteuropa forderten die Ungarn mit Aufständen die Befreiung von Österreich. Auch die Serben strebten nach Freiheit. Im Mittelpunkt stand zunächst die Forderung nach Anerkennung als eigene Nationalität mit eigenem Territorium und eigener Regierungsgewalt. Erst die Reichsverfassung von 1849 kam in Ansätzen diesen Forderungen nach. Ein Teil der Vojvodina erhielt Selbstverwaltung in Form einer unabhängigen ›Serbischen Vojvodschaft‹ und dem Verwaltungsgebiet ›Temescher Banat‹. Beides hatte jedoch nur kurzfristig Bestand. Die großen Konflikte führten schon bald wieder zu ihrer Auflösung und Wiederangliederung an Ungarn. Mit dem österreichisch-ungarischen Ausgleich im Jahr 1869 wurde Ungarn als selbständiger Staat anerkannt. Die von Österreich einst geschaffene Militärgrenze wurde Ungarn einverleibt. Mit der Bildung der kaiserlich und königlichen Monarchie 1867 war die Zuständigkeit für die Vojvodina ausschließlich an Budapest übergegangen, ohne Berücksichtigung der Bedürfnisse anderer Völker wie Serben und Deutsche.

Die Vojvodina im 20. Jahrhundert

Nach dem Ersten Weltkrieg verlor Ungarn im Vertrag von Trianon 20 Prozent seines Territoriums, darunter auch das Komitat Szerém (Sremgebiet), den größten Teil von Bács-Bodrog. Kleine Teile der Baranya und Csongrád (heute Kroatien) wurden an das damalige Königreich der Serben, Kroaten und Slowenen, besser bekannt als Jugoslawien, abgegeben. Auch das heutige Rumänien profitierte davon. Es stritt mit dem neugebildeten Königreich der Slawen um das Banat. Die Lösung bestand im Jahr 1923 in der Teilung des Banat: Rumänien erhielt zwei Drittel, ein Drittel verblieb beim Königreich. Dessen Verwaltung in Belgrad nahm bei der Aufteilung in Verwaltungsbezirke keinerlei Rücksicht auf gewachsene historische Zusammenhänge. So entstanden im Bereich von Donau, Save und Theiß vier Kreise, von denen nur einer, Bačka, ganz innerhalb der Grenzen der späteren Vojvodina zu liegen kam. Alle anderen reichten darüber hinaus. Im Jahr 1931 wurde die ›Donaubanschaft‹ geschaffen, die die ganze Vojvodina umfaßte und bis in den Süden nach Mittelserbien reichte. Die Bevölkerung setzte sich zu dieser Zeit vorwiegend aus Deutschen, immerhin ein Viertel der Bevölkerung, Magyaren und Slawen zusammen. Die Dörfer und ihre Struktur ließen erkennen, welche Nationalität wo wohnte. In Jugoslawien spielte sich der Kampf um Minderheitenrechte vor allem bei den Donauschwaben und Magyaren in der Donaubanschaft ab. Den Deutschen wurde 1931 zumindest eine private Lehranstalt in Neuwerbaß (Vrbas, Bačka) zugestanden. Kaum mehr gab es jedoch muttersprachliche Mittelschulen für Magyaren und Deutsche. Die rumänischen Belange waren im rumänisch-jugoslawischen Schulabkommen von 1933 gesondert gelöst worden. Die Slowaken, mit Zentrum in Bački Petrovac, konnten sich als Slawen frei entfalten.

Die Vojvodina ist in vielen Regionen ländlich geprägt

Seit 1919 begann eine Agrarreform, die vor allem zu Lasten der ungarischen Großgrundbesitzer ging. Begünstigt wurden Serben aus Innerserbien und Montenegro, insbesondere Kriegsteilnehmer, sogenannte Dobrovolcen (Freiwillige), für die vielfach eigene Siedlungen angelegt wurden. Die beabsichtigte Serbenansiedlung hatte einerseits Erfolg, andererseits kam es zu Schwierigkeiten mit den Altsiedlern. Das waren die bereits ansässigen Serben, die durch die Zugehörigkeit zur k.u.k Monarchie geprägt waren.

Nach dem Angriff Deutschlands und seiner Verbündeten im April 1941 wurde die Vojvodina aufgeteilt. Das Sremgebiet fiel an das von Deutschland für unabhängig erklärte Kroatien. Die Bačka einschließlich Novi Sad und die Baranya wurden durch Ungarn besetzt und staatsrechtlich eingegliedert. Der östliche Teil, das Westbanat, blieb bei Serbien, wurde aber seinerseits zu einem deutschen Besatzungsgebiet. Hitler hatte zwar das Westbanat Ungarn zugesagt, weil aber auch Rumänien darauf Anspruch erhob, beließ man es provisorisch bei Serbien. Die Ungarn machten die jugoslawische Agrarreform rückgängig und schoben 25 000 Serben nach Serbien ab. Die Rücksiedler, sogenannte Szekler aus der Bukowina, nahmen ihre Stellung ein.

Das Westbanat erhielt Verwaltungsautonomie, in dem Deutsche die Führungsämter besetzten, zum Beispiel die Bürgermeisterstellen. Die Ungarn und Deutschen erhielten eine gewisse Selbstverwaltung, vor allem im Schulwesen. Nur drei Jahre später wendete sich das Blatt abermals: Im Oktober 1944 zogen die Rote Armee sowie Titopartisanen ein. Jetzt begann der Terror gegen die Donauschwaben: Es kam zur Enteignung, Vertreibung in die Sowjetunion, zu Zwangsarbeit und Hinrichtungen. Nach der Auflösung der Lager wurden die Deutschen 1948 aus der Vojvodina vertrieben. Nur wenige hatten überlebt. Eine Volkszählung von 1981 ermittelte noch 9000 Deutsche. Die Magyaren wurden zwar nicht in gleicher Dimension verfolgt, dennoch wurden nicht wenige hingerichtet. Sie stellen heute die größte Minderheit in der Vojvodina.

Von Oktober 1944 bis Juni 1945 stand das Gebiet unter Militärverwaltung. Als unter Tito Jugoslawien neu gegliedert wurde, erhielt die Vojvodina den Status einer autonomen Provinz innerhalb des Bundesstaates Serbien. Dies bedeutete ein eigenes Parlament und eigenes Gericht. In den Jahren 1968 und 1971 wurden die Kompetenzen der Provinzregierung mehrmals erweitert.

In der Verfassung von 1974 waren fünf große Volksgruppen verankert: Serben, Ungarn, Slowaken, Rumänen, Ruthenen. Daneben lebten kleinere Volksgruppen wie Deutsche, Bulgaren, Roma hier sowie Bunjewatzen und Schokatzen. Die Sprachenvielfalt fand eine großzügige Regelung: gleichberechtigte Sprachen waren Serbokroatisch in kyrillischer und lateinischer Schrift, Ungarisch, Slowakisch, Rumänisch, Rusinisch (Ukrainisch). Amtliche Verlautbarungen hatten fünfsprachig zu ergehen. Das galt für Zeitungen, Schulen, Rundfunk und Fernsehen. Bei der Ämterbesetzung fand ein ethnischer Proporz Beachtung.

Diesem Status bereitete Slobodan Milošević 1988 ein Ende. Beide autonomen Provinzen Serbiens, das Kosovo und die Vojvodina, wurden gleichgeschaltet. Die Vojvodina mit der großen ungarischen Minderheit und das Kosovo mit seiner großen albanisch-muslimischen Minderheit verloren ihren Sonderstatus. Im Norden ging es unblutig vonstatten, im Süden nicht. Mittel und Methoden waren einfach: Serbische Demonstranten wurden mobilisiert, die gegen die Autonomie in Novi Sad und Pančevo demonstrierten. Seit 1991 war Ungarisch nicht mehr als Amtssprache zugelassen. Die Bevorzugung von Serben stand der Benachteiligung von Magyaren gegenüber, die vor allem im Krieg gegen Kroatien eingesetzt wurden.

Dies und wirtschaftliche Gründe hatten die Flucht vieler Ungarn zur Folge. Der Krieg gegen die Kroaten veranlaßte zwischen 1991 und 2002 rund 18 000 Kroaten, das Land zu verlassen. Heute leben noch etwa 50 000 Kroaten in der Vojvodina, vor allem in der Bačka.

Die Autonomie der Vojvodina, die von Milošević einst aufgelöst worden war, konnte teilweise wiederhergestellt werden. Per Gesetz verabschiedet vom serbischen Parlament am 4. Februar 2002 gegen die Stimmen der Milošević-Anhänger und bei Enthaltung der Abgeordneten von Koštunicas ›DSS‹, erhielt die Vojvodina in mehr als 20 Bereichen, darunter Beschäftigung, Gesundheitswesen, Renten-

Das Gebäude der Autonomiebehörde der Vojvodina

und Invalidenversicherung, Zuständigkeiten zurück, während Polizei und Gerichte Belgrad unterstellt blieben. Es gibt auch wieder Schulen, die muttersprachlich unterrichten. Das Sprachrohr der Ungarn ist die Demokratische Gemeinschaft der Ungarn in der Vojvodina (Vajdasági Magyarok Demokratikus Kšzesége).

Dennoch wollen die Meldungen über Konflikte und Übergriffe in der Vojvodina nicht verstummen. Der Zuzug vertriebener Serben aus Teilen des ehemaligen Jugoslawien verändert nicht nur die Mehrheitsverhältnisse. Die Situation der Ungarn ist teilweise erschwert, da nur wenige der alten Rechte zurückgegeben wurden. Schon hat es diplomatische Einsprüche gegeben. Der ungarische Präsident Madl sah sich nach Belgrad genötigt und hat auch die EU aufmerksam gemacht, während der derzeitige serbische Präsident Koštunica Übergriffe wie Schändungen von Friedhöfen und Kirchen sowie rassistische Wandaufschriften gerne herunterspielt.

Die Donauschwaben

Die Donauschwaben stellten bis zum Ausbruch des Zweiten Weltkrieges einen großen Teil der Bevölkerung in der Vojvodina. Immer schon wurden die deutschen Einwanderer von Magyaren und Slawen als Schwaben verstanden, auch wenn sie sich aus Siedlern verschiedener deutscher Gegenden und Stämmen wie Franken, Bayern, Elsässer, Pfälzer, Schlesier, Westfalen und Schweizer zusammensetzten. In ihrer neuen Heimat glichen sie sich in Mundart, Tracht, Sitte und Brauchtum einander im Laufe der Zeit an. Man fühlte sich als ›deutsche Leute‹ und bezeichnete sich auch selbst als Schwaben, die inmitten anderer Ethnien ein Zusammengehörigkeitsgefühl entwickelten. Der Begriff ›Schwaben‹ wurde aber auch auf andere westeuropäische Kolonisten, darunter Franzosen, Italiener oder Spanier, angewendet. Als feste Bezeichnung erlangte der Begriff ›Donauschwaben‹ erst nach dem Ersten Weltkrieg weitere Verbreitung.

Auf den sogenannten ›Ulmer Schachteln‹ gelangten die Deutschen nach Serbien

Das Siedlungsgebiet dieser Auswanderer lag im südlichen und westlichen Teil des Pannonischen Beckens. Die meisten ließen sich in den Niederungen zwischen Donau und Theiß, Donau und Save nieder. Ihnen benachbart wurden Gruppen anderer Völker wie Rumänen, Magyaren, Kroaten, Slowaken, so daß ihre Siedlungsgebiete ethnisch und konfessionell von Anbeginn gemischt waren. Diese Regionen gehörten zur ungarischen Krone und seit 1526 zum Herrschaftsgebiet der Habsburger.

In Serbien siedelten sie vor allem in Sirmien zwischen Donau und Save mit den Zentren Ruma und Semlin, im Batscher Land (Batschgau) zwischen den Unterläufen der Donau und Theiß. Ihre wirtschaftlichen und kulturellen Schwerpunkte in der Bačka lagen in Abthausen (Apatin), Neu-Werbaß (Vrbas) und Neusatz

(Novi Sad). Auch im serbischen Teil des Banat zwischen Theiß und Donau wurden sie heimisch. Die Hauptstadt des Banat, Temeschburg, liegt heute in Rumänien. Im serbischen Teil des Banat waren ihre Zentren Großbetschkerek (Zrenjanin), Weißkirchen (Bela Crkva), Pantschowa (Pančevo) und Werschetz (Vršac).

Angesiedelt worden waren die Donauschwaben von der kaiserlichen und ungarischen Hofkammer. Nach der Befreiung weiter Gebiete von den Türken waren ganze Landstriche menschenleer. In diese Regionen wurden kaiserteue Gefolgsleute angesiedelt, darunter weniger Ungarn, unter denen es viele Unzufriedene und Kaiserfeindliche wie die militanten Kuruzen gab. Die Donauschwaben kämpften an der Seite der kaiserlichen Armee unter Prinz Eugen in weiteren Schlachten gegen die Türken. Von ihren Gegnern übernahmen sie den Kaffee, den Kukuruz (Mais) und das Schimpfwort ›Kruzitürken‹, das sich aus Kuruzen und Türken, beides Feinde des Kaisers, zusammensetzt.

Dank der Siedler entfalteten sich die Städte neu. Besonders nach dem Frieden von Passarowitz 1718 kam es zur großräumigen Ansiedlung Deutscher.

Die Enge in der Heimat und Begünstigungen des Kaisers waren der Grund für die Auswanderung. Im Vertrauen, von einem kaiserlichen Gebiet in ein anderes kaiserliches Gebiet zu gelangen, war man mutig und in Unkenntnis des zu Erwartenden aufgebrochen. Die Deutschen kamen auf sogenannten ›Ulmer Schachteln‹, Donauschiffen, auf denen kleine Häuser aufgebaut waren, von deren Dächern man ruderte. Auf den bis zu 26 Meter langen und vier Metern breiten Schiffen wurden bis zu 150 Menschen transportiert. Die Reise ging von Ulm oder Wien südwärts. Die Flurverteilung und alles andere war bei der Ankunft vorbereitet. Zu den Rechten der Siedler gehörten die freie Richter- und Pfarrerwahl, die eigene Gerichtsbarkeit, die Befreiung von öffentlichen Arbeitsleistungen, das Marktrecht, das Recht der Freizügigkeit. Im Gegenzug mußten die Städte Abgaben leisten und Pflichten zur Landesverteidigung übernehmen. In Serbien existierten privilegierte Städte wie Semlin, Pantschowa, Peterwardein und der Marktflecken Apatin. Die Handwerker waren in Zünften organisiert.

Bis vor dem Zweiten Weltkrieg wurde allein die Bačka von etwa 200 000 Deutschen bewohnt. Die Vielfältigkeit der Vojvodina wurde durch den Krieg stark erschüttert. Das jüdische Leben fand durch die deutsche Besetzung sein Ende. Die Vertreibung der Donauschwaben nach dem Krieg löschte auch das Deutsche aus. Nur wenige waren geblieben. Heute sind ihre Spuren an deutschen Namen, den Grabsteinen, den wenig erhalten gebliebenen Klöstern und Kirchen und den typischen Häusern mit gebrochenen Giebeln zu erkennen. Leider sind die hinterlassenen deutschen Kulturgüter in einem bedauernswerten Zustand. Donauschwäbische Vereine mit Sitz in Deutschland suchen heute verstärkt den Kontakt zu den jetzt serbischen Gemeinden. Bemühungen, nicht nur um eine Versöhnung, sondern um eine erneute Annäherung, werden von vielen Seiten betrieben.

Die Bačka

Die Bačka (Бачка, ungarisch Bácska), den westlichen Teil der Vojvodina, teilen sich heute Ungarn und Serbien. Sie wird vom Banat durch die Theiß getrennt. Im Westen grenzt die Baranya (ungarisch Baranja, deutsch Branau) an die Bačka und wird eingerahmt von Donau und Drau. Der größte Teil dieser historischen Land-

Die Bačka (Бачка)

schaft gehört zu Ungarn mit der Hauptstadt Pécs (Fünfkirchen), der kleinere Teil, der Drauwinkel, zu Kroatien. Die gesamte Baranya, ein fruchtbares lößbedecktes Hügelland, ein Anbaugebiet von Weizen, Mais, Obst und Wein, nannte man früher ›schwäbische Türkei‹.

Der Name der Bačka leitet sich von der alten Komitatsburg Batsch ab. Nach der Flucht der Magyaren vor den Türkeneinfällen wanderten seit 1465 Serben in die Bačka ein. Im 17. Jahrhundert siedelten wegen ihres katholischen Glaubens aus Dalmatien und Bosnien vertriebene Südslawen im Gebiet um Sombor. Im 18. Jahrhundert begann unter den Habsburgern die gezielte Neubesiedelung durch Ungarn, Serben, Slowaken und Deutsche. Die größten Städte der Bačka sind Subotica und Novi Sad.

Subotica

Subotica (Суботица, ungarisch Szabadka) ist das Tor nach Westeuropa. Die Stadt liegt ganz im Norden von Serbien nur wenige Kilometer von der ungarischen Grenze entfernt, zu der es zwei Grenzübergänge gibt: Horgoš und Kelebija. Die Autobahn, die Serbien und Ungarn verbindet, führt an ihr vorbei und weiter ins ungarische Szeged. Inmitten der fruchtbaren Vojvodina und in der weiten Ebene der Bačka hebt sie sich durch ihre Türme, neun an der Zahl, ab.

Ein besonderes Flair empfängt den Besucher: Es dominieren Bauten der Jahrhundertwende im sogenannten Sezessionsstil. Die Einfahrt führt durch saubere Industriegebiete. Die Firma ›Lukas Internacional‹ ist hier angesiedelt, ein neuer Fabrikkomplex, in dem Spirituosen hergestellt werden. Auch Messen werden hier abgehalten, weswegen die Hotelkapazitäten nicht immer ausreichen.

Subotica ist eine Hochburg der Ungarn, über 70 Prozent ihrer 100 000 Einwohner sind Ungarn. Derzeit wandern jedoch viele aus, teils aus wirtschaftlichen Gründen, teils aufgrund wachsender Feindseligkeiten. Eine andere große Minderheit stellen die Kroaten, die hier innerhalb Serbiens am stärksten vertreten sind. Auch Bunjewatzen sind in der Umgebung ansässig. Nationale Kulturinstitute pflegen die jeweiligen Traditionen und sorgen für den kulturellen Austausch: das ungarische Kulturinstitut [3], untergebracht in einem schönen Jugendstilgebäude, ebenso wie das ungarische Konsulat, das serbische Kulturinstitut [4] und das kroatische Kulturzentrum ›Bunjevacko Kolo‹ [5]. Auch ein deutsches Kulturinstitut [6] ist vertreten, das sich um die Erhaltung der deutschen Kultur in der Vojvodina sehr bemüht. Es wird von Rudolf Weiß geleitet und liegt an der Straße nach Kelebija.

Die Beschilderung in der Stadt ist serbisch (kyrillische Buchstaben), ungarisch und kroatisch (lateinische Buchstaben).

Stadtgeschichte

Die Anfänge der Stadt sind durch Legenden überliefert. So soll zu Beginn des 14. Jahrhunderts Gabriel Szemléni, der Geheimsekretär des Königs Sigismund, der Stadt einen Freibrief mit gültigem Siegel übergeben haben. Diese und andere Dokumente stellten sich als Fälschung heraus, weshalb der Sekretär auch auf dem Scheiterhaufen endete.

Bis zum Jahr 1526 unterstand die Stadt der ungarischen Königskrone, in der ein Graf regierte. Danach gehörte sie zum Ottomanischen Reich. Unmittelbar bevor sie in die Hände der Türken fiel, war sie für einen kurzen Zeitraum Residenz und Herrschaftsgebiet des sogenannten Zaren Jovan, des Abenteurers. Von 1686 bis 1918 lag sie auf habsburgischem Staatsgebiet. Maria Theresia hatte sie zur freien Stadt erhoben, nach ihr nannte man Subotica bis 1867 Maria Theresiopol. Nach dem Ausgleich zwischen Österreich und Ungarn im Jahr 1869 stand sie unter ungarischem Einfluß.

Nach 1918 gehörte die Stadt zum serbisch-kroatisch-slowenischen Königreich und seit 1941 zu Jugoslawien. Der Zusammenbruch der österreichisch-ungarischen Monarchie reduzierte Subotica zu einer stagnierenden Grenzstadt im neugegründeten serbisch-kroatisch-slowenischen Königreich. In den Jahren 1941 bis 1944 wurde Subotica erneut ungarisch und von 1944 bis 2003 jugoslawisch. Heute ist sie die nördlichste Stadt Serbiens. Während des letzten Krieges wurde auch Subotica von der NATO getroffen, die Schäden hielten sich aber in Grenzen.

Ein großer Sohn der Stadt ist Danilo Kiš. Der Sohn einer Montenegrinerin und eines jüdischen Vaters wurde hier 1935 geboren. In seinen Werken hat er vielfach jüdische Schicksale zum Thema gehabt. ›Frühe Leiden‹, ›Ein Grabmal für Boris Davidowitsch‹ und ›Enzyklopädie der Toten‹ brachten ihm international große Erfolge. Er verstarb 1989 in Paris, wo er seine letzten zehn Lebensjahre verbracht hatte.

Ein Stadtrundgang

Während Novi Sad von seinem barocken Stadtbild geprägt ist, fällt in Subotica der ungarische Einfluß sofort ins Auge. Nicht nur an den Hauptgebäuden, sondern auch immer wieder innerhalb der Häuserzeilen entdeckt man Bauten im sogenannten Sezessionsstil. Er hat der ganzen Stadt ihr unverkennbares Antlitz verliehen. Den Mittelpunkt der Stadt bildet nicht wie in anderen Städten eine Kirche oder Kathedrale, sondern die Stadthalle (Gradska Kuća/Градска Кућа). Sie steht inmitten zweier Plätze, dem trg Republike und dem trg Slobode. Sie ist von weitem an ihrem hohen Turm erkennbar und beherrscht die Stadtsilhouette. In einem

Radius von 300 Metern um sie herum präsentiert sich das Stadtzentrum. Im Obergeschoß der Stadthalle sind das städtische Verwaltungszentrum, das städtische Museum und die historischen Archive untergebracht, im Erdgeschoß das Restaurant ›Elza pod tornjem‹, Geschäfte, Banken und eine Apotheke. Das Museum

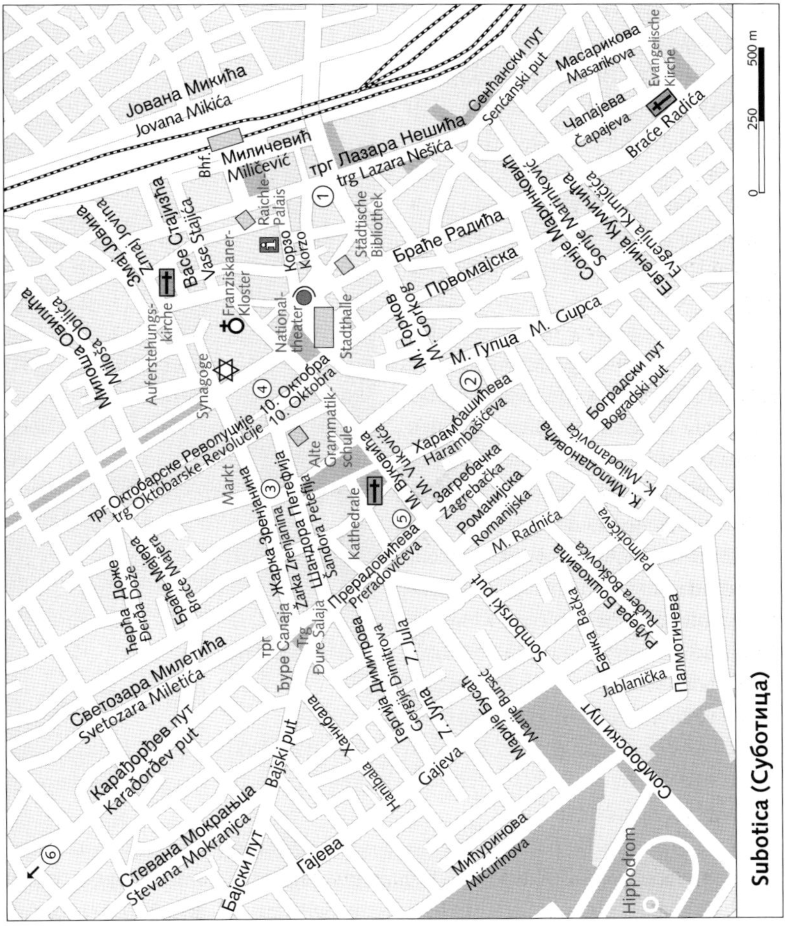

Legende

1 Hotel ›Patria‹
2 Hotel ›PBG‹
3 Ungarisches Kulturinstitut
4 Serbisches Kulturinstitut
5 Kroatisches Kulturzentrum ›Bunjevacko Kolo‹
6 Deutsches Kulturinstitut

(Gradski muzej/Градски музеј) wurde 1948 ins Leben gerufen und beherbergt archäologische, ethnologische, historische und naturhistorische Abteilungen. Im Turm verbirgt sich ein Observatorium. Von seiner Plattform hat man eine wunderbare Aussicht auf die Umgebung. Das dominierende Gebäude wurde von Dezsö Jakab und Marcell Komor, Mitarbeiter von Ödön Lechner, von 1908 bis 1912 konzipiert. Deutlich repräsentiert es eine ungarische Jugenstilvariante. Auch das Interieur ist im Jugendstil gestaltet. Für die Verzierung wurde Keramik aus der ›Zsolnay‹-Fabrik im ungarischen Pécs verwendet. Das Pécer Familienunternehmen hatte sich mit der Produktion von Majolika für den Jugendstil internationalen Ruhm erworben. Man stellte nicht nur Ziergefäße und Fayencen her, sondern hatte witterungsbeständige Majolikakacheln für den Außenbau entwickelt, die ungarischen Bauten der Jahrhundertwende ihr besonderes Gepräge geben, so auch den Bauten in Subotica.

In der Fußgängerzone

Von der Stadthalle erreicht man alle sehenswerten Orte der Stadt. Am besten parkt man etwas abseits, die kostenpflichtigen Parkplätze im Zentrum sind knapp bemessen. In der Stadt selbst verkehren nur noch traurige Reste der ehemaligen Straßenbahnen.

In der Nähe des Rathauses steht das älteste Gebäude der Stadt, die Kirche des Franziskanerklosters (Franjevačka Templom/Фрањевачка Темплом) von 1736, dem heiligen Michael geweiht. Im Volksmund wird sie die ›alte‹ Kirche genannt. Sie wurde anstelle einer mittelalterlichen Festungsruine aus dem 15. Jahrhundert errichtet, mehrfach beschädigt und erneuert. Der heutige Bau geht auf das späte 19. Jahrhundert zurück. Anfang des 20. Jahrhunderts erhielt sie eine Kapelle der schwarzen heiligen Muttergottes. Die Kirche wurde vergrößert und mit einem neuen Glockenstuhl ausgestattet. In ihr finden Gottesdienste in ungarischer und kroatischer Sprache statt.

Kaffeepause vor der Bibliothek

Die Städtische Bibliothek (Gradska Biblioteka/Градска Библиотека) in der ul. Cara Dušana 2 (ул. Цара Душана) wurde 1890 gegründet und im neobarocken Gebäude von 1896, dem ehemaligen Casino, untergebracht. Fast 300 000 Bücher umfaßt ihr Bestand. Sie wurde 1896 als Bürgerkasino im Eklektizismus nach Plänen von Férenc Raichle errichtet. Nach dem Zweiten Weltkrieg diente das Gebäude verschiedenen Zwecken, eine Zeitlang als Haus der Offiziere, später wurde es Stadtbibliothek. Nicht weit von hier wartet die Patisserie ›Ravel‹ mit süßen Köstlichkeiten.

Vor dem Nationaltheater steht das Zar-Nenad-Denkmal. Es ist mehr als ein einfaches serbisches Denkmal: Es verkörpert einen Aspekt der Nationalitätenproblematik der Stadt und ist übertragbar auf viele Regionen in Osteuropa. Der selbsternannte Zar Jovan Nenad, Johann ohne Hoffnung, lebte im 16. Jahrhundert. Wegen eines Muttermals erhielt er den Beinamen Crni, der Schwarze. Nach dem Fall von Mohács rief er in Subotica eine Widerstandsbewegung gegen die Türken ins Leben. Seine Stellung hielt er bis 1527 und mußte dann fliehen.

Nach dem Ersten Weltkrieg kam Subotica zu Jugoslawien. Die damalige Regierung gab 1927 den Auftrag zu diesem Denkmal auf dem zentralen Platz der Stadt. 1941 gewannen die Ungarn die Stadt kurzfristig zurück und zerstörten das Denkmal. Seit dem Zerfall Jugoslawiens 1991 ziert es wieder den Platz vor dem Theater. Die Meinungen über Figur und Denkmal gehen auseinander: Die einen betrachten Zar Nenad als Freiheitskämpfer, die anderen sehen in ihm einen Banditen.

Das Nationaltheater (Narodno kazalište/Народно казалиште) gilt als ältestes Theater in Jugoslawien. Es befindet sich in einem klassizistischen Gebäude von 1854. Die Front erinnert an einen Tempel und weist sechs Säulen mit Kompositkapitellen auf.

Die Fußgängerzone wird geprägt von großen unbebauten Plätzen wie dem trg Slobode (трг Слободе) und dem trg Republike (трг Републике). Die Hauptachse ist der Korzo (Корзо), bis zum Jahr 2002 ul. Boris Kidrić genannt, auf dem sich ein Café an das andere reiht und immer viel Leben herrscht. Die Promenade ist gesäumt von Fassaden aus dem 19. und 20. Jahrhundert.

Im Férenc-Raichle-Haus

Auch die Touristeninformation hat hier ihren Sitz. Man wird freundlich empfangen und findet unter den gebotenen Sprachen Deutsch, Englisch, Ungarisch, Serbisch und Französisch sicher eine, die man versteht. Gegenüber der Touristeninformation steht das ehemalige ›National‹-Hotel (Korzo Nr. 10), der erste Bau des sehr populären Architekten Férenc Raichle in Subotica. 1869 in Apatin geboren, hatte er in Budapest Architektur studiert und sich länger in Berlin, Szeged und Wien aufgehalten. Nach seiner Heirat ließ er sich in Subotica nieder und hat der Stadt viele schöne Bauten hinterlassen, unter anderem die städtische Bibliothek und die Grammatikschule. Das Férenc-Raichle-Haus ist ein Muß jeder Stadtbesichtigung. Das stattliche, verspielte Jugendstilgebäude war bereits zu seiner Erbauungszeit sehr berühmt. Férenc Raichle hatte es 1904 für sich als Wohnhaus konzipiert, verließ die Stadt aber im Jahr 1908. In seiner Dekoration zeigt es Anklänge an den Spanier Antonio Gaudi. Die Fassade ist plastisch entwickelt und mit Wellenlinien sowie reicher Ornamentik gestaltet. Das Gebäude diente verschiedenen Zwecken, unter anderem als Sitz der Organisation ›Likovni susret‹, unter deren Namen es heute als Ausstellungsgebäude fungiert.

Durch den Lenijinov-Park gelangt man zum Bahnhof (Železnička stanica/Железничка станица). Das Bahnhofsgebäude wurde 1869 erbaut, die Zugverbindung Budapest–Subotica–Belgrad 1899 ins Leben gerufen. Derzeit gibt es Zug- und Busverbindungen von Subotica nach Budapest, Szeged, Novi Sad und Belgrad.

Im Nordosten liegt die serbisch-orthodoxe Auferstehungskirche (Crkva Svetog Baznazenja Gospodnjeg/Црква Сбетог Базназења Господњег). Die Kirche entstand zwischen 1723 und 1726. In ihrer Umgebung befand sich ein älteres Gotteshaus, dessen Datierung unbekannt ist. Der dazugehörige Friedhof birgt den ältesten Grabstein Suboticas. Der heutige Bau geht auf den Anfang des 20. Jahrhunderts zurück. Die ehemalige Ikonostase schuf Jovan Popović. Während der Instandsetzungsarbeiten der Kirche wurde sie ebenfalls restauriert und nach Aleksandrovo in die Sankt-Dimitrije-Kirche verbracht. Dieser Stadtteil liegt im Süden und wurde Anfang des 19. Jahrhunderts angelegt, später eingemeindet. Die heutige Ikonostase wurde in Wien gefertigt und stammt vom Beginn des 20. Jahrhunderts.

Eines der schönsten Gebäude der Stadt ist die unter UNESCO-Schutz stehende Synagoge (Sinagoga/Синагога). Die Synagoge von Subotica lehnt sich in ihrem Inneren an historische Traditionen jüdischer Gebetshäuser an, so fehlt auch hier die Empore für die Frauen nicht. In ihrem Äußeren ist sie jedoch ein Unikat, nämlich im bereits erwähnten sogenannten ungarischen Stil, der auch als Sezessionsstil oder Jugendstil bezeichnet wird, erbaut. Im Jahr 1902 konnte sie nach Entwürfen von Dezsö Jakab und Marcell Komor realisiert werden. Die beiden Architekten haben viele Bauwerke in heute ganz verschiedenen Ländern hinterlassen: das ehemalige Hotel ›Schwarzer Adler‹ im rumänischen Oradea, ehemals Nagyvárad, und die Musikhalle in Bratislava. Ihr Vorbild waren die Bauten von Ödon Lechner, einer der herausragenden Persönlichkeiten der Baukunst Ungarns um die Jahrhundertwende. Lechner war in Budapest und Berlin geschult, bildete sich durch Reisen nach Italien und England vielseitig weiter und verschmolz all seine Erfahrungen zu einem nationalen ungarischen Baustil. In diesem fanden plastische Dekorationselemente, beeinflußt vom Orient und der ungarischen Volkskunst, Aufnahme. Sie wirkten an Fassaden teilweise wie Applikationen. Gerne verwendete Lechner Majolikaplatten zur Fassadenverkleidung. Seine Schüler übernahmen seinen Stil und verbreiteten ihn über Osteuropa.

Bei der Synagoge handelt sich um einen Zentralbau mit einer mächtigen Kuppel, die auf vier Eisensäulen ruht. Für die Zierelemente wurde Keramik benutzt. Sie schmücken Portale, Fenster und Attika. In ihrer Ornamentik ließen sich die Architekten von der ungarischen Volkskunst inspirieren. Sie entschieden sich für Pflanzen, Blumen und rein ornamentale Motive.

Der Bau der Synagoge war ein wichtiges Ereignis in der Geschichte der Juden der Stadt Subotica. An materiellem Reichtum wird sie von der Synagoge von Szeged wohl übertroffen, in ihrer Architektursprache, relativen Einfachheit und Klarheit ist diejenige von Subotica einzigartig.

Die Dynastie der Karađorđević tolerierte die Juden und sympathisierte zumindest indirekt bis zur deutschen Besetzung im Jahr 1941. Die Juden integrierten sich relativ schnell in das wirtschaftliche Leben, aber kulturell blieben sie Ungarn. Jüngere Juden wanderten in größere Städte wie Belgrad oder Zagreb ab. Während des Zweiten Weltkrieges, als Subotica unter ungarischer Herrschaft stand, wurden die Juden zur Zwangsarbeit deportiert und während der deutschen Besetzung Ungarns in die Todeslager, die nur wenige überlebten. Von 6105 Juden kehrten nur 1050 nach Subotica zurück.

Von der ungarischen Volkskunst inspiriert ist die Außengestaltung der Synagoge

Die verarmte jüdische Gemeinde traf am 24. September 1978 die Entscheidung, die Synagoge der Stadtgemeinde zu überlassen mit der Auflage, sie zu restaurieren und für kulturelle Zwecke in Einklang mit ihrer ursprünglichen Funktion zu nutzen. Leider wurde diese Bedingung nur teilweise erfüllt. Nur dank großer Bürgerproteste wurden die Kommunisten 1985 gehindert, einen ihrer wenig schmuckvollen Hochhausbauten unmittelbar an der Synagoge zu plazieren. Die alte jüdische Schule ist jedoch ihrer Planung zum Opfer gefallen. Der Bau bedarf dringend der Renovierung.

Die Juden in Subotica

Die Juden von Subotica wurden erstmals im Jahr 1775 erwähnt, als sie sich als Kleinpächter in der Umgebung niederlassen durften. Nur vier Jahre später wurde ihnen der Kleinhandel erlaubt. Im Jahr 1786 sind bereits zwölf jüdische Familien verzeichnet, denen gestattet wurde, eine Vereinigung zu gründen, aus der sie ihren eigenen Richter wählen durften. Dieser hatte über ihre inneren Anliegen zu befinden, Streitigkeiten zu schlichten und ihre Interessen als Gemeinschaft zu wahren.
Im Laufe der Zeit wurden Bestrebungen deutlich, die Juden zu assimilieren. Dazu wurden Erlasse getätigt, in denen sie verpflichtet wurden, Deutsch zu sprechen und deutsche Familiennamen anzunehmen. Als die Region nach dem österreichisch-ungarischen Ausgleich ungarisch wurde, setzte ein Magyarisierungsprozeß ein, und viele Juden änderten nun ihren deutschen Namen in einen ungarisch klingenden: So wurde aus Klein im ungarischen Kiš.
Im 19. Jahrhundert verzeichnete die Stadt ein rasches Wachstum, sie verdoppelte ihre Bewohner, während sich die Anzahl der Juden verneunfachte. An der Gesamtbevölkerung hatten sie 1,5 Prozent Anteil. Die Juden waren zu dieser Zeit im Handel, der Industrie und im Finanzwesen tätig.
Während der Revolution von 1848/49 versuchten sich die Ungarn von Habsburg zu lösen. Die Juden stellten sich wegen deren probürgerlicher Zielsetzung auf die Seite der Revolutionäre. Dies hatte nach dem Scheitern der Revolution antijüdische Gesetze wegen Untreue gegen den Kaiser zur Folge. Sie mußten Schuhe für die Armee liefern. Innerhalb der ungarischen Gemeinschaft aber war ihre Position gestärkt. Die Stadt Subotica war während der Revolution als eine der wenigen intakt geblieben und entwickelte sich zu einem großen Handelszentrum. Den Juden war in diesen Jahren erstmals erlaubt, bebaubares Land zu erwerben.
Nach dem Ausgleich wuchs ihre Gemeinde erneut. Zunächst waren sie im nördlichen Teil der Stadt angesiedelt gewesen, jetzt aber erhielten sie die Erlaubnis, näher an die Stadt zu kommen. In ihrem Viertel durften sie Sakralbauten errichten. Schon im Jahr 1790 war in der ul. Magyar, heute ul. Frankopanska, ein schönes Haus für Gemeindeversammlungen entstanden. Daneben gab es ein Spital und einen Friedhof am Halaszitor, wo er sich heute noch befindet.
Auch nach der Regulierung des städtischen Friedhofs beließ man die Juden an ihrer alten Begräbnisstätte, die während ihrer 200jährigen Geschichte mehrfach erweitert wurde.

Das Zar-Nenad-Denkmal vor der Stadthalle

Nahe der Synagoge befindet sich ein schöner Markt: Lebensmittel, Obst, Gemüse, Textilien und Haushaltsartikel sind hier zu haben. Allein schon die Farbenpracht lohnt hier einen Besuch. Der Markt findet täglich außer sonntags bis zum Mittag statt.

Nicht weit vom Markt steht die Alte Grammatikschule (Гимназија, Gimnazija, Gimnázium) in einem Gebäude des 19. Jahrhunderts. Der erste Bau dieser Schule war 100 Jahre älter und wurde für das Rathaus abgerissen. An der Straße nach Sombor, westlich des Zentrums, steht die Kathedrale der Stadt (Katedrala Bazilika Svete Terezije/Катедрала Базилика Свете Терезије). Man erkennt sie gut an ihrer Doppelturmfassade. Der Titel Basilika wurde ihr von Papst Paul VI. 1974 verliehen. Zum Zeitpunkt ihres Baues waren ihre Türme höher als der alte Rathausturm, was ihr den Namen ›große Kirche‹ eintrug. Sie ist der heiligen Theresa von Avila geweiht. Die Figur der Heiligen wurde in das Wappen von Subotica eingefügt, als sie den Status einer freien königlichen Stadt im Jahr 1779 erhielt. Die Kirche wurde in zwei Etappen Ende des 18. Jahrhunderts errichtet. Sie besitzt eine reiche Sammlung liturgischer Geräte. Der Gottesdienst wird in lateinisch, ungarisch und kroatisch abgehalten. Vor der Kirche steht das Denkmal für die Befreiung von den Faschisten von Toma Roksandić. Der Künstler war in der Mitte des 20. Jahrhunderts tätig.

Subotica besitzt auch eine evangelische Kirche. Sie wurde 1899 erbaut und von Emil Korossy 1900 geweiht. Die Gottesdienste finden in ungarischer Sprache statt.

Gegenüber vom Hippodrom hat sich in den letzten Jahrzehnten ein riesiger Flohmarkt etabliert, der zur neueren Attraktion der Stadt zählt, direkt daneben befinden sich der Automarkt und über der Straße das westliche Tor der Stadt.

Vorwahl: 024.
Touristeninformation, Korzo 15, Tel. 98 61, 753 - 119, - 121, - 111, ticsu@yunord.net.

Avis Autovermietung, im Hotel ›Patria‹, ul. Đure Đakovića bb, Tel. 60 18 50, 063/22 71 74.

Hotel ›Patria‹ [1], ul. Đure Đakovića bb, Tel. 55 45 00, Fax 55 17 62, info@patria-su.com, www.patria-su.com; 3 Sterne. Staatliches Hotel der kommunistischen Ära.
›PBG‹ [2], ul. Harambašićeva 21, Tel./Fax 55 65 42, 55 41 75; 3 Sterne, DZ 3100 Dinar, EZ 1800 Dinar. Privathotel, 2001 eröffnet. Parkplätze, sehr freundlicher Service. 66 Betten, Reservierung empfohlen.

Restaurant ›Klasični Spartak‹, trg Slobode 6, Tel. 55 56 76.
›Elza Pod Tornjem‹, trg Slobode 1, Tel. 55 78 00; 12–22 Uhr.
›Népkör‹, ul. Žarka Zrenjanina 11, neben dem ungarischen Kulturinstitut [3], Tel. 55 54 80. Das Restaurant wird gerne für größere Feste genutzt.

Café ›Bódis‹, ul. 10. Oktobra, Rudić; 8–24 Uhr. Konditorei mit Café, besteht seit 1924.

Ungarisches Kulturinstitut [3], Kossuth Lajos tér 4, Tel. 55 70 33, info@nepkor.org.hu.
Serbisches Kulturinstitut [4], trg Republike, Tel. 55 61 17; 8–14 Uhr.
Kroatisches Kulturzentrum ›Bunjevacko Kolo‹ [5], ul. Preradovičeva 4, Tel. 55 55 89.
Deutsches Kulturinstitut [6], Karađorđev put 72, Tel. 343 24.
Städtisches Museum, Stadthalle, trg Slobode 1, Tel. 55 51 28; Di, Mi, Fr 10–16, Do 11–18, Sa 10–14 Uhr.
Synagoge, Anmeldung zur Besichtigung bei der jüdischen Gemeinde, Tel. 55 55 26, 55 44 94; Besichtigungen nur Mo–Fr.
Galerie für Moderne Kunst (Galerija Savreme umetnosti/Галерија Савреме уметности), im Ferenc-Raichle-Palais, Lenijinov-Park 5, Tel. 55 37 25, liksus@tippnet.co.yu; Mo, Mi, Fr 10–16, Di, Do 7–18, Sa 9–12 Uhr.

Der Palić-Ludaš-Regionalpark

Nur acht Kilometer von Subotica und 20 Kilometer von der ungarischen Grenze entfernt liegt der 1982 gegründete Regionalpark Palić-Ludaš (Narodni Park Ludaš Palić/Народни Парк Лудаш Палић).

Am Palićsee liegt der kleine, sehr beliebte gleichnamige Ferienort. Einst verband eine Straßenbahn Subotica mit dem Erholungsgebiet. Das milde Klima lockt im Sommer viele Gäste.

Der natürliche See war in der Vergangenheit salzig und mit Heilschlamm gefüllt. Seit 1845 nutzte man seine heilende Wirkung. Doch schon zu Beginn des 20. Jahrhunderts hatte der See mit Umweltbelastungen zu kämpfen. Im Sommer 1970 war das Leben im See beendet. Im Jahr 1971 begann ein großangelegtes Projekt zur Wiederbelebung. Wer genau hinschaut, erkennt jedoch, daß der See auch heute noch unter starker Verschmutzung leidet. Viele Abwässer werden nach wie vor hineingeleitet. Mit Unterstützung der Europäischen Union soll der Verschmutzung endgültig ein Ende gesetzt werden.

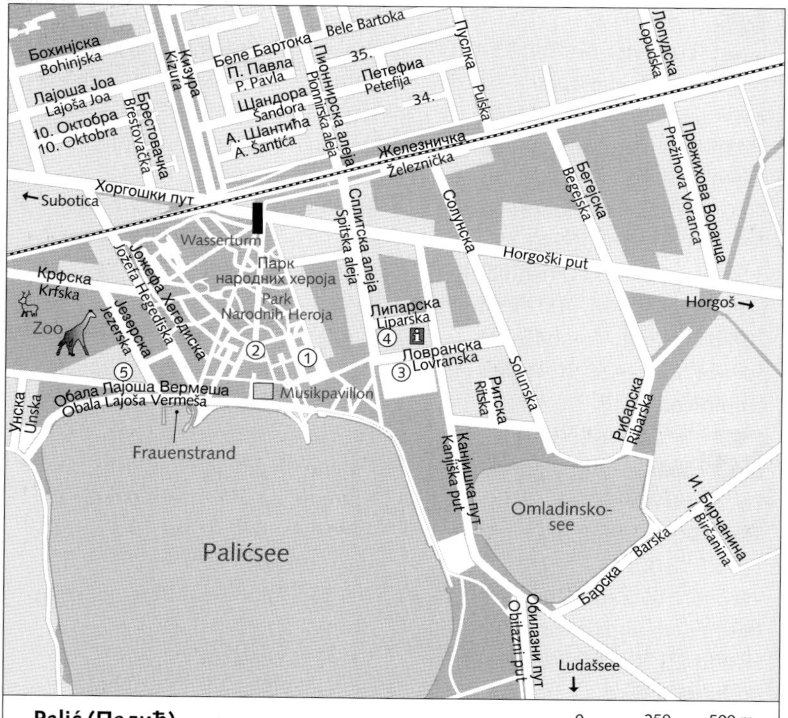

Palić (Палић)

1845 entstand der Park in Palić, dessen Baumbestand auf die Entstehungszeit zurückgeht. Abseits des Ufers wurden in wenigen kleinen Straßen zierliche Villen, Sommersitze in Gründerzeitarchitektur und Jugendstil erbaut. Der Musikpavillon (Muzički paviljon/Музички павиљон) wurde 1912 entworfen. In der Zeit entstanden auch das Wahrzeichen von Palić, der ehemalige Wasserturm (Vodotoranj/Водотарањ), der renoviert wird, und das Frauenbad (Ženski štrand/Женски штранд). Der kleine, bereits 1945 gegründete Zoo bietet eine bunte Vielfalt an exotischen Tieren. Palić bietet Besuchern Sportmöglichkeiten von Fahrradfahren bis zu Tennis und Reiten.

Der Wasserturm in Palić

Seit 1992 findet regelmäßig das Palić-Filmfestival statt. Präsentiert werden neue ungarische, kroatische und serbische Filme, aber auch internationale Produktionen.

Ein farbenfrohes Fest ist das Erntedankfest (Dužijanca), das seit 1911 hier gefeiert wird und dessen bunte Veranstaltungen im Juli und August stattfinden.

Der Ludašsee liegt nicht weit von Palić. Als besonders geschütztes Reservat darf an seinen Ufern nicht gebaut werden. Um ihn herum gruppieren sich die Siedlungen Hajdukovo (Хајдуково), Šupljak (Шупљак), Nosa (Носа) und Bački Vinogradi (Бачки Виногради). In Hajdukovo wird seit 36 Jahren ein Weinfest begangen, die Csarda.

In der Umgebung liegen kleinere Dörfer. In Kelebija (Келебија) an der Grenze zu Ungarn lädt das Landgut ›Majur Kelebija‹ zum Essen ein. Ebenfalls an der Grenze zu Ungarn liegt Horgoš (Хоргош) mit dem Dvorec Grofa Karasa. Das zierliche Schlößchen ist am Zerfallen und steht verborgen hinter dichtem Grün.

Legende

1 Hotel ›Park‹
2 Hotel ›Jezero‹
3 Hotel ›Prezident‹
4 Hotel ›Villa Regina‹
5 Restaurant ›Villa Viktorija‹

Vorwahl: 024.
Palić: Touristeninformation, Park narodnih heroja 9 (Парк народних хероја), gegenüber dem Hotel ›Prezident‹, Tel. 7531-11, -21, jp.palic@tippnet.co.yu, www.palic.co.yu; 9–18 Uhr.

Palić: Hotel ›Park‹ [1] und Hotel ›Jezero‹ [2], Park narodnih heroja 9, Tel./Fax 753-245, -195, -112, www.elittepalic.co.yu; 4 Sterne. Mitten im Park, gepflegt und teilprivatisiert. Nicht alle Zimmer sind renoviert, im Hotel ›Park‹ sind es die Zimmer im 1. und 2. Stockwerk, die europäischem Standard vergleichbar sind.
›Prezident‹ [3], Lovranska bb, Tel. 622-662, Fax -607, prezident@suonline.net, hotel@yunord.net, www.prezident-su.com; 4 Sterne. Das Hotel wurde komplett renoviert, sehr schöne Zimmer.
›Villa Regina‹ [4], Splitska aleja 21, Tel./Fax 754695; DZ 32, EZ 25 Euro. Kleines anmutiges Hotel 5 Min. vom See entfernt, eine der geschmackvollen Privatinitiativen. Wenige Zimmer, Reservierung empfohlen.

In Palić stehen zwei Campingplätze zur Verfügung.

Palić: Restaurant ›Mala Gostiona‹, direkt beim Hotel ›Park‹, Tel. 753447. Hier wird schöne Volksmusik geboten.
›Riblja Čarda‹, am See, Tel. 755040. Landestypische Gerichte, sehr guter Service.
›Villa Viktorija‹ [5], ul. Jezerska 15, Tel. 754497. Internationale Küche.
▶ Kelebija: ›Majur Kelebija‹, ul. Edvarda Karedlja bb, Tel. 789-007, -030; Mo–Sa 10–24 Uhr. In einem gutbürgerlichen Landsitz, inmitten von viel Grün.
▶ Hajdukovo: ›Vinski Dvor‹, Tel. 754762, 063/8554929, vinskidvor@suonline.net. Landgasthaus mit guter Küche und Musik.

Entlang der Theiß

Die Theiß (serbisch Tisa/Тиса, ungarisch Tisza) trennt das Banat von der Bačka. Von ihrer Quelle bis nach Serbien ist sie fast 1000 Kilometer unterwegs und durchfließt auf 151 Kilometern die Vojvodina. Über weite Strecken verbirgt sich ihr Lauf in einer dichten Uferbewaldung.

Von Palić ist es nicht weit nach Kanjiža (Кањижа, Magyarkanizsa), wo Heilwasserquellen genutzt werden. Man kann hier im Gesundheitszentrum ›Abella‹ kuren.

Nach wenigen Kilometern erreicht man Senta (Сента, ungarisch Zenta). So unscheinbar der Ort heute sein mag, so bedeutend war er in der Geschichte. In

Senta fand am 11. September 1697 die berühmte Schlacht gegen die Türken statt, in der diese vom Heer Prinz Eugens geschlagen wurden. Eine Inschrift am Triumphbogen des Ortes lautet: ›Vienna ad Zentem servata‹ – Wien wurde bei Senta gerettet. In Senta ist außerdem die römisch-katholische Kirche von 1770 mit Altarbildern von Mikloš Barabas zu sehen. In der serbisch-orthodoxen Kirche hat Pavle Simić die Ikonostase gefertigt. Das Museum von Senta bewahrt Antikes, Mittelalterliches und eine Gemäldesammlung auf. Senta ist auch die Heimat des serbischen Schriftstellers Stefan Sremac (1855–1906). Sein Geburtshaus ist als Gedenkstätte eingerichtet.

Man fährt, begleitet von Jagdgründen und Reiterhöfen, an Ada (Ада) vorbei, das von aus Südserbien eingewanderten Serben im Jahr 1690 gegründet wurde. Sie ließen sich auf einer Insel nieder und nannten sie nach dem türkischen Wort für Insel Ada. Im Ort gibt es eine serbisch-orthodoxe und eine katholische Kirche.

Die nächste größere Ortschaft ist Bečej (Бечеј). Bečej wurde 1238 erstmals urkundlich erwähnt. Seit 1551 war es in türkischer Hand. 1694 kamen die ersten Serben und 1757 die Ungarn. In der Umgebung, besonders um den alten Theißverlauf, sind reiche prähistorische Funde gemacht worden. Das Städtchen ist weitläufig und besitzt einen schönen autofreien Hauptplatz. Hier stehen sich die serbisch-orthodoxe Kirche, die römisch-katholische Kirche und das Rathaus gegenüber. Der Bau mit drei Türmen markiert die serbisch-orthodoxe Kirche. Ihre Front ist klassizistisch, während die Türme mit ihren Zwiebelhauben eher barock anmuten. Der weißgetünchte Bau entstand 1858. Die Ikonenwand schuf der Wiener Holzschnitzer Kistner, die Ikonen zählen zu den ersten Arbeiten von Uroš Predić.

In Senta

Die serbisch-orthodoxe Kirche in Bečej

Die katholische Kirche besitzt nur einen Turm. Sie geht auf das Jahr 1763 zurück, mußte jedoch nach den Wirren des 19. Jahrhunderts gründlich restauriert werden. Ihr größter Schatz ist eine vergoldete Monstranz vom Goldschmied József Szenpetry aus dem Jahr 1820. In der Mitte steht das Befreiungsdenkmal der polnischen Bildhauerin Krzisztine Jackiewycz. Das Rathaus an der Westflanke des Platzes datiert vom Ende des 19. Jahrhunderts. Im katholischen Gemeindehaus werden Gemälde des Ungarn Férenc Than Mor aufbewahrt. Archäologische Funde und Gemälde von Meistern der Vojvodina findet man im Stadtmuseum. Erwähnenswert ist die Schiffsausstellung mit 60 Schiffsmodellen von den Phönikern bis zur Gegenwart.

Neun Kilometer entfernt in Richtung Bačka Topola sieht man die Bogdan-Dunjerski-Kapelle von Uroš Predić. In der Nähe steht das Schloß der Familie Dunđerski, in der das Hotel ›Fantast‹ untergebracht ist.

Weiter südlich liegt am Zusammenfluß von Theiß und Donau die Stadt Titel (Тител). Der Ort war nach dem Fall von Belgrad 1521 strategisch besonders wichtig geworden. Im Jahr 1526 gewährte der Papst militärische Hilfe, dennoch besetzten die Türken die Stadt und bauten sie zur Festung aus, heute nur noch eine Ruine. Die katholische Kirche besitzt einen Altar mit Bildern von Popović (1770) und Teodorović,(1815), die orthodoxe Kirche Malereien von A. Tirk (1886).

Bečej: Hotel ›Bela Lada-Menadžment‹, Borisa Kidriča bb, 21220 Bečej, Tel. 021/815-608; 3 Sterne.
›Fantast‹, Bačkotopolski put bb, Tel./Fax 021/81 52 00, fantast@pikbecej.co.yu; 3 Sterne.

▶ Kanjiža: Hotel ›Aquamarin‹, 24420 Kanjiža, Narodni park bb, Tel. 024/87 31 23, Fax 87 18 10; 3 Sterne, mit Gesundheitszentrum ›Abella‹.

Bečej: Schiffsausstellung, ul. Braće Čiplića 11.

Bačka Topola

Im Westen der Bačka liegen wie in einem Dreieck drei größere Städtchen: Sombor, Bačka Topola und Vrbas. Die Donau bildet hier die geographische Grenze zu Kroatien und ein Stück zu Ungarn. Ab Vukovar strömt sie in einer Ostbewegung durch Serbien. Ab Bačka Palanka trennt sie das Sremgebiet von der Bačka. Viele Ortschaften in dieser Region waren ehemals von Donauschwaben besiedelt. Man erfährt wenig über sie, da Informationen und Führer von serbischer Seite bisher noch sehr dürftig sind. Teilweise sind die Baudenkmäler verwahrlost. Dies soll sich ändern.

Auf dem Weg von Subotica nach Bačka Topola parallel zur Autobahn passiert man eine der alten Windmühlen, wie sie einst in der Vojvodina weit verbreitet waren. Nur wenige sind im Bačkagebiet verblieben. Der Fluß Krivaja ist hier zu einem größeren See aufgestaut. Die Bewohner besuchen ihn gerne am Wochenende zum Baden, Rudern und geselligen Beinandersein. Kleine anmutige Restaurants sind angelegt.

Beim Dorf Zobnatica (Зобнатиса) liegt ein großes Gestüt mit einem Hotel. Hier wird seit 200 Jahren die Aufzucht von Vollblutpferden betrieben. Der Reiterhof bietet Kurse für Jung und Alt. Außerdem kann man hier jagen und fischen gehen. Ein Pferdemuseum, eine Reitbahn und das Schmiedemuseum sowie Kutschfahrten in die weite Landschaft runden das Angebot ab.

Bačka Topola (Бачка Топола) ist aus Mala Bajša oder Topola entstanden, eine Ortschaft, die erst seit der Türkenzeit bekannt wurde. Zunächst gehörte sie zum Verwaltungsbezirk Subotica, dann zur Militärgrenze Petrovaradin. Im Jahr 1903 gelangte sie in den Besitz des Feudalherrn Pal Kirai. Der Ort wartet mit einer neugotischen römisch-katholischen Kirche auf, deren Turm mit 74 Metern zu den höchsten Serbiens gehört. 1940 entstand die serbisch-orthodoxe Kirche.

Nicht weit entfernt liegt Bajša (Бајша), wo man mittelalterliche Siedlungsreste des 11. Jahrhunderts entdeckte. Der dort gefundene Renaissanceschmuck wird im Stadtmuseum von Subotica aufbewahrt. Die Geschichte der heutigen Siedlung begann mit der Familie Zako. Ihr Palast ist ein schönes Beispiel des 18. Jahrhunderts. Aus dieser Zeit stammt auch die römisch-katholische Kirche. Die orthodoxe Kirche wurde 1810 von der Familie Zako gestiftet. Ihre Ikonostase stammt von Jovan Klajić.

In Vrbas (Врбас, Verbász) und Srbobran (Србобран, Szenttamás) hat sich viel Industrie angesiedelt.

Etwa 20 Kilometer führt der Weg durch Weite und Felder, ohne daß Häuser, Bauernhöfe oder auch nur Strommasten auftauchen; schließlich führt eine Abzweigung zum Hotel ›Fantast‹, das im Schloß der Familie Dunđerski eingerichtet ist.

Vorwahl: 024.

Hotel ›Jadran‹, Zobnatica, Tel. 715-641, -842; DZ 2060, EZ 1300 Dinar.

Sombor

Sombor (Сомбор, ungarisch Zombor) war seit dem 19. Jahrhundert die Hauptstadt der Bačka. Seit dem 13. Jahrhundert befand sich an dieser Stelle bereits eine befestigte Siedlung, die um 1360 als Besitz der Adelsfamilie Cobor Erwähnung fand. Eine erste Michaelskirche wurde gebaut. Die Türken machten Sombor 1541 zur Bezirkshauptstadt, verschiedene Reiseberichte beschrieben sie als reich und sauber. Bereits 1687 konnte sie von den Habsburgern eingenommen und bald darauf in die Militärgrenze eingegliedert werden. Im Jahr 1733 löste Sombor Batsch als Komitatssitz ab. Wie viele Städte erhielt auch sie 1749 den Status einer freien Königsstadt.

Sombor ist wie Subotica stark von Ungarn geprägt, wenngleich der Anteil keine 50 Prozent erreicht. Von der ehemaligen jüdischen Gemeinde zeugt nur noch der kleine jüdische Friedhof, nicht weit vom Kanal entfernt, der die Stadt im Westen passiert. In der Umgebung sind die katholischen Schokatzen ansässig. Die gesamte Innenstadt von Sombor ist Fußgängerzone, man kann um den Kern herumfahren und sucht sich am besten einen der raren Parkpätze.

Lazar Kostić lebte von 1895 bis 1910 in Sombor und schrieb hier sein berühmtes Gedicht ›Santa Maria della Salute‹. Es ist auch der Geburtsort des serbischen Dichters Veliko Petrović (1884–1967). Der Journalist, Kunsthistoriker und Leiter des Nationalmuseums in Belgrad begann als Dichter mit patriotischen Gedichten und wandte sich dann der Novelle zu. In ihnen behandelt er soziale und ethische Probleme der Gesellschaft, besonders des Bürgertums der Vojvodina. In seinem Werk ›Ravangrad‹ (Stadt in der Ebene) hat er seiner Heimatstadt gedacht. Auch der Maler Milan Konjović ist ein Sohn der Stadt.

In der großen Fußgängerzone, in der sich die Straßen zu Plätzen verbreitern, befinden sich einige Kirchen und der Markt. Das Zentrum nimmt das moderne Rathaus ein. Die Beschriftung ist dreisprachig: kroatisch, ungarisch und serbisch.

Über eine Parkanlage erreicht man das Gebäude der Autonomiebehörde der Vojvodina, die Županija oder auch Gespanschaftsgebäude. Es entstand 1802 bis 1809 auf den Resten einer Festung. Der heutige große Bau im sogenannten Erdélystil wurde 1884 abgeschlossen. Den Sitzungssaal dieses großen historistischen Gebäudes schmückt das monumentale (sieben mal vier Meter umfassende) Gemälde ›Die Schlacht bei Senta‹ von Férenc Eisenhuth. Die Fassade wird durch die betonte Mitte mit Balkon aufgelockert. Darüber erhebt sich ein Turm mit einer auf Konsolen ruhenden Terrasse.

An der Flanke des Parks erheben sich mächtig hinter Baumkronen zwei Türme. Sie gehören zur katholischen Stephanskirche (Sv. Stefana/Св. Стефана).

Die serbisch-orthodoxe Sankt-Georgskirche (Sv. Đorđa/Св. Ђорђа) von 1759 befindet sich direkt in der Fußgängerzone. Man erkennt sie an ihrem Westturm. Sie besitzt eine wunderschöne Ikonostase von 1873, die auf Pavle Simić zurückgeht. Die ursprüngliche Ikonenwand fiel einem Brand zum Opfer. Die Bestuhlung der Kirche ist mit verschiedenen Namen und Daten versehen, die auf den Kauf-

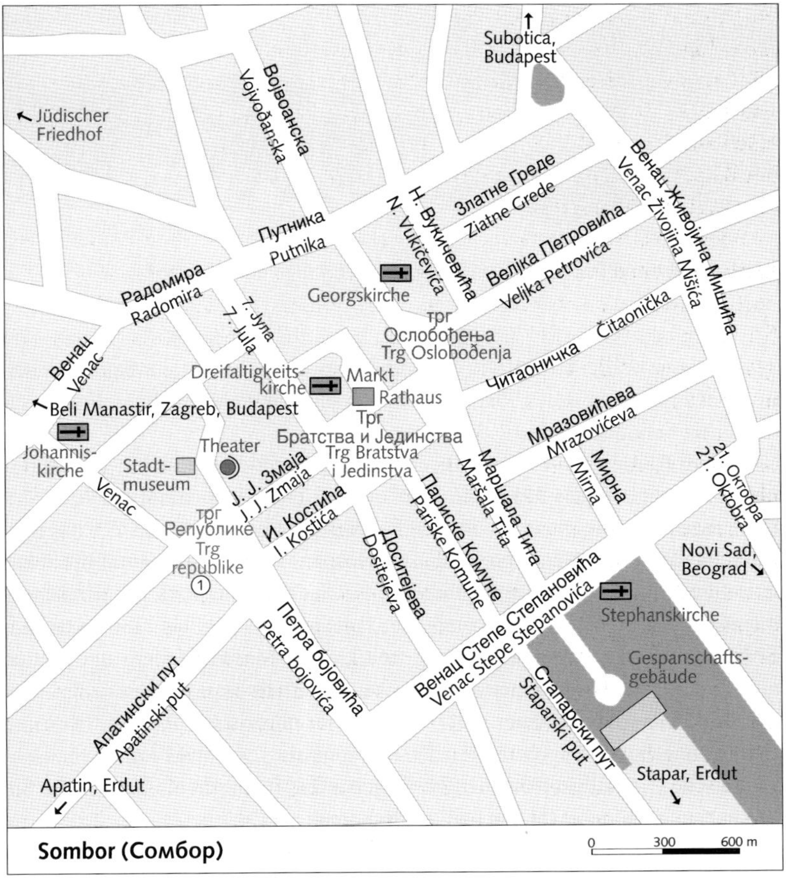

Sombor (Сомбор)

Legende

1 Hotel ›Sloboda‹

Am Donaustrand bei Apatin an der serbisch-kroatischen Grenze

vertrag des jeweiligen Besitzers der Stühle hinweisen. Es war ein Statussymbol, in der Kirche einen festen Platz zu besitzen. Nahe beim ehemaligen Franziskanerkloster befindet sich heute der Markt.

In dem Kloster war 1743 der Bischofspalast eingerichtet worden. Der Marktplatz hieß lange ›pijaca u lancim‹, Platz in den Ketten, und nimmt das Areal des ehemaligen Klostergartens ein. Joseph II., der Sohn Maria Theresias, ließ das Kloster schließen, der Garten gehörte nun zum Hospital. Im Jahr 1809 wurde die Säkularisation teilweise zurückgenommen, die Gebäude und der Park der Kirchengemeinde zurückgegeben. Der Klostergarten hatte nur von 1743 bis 1786 bestanden. Bei der Rückgabe wurde die Anlage von kleinen Marmorpfeilern und Ketten umgeben, die dem Platz seinen Namen gaben. Innerhalb dieses Kettenzaunes werden heute Gewürze, darunter süßer und scharfer ungarischer Paprika, Obst und Gemüse angeboten. Angrenzend an den Bischofspalast entstand 1762 die römisch-katholische Dreifaltigkeitskirche (Sv. Trojctva/Св. Тројцтва) als Barockbau. Sie beinhaltet eine Kapelle für den heiligen Nepomuk.

Die kleine orthodoxe Johanneskirche (Cv. Jovan/Св. Јован) besitzt eine Ikonenwand von Pavle Djurković von 1812.

Das Theater (Narodno Požorište/Народно Пожориште) von 1879 und das Stadtmuseum (Gradski muzej/Градски музеј) stehen sich gegenüber. Schwerpunkte der Sammlung sind Münzen und ethnographische Stücke, die über traditionelle Volkskunst Aufschluß geben: Teppiche, Spitzen, bemalte Ostereier. Ein Teil der Ausstellung ist dem Künstler Milan Konjović gewidmet. Dem Museum ist eine Bibliothek angeschlossen.

Sombor besaß eine der ältesten serbischen Lehranstalten. Man hatte sie 1815 von Szentendre hierher verlegt.

Die Gegend bis zur ungarischen Grenze ist sehr waldreich. Immer wieder sieht man große Fischzuchtanlagen. In der Umgebung sind mehrere Kirchen und Klöster ausgeschildert.

In Richtung kroatischer Grenze liegt Apatin (Апатин) oder zu deutsch Abthausen. Wie der Name erkennen läßt, wurde das Städtchen 1093 als Benediktinerkloster gegründet und im Jahr 1211 erstmals als Abbatis de Batay urkundlich erwähnt. In Apatin hat sich eine der großen serbischen Bierbrauereien, ›Jelen Pivo‹, niedergelassen, die seit 1756 braut. Das Städtchen an der Donau besaß einst einen bedeutenden Flußhafen und eine Schiffswerft. Die Ortschaft war vor dem Zweiten Weltkrieg größtenteils von Deutschen bewohnt.

Vorwahl: 025.

Hotel ›Sloboda‹, trg Republike 1, Tel./Fax 388 86, Tel. 46 33 22; DZ 50, EZ 30 Euro.

Bač

Fährt man von Sombor in Richtung Süden, erreicht man die Region Bač Bodrog Odēaci. Links und rechts der Strecke liegen die Orte Stapar (Стапар) mit schöner Kirche, Serbski Miletić (Сербски Милетић), Odžaci (Оџаси, deutsch Hodschag) und Karavukovo (Каравуково). Sie alle sind mehr oder weniger vor dem Zweiten Weltkrieg deutsch besiedelte Orte gewesen. Die kanalisierte Mostonga begleitet, immer wieder aufgestaut zu einer großen Fischzuchtanlage, die Fahrt.

Die verschlafen wirkende Ortschaft Bač (Бач, deutsch Batsch, ungarisch Bács) mit nur 6000 Einwohnern hat eine große Vergangenheit. Als älteste Gemeinde der Bačka und ehemaliger ungarischer Komitatssitz hat sie diesem Teil der Vojvodina, der Bačka, den Namen gegeben. Der Name selbst gibt Rätsel auf: Vielleicht ist er slawischen Ursprungs, was Schäfer oder Hirte bedeutet. Vielleicht war es auch ein slawischer Männername. Jedenfalls ist Bač eine der ältesten Siedlungen in der Region und wurde im Laufe seiner Zeit von Deutschen, Ungarn, Slowaken, Kroaten und Serben geprägt. Schon im 6. Jahrhundert wanderten die Slawen hier ein. Die Awaren bauten um 873 eine Burg, und bald darauf wurde es durch Magyaren besetzt. Stefan der Heilige begründete das Batscher Komitat mit dem katholischen Bistum Batsch. Zum Erzbistum erhoben, folgte im Jahr 1213 Fürst Berthold V. von Andechs Meran als Erzbischof von Batsch. Ein Klosterbau folgte. Die Mongolen zerstörten Festung, Stadt, Kirche und Kloster. Innerhalb der nächsten 200 Jahre wurden Kloster und Festung wieder aufgebaut, der Fluß Mostonga kanalisiert und zwischen Sombor und Batsch schiffbar gemacht. Eine weitere Aufwertung erfuhr der Marktflecken durch die Einrichtung eines Münzamtes unter Karl I. Robert von Anjou. König Matthias berief 1462 einen Landtag nach Batsch ein, der jedoch nicht abgehalten wurde. Die Türkengefahr bedrohte auch Batsch; János Hunyadi wurde mit der Türkenabwehr in diesem Raum betraut. Er machte Batsch zur Sammelstätte für das Verteidigungsheer. Doch mit dem Sieg der Türken in der Schlacht von Mohács 1526 hatte auch die letzte freie Stunde von Batsch geschlagen. Für 161 Jahre, bis zum Sieg gegen die Türken in Senta, wurde Batsch türkisch. Nach ihrer Vertreibung siedelten sich wieder Serben an. Noch einmal erlitt der Ort durch aufbegehrende Ungarn unter ihrem Führer Férenc Rákóczi II. im Jahr 1703 (Kuruzenkrieg) grausame Zerstörungen, deren Spuren bis heute zu sehen sind. Die Verlegung des Komitatssitzes nach Sombor und des Bischofssitzes nach Sremski Karlovci brachten Batsch einen großen Bedeutungsverlust. In dieser Zeit siedelten die ersten Donauschwaben an, für die es eine Hei-

Die Festung von Bač

mat bis zum Zweiten Weltkrieg bleiben sollte. 1944 wurden die Deutschen vertrieben. Nur einige wenige deutsche Familien harrten aus. In jüngster Zeit wurden Serben aus Kroatien, ebenfalls Vertriebene, angesiedelt. Daneben sind Ungarn hier zu Hause. Man erreicht das Dorf über die neue Kanalbrücke oder von der Seite der mittelalterlichen Festung über eine Fußgängerbrücke.

Die mittelalterliche Burg entstand in den Jahren 1338 bis 1342 auf den Ruinen von Vorgängerbauten als Wasserburg in einer Schleife der Mostonga, an deren Ostseite ein Graben durchstochen wurde, so daß die Burg wie auf einer Insel liegt. Im Zuge der Kämpfe der Türken gegen Habsburg hielten die Türken die Burg von 1529 bis 1687 besetzt. Sie war ein wichtiges Glied in der langen Reihe von Befestigungen. Während des Rákócziaufstandes wurde die Burg im 18. Jahrhundert in Brand gesteckt, zum Teil zerstört und später nicht wiederhergestellt. Férenc Rákoczi II. (1704–1711), Fürst von Siebenbürgen, zettelte einen Aufstand gegen Kaiser Leopold I. an. Er suchte die Unabhängigkeit Siebenbürgens und die Religionsfreiheit durchzusetzen. Dabei wurden viele Ortschaften schwer in Mitleidenschaft gezogen. Der Aufstand wurde niedergeschlagen.

Ein Stadtrundgang

Der Grundriß der Festung hat die Form eines unregelmäßigen Fünfecks mit drei runden und einem viereckigen Turm an den Ecken, deren Verteidigungserker auf Konsolen ruhen. Vor dem Burgeingang befindet sich ein Turm mit Zugbrücke. Obwohl in Trümmern, ist sie eine der am besten erhaltenen mittelalterlichen Festungen der Vojvodina. Auf der Burgseite befindet sich auch der Kalvarienberg von 1830. Vor kurzem renoviert, hat man von hier einen schönen Blick auf das Städtchen und die Uferzonen. Nach der Überquerung des Flusses sieht man sofort die zerfallenden Reste des ehemaligen türkischen Bades – auch die Osmanen haben ihre Spuren hinterlassen.

Die Kirche des Apostels Paulus erkennt man an ihrem barocken Westturm. Dieser war 1977 eingestürzt und umgehend rekonstruiert worden. Die Kirche, die auf die Jahre 1773 bis 1780 zurückgeht, beherbergt eine geschnitzte Kanzel und Malereien von Jószef Scheft, Jószef Pesky und Jovan Klajić. Ihr Patron Paulus war seit 1700 auch Patron der Stadt und ist auf dem alten Stadtwappen zu sehen.

Das langgezogene Dorf hat sein Gesicht im Laufe der Zeit verändert. Neubauten, nicht unbedingt schön, sind mitten im Dorf plaziert. Die ehemaligen deutschen Häuser erkennt man an den schmalen abgerundeten Giebeln.

Ein Kleinod von Bač ist das mittelalterliche Kloster, das erstmals an dieser Stelle im 12. Jahrhundert entstanden war. Um 1250 sollen es die Templer erneuert haben, von denen es um 1300 die Franziskaner übernahmen und einen Neubau veranlaßten. Nach dem Sieg der Türken wurde die Klosterkirche in eine Moschee umgewandelt, der stattliche Glockenturm in ein Minarett. Nach der Befreiung 1689 siedelten sich im Kloster erneut Franziskaner, diesmal aus Bosnien kommend, an und verwandelten es wieder in eine christliche Gebetsstätte; bis heute wird es von Franziskanern betreut, zwei haben ausgeharrt. Der älteste Teil der

Kirche ist die romanische Apsis aus Haustein und Ziegel. Das gotische Langhaus wurde mit einem Kreuzrippengewölbe versehen. Der Klosterkomplex ist mit der Kirche verbunden, an deren Ostseite ein massiver Glockenturm steht. Im Zusammenhang mit dem Wiederaufbau nach den Zerstörungen des Rákóczi-Aufstandes wurde das Innere barockisiert. Ein kleiner Rest der gotischen Wandmalerei blieb dennoch erhalten.

Der alte Ortsfriedhof ist verwahrlost, macht aber einen Spaziergang durch die Geschichte möglich.

Die gesamte Umgebung von Bač ist beliebtes Jagdgebiet. Nur sechs Kilometer entfernt in Richtung Mladenovo (deutsch Bukin) lockt ein Waldgebiet, ehemals der Antoniwald genannt, vor allem die neuen Reichen aus Belgrad. Er trug seinen Namen nach einer kleinen kostbaren Kapelle, die dem heiligen Antonius geweiht wurde. Ihre Datierung ist unsicher. Tatsache ist, daß das Kirchlein wie ein Schatz gehütet wird und unter der Obhut der Franziskaner steht.

Vorwahl: 021.

Selenča hat eine gute Übernachtungsmöglichkeit: Hotel ›Slovan‹, Tel. 77 43 88; 3 Sterne.

Café ›Bizantija‹ (Бизантија), Bač, Tel. 77 16 94. Gemütliches Café neben der Apotheke.

Kloster Bođani

Die Weiterfahrt in Richtung Vajska lohnt sich. Dahinter, fast an der kroatischen Grenze liegt Kloster Bođani (Бођани). Immer menschenleerer und einsamer wird die Gegend. Kurz vor Bođani gibt es einen großen Friedhof. Im November, zum Totensonntag und anderen Feiertagen, ist hier viel Betrieb. Familien treffen sich an den Gräbern, um der Verstorbenen zu gedenken.

Direkt an der Landstraße liegt das Kloster. Über die Mauern hinweg gibt es den Blick nicht frei, so daß man glatt daran vorbeifahren könnte. Zwei sehr freundliche Mönche bewohnen derzeit das Kloster, Besucher sind willkommen. Die Hauptkirche ist der Muttergottesreinigung geweiht. Die Klostergründung geht auf das 15. Jahrhundert zurück. Kurz darauf wurde die Anlage zerstört und im 16. und 17. Jahrhundert mehrfach erneuert. Der heutige Dreikonchenbau mit Kuppel datiert von 1722. An der Westseite ist ein Narthex angefügt, über dem sich der Glockenturm mit Zwillingsfenstern erhebt. Die Kirche ist wunderschön ausgemalt, mit einem Werk von Hristofer Žefarović, einem Künstler, der im Jahr 1737 aus Makedonien in die Vojvodina kam. In den Malereien vermischen sich byzan-

›Die Beweinung Christi‹ im Kloster Bođani

tinische Traditionen mit barocken Elementen. Die Anordnung ist traditionell: Im Altarraum sieht man die göttliche Liturgie mit Bischöfen. Im Naos erkennt man man Szenen aus dem Leben Christi, darunter die Beweinung und den Festtagskalender der orthodoxen Kirche, worunter sich Christi Höllenfahrt, das traditionelle Auferstehungsthema der orthodoxen Kirche, befindet. In den Wölbungen der Bögen sieht man Darstellungen aus dem Alten Testament. In der gesamten unteren Zone der Kirche blicken die bekannten Heiligenfiguren von den Wänden. Von allen Szenen ist die Darstellung vom Traum des Jakob, der die Himmelsleiter sieht, besonders gelungen. Den Narthex schmücken Szenen aus dem Leben der Muttergottes: im Gewölbe die Marienkrönung, an der Westwand das schon fast obligate Thema Muttergottes Entschlafen.

Bačka Palanka

Der Weg führt über Bač zurück und weiter nach Bačka Palanka (Бачка Паланка). Hier wohnten früher viele Donauschwaben. Seit dem Zerfall Jugoslawiens wurde eine neue Donaugrenze eingerichtet. Ursprünglich hieß der Ort Pest-Uljak, Iločka und Ilok, wie die Stadt auf dem gegenüberliegenden kroatischen Ufer. Unter dem Namen Palanka wurde er 1593 als eine von Palisaden (palanke bedeutet Zaun) umgebene türkische Befestigung erwähnt. Der planmäßige Ausbau setzte nach der Befreiung von den Türken ein 1772 ein. Es gibt ein kleines Heimatmuseum und eine serbisch-orthodoxe Kirche mit Ikonen des Künstlers Grigorije Jezdimirović und Schnitzereien von Georgije Dević.

In der Umgebung von Bačka Palanka liegt die Ausgrabungsstätte Turski Šanac (Турски Шанас, Türkenschanze) mit einer Erdbefestigung aus der Eisenzeit.

Entlang der Donau führt die Strecke nach Novi Sad. Auf ihrer südlichen Seite wird sie von den Fruška Gora, den Frankenbergen, begleitet. Riesige Anbauflächen von Kohl, Rüben, Zwiebeln, Mais und Kartoffeln lösen einander ab. Auch Rosenfelder zieren die Landschaft. Im Herbst, zur Erntezeit, sieht man die Landarbeiter bis zum späten Abend auf den Feldern und danach noch an der Straße verkaufen. Es geht an Čelarevo (Челарево) vorbei, mit einem Schloß der Familie Dunđerski, erbaut von 1834 bis 1837. Das Schloß, heute eine Zweigstelle des Museums der Vojvodina, beherbergt eine Stilmöbelsammlung vom Barock bis zum Neoklassizismus und liegt inmitten eines Englischen Gartens. Die Tourismusorganisation in Novi Sad bietet Besichtigungen an. Im Ort ist eine große Bierbrauerei ansässig. Der Weg nach Novi Sad führt über Futog (Футог), das man an seiner schönen Kirche mit eleganter, weithin sichtbarer Zweiturmfassade erkennt.

Novi Sad

Novi Sad (Нови Сад, deutsch Neusatz, ungarisch Újvidék), die Hauptstadt der Vojvodina mit knapp 200 000 Einwohnern, ist nicht nur die zweitgrößte Stadt Serbiens, sondern auch das Zentrum der Vojvodina. Die Stadt liegt im südlichen Teil der Bačka am linken Donauufer gegenüber der berühmten Festung Petrovaradin. Novi Sad ist eine relativ junge Stadt, auch wenn man in ihrer Umgebung viele prähistorische Funde gemacht hat: in Klisa steinzeitliche, in Rivica eisenzeitliche und in Detlinara Spuren der Römer. Die Partnerstadt von Dortmund wird noch immer von verschiedenen Nationalitäten bewohnt: Kroaten, Roma, Slowaken sowie wenige Deutsche. Den höchsten Anteil stellen die Serben.

Das heutige Stadtgebiet befand sich bis 1687 unter Osmanenherrschaft. Als Österreich mit dem Aufbau einer Militärgrenze im Jahr 1694 begann und am rechten Donauufer die Festung Peterwardein errichtete, entstand am gegenüberliegenden Ufer eine Zivilsiedlung, in der sich hauptsächlich Serben niederließen. Sie waren während des großen Türkenkrieges 1683 bis 1699 aus dem inneren Serbien und dem Kosovo geflohen. Diese Siedlung ›Racka varoš prekodunavska‹, benannt nach der serbischen Zentrallandschaft Raszien und dem ungarischen Wort für Stadt, ›város‹, diente gleichzeitig als Brückenkopf für die berühmt

Belgrad bei Nacht; die Autobahnbrücke ›Gazelle‹ in Belgrad
Der Belgrader Hafen; Belgrad im Winter

ЗЕЛЕНИ ВЕНАЦ
ЗЕЛЕНИ ВЕНАЦ
Trenutak koji mi pripada...
aroma

PUTNIK
SIRONA

29
142

Der Sloboda-Platz im Zentrum der Stadt

gewordene bewegliche Brückenschanze des Prinzen Eugen, nach der sie bald ›Petrovaradinski Šanac‹ hieß. Unter Maria Theresia wurde 1748 die bis dahin bestehende Militärhoheit über Petrovaradinski Šanac aufgehoben und die Siedlung zur ›Freien Königsstadt‹ mit dem Namen Neoplanta, Neusatz, Újvidék erklärt. Diesen Namen übersetzten die Serben in Novi Sad.

Ein schweres Hochwasser im Jahr 1769/70 vernichtete die Stadt mit etwa 8000 Einwohnern fast vollständig. Im 19. Jahrhundert entwickelte sie sich dennoch zum wirtschaftlichen Zentrum und geistigen Mittelpunkt der Serben in Österreich-Ungarn. Zu dieser Zeit waren bereits viele Donauschwaben hier ansässig, während die Ungarn erst zu Beginn des 20. Jahrhunderts hinzuzogen.

Im Revolutionsjahr 1848/49 erlitt die Stadt erneut schwere Schäden durch den Beschuß der Ungarn von der Petrowaradeiner Seite. Ihrer Entwicklung tat dies jedoch keinen Abbruch. Man leitete den Wiederaufbau ein.

Seit 1860 setzte ein Aufschwung ein. 1861 wurde das erste ständige serbische Theater gegründet und drei Jahre später der Kulturverein ›Zgrada Matica Srpska‹ von Pest nach Novi Sad verlegt. Das ›serbische Athen‹ ist seit seinen Anfangszeiten ein Bildungs- und Kulturzentrum. Schon im Jahr 1731 hatte der Vladika (Bischof) Visarion Pavlović die lateinisch-slawische Schule eröffnet. Damit begann die Entwicklung des höheren Schulwesens, aber erst 1960, unter Tito,

Der Belgrader Hafen; In Belgrad
Villa am Palićsee

Der serbische Kulturverein

Die bis heute bedeutendste erhaltene Kultureinrichtung ist die ›Zgrada Matica Srpska‹, der serbische Kulturverein, eine der ältesten Kultureinrichtungen der Stadt. Matica bedeutet ›Bienenkönigin‹, was im übertragenen Sinne eine Keimzelle bedeutet. Der Verein wurde 1826 in Pest gegründet, um dem wachsenden Magyarisierungsdruck auf die serbische Bevölkerung in der österreichisch-ungarischen Monarchie zu begegnen. Zeitweilig verboten oder an ihrer Ausübung gehindert, nahm sie 1864 ihren Sitz in Novi Sad ein. Nach ihrem Vorbild entstanden eine Matica in Prag, in Zagreb die ›Matica Hrvatska‹, der kroatische Kulturverein, 1847 in Bautzen die ›Maćica Serbska‹, der sorbische Kulturverein, und als letzter 1863 der slowakische Kulturverein.

Die umfangreiche Verlagstätigkeit der ›Matica Srpska‹ fand besonderen Ausdruck in der Literaturzeitschrift ›Letopis Matice srpske‹, die älteste Zeitschrift im slawischen Süden, die seit 1825 ununterbrochen erscheint. Der Einrichtung gehörte ein große Bibliothek an. Einst war sie mit der serbischen Lesehalle und jener lateinisch-slawischen Schule in der Stiftung des Vladika Platon Atanacković untergebracht. In ihr befindet sich jedoch heute die philosophische Fakultät; 1933 wurde die Einrichtung erneuert. Ihr Ausstellungsbestand wurde ins Museum der Vojvodina überführt. Das heutige Gebäude der ›Matica Srpska‹ wurde 1912 dank der Stiftung von Marija Trandafil erbaut, die es als Bildungseinrichtung für arme Serben gedacht hatte.

Die Bildergalerie der ›Matica Srpska‹ vermittelt einen guten Überblick über die serbische Malerei seit dem 18. Jahrhundert

wurden die Universität und die Kunstakademie ins Leben gerufen. Die ehemalige griechische Schule ist heute in ein Wohnhaus verwandelt. Sie geht auf das Jahr 1783 zurück, als zugewanderte Griechen und Zinzaren (Aromunen) aus Makedonien und Epirus das Haus kauften und eine Schule einrichten ließen. 1869 mußte die Schule wegen Schülermangels geschlossen werden. Die Griechen vermachten das Gebäude dem serbisch-orthodoxen Gymnasium.

Als kulturelles Zentrum ist Novi Sad auch die Heimat vieler Künstler und Literaten. Jovan Jovanović Zmaj wurde hier 1833 geboren, studierte in Budapest, Prag und Wien und kehrte 1870 nach Novi Sad zurück, wo er als Arzt tätig war. Seine Gedichte über die Liebe, die Heimat, die Freiheit und die Politik und seine Lieder haben ihn zu einem der bekanntesten Poeten Serbiens gemacht.

Über die Grenzen berühmt wurde Aleksandar Tišma. Nach einem bewegten Leben hatte er große Erfolge als Dichter, die ihm weltweite Bekanntheit einbrachten. Tišma, 1920 als Sohn eines Serben und einer ungarischen Jüdin im damaligen Jugoslawien geboren, siedelte aufgrund vieler Repressalien 1942 nach Budapest über. 1944 verurteilte man ihn zur Zwangsarbeit in Transsilvanien. Nach dem Krieg lebte er in Frankreich und in seiner Heimatstadt Novi Sad, wo er 2003 verstarb.

Im Gegensatz zu ihrem argrarischen Umland entwickelte sich die Stadt zu einem bedeutenden Industriezentrum. Der NATO-Angriff hat sie jedoch sehr in Mitleidenschaft gezogen. Alle Brücken wurden zerstört, einige sind heute noch Provisorien. Die neu erbaute Sloboda-Brücke wurde im Oktober 2005 wiedereröffnet. Durch die Sprengsätze hat auch die Festung Petrovaradin sehr gelitten. Sie ist im wahrsten Sinne des Wortes in ihren Grundfesten erschüttert worden.

Novi Sad ist Messestadt. Eine der bedeutendsten Messen ist die internationale Landwirtschaftsmesse, aber auch die Tourismusmesse ist von Rang.

Novi Sad liegt am Kreuzungspunkt der wichtigen Straße von Westeuropa nach Südeuropa, direkt an der Donau. Im Hintergrund der Stadt erhebt sich das Frankengebirge mit seinen vielen versteckten Klöstern. Die Stadt liegt nur zwischen 70 und 80 Meter hoch und war häufig von Überschwemmungen bedroht.

Das Zentrum

Nach den schwerwiegenden Zerstörungen von 1848 wurde die Stadt systematisch wieder aufgebaut und weist deshalb heute im Zentrum ein in großen Teilen einheitliches Stadtbild mit Bauten aus dem 18. und 19. Jahrhundert auf. Trotz einiger Verwahrlosung konnten sich sowohl Platzanlagen als auch Straßenfluchten in der Altstadt ihre ursprüngliche Gestalt bewahren. An ihnen, wie auch an den Fassaden, ist der habsburgische Einfluß nicht zu leugnen. Alle Sakralbauten der verschiedenen Konfessionen sind davon geprägt, so daß man die Konfession nicht am Außenbau erkennen kann. Herz der Stadt ist der trg slobode (трг Слободе) mit Bauten aus dem 19. Jahrhundert. An ihm stehen sich das Rathaus im Stil der Neorenaissance und die neogotische Marienkirche gegenüber. Fast im Zentrum des Platzes steht das Denkmal des Politikers und Freiheitskämpfers Svetozar Miletić (1826–1901), das Ivan Meštrović 1939 schuf. Immer wieder wird man dem Bildhauer Meštrović in Serbien begegnen. Im gesamten ehemaligen Jugoslawien hat er viele Werke hinterlassen. Der Bildhauer hat viele öffentliche Skulpturen geschaffen und ist einer der wenigen, der über die Grenzen Jugoslawiens hinaus Berühmtheit erlangt hat.

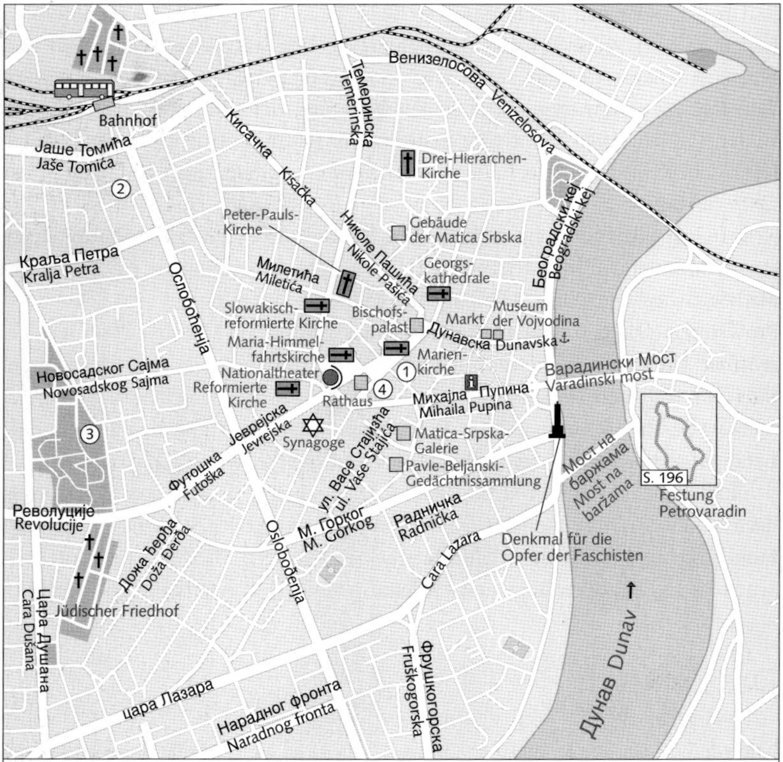

Novi Sad (Нови Сад)

Legende

1 Hotel ›Putnik‹
2 Hotel ›Novi Sad‹
3 Hotel ›Park‹
4 Hotel ›Vojvodina‹

Die ungarisch-katholische Marienkirche (црква Имена Маријиног), auch Kathedrale genannt, dominiert mit ihrem schlanken und sehr hohen Turm die Stadtsilhouette. Es ist der dritte Bau an dieser Stelle. Ein erster war 1718, ein zweiter 1743 und der letzte 1895 erfolgt. Es ist die größte Kirche der südlichen Bačka mit einer Länge von 52, einer Breite von fast 22 und einer Dachhöhe von gut 22 Metern. Der Turm ragt 72 Meter empor. Der Architekt war György Molnár, seine Büste steht im Eingangsbereich auf der linken Seite. Über dem Hauptportal hängt das Wappen des Erzbistums Kalocsa. Die dreischiffige Halle wird durch Bündelpfeiler unterteilt. Der Altar ist der Muttergottes geweiht. Sie wird links vom heiligen Stephan und rechts vom heiligen Ladislaus flankiert. Die farbigen Dachziegeln wurden in der berühmten ›Zsolnay‹-Fabrik in Péc gefertigt. Sie sind aus glasierter und dekorierter Majolika.

Gegenüber der Marienkirche steht das Rathaus, ein Projekt, das ebenfalls auf György Molnár zurückgeht. Auf dem Platz sind noch einige schöne Fassaden zu sehen, auch der Jugendstil ist hier präsent.

Fast das gesamte Zentrum ist Fußgängerzone. Hinter der Marienkirche verläuft die ul. Zmaj Jovina (ул. Змај Јовина), an der der barocke Bischofspalast (Vladičanski Dvor/Владичански Двор) steht. Hinter ihm ragt die serbisch-orthodoxe Georgskathedrale (Sv. Georgija/Св. Георгија Саборна) hervor. Es handelt sich bei ihr um eine

Die Marienkirche

Das Rathaus von Novi Sad

barocke Saalkirche mit Westturm, die 1853 auf einem Vorgängerbau des 18. Jahrhunderts erneuert wurde. Das Innere der Kirche geht auf 1902 zurück. Die Ölmalereien im Gewölbe schuf Stevan Aleksić von 1905 bis 1909. Die Ikonenwand sowie zwei Motive der mittelalterlichen serbischen Geschichte über den Chören stammen von Paja Jovanović. Der Bau ist von einer Tonne überwölbt, im Westteil gibt es eine Empore. Die Bestuhlung links und rechts ist nur berechtigten Personen vorbehalten, alle anderen stehen. Am Abend ist der Gottesdienst besonders schön. Nur dabei kann man die Kirche besichtigen, sonst ist sie geschlossen.

Viele Bauten an der ul. Dunavska (ул. Дунавска) und der ul. Zmaj Jovina (ул. Змај Јовина) stammen aus dem 18. Jahrhundert. Als das älteste Bauwerk im alten Stadtkern gilt das Gebäude ›Zum weißen Löwen‹ an der Ecke der ul. Zmaj Jovina und der ul. Dunavska. Es gehörte Emanuel Janković, der darin die erste Buchhandlung und Druckerei von Novi Sad unterbrachte. Kleine Nebenstraßen mit historistischen Bauten zweigen von hier ab und führen zur Donau. Es wird kräftig renoviert, um das heruntergekommene Stadtbild aufzumöbeln. Die ul. Zmaj Jovina ist noch Fußgängerzone. An sie schließt sich der Markt an, der Verkauf beginnt täglich um sechs Uhr. Dahinter befindet sich der Busbahnhof. Auch in der ul. Dunavska setzt sich die Fußgängerzone fort. Einige Passagen zweigen von ihr ab. In ihnen findet man Boutiquen und Kneipen aller Art.

Das Zentrum der Stadt wird östlich von der Donau begrenzt. In ihrer Nähe liegt das Museum der Vojvodina. Gegenüber befindet sich der Donaupark mit Denkmälern, unter anderem von Miroslav Antić (1932–1986). Etwas weiter entfernt, am Donaukai, steht das Denkmal des Künstlers Jovan Soldatović für die Opfer der Faschisten.

Um die Altstadt verläuft eine Ringstraße. Zwischen den Weltkriegen entstanden an ihr die Projekte für die Regierung und die Nationalversammlung der Vojvodina durch den Architekten Dragiša Brašovan. An der Ringstraße liegt nicht nur das Büro der Tourismusinformation, sondern auch der trg Galerija (трг Галерија) mit mehreren Museen, der Galerija ›Matica Srbske‹ und der Pavle-Beljanski-Gedächtnissammlung.

Die Vielfalt der Völker kennzeichnet noch heute die Gebäude verschiedenster Konfessionen. Die große Synagoge (Синагога) in der ul. Jevrejska 5 (ул. Јеврејска) vom Ende des 19. Jahrhunderts zeugt von der Bedeutung und Größe der jüdischen Gemeinde in der Stadt. Eine Gedenktafel erinnert an die Deportation am 26. April 1944. Die Synagoge bildet mit der ehemaligen jüdischen Schule und dem Gemeindehaus eine bauliche Einheit. An die jüdische Gemeinde erinnert auch noch der kleine jüdische Friedhof, der sich an den äußeren Rand des katholischen Friedhofs der Stadt anschließt. Sein Bereich grenzt an die ul. Doža Đerđa (ул. Дожа Ђерђа). Hier sind Deutsche, Ungarn und Serben bestattet. Es ist interessant, die Grabinschriften zu entziffern und auf den Spuren der Vergangenheit zu wandeln.

Gegenüber vom Friedhof liegt ein Krankenhaus, dahinter ein großer Park und darin das Hotel ›Park‹.

Doch zurück in die Innenstadt: Schräg gegenüber der Synagoge steht die Reformierte Kirche (Reformatska Hrišćanska crkva/Реформатска Хришћанска црква), und nicht weit von ihr wartet die serbisch-orthodoxe Maria-Himmelfahrtskirche (crkva Uspenja Bogorodice/црква Успења Богородице) auf Besucher. Sie wurde 1736 im Barockstil begonnen und 1776 restauriert. Im Inneren konnte sie ihr ursprüngliches Aussehen bewahren: Eine wunderschöne Ikonostase mit fünf Rängen mit Ikonen von Janko Halkozović und Vasa Ostojić. Die Holzschnitzereien sind Werke von Aksentije und Arsenije Marković, die Wandmalereien zum Teil vom Pfarrer Joca Jovanović. Eine letzte Restaurierung hat durch Dušan Nonin 1777 bis 1779 stattgefunden. In der Kirche befindet sich eine bedeutende Muttergottes-Ikone von 1690. Sie wurde aus Zentralserbien bei der Flucht vor den Türken hierher gerettet. Gleich hinter der Kirche steht das serbische Nationaltheater (Srpsko Narodno Pozorište/Српско Народно Позориште), ein moderner, mit Marmor verkleideter Bau; davor Denkmäler für Pera Dobinobić (1853–1923) und Jovan Sterija Popović (1806–1856). Das Theater von Novi Sad war 1861 als serbisches Nationaltheater gegründet worden. Darin wurde das nationale Schauspiel, 1921 die Oper und 1950 das Ballett untergebracht. Seit 1981 besteht das Theater in diesem neuen Gebäude.

Zurück im Zentrum, läßt es sich gut durch die ul. Pašićeva (ул. Пашићева) mit ihren schönen historistischen Bauten spazieren. Fast an ihrem Ende trifft man auf die serbische Kulturstiftung ›Zgrada Matice Srpske‹ (Зграда Матице Српске). Und durch verwinkelte Gassen erreicht man in wenigen Schritten die Nikolauskirche (црква Св. Николе), deren Besichtigung man sich nicht entgehen lassen sollte. Die kleine serbisch-orthodoxe Kirche ist ein Kleinod an Stimmung und Atmosphäre. Sie gilt als ältestes Gotteshaus der Stadt und ist eine Stiftung der Familie Bogdanović von 1730. Während der 1848er Revolution wurde sie zerstört und 1864 wiederaufgebaut. Die ursprüngliche Ikonenwand ist nicht erhalten, die heutige geht auf Pavle Simić zurück, während die Wandmalereien Dimitrije und Živko Petrović zugeschrieben werden, auch Nikola Dinšić wird als Beteiligter erwähnt. In der Kirche wurden 1913 die Kinder von Mileva und Albert Einstein getauft.

Etwas weiter entfernt trifft man auf eine weitere serbisch-orthodoxe Kirche, die der drei Hierachen (Sv. Tri Jerarha/Св. Три Јерарха) oder auch Almaškakirche genannt. Sie entstand in nur elf Jahren zwischen 1797 bis 1808 als einschiffiger Bau mit halbrunder Apsis an der Ost- und einem Glockenturm an der Westseite. Die Schnitzereien gehen auf Aksentije Marković, die Ikonen auf Arsa Teodorović zurück (1825). Am Ring zeugen zwei weitere Kirchen von der konfessionellen Vielfalt der Stadt: die Peter-und-Paul-Kirche, ein griechischkatholisches Gotteshaus (crkva Sv. Apostola Petra i Pavla/црква Св. Апостола Петра и Павла) , und schräg gegenüber die slowakisch-evangelische Kirche (Slovačka Evangelička crkva, Словачка Евангеличка црква). Die römisch-katholische Kirche Sv. Jurija (Св. Јурија) befindet sich auf der Petrovaradiner Seite.

An der Straße nach Subotica, bei den ›Römischen Schanzen‹ (Rimski Šančevi), steht das Denkmal für die Partisanen von Novi Sad, ein Werk von Pavle Radovanović.

Die Festung Petrovaradin

Die Festung ist eine der imposantesten Verteidigungsanlagen Europas und der Stolz der Bürger von Novi Sad. Ihre Fläche beträgt 112 Hektar, fünf Tore gewährten Zugang nach oben. So wie wir die Festung heute sehen, entstand sie in den Jahren 1692 bis 1780.

Die Besichtigung der Bastion beeindruckt besonders Liebhaber der Verteidigungsarchitektur. Mächtige Ziegelwälle für den Kampf mit Feuerwaffen umgaben die untere Garnisonsstadt und reichten bis zum Donauufer. In den Mauern verliefen unterirdische Gänge und Versorgungsräume.

In den ehemaligen Kasernen, Lager- und Munitionsgebäuden befinden sich heute Museen, Ausstellungsräume, Künstlerwerkstätten. Ein Restaurant, leider noch immer in staatlicher Hand, mit einer wunderschönen Aussichtsterrasse, die den Blick auf Novi Sad und den dahinterliegenden Frankenwald freigibt, lädt zum

Die Festung Petrovaradin

Beim Exit-Festival wird es voll auf der Festung

Kaffee ein. In einem anderen Gebäude befindet sich das Hotel, das, obwohl sehr renovierungsbedürftig, Zimmer mit schönem Blick auf die Donau und die Fruška Gora-Berge anbietet. In den ehemaligen Kasernen sind kleine Bars untergebracht, so daß sich auch ein Besuch am Abend lohnt.

Die Festung ist Schauplatz für das jährlich stattfindende Musikfestival ›Exit‹, eine der großen Musikveranstaltungen in Südosteuropa.

Seit 1945 ist Petrovaradin ein Stadtteil von Novi Sad. Vom Ufer Novi Sads kann man einen wunderbaren Blick auf die wahrhaft imposante Festung genießen. Derzeit werden grundlegende Renovierungen vorgenommen, um die Schäden durch das NATO-Bombardement von 1999 zu beseitigen. Leider fehlt es allerorts an Geldmitteln. Das Hotel in der Festung, einst das Vorzeigehaus für Novi Sad, arbeitet deshalb nur sehr eingeschränkt, da auch die Wasserversorgung schwer getroffen wurde.

Die Geschichte von Petrovaradin ist eine Geschichte der Eroberungen. Das ehemalige selbständige Petrovaradin liegt auf der Südseite der Donau in einer Donauschleife. Es ist nicht nur eine Festung, sondern umschließt eine ganze Stadt.

Unweit der Festung soll auf einer Anhöhe einst die römische Siedlung Cusum gelegen haben. Andere Quellen sprechen vom römischen Acumincum, das nicht weit von der Mündung der Theiß in die Donau gestanden haben soll.

Die Stelle, an der sich die eigentliche Festung befindet, soll schon von den Kelten besiedelt worden sein. Nach der Teilung des römischen Reiches 395 lag sie am äußersten Rand Ostroms. Von den Byzantinern eroberten es die Hunnen, dann die

Avaren. Im 7. Jahrhundert nahmen die Slawen von ihr Besitz, während Ende des 8. Jahrhunderts die Franken das gesamte Sremgebiet einschließlich Petrovaradin eroberten. Als sich die Ungarn in Pannonien etablierten, wurde Petrovaradin ein Teil ihres mittelalterlichen Reiches. Im 12. Jahrhundert zum Zeitpunkt der Errichtung des mittelalterlichen Festungsbaus bekriegten sich hier Ungarn und Byzantiner. Der ungarische König Béla IV. übergab die Festung und ihren Königspalast im Jahr 1237 den Zisterziensern. Sie bauten zunächst ein Kloster im Tal, das

Im Festungsmuseum

direkt dem König unterstand. Nach der mongolischen Invasion zogen sie auf dem Felsen und bauten ein neues. In den Jahren 1247 bis 1252 entstand eine Festung, die nach Petar Terefi, dem Rat von Csanad, Petrovaradin, Peters kleine Festung, benannt war. Mit zunehmender Türkengefahr wurde die Festung erweitert und als solche erstmals 1347 erwähnt. Ihr Aussehen war klassisch mittelalterlich, von einer doppelten Mauer umgeben mit einer Kirche im Inneren. Zur Festung gehörte umliegendes Land, auf dem Wein angebaut wurde. Nach 1439 war die Festung häufig umkämpft, bis sie in den Besitz von Peter Varadi, dem Erzbischof von Kalócza (heute Sremski Karlovci), kam. Auf ihn gehen die letzten mittelalterlichen Baumaßnahmen zurück. Mit den zunehmenden Übergriffen der Osmanen und der Eroberung Belgrads wurde die Festung der wichtigste Verteidigungsposten an der Donau, Schauplatz des Bündnisses zwischen Matthias Corvinus (1443–1490) und Venedig im Jahr 1463 gegen die Türken. Dennoch eroberten die Gegner unter Sultan Süleyman II. die Stadt 1526 und hielten sie bis 1687. Petrovaradin war in dieser Zeit eine wichtige Station auf der Straße von Konstantinopel nach Budapest. Der türkische Weltenbummler Evliya Çelebi beschrieb den orientalischen Charakter der Gebäude um und in der Festung. In den nächsten Jahren ging sie wieder von einer Hand in die andere. Nach der siegreichen Schlacht von Slankamen 1691 wurde sie einschließlich des gesamten Sremgebiets, das heißt der Gebiete südlich der Donau, befreit.

Die Habsburger übernahmen Festung und Ortschaft und veranlaßten umgehend die Instandsetzung. Doch 1692 wurde unter Berufung auf den Festungsbaumeister Vauban beschlossen, den sehr mitgenommenen Bau zu zerstören und nach neuesten militärischen Verteidigungserkenntnissen wieder zu errichten. Sébastien le Prestre de Vauban war französischer Festungsbaumeister und Marschall. Berühmt ist er für seine Befestigungsanlage in Dünkirchen geworden. Als Generalinspekteur des französischen Festungswesens leitete er in den Kriegen Ludwigs XIV. viele Belagerungen wie die von Maastricht und Namur.

Nach dem Frieden von Karlowitz 1699 wurde Petrovaradin Teil der Militärgrenze. Nach dem Frieden von Belgrad 1739 erhielt die Festung unter Maria Theresia (1754–1766) ihre endgültige Form. Die Unterstadt wurde abgeschlossen, viele barocke Häuser zieren sie noch heute. Neben Militärangehörigen lebten hier Händler, Bauern und Handwerker. In dieser Bauphase begann man mit der Erweiterung, den unterirdischen Korridoren in vier Ebenen und einer Länge von sechzehn Kilometern. Außerdem wurde ein riesiges Trinkwasserreservoir geschaffen. Nach dem Ende der Auseinandersetzungen mit den Türken wurde Petrovaradin ein wichtiges Militär- und Aufklärungzentrum an der südlichen Grenze des Habsburger Reiches.

Nach 1918 gehörte die Festung zum Königreich der Südslawen und wurde weiterhin militärisch genutzt. Zwischen den Kriegen entstand neben dem Militärhospital die orthodoxe Sankt-Pauls-Kapelle mit Ikonen von Vasa Eškivčević, so besaß man nun auch ein serbisches Gotteshaus in Petrovaradin. Während des Zweiten Weltkriegs wurde Petrovaradin durch Deutschland Kroatien zugeschlagen. Von hier wurden Maßnahmen gegen die im Frankenwald aktiven Partisanen geplant. Nach der Befreiung Jugoslawiens wurde die Festung 1948 entmilitarisiert und seit 1951 als historisches Monument unter staatlichen Schutz gestellt.

Ein Rundgang

Die Festung erreicht man über einen Fußweg: Zunächst gelangt man durch das Belgradtor [5]. Erhöht steht der Jesuitenkonvent mit der katholischen Kirche Sankt Juraj [10], die zwischen 1701 und 1714 entstand. An ihrer Fassade ist eine Statue des heiligen Ignatius zu sehen. Sie wurde durch Wälle geschützt. Man wird durch einen Tunnel geführt und erreicht die Ludwigsbastion mit dem Ludwig-

Badenski-Tor [11]. Ihr wurde später ein Glockenturm [12] hinzugefügt. Sie gilt als schönste der Bastionen und Grundstein der neuen Festung, von der sich reizvollste Ausblicke auf Novi Sad und Umgebung bieten. Unterhalb der Ludwigsbastion liegt parallel zur Donau die Bastion Maria Theresia [13], die längste der Festung. Sie besteht aus zwei kleineren Trakten, die nach ihrem Gemahl Franz I. und dem Sohn der Kaiserin, Joseph II. benannt wurden. Zusammen mit den später errichteten zweiten Kasernen geben sie der Festung ihr spezifisches Aussehen.

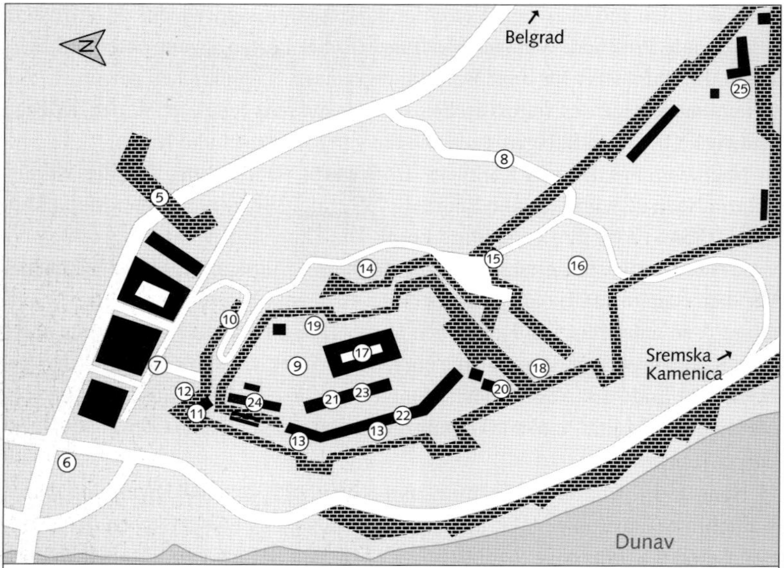

Die Festung Petrovaradin

Legende

5 Belgradtor
6 Bushaltestelle
7 Fußweg
8 Anfahrt mit dem Auto
9 Parkplatz
10 Kirche St. Juraj
11 Ludwigsbastion
12 Glockenturm
13 Bastion Maria Theresia
14 Bastion Joseph II.
15 Gerichtstor
16 Bastion der Unschuldigen
17 Mamulakaserne/Stadtmuseum
18 Bastion Leopold I.
19 Planetarium
20 Pulvermagazin/Historisches Archiv
21 Kaserne/Historisches Archiv
22 Hotel ›Varadin‹
23 Bar
24 Offizierspavillon/Restaurant
25 Kunstakademie

Man kann auch mit dem Auto über eine kurvenreiche Straße durch mehrere Tore hindurchfahren. Ein Parkplatz steht zur Verfügung. Man passiert das älteste Tor der Festung, das Gerichtstor [15]. Es markiert den Eingang eines 50 Meter langen Tunnels, durch den man die Bastion der Unschuldigen [16] erreicht. Sie ist in ihren Dimensionen erstaunlich: sechzig Meter tief und vier Meter im Durchmesser. Mit ihren unterirdischen Galerien ist diese Bastion eine Hauptattraktion der Festung. Der Versorgungsweg führt durch die barocken Tore Karls VI. und Ludwigs, die durch Holzbrücken verbunden sind.

Im Hauptgebäude, der Mamulakaserne von 1757 (ehemals Topovnjača), befindet sich heute ein Museum, das in seinen Ausstellungsräumen das Leben der Stadt vom 18. bis zur Mitte des 20. Jahrhundert zeigt [17]. Das quadratische Gebäude besitzt ein Atrium. Auf dem Areal der Festung befinden sich außerdem ein Planetarium [19] und ein Gebäude für die Kunstakademie [25].

Die Unter- oder Wasserstadt war ein ebenso wichtiger Teil der Festungsanlage. Sie liegt zwischen dem Fluß und dem Festungsfelsen. Zwischen zwei Bastionen der Unterstadt entstanden Kasernen und ein Militärhospital, heute noch ein Krankenhaus und ehemals eine katholische Kirche.

Der Uhrenturm

Museen in Novi Sad

▸ Museum der Vojvodina

Das Museum der Vojvodina (muzej Vojvodine/музеј Војводине) ist aus dem ehemaligen ›Matica Srpska‹-Museum von 1847 hervorgegangen. Im Moment wird es einer größeren Renovierung unterzogen, kann aber trotzdem besucht werden. Das heutige Gebäude entstand 1947. Es beinhaltet Objekte zur Geschichte: Saal des Ersten und des Zweiten Weltkriegs, Archäologie und Ethnologisches von den Kelten, Sarmaten und Römern, eine Siedlungsgeschichte der Vojvodina. Karikaturen vor Uroš Predić sind ausgestellt; ein Saal ist den Klöstern der Vojvodina gewidmet.

Eine Zweigstelle des Museums befindet sich in Schloß Čelarevo mit einer Sammlung von Stilmöbeln (siehe Seite 180).

Eine weitere Zweigstelle stellt das Ethnohaus ›Brvnara‹ in Bački Jarak dar. Es wird nur für Gruppen und nach Voranmeldung geöffnet.

▶ Museum der Stadt Novi Sad

Das Museum (muzej Grada Novog Sada, музej Града Новог Сада) ist in der Festung von Petrovaradin [17] untergebracht.

▶ Galerija Matice Srpska

Das Museum (Галерија Матице Српска) wurde 1847 gegründet und besitzt eine reichhaltige Sammlung neuerer serbischer Kunst. In der ständigen Ausstellung sind über 800 Exponate vom 16. bis 20. zum Jahrhundert zu sehen: Die Bildergalerie der ›Matica Srpska‹ vermittelt einen Überblick über die serbische Malerei und Graphik der Vojvodina vom Ende des 18. Jahrhunderts bis zur Gegenwart. Die Exponate reichen von serbischen Holzschnitten, Kupferstichen, Zeichnungen und Lithographien bis zur sakralen und profanen Malerei des beginnenden 20. Jahrhunderts. Unter den graphischen Blättern sind vor allem die Arbeiten von Hristofer Žefarovič und Zaharije Orfelin hervorzuheben. Das 19. Jahrhundert ist durch Werke von Katarina Ivanović, Đura Jakšić und Novak Radonić vertreten, während für das 20. Jahrhundert vor allem Uroš Predić und Paja Jovanović zu nennen sind. Daneben werden Sonderausstellungen gezeigt.

▶ Pavle-Beljanski-Gedächtnissammlung

Das Museum (Spomen Zbirka Pavla Beljanskog, Спомен Збирка Павла Бељанског) beinhaltet eine bedeutende Sammlung serbischer Malerei. Sie ist das Ver-

In der Pavle-Beljanski-Gedächtnissammlung

mächtnis des Juristen und Diplomaten Pavle Beljanski. Der Kunstkenner und Mäzen hat Werke der Malerei, Skulpturen und Tapisserien des 20. Jahrhunderts zusammengetragen.

▶ Rajko-Mamuzić-Stiftung
Die Sammlung des Stifters Rajko Mamuziš (Galerija Likovne Umetnosti Poklon Zbirka Rajka Mamuzića, Галерија Ликовне Уметности Поклон Збирка Рајка Мамузића) ist seit 1973 in einem Gebäude des Architekten Filip Schmit von 1922 untergebracht. Der Grundstock umfaßt etwa 600 Exponate der zweiten Hälfte des 20. Jahrhunderts: Gemälde, Skulpturen, Tapisserien, Zeichnungen, Graphiken.

▶ Naturkundemuseum
Das Museum (Zavod Za Zaštitu Prirode Srbije, Завод за Заштиту Природе Србије) wurde 1966 gegründet. Auf 900 Quadratmetern sind etwa 60 000 Objekte ausgestellt.

Die Umgebung von Novi Sad

Auf dem Weg nach Sremski Karlovci sieht man auf der linken Seite ein Kirchlein, Santa Maria im Schnee auf Tekije. Es wurde 1881 auf einem Vorgängerbau zur Erinnerung an die siegreiche Schlacht gegen die Türken von 1716 errichtet.

In Kulpin (Кулпин) sind die beiden Schlösser der Familie Stratimirović und Dunđerski zu besichtigen. Sie sind etwa 20 Kilometer von Novi Sad entfernt. Beide Schlösser liegen im gleichen Park. In einem Teil des großen Schlosses befindet sich heute das landwirtschaftliche Museum.

In südöstlicher Richtung von Novi Sad, in Richtung Belgrad, nicht weit von Sremski Karlovci, ist das Erzengelkloster von Kovilj (Ковиљ) zu besichtigen. Es steht am Ende des gleichnamigen Dorfes. Nicht weit vom Sommersitz des Patriarchen gelegen, ist es heute eines der wichtigsten Männerklöster der serbisch-orthodoxen Kirche. Große Renovierungsarbeiten sind im Gange. Durch ein Tor gelangt man in einen weiten ummauerten und begrünten Vorhof. Ein zweites Tor führt ins eigentliche Kloster. Dessen Gründung wird einerseits auf den heiligen Sava persönlich zurückgeführt. Andere Quellen berichten von der Errichtung durch Mönche im 15. Jahrhundert auf den Ruinen eines Franziskanerklosters. Damals besaßen die Mönche nur eine kleine Kirche, die sie 1651 ausmalen ließen. In den Jahren 1686 bis 1697, dem Beginn der großen Kriege zwischen Habsburg und Türken, zerstörten die Türken nicht weniger als viermal das Kloster. Bei seiner Wiederherstellung von 1705 bis 1707 baute man neben dem alten kleinen ein

Das Erzengelkloster von Kovilj

neueres größeres Gotteshaus. Diese große neue Kirche brannte jedoch während der Revolution von 1848 aus und mit ihr auch die Ikonenwand des Teodor Ilić Češljar. Die heutige Kirche ist der Restaurierung des 19. Jahrhunderts zu verdanken. Es handelt sich um einen dreischiffigen Bau mit Apsis und zwei Nebenapsiden. Das Mittelschiff ist von zwei Kuppeln überwölbt, die von weither den Weg zur Kirche weisen. Die Außenwände sind mit Naturstein verkleidet und durch Arkaden gegliedert. Deutlich vermengen sich in ihr serbisch-orthodoxe mit barocken westlichen Elementen. Die Ikonenwand geht auf Aksentije Marodić 1870 bis 1890 zurück. Besonders kostbare Ikonen schuf Dimitrije Bačević. Im linken Seitenschiff ist der große serbische Aufklärer, Archimandrit und Historiograph Jovan Rajić (1726–1801) bestattet. Der Gelehrte, ein Schüler Emanuilo Kozacinskis, wurde in Sremski Karlovci geboren, wirkte dort als Professor und trat später ins Kloster Kovilj als Mönch ein. Mit seiner ›Geschichte der slawischen Völker‹ wurde er berühmt. Die Konake an der Süd- und Westseite gehen auf die Restaurierungszeit zurück. In sie ist eine kleine Kirche integriert. Das Kloster war während des Kommunismus verlassen. Erst seit einigen Jahren haben sich hier wieder junge engagierte Mönche niedergelassen. Sie haben ein spirituelles Zentrum eingerichtet und unterhalten eine Ikonenmalschule.

Im Ort wurden der bedeutende Maler des Klassizismus Dimitrije Avramović (1815–1855) und der Dichter Lazar Kostić (1841–1910) geboren.

i Vorwahl: 021.
Novi Sad Tourismusinformation, bul. Mihajla Pupina 9, Tel./Fax 421811, ticns@ptt.yu, www.novisadtourism.com; Mo–Sa 9–20, So 9–14 Uhr.

Einstündige Fahrten auf der Donau, Abfahrt beim Restaurant ›Kamenjar‹; April–Okt. Buchungen bei ›Market-Tours‹, bul. cara Lazara 55, Tel. 367612, 468409, markettours@satto.co.yu, www.markettours.co.yu.

Hotel ›Varadin‹ [22], Tel. 431122, Fax 431184; DZ 2520, EZ 2060 Dinar; 2 Sterne. Innerhalb der Festung, in einer der alten Kasernen, mit Zimmern zur Donauseite und einem wunderbaren Blick auf Novi Sad.
›Putnik‹ [1], ul. Ilije Ognjanovića 24, Tel. 615555, Fax 622561; 3 Sterne.
›Novi Sad‹ [2], bul. Jaše Tomića bb, Tel. 442511, Fax 443072; 3 Sterne.
›Park‹ [3], ul. Novosadskog Sajma 35, Tel. 611711, Fax 621162; 3 Sterne, DZ 2860, EZ 2480 Dinar. Abseits vom Zentrum im Park.
›Vojvodina‹ [4], trg Slobode 2, Tel. 622122, Fax 615445; 3 Sterne, DZ 2400, EZ 1400 Dinar. Mitten im Zentrum, im 1. Stock eines historischen Gebäudes. Einfache Zimmer, aber sauber und gepflegt. Zum noch nicht privatisierten Hotel gehört ein Restaurant, dessen Service den Kommunismus noch nicht hinter sich gelassen hat.

Restaurant ›Lipa‹, ul. Miletića 7–9, Tel. 615259. Traditionshaus im Zentrum.
›Sokače‹ (Сокаче), trg Šitin 5, Tel. 622007. Gute nationale Küche, abseits vom Zentrum hinter Wohnblocks, per Taxi zu erreichen.
›Fontana‹, ul. Nikole Pašića 27, Tel. 621779.
Knjižara (Lesestube) & Kafe ›Most‹, ul. Zmaj Jovina 22, Tel./Fax 615018.
›Tvrđava‹, Tel. 433009. In der Festung Petrovaradin, es wird gute Volksmusik geboten.
›Sur Šaran‹, ul. Nikole Pašića 15, Tel. 621800.

›Kod Dragan‹ (Bei Dragan), Tel. 064/1947670. Gemütliche Bar in der Festung.
›De Mazor‹, ul. Dunavska 23; 14–2 Uhr. Bar mit Jazzmusik im Zentrum.

Museum der Vojvodina, ul. Dunavska 35–37, Tel. 20053, museum@eunet.yu; Di–Fr 9–19, Sa/So 9–14 Uhr.
Museum der Stadt Novi Sad, in der Festung [17], Tel. 433145, muzgns@eunet.yu; 9–17 Uhr.
Galerija Matice Srpske, trg Galerija 1, Tel. 421455, galmats@eunet.yu; Di–Do 9–15, Fr 9–15 und 16–20 Uhr, Sa 9–13 Uhr.
Pavle-Beljanski-Gedächtnissammlung, trg Galerija 2, Tel. 28185, szpb@eunet.yu; Mi, Fr, Sa/So 10–16, Do 13–21 Uhr.
Rajko Mamuzić Stiftung, ul. Vase Stajića 1, Tel. 20467; Mi–So 9–17 Uhr.
Naturkundemuseum, ul. Radnička 20a, Tel. 421143, zzpsns@eunet.yu; Mo–Sa 8–16 Uhr.
▶ Kulpin, Landwirtschaftsmuseum, Tel. 786005.

Das Sremgebiet

Die historische Landschaft Srem (Sirmien, kroatisch Srijem, ungarisch Szerém oder Szerémség) teilen sich heute Kroatien und Serbien. Sie reicht vom kroatischen Vinkovci im Nordwesten bis nach Zemun im Südosten, das jedoch heute Belgrad eingemeindet ist. Der kleinere Teil, der sich in Kroatien befindet, ist dort

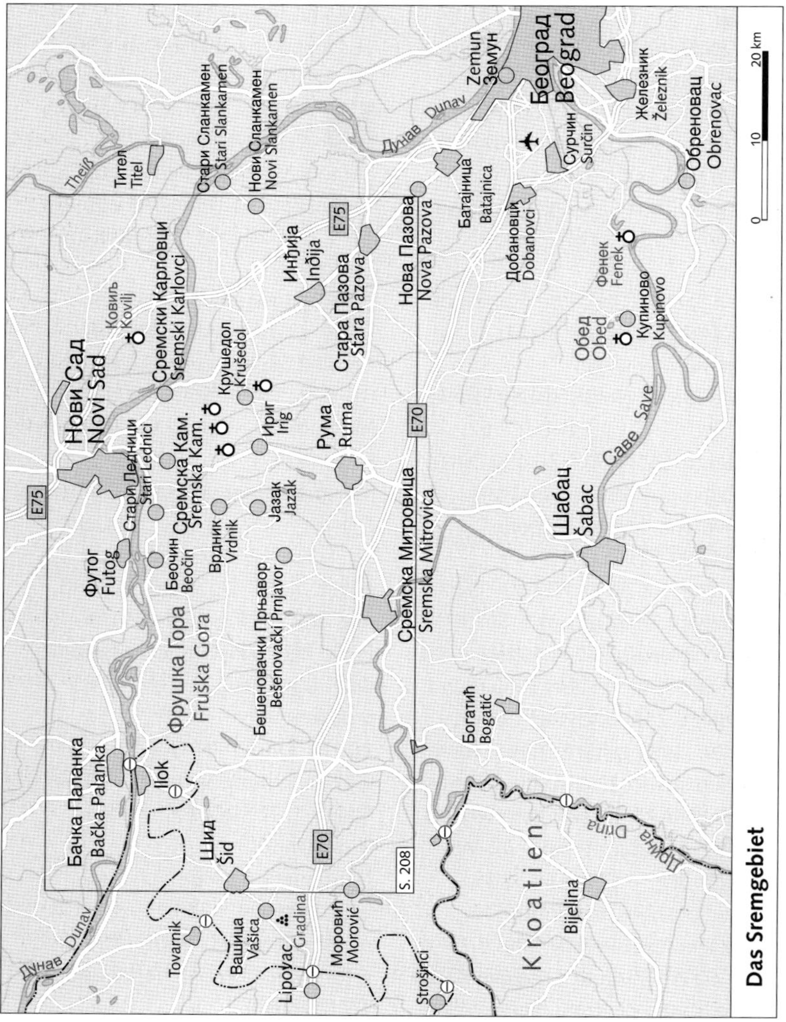

Slawonien zugeordnet. Das Sremgebiet ist die am dichtesten besiedelte Region der Vojvodina, wichtige Ortschaften sind Sremski Karlovci, Sremska Mitrovica und Ruma. Das Sremgebiet ist ein zum Teil mit fruchtbarem Lößboden bedecktes Tiefland, das von der Fruška Gora (539 Meter), einem inselartigen Gebirgszug, überragt wird.

Den Namen erhielt die Region von ihren Eroberern, den Römern, die die bedeutende Stadt Sirmium (Sremska Mitrovica) gründeten und ausbauten. Von 582 bis 796 war die Region ein Teil des Awarenreiches und von 832 bis 927 sogar bulgarisch. Von 1071 bis zur türkischen Eroberung 1521 gehörte sie fast ununterbrochen zu Ungarn und war schon im 15. Jahrhundert mehrheitlich von Serben bewohnt. Nach der Angliederung an Österreich in den Jahren 1699 bis 1716 entstand hier die Militärgrenze, in die deutsche Siedler berufen wurden. Die Neubesiedelung ist heute noch an den Ortschaften erkennbar. Die Straßendörfer wurden in Kreuzform angelegt, die Städte, wie bei den Römern, in Schachbrettmustern. In Folge des österreichisch-ungarischen Ausgleichs 1869 wurde die Militärgrenze aufgelöst, das gesamte Sremgebiet dem kroatischen Slawonien angegliedert. Das Jahr 1918 brachte den Anschluß an Jugoslawien, nachdem sich die Mehrheit der Serben im Sremgebiet für das Königreich Serbien entschieden hatte. Auch im Sremgebiet lebt ein Völkergemisch, unter dem die Serben den höchsten Anteil stellen. In der jüngsten Geschichte wurde das Sremgebiet Schauplatz des Bürgerkrieges zwischen Kroaten und Serben, bei dem besonders der kroatische Teil in Mitleidenschaft gezogen und die alte Habsburgerstadt Vukovar, aber auch die Städte Osijek und Vinkovci zerstört wurden.

Sremski Karlovci

Die Stadt Sremski Karlovci (Сремски Карловци, deutsch Sirmisch-Karlowitz, ungarisch Karlóca, türkisch Karlofća) hat für die serbische Freiheitsbewegung des 19. Jahrhunderts eine große Bedeutung und wird deshalb auch heute noch gerne von den Serben besucht.

Am 13. Mai 1948 hielt man hier eine illegale Nationalversammlung ab. Dieser Tag wird bis heute als Fest der Maiversammlung begangen. Auf dieser erhöhte man den serbischen Erzbischof zum Patriarchen, die serbische Vojvodschaft wurde deklariert und ein weltlicher Vertreter, ein Vojvode, bestimmt. Ende des gleichen Jahres bestätigte Kaiser Franz Joseph in einem Manifest die Wahl des Patriarchen. Die ›serbische Vojvodschaft‹ wurde eingerichtet, die Ungarn damit geschwächt und das serbische militärische Potential für kaiserliche Interessen genutzt. Die Magyaren räumten das Banat und wurden zurückgedrängt. Der Patriarch verlegte seinen Sitz ins heutige Zrenjanin, und Serbisch wurde zur Amtssprache. Im Jahr 1849 endete das Ganze: Erobertes Gebiet wurde mit Unterstützung der Deutschen von Ungarn zurückgewonnen, die Serben bis Titel zurückgedrängt, und bald schon amtierte in Pančevo ein von Ungarn und Deutschen unterstützer Magistrat. Nach dem österreichisch-ungarischen Ausgleich von 1869 begann dann die verstärkte Magyarisierung.

Das hübsche Barockstädtchen erreicht man entlang dem rechten Donauufer nur wenige Kilometer von Petrovaradin entfernt. Das Zentrum selbst liegt etwas

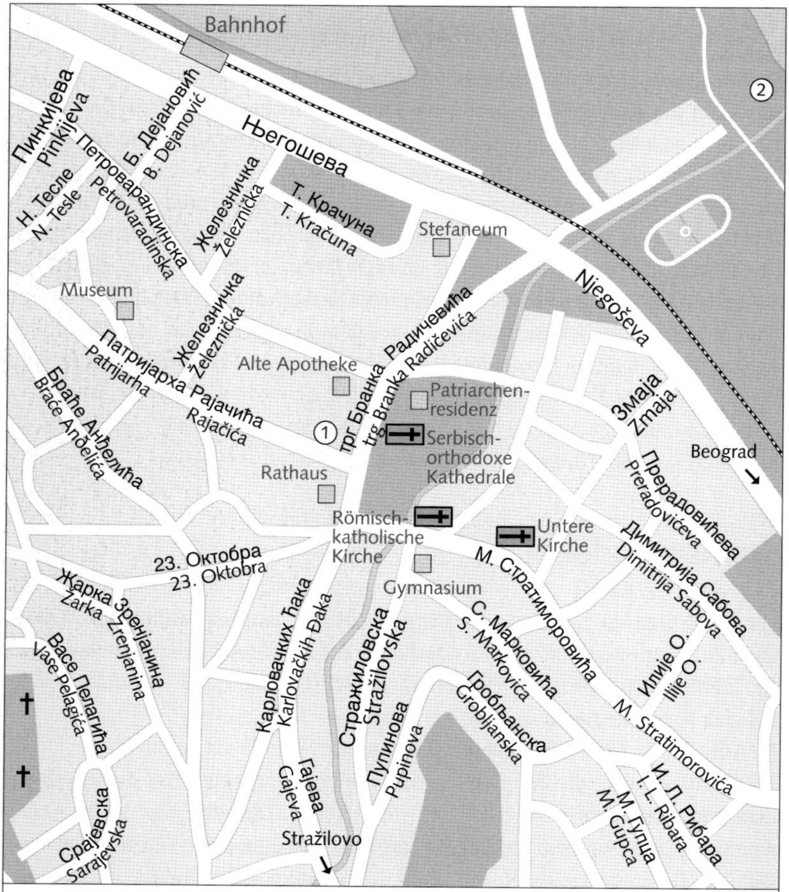

Sremski Karlovci (Сремски Карловци)

Legende

1 Hotel ›Boem‹

2 Fischrestaurant ›Dunav‹

abseits der Donau. Im Mittelalter befand sich an dieser Stelle die Festung und Siedlung Karom. Im Jahr 1521 eroberten die Türken die Stadt für 160 Jahre. Eine Quelle von 1533 belegt es erstmals als Karlovci. Im Jahr 1699 begann hier der Kongreß mit den Türken und den verbündeten Russen, Österreichern und Polen, der im Frieden von Karlowitz endete. Zum Andenken an den Kongreß wurde an der Stelle der Vertragsunterzeichnung 1817 eine Friedenskapelle gestiftet. Vladimir Nikolić hat sie entworfen. Anfang des 20. Jahrhunderts wurde sie renoviert. Nach der großen Flucht der Serben aus dem Süden wurde Sremski Karlovci das religiöse Zentrum der Orthodoxie, das dem Patriarchen von Peć direkt unterstellt war. Seit 1713 wurde es Sitz eines Metropoliten, der anfangs für Serben und Rumänen zuständig war. In den folgenden Jahrhunderten entstanden hier zahlreiche serbische Bildungseinrichtungen. Viele Dichter und Künstler ließen sich im 19. Jahrhundert hier nieder.

In Sremski Karlovci

Ein dunkles Kapitel ist die Besetzung durch die Kroaten während des Zweiten Weltkriegs. Heute ist Sremski Karlovci ein Städtchen mit weniger als 10 000 Einwohnern, das einen besonderen kulturellen Status genießt, nicht zuletzt deswegen, weil der Patriarch hier seinen Sommersitz hat.

Im Zentrum des Barockstädtchens stehen alle wichtigen historischen Bauten unmittelbar beieinander. Herz der Stadt ist der trg Branka Radičevića (трг Бранка Радичевића), benannt nach dem berühmten serbischen Romantiker, in dessen Mitte Wasser in den sogenannten Vier-Löwenbrunnen von 1799 aus rotem Naturstein plätschert. Den Platz säumen Gebäude des 18. und 19. Jahrhunderts: das Magistratsgebäude oder Rathaus von 1811, Bürgerhäuser, eine Apotheke von 1890, das Hotel ›Boem‹, das einzige Hotel der Stadt, das Stefaneum von 1903, die Patriarchenresidenz von 1894, die serbisch-orthodoxe Kathedrale von 1758 bis 1762, die katholische Kirche von 1765 und das Gymnasium von 1891, das auf die Entwürfe der Architekten Lechner und Partos zurückgeht. Es entstand auf einem Vorgängerbau.

Wichtigster Bau ist die obere serbisch-orthodoxe Kirche, die Saborna crkva, die Kathedrale. Sie wurde 1758 bis 1762 von Kosta Cincarin und dem deutschen Meister Johannes zur Zeit des Metropoliten Pavle Nenadović errichtet. Der einschiffige Bau mit halbrunder Apsis war ursprünglich von einer Kuppel überdacht und ist dem heiligen Nikolaus geweiht. Die Westfassade wird von zwei hohen Glockentürmen flankiert, die Zaharije Orfelin entwarf. Ein Brand brachte ihr 1799 Erneuerungen. 1909 wurde sie nach Entwürfen des Architekten Vladimir Nikolić, der Elemente des Neoklassizismus mit einbezog, restauriert. Die prägnante Zweiturmfassade zeigt deutlich den Einfluß des Westens auf den serbisch-orthodoxen Kirchenbau. Dieser erinnert eher an Salzburg. Vom Ursprungsbau ist eine geschnitzte Ikonostase erhalten. Die Ikonen malten 1781 Teodor Kračun und Jakov Orfelin. Die Ikone mit der Enthauptung Johannes des Täufers vermag zu erschrecken und beeindruckt gleichermaßen durch ihre realitätsnahe Wiedergabe.

Die sogenannte Untere Kirche ist ein älteres orthodoxes Gotteshaus von 1718. Sie besitzt eine Ikonostase des Holzschnitzer Marko Vujatović, die Ikonen und Wandmalereien stammen von Dimitrije Bratoglić.

Sremski Karlovci war ein wichtiges kulturelles Zentrum der Orthodoxie. Eines ihrer Bildungseinrichtungen ließ der Patriarch Georgije Branković Anfang des 20. Jahrhunderts im sogenannten Stefaneum einrichten. Das Gebäude dazu schuf Vladimir Nikolić im Eklektizismus. Es trägt den Namen nach Stefan Stratimirović, Patriarch von Serbien und Metropolit von Karlovci in der ersten Hälfte des 19. Jahrhunderts.

Der heutige Patriarch unterhält hier eine Residenz und ein Museum, das sich der Objekte aus zerstörten Klöstern annimmt. Ein Stadtmuseum wurde im Haus der Familie Rajačić von 1890 eingerichtet.

An der Donau befinden sich private Wohnhäuser und eine gute Möglichkeit, den Blick auf den Fluß bei einer Donaufischsuppe und einem Glas ›Karlovci tovajn‹ zu genießen.

Vorwahl: 021. Tourismusorganisation, trg Branka Radičevića 7, Tel. 212 05; tägl. 8–16 Uhr.

Hotel ›Boem‹ [1], trg Branka Radičevića 5, Tel. 88 10 38 Fax 271 24, 88 18 92, hboem@eunet.yu. Reservierung empfohlen.

Fischrestaurant ›Dunav‹ [2], Tel. 88 16 66, mobil 063/ 50 04 61. Zu empfehlen ist die Donau-Fischsuppe.

Von Sremski Karlovci aus werden Fahrten zu den Klöstern der Fruška Gora und den Weinkellern angeboten.

Stari Slankamen

An der Donau liegt der malerische Ort Stari Slankamen (Стари Сланкамен). Mit dem Auto erreicht man ihn über die Autobahn und den Abzweig Novi Slankamen.

Stari Slankamen wurde von einer römischen Legion als ›Castrum Acumincum‹ im 2. Jahrhundert gegründet. Von ihm sind noch Reste auf dem Hügel zu sehen. Die Hunnen verwüsteten Festung und Siedlung. Als slawisches Zalankemen entstand es im 11. Jahrhundert. Im 16. Jahrhundert gehörte es zum Besitz der Despoten Stefan Lazarević und Georg Branković. Unter dem Despoten Vuk Grgurović, in Volksliedern ›Vuk der Feuerdrache‹ genannt, entstand eine Schreibschule, in der serbische Manuskripte gefertigt wurden. Ludwig von Baden befehligte 1691 eine österreichische Armee, die den Türken hier eine empfindliche Niederlage beibrachte. 1783 wanderten Kroaten, Slowaken und Deutsche ein und begründeten das wenig entfernte Neu-Slankamen. Die beiden Ortschaften trennt eine Schlucht, auf deren steiler Straße man das am Hang bis zum Ufer der Donau gelegene malerische Alt-Slankamen erreicht. Die heutigen Festungsreste gehen auf das 5. Jahrhundert zurück. Die Sankt-Nikolauskirche, eine Stiftung des Vuk Grgurović, beherrscht den Ort. Sie entstand auf dem abgebrannten Vorgängerbau. Der Neubau von 1718 birgt einen Rest der alten Malerei am Nordostpfeiler. Die Ikonostase stammt von J. Vasiljević von 1787. Im Ort steht außerdem eine katholische Kirche. Der Arzt, Pädagoge und Schriftsteller Đorđe Natošević wurde hier 1821 geboren. In seinem Geburtshaus befindet sich eine Erinnerungsstätte. Der Ort beherbergt eine angesehene Klinik.

Restaurant ›Kej‹, Banjska 6, Tel. 063/777 07 25; tägl. geöffnet. Gemütliches Restaurant direkt am Ufer der Donau.

Die Fruška Gora

Der Frankenwald, die Fruška Gora (Фрушка Гора) – der Name weist auf die frühere Präsenz der Franken in dieser Region hin – schiebt sich wie ein Querriegel in die flache Vojvodina. Geologisch ist er nichts anderes als ein weit nach Osten vorgeschobener Gebirgszug des Alpensystems, ein beliebtes Ausflugsziel der Bewohner von Novi Sad, aber auch von Belgrad. Der Wald ist fast vollständig unter Naturschutz gestellt. Der Frankenwald ist mit fast 20 Klöstern aus dem 15. bis 18. Jahrhundert ein Refugium der serbisch-orthodoxen Kirche, was ihm den Namen ›heiliger Berg Serbiens‹ eingetragen hat. Viele der Klöster sind noch

Klöster in der Fruška Gora (Фрушка Гора) 0 10 20 km

bewirtschaftet. Einige sind in schlechtem Zustand, andere werden renoviert. Die Karten verzeichnen auch zerstörte Klöster, die erst wieder aufgebaut werden sollen. Zu besichtigen sind im und am Rande des Gebirges 15 Klöster, darunter zwei Ruinen. Außerdem gehörten die Klöster Fenek und Obed zum heiligen Berg, obwohl sie in der Nähe von Belgrad, fast an der Save, liegen.

Von Ost nach West führt eine, von Nord nach Süd mehrere asphaltierte Straßen durch das Gebirge. Aber Vorsicht, manche Zufahrt zu einem der Klöster ist in schlechtem Zustand oder sogar ein Schotterweg. Die Beschilderung ist leider bisher nur kyrillisch. Ein guter Ausgangspunkt für die Besichtigung der Klöster im Frankenwald ist Novi Sad. Die Donau verfügt nicht über allzuviele Brücken, außerdem sind die im NATO-Krieg zerstörten teils noch nicht wiederaufgebaut oder nur provisorisch.

Wer nicht so viel Zeit hat, sollte sich auf die bedeutendsten Klöster der Fruška Gora konzentrieren. Dies sind: Novo und Staro Hopovo, Krušedol, Veliki Remata und Grgteg. Sie liegen relativ dicht beieinander, sind gut ausgeschildert und an einem Tag zu besichtigen.

Sremska Kamenica

Wer die Klöster im Gebiet zwischen Novi Sad und der kroatischen Grenze besichtigen möchte, beginnt am besten von der Petrovaradiner Seite, hält sich an die Donau und fährt in Richtung Sremska Kamenica (Сремска Каменица). Der Ort wurde 1237 erstmals als Villa Comanch erwähnt, vermutlich aber schon in der

Römerzeit besiedelt. Wie alle Ortschaften eroberten ihn die Türken 1526. Von 1747 bis 1775 gehörte der Ort zur Militärgrenze. Weithin sichtbar ist die serbisch-orthodoxe Kirche von 1758. Kuppel und Glockenturm folgten 50 Jahre später. Die Wandmalereien gehen auf den Mönch Amvrosije Janković 1760 zurück. Die Gottesmutterikone malte 1786 Mihajlo Radosavljević aus Zemun, die Schnitzereien von 1793 sind ein Werk von Marko Vujatović. Der Dichter Jovan Jovanović Zmaj wurde hier geboren. In vielen Städten ist ihm eine Straße gewidmet, hier ist ein Gedächtnismuseum eingerichtet. Büsten und Denkmäler vervollständigen die Verehrung. Er wurde auch hier beigesetzt, ebenso der Maler Novak Radonić. Einige Motels bieten Übernachtungsmöglichkeiten. Am Rande des Dorfes Stari Lednici (Стари Ледници) stößt man auf die Ruinen einer romanisch-gotischen Kirche: Ihr Glockenturm erinnert an einen Bergfried.

Kloster Rakovac

Vier Kilometer von Beočin liegt das Dorf Rakovac (Раковац), das aus zwei Siedlungen besteht. Die jüngere entstand nach dem Zweiten Weltkrieg am Anfang des Tals, durch sie führt die ul. Fruška Gora. Der alte und zweite Dorfteil liegt in der Niederung und war Besitz des serbischen Klosters. Im jüngeren Teil fand man Spuren der Bronze- und Hallstattzeit und Reste aus der römischen und byzantinischen Epoche. Am Ort Dombo (Домбо) wurden Reste eines mittelalterlichen Komplexes entdeckt, die vermutlich zu einem katholischen Kloster gehörten. Die gefundenen Fragmente mittelalterlicher Plastik wurden nach Novi Sad gebracht.

Das serbische Kloster Rakovac (Раковац) geht auf Raka Milošević, Kämmerer des Despoten Jovan Branković, zurück. Eine Inschrift der Vorhalle weist auf das Jahr 1533, eine am Ostflügel des Konak auf das Renovierungsjahr 1656/57. Das Kloster besaß ein bedeutendes Skriptorium, in dem im Jahr 1700 der Dušankodex und 1714 der Srbljak (Lebensbeschreibung der serbischen Heiligen) von Rakovac geschrieben wurden. Der zierliche Dreikonchenbau besteht aus Naturstein. Über einem oktogonalen Tambour erhebt sich die erneuerte Kuppel. Reste von Steinplastik, Flechtbänder und Palmetten sind zu sehen.

Der Komplex wurde durch einen Brand im Jahr 1943 schwer in Mitleidenschaft gezogen, vieles unwiederbringlich vernichtet: darunter die Malerei der Kirche, bis auf die Pantokratordarstellung, ebenso die Ikonostase von Vasa Ostojićs, die Konake und ihre Malereien von Amvrosije Janković. Auf dem Friedhof befindet sich eine Kapelle aus Haustein, die an Kirchen in Dalmatien erinnert. Ihre Ikonen stammen von Janko Halkozović. Das Kloster ist von Mönchen bewohnt, die die Renovierung leiten.

Kloster Beočin

Der Ort Beočin selbst ist zersiedelt und leider durch einen großen Industriekomplex entstellt. Dreieinhalb Kilometer im Landesinneren, das heißt abseits der Donau, befindet sich das Kloster mitten im Wald. Dahinter beginnt der Naturpark Fruška Gora. Das serbisch-orthodoxe Kloster Beočin (Беочин) wurde erstmals 1622 erwähnt, als der Igumenos Longin Spenden für einen Wiederaufbau sammelte. Vermutlich war es in den Auseinandersetzungen zwischen Österreichern und Türken zu Schaden gekommen. 1697 ließ Patriarch Arsenije III. Mönche aus Rača das verlassene Kloster erneuern. Von außen präsentiert sich dem Besucher eine vom Westen vertraute barocke Anlage. Wer vom Süden Serbiens kommt, wird sich in der Vojvodina immer wieder die Frage stellen: Ist es orthodox oder gar katholisch? So sehr haben sich hier teilweise östliche und westliche Baumerkmale verschmolzen. Verbreitet ist auch die These, die Habsburger hätten die Angleichung an westliche Bauten zur Bedingung für die orthodoxen Klöster gemacht. Das Kloster Beočin ist eine einschiffige Kirche mit Westturm, polygonaler Apsis außen und innen rund.

Der Bau entstand fast gleichzeitig mit den Konaken in den Jahren 1731 bis 1740. Der gesamte Komplex wurde bis heute mehrfach renoviert. Sein Schmuck sind ein Skulpturenportal von 1787 und im Inneren die Ikonostase, ein Werk verschiedener Meister. Janko Halkozović malte die Altarikonen und das Thema des Muttergottes Entschlafens, die Wände 1766 Dimitrije Bačević und Teodor Dimitrijević Kračun. Das Chorgestühl signierte 1766 ein Meister Georgije Zograph. An den Südflügel des Konaks schließt der Klosterpark mit einer Kapelle vom Architekten Vladimir Nikolić von 1905 an.

Kloster Dipša

Entlang der Donau geht es weiter in Richtung kroatische Grenze. Auf verschlungenen Wegen kommt man über viele, aber gute Nebenstraßen durch den Wald zum Kloster Dipša oder Divša (Дипша). Man ist nur 18 Kilometer von Sremska Mitrovica entfernt und fühlt sich wie am Ende der Welt. Hin und wieder sieht man Jäger durch die Wiesen am Rande des Waldes stapfen. Kloster Dipša liegt einsam im Wald hinter einer Lichtung. Ein Parkplatz lädt eher Wanderer ein, Hundegebell schützt die wenigen Nonnen vor vielleicht nicht gern gesehenen Besuchern. Die Kirche ist verschlossen, der Konak fast zerfallen. Immerhin trägt der Komplex schon das blaue Zeichen der UNESCO, vermutlich hat nur noch das Geld zur Renovierung gefehlt. Die Überlieferung spricht von einer Spende des Despoten Jovan Branković im 15. Jahrhundert. In den Privilegien Kaiser Josephs I. wurde

Das einsam gelegene Kloster Dipša wartet noch auf seine Renovierung

es 1706 zum Kloster Kuveždin gehörig angeführt. 1753 wurde der Dreikonchentypus mit polygonal gebrochener Apsis renoviert. Glockenturm und Konak stammen vom Ende des 18. Jahrhunderts. Im Zweiten Weltkrieg wurde das Kloster zerstört und 1971 teilweise renoviert. Die Bilder der Ikonostase malte 1753/54 Teodor Stefanović, genannt der Kahlköpfige, die Holzschnitzereien wurden in Novi Sad gefertigt. Teile befinden sich im Museum in Sremska Mitrovica. Auf dem Areal befindet sich ein kleiner Friedhof, auf dem auch Gefallene des Zweiten Weltkriegs ruhen.

Kloster Kuveždin

Das Kloster Kuveždin (Кувеждин) liegt außerhalb der Ortschaft. Derzeit erwartet den Besucher nur eine Baustelle. Laut mündlicher Überlieferung ließ der Despot Stefan Stiljanović das orthodoxe Kloster errichten. Schriftlich erwähnte es ein Menäum (liturgisches Monatsbuch) des Dreifaltigkeitsklosters in der Ovčar-Kablar-Schlucht von 1569. Eine dritte Quelle schilderte 1753 eine Steinkirche mit Schindeldach. 1815/16 entstand auf alten Fundamenten ein klassizistischer einschiffiger Neubau mit hoher elliptischer Kuppel, halbrunder Apsis und Wohnbauten. Im Zweiten Weltkrieg hatte es so schwer gelitten, daß die derzeit laufenden Renovierungsarbeiten einem Neubau gleichen. Unweit des Klosters steht auf einer Anhöhe eine kleine Kapelle. Ihre Wandmalereien waren das Werk von Pavle Simić von 1853, die nur noch in Spuren erhalten geblieben sind. In die

Kapelle wurde die Ikonostase des Klosters gerettet, deren Ikonen sich teilweise in Novi Sad befinden. Außerdem birgt sie auch einen Teil der Ikonenwand aus dem Kloster Dipša.

Kloster Šišatovac

Das Kloster Šišatovac (Шишатовац) liegt zwölf Kilometer nördlich von Sremska Mitrovica und wurde von den vor den Türken geflohenen Mönchen des bedeutenden Kloster Žiča 1520 auf den Fundamenten des Eremitenklosters ›Sveti Nikola‹ gegründet. Die Kirche ist der Geburt der Muttergottes geweiht. Das Kloster war vermutlich zerstört worden, denn eine Urkunde berichtet von der Billigung des Wiederaufbaus durch die Türken im Jahr 1634. Von 1758 bis 1778 erfolgte ein Neubau als Dreikonchentypus mit einer oktogonalen Kuppel auf hohem durchfensterten Tambour. Flache Wandvorlagen gliedern die Außenwände. Ohne Glockenturm und Anbau erinnert es an die klassischen mittelalterlichen Klöster

Verschiedene Baustile finden sich am Kloster Šišatovac zusammen

Serbiens. Der Glockenturm an der Westseite wurde barock umgestaltet. Die leider zerstörten Wandmalereien und die Ikonenwand stammten von Grigorije Davidović Obšić, einem Maler aus Čalma. Von 1812 bis 1827 war der Dichter Lukijan Mušicki (1777–1837) Klostervorsteher. Er ist der Autor von ›Stimme der Harfe von Šišatovac‹. Eine Zeitlang hielt sich hier der große Gelehrte Vuk Karadžić auf, um Volkslieder des Guslasängers Filip Višnjić aufzuzeichnen. Nach den Zerstörungen des letzten Weltkrieges wurden Kirche und Glockenturm wiederhergestellt, der Konak liegt noch in Ruinen. Die wenigen geretteten Ikonen wurden nach Belgrad verbracht. In der Klosterkapelle wird ein Triptychon von Dimitrije Bačević aufbewahrt.

Kloster Petkovica

Das Kloster Petkovica (Петковица) steht auf einer Besitzung von Kloster Šišatovac, nur wenig von diesem entfernt. Seine Entstehungszeit liegt im Dunkeln. Schon von weitem erkennt man die großen Renovierungsbemühungen. Der Dreikonchenbau mit polygonaler Kuppel war 1588 vollständig ausgemalt worden. Einiges davon ist beschädigt. Sehr schön sind die Anastasis, der Abstieg Christi in die Hölle und die Figuren der Soldatenheiligen. In der Apsis thront die Muttergottes mit dem Christus. Darunter findet die Apostelkommunion statt. Die linke Apside zeigt die Verklärung. An der Westseite wurde in späterer Zeit der Glockenturm aufgesetzt. Die beschädigte Ikonenwand stammt aus dem Jahr 1735.

Das Kloster besaß ein reichverziertes, holzgeschnitztes Kreuz, das im Museum in Sremska Mitrovica aufbewahrt wird.

Im Grenzgebiet

Über Erdevik und Kukujevci erreicht man nicht weit von der kroatischen Grenze Šid (Шид). Man verläßt kurz das Gebirge und kommt in die südlich der Fruška Gora gelegene Sremebene. Die Ortschaft entstand als Kammerdorf des Wiener Hofes. Seit 1777 war der Markflecken Feudalgrund des unierten Bistum Križevci. Nicht weit von hier, bei Vašica (Вашица), liegt die bedeutende Ausgrabungsstätte Gradina (Градина) mit Funden von der mittleren Steinzeit bis zur Eisenzeit. Wer auf der Autobahn weiterfährt, gelangt zur Gedenkstätte der Sremfront ›Spomen Obilijčžje‹ des Zweiten Weltkrieges. Ein Museum gibt einen Einblick in die Schlachten an der Sremfront und erinnert an mancherorts vergessene Leiden.

Die Gegend ist reich an Tierzucht. Das Sremgebiet ist bekannt für seine deftigen Wurstwaren. Hin und wieder sieht man große Hopfenfelder. Serbien als Land des Bieres versorgt sich mit dem Grundstoff selbst. Die einzigen Erhebungen in diesen Weiten sind die Kirchtürme und Getreide- oder Maissilos.

Im einst selbständigen Berkasovo (Беркасово), das heute ein Ortsteil von Šid ist, stehen Schloßreste der Despotenfamilie Branković. Im Zentrum von Šid dominiert in einer Parkanlage die serbisch-orthodoxe Kirche. Sehr sehenswert ist die Šumanovićgalerie. In ihr sind die Werke eines der bedeutendsten Künstler der Vojvodina, Sava Šumanović (1896–1942), ausgestellt. Er wirkte in seinem Heimatort, in Zagreb und in Paris. Seine Landschaftsbilder haben die Vojvodina zum Vorbild und erinnern an die Maler des Impressionismus. Die Galerie ist montags bis freitags von 8 bis 18 Uhr geöffnet, samstags und sonntags von 9 bis 13 Uhr.

Kloster Privina Glava

Von Šid aus erreicht man nach fünf Kilometern Kloster Privina Glava (oder Pribina Glava, Прибина Глава). Die Straße ist dorthin ist gut ausgeschildert, aber verbesserungswürdig. Das Kloster selbst wird tüchtig renoviert. Von weither strahlen die Farben gelb und weiß und nehmen ihm den Reiz der Jahrhunderte.

Das Kloster wurde nach einer Überlieferung von einem Edelmann namens Priba im 12. Jahrhundert gestiftet und 1496 von Vladika Maksim und Jovan Branković renoviert. Im Kloster soll sich folgende Begebenheit abgespielt haben: Es wurde erzählt, daß der Patriarch Pajsije 1627 hier ein reich illustriertes Buch fand, an dem er Korrekturen vornahm, es neu binden und danach an Ort und Stelle zurückbringen ließ. Ein österreichischer Offizier entwendete es 1688, und heute ist es als Münchner Psalter sehr berühmt. In den Jahren 1741 bis 1760 entstand an der Stelle des alten Gotteshauses die heutige Georgskirche, ein Dreikonchenbau nach dem Vorbild des Klosters Hopovo. An der Westfassade wurde ein barocker Turm angefügt. Die Konake sind an ihrer Süd- und Westseite durch schmale, flache Wandvorlagen und Stuckarbeiten gegliedert.

Die Malereien der Ikonenwand schuf 1791 Kuzman Kolarić. Die feinen Schnitzarbeiten sind das Werk eines unbekannten Meisters. Am Westkonak befindet sich eine weitere, der Muttergottes geweihte Kirche.

Die kleine Ortschaft Morović (Моровић) liegt fast an der Grenze. Eine katholische Marienkirche außerhalb der Ortschaft auf dem Friedhof macht eine Fahrt dorthin lohnenswert. Sie zählt zu den ältesten erhaltenen Denkmälern im Gebiet Srem. Das romanische Kirchlein soll auf das 13. Jahrhundert zurückgehen. Es wurde in mehreren Phasen ausgebaut und gotisch verändert. Die kleine Kirche ist leider verschlossen, aber auch von außen sehenswert. Im Ort selbst steht die serbisch-orthodoxe Kirche aus dem 19. Jahrhundert, die eine Holzkirche ersetzte. Ihre Ikonostase steht stilistisch am Übergang vom Barock zum Rokoko.

Eine der ältesten erhaltenen Kirchen im Sremgebiet ist die Marienkirche bei Morović

Kloster Mala Remeta

Auch im Gebiet zwischen Sremska Mitrovica und Novi Sad gibt es zahlreiche Klöster zu besichtigen.

Abseits der Hauptstraße am Ende des Dorfes Bešenovački Prnjavor (Бешеновачки Прњавор) stand bis zum Zweiten Weltkrieg das Kloster Bešenovo (Бешеново). Hier hatten sich Partisanen verborgen, für die Besatzer Grund genug, es zu zerstören. Eine Gedenkstätte hält die Erinnerung an den Komplex wach, in den Karten ist er eingezeichnet und soll in Kürze wieder entstehen.

Kloster Mala Remeta beeindruckt durch seine Schlichtheit und seine schöne Lage

Über einen relativ steilen Schotterweg könnte man nicht weit von Kloster Bešenovo Kloster Mala Remeta (Мала Ремета) erreichen. Man fährt es aber besser über Jazak an. Das Kloster wird von älteren Nonnen bewirtschaftet. Seine Ursprünglichkeit macht es malerisch. Es liegt in einer Lichtung inmitten des Gebirges. Der Überlieferung nach wurde es von König Dragutin gegründet. Neuere Erkenntnisse sprechen von einem Bau auf den Fundamenten eines katholischen Eremitenklosters. Eine schlichte Kreuzkuppelkirche aus Haustein mit polygonaler Apsis steht inmitten eines Gartens, an den sich der Wald anschließt. Stanko Milinković aus Šuljma stiftete den Bau 1739, der dem Muttergottes Leichentuch geweiht ist. Laut einem mit der Bruderschaft abgeschlossenen Vertrag waren die Baumeister Todor und Nikola. Die Mauern sind aus verschiedenfarbigem Stein gefügt. Ein Kranzgesims teilt sie in zwei Zonen: die obere schmücken Zwillingsfenster und Blendarkaden. Der Konak entstand 1758. Vier guterhaltene Ikonen gehen auf den Maler Janko Halkozović 1757 bis 1759 zurück. Im Kloster werden Ikonen, Handschriften und Preziosen aufbewahrt.

Kloster Nova Jazak

Das Kloster Nova Jazak (Нова Јазак) erreicht man über eine schlechte Straße. Ursprünglich soll der Despot Jovan Branković das Kloster gegründet haben. Schriftlich wurde es 1522 erwähnt. Die heutige Kirche entstand 1736 auf einem Vorgängerbau. Die Konake stammen aus dem 18. Jahrhundert. Während der Renovierungen von 1926 bis 1930 wurden keine verändernden architektonischen Eingriffe vorgenommen. Der Großteil des Konaks wurde im Zweiten Weltkrieg zerstört. Der Südflügel wurde restauriert. Die teilweise wiederhergestellten West- und Nordflügel umgeben das Kloster wie eine Mauer. Im Zentrum steht der Dreikonchenbau mit hohem Tambour und noch höherem barocken Westturm. Das

Mauerwerk ist wechselweise aus Stein und Ziegeln. Die Malereien der Ikonostase gehen auf den serbischen Barockmaler Dimitrije Bačević zurück. Den Muttergottesthron soll 1770 Teodor Kračun geschaffen haben. Im Kloster ruhten von 1706 bis 1941 die Gebeine von Zar Uroš, die aus Nerodimlje hergebracht worden waren. Heute erinnert nur noch der Thron von Uroš daran. Im Konak hängen historische Porträts: der Patriarch Stefan Stratimirović, gemalt von Pavle Đurković, und ein Archimandrit, gemalt von Novak Radonić. Das Kloster ist oft geschlossen. Die Ruine des alten Klosters Jazak liegt nicht weit entfernt und ist nur zu Fuß zu erreichen.

Kloster Vrdnik

Das Kloster Vrdnik (Врдник) liegt fast am Ortsausgang des gleichnamigen Kurortes. Ein großes Hotel lädt hier zur Erholung ein. Das Kloster wurde im Jahr 1589 erstmals erwähnt. Auf der Flucht vor den Türken kamen Mönche aus Ravanica (Zentralserbien) 1697 hierher und belebten es. Kurz darauf wurden auch die Gebeine des Fürsten Lazars, die in Ravanica sehr verehrt wurden, hierher in Sicherheit gebracht. Seitdem nannte man das Kloster Sremska Ravanica oder auch nur Ravanica (Раваница). Anstelle einer schlichten Kirche des 17. Jahrhunderts entstand 1801 bis 1811 nach Plänen von Kosta Zmijenović der einschiffige Neubau mit oktogonaler Kuppel und halbkreisförmgier Apsis. Stilistisch ist er dem Klassizismus verwandt, während der Glockenturm noch dem Barock verhaftet ist. Die Außenmauern sind rundherum durch Pilaster gegliedert. Ein Meister Kornelije aus Novi Sad führte die Planung aus. Die Kirche wurde Christi Himmelfahrt geweiht. Das Innere bestimmt eine kühle klassizistische Ikonenwand von Dimitrije Avramović aus dem Jahr 1853. Den Speisesaal hatte 1776 Amvrosije Janković ausgemalt. Bis zum Zweiten Weltkrieg barg das Kloster das Leichentuch des Fürsten Lazar, eine Stickerei der Nonne Jefimija sowie Goldschmiedearbeiten und Kunststickereien. Sie sind ins serbisch-orthodoxe Museum nach Belgrad gebracht worden. Das Kloster besitzt aber auch heute noch eine kleine Schatzkammer. Auf einer Anhöhe unweit des Klosters ragen spärliche Reste der mittelalterlichen Festung Vrdnička kula auf. Die Quellen erwähnen sie erstmals 1315.

Vorwahl: 022.

Hotel ›Termal‹, ul. Karađorđeva 6, 22408 Vrdnik, Tel. 465-102, -122; DZ 2280, EZ 1350 Dinar.

Kloster Novo Hopovo

Das Mönchskloster Novo Hopovo (Ново Хопово) ist eine der besonders schönen Anlagen in den Frankenbergen. Von Süden kommend ist es leicht zu finden, von Norden ist die Abzweigung von der Hauptstraße leicht zu übersehen. Vor dem Kloster befindet sich ein Parkplatz. Man merkt, es ist ein beliebtes Ausflugsziel. Das Nikolauskloster ist laut Inschrift über dem Westportal 1576 von Lacko und Marko Jošič aus Srpski Kovin und Jovan Božanić aus Gorno Hopovo gestiftet worden. Neuere Untersuchungen 1979 bestätigten, daß an dieser Stelle ein älteres Kloster bestand. Im 16. Jahrhundert unterhielt Hopovo eine bedeutende Schreibstube. Die Türken beschädigten es auf ihrem Rückzug im Jahr 1688. Nur ein Jahr später begann der Wiederaufbau. Die Konake wurden 1728, die Kirche 1750 renoviert. Eine Malschule wurde eingerichtet, die die Maler Arsenije und Nil leiteten. Im Jahr 1758 trat der große serbische Aufklärer Dositej Obradović (1742–1811) für einige Zeit ins Kloster ein.

In der Kirche werden die Gebeine des Theodor Tiron verehrt, die nach der Eroberung Konstantinopels hierher vor den Türken gerettet wurden. Der Heilige stammte aus dem Orient und war im Heer des Kaisers Maximianus. Bei Ausbruch der Christenverfolgung steckte er um 306 den Tempel der Kybele in Amasena in Brand, weswegen er auch als Theodor von Amasena bekannt ist. Er erlitt das Martyrium während der Christenverfolgungen, die unter Kaiser Diokletian eingeleitet wurden. Als Patron des byzantinischen Heeres ist er einer der wichtigen Soldatenheiligen. Sein Kult ist von Ost bis West verbreitet. In Serbien wird er häufig mit Theodor Stratilates zusammen dargestellt: in Kloster Kalenić, in Kloster Poganovo und in Ravanica.

Der Blick auf den Dreikonchenbau aus Haustein und Ziegelschmuck mit drei polygonal gebrochenen Apsiden im Osten ist durch die hohen Mauern von außen verstellt. Die den Bau beherrschende Zeltdachkuppel ruht auf einem polgonalen Tambour und wird im Inneren von vier Stützen getragen. Der Außenbau ist durch Fenster, Wandvorlagen und Blendbögen untergliedert. Die Fassade wird durch ein Gesims in zwei Geschosse geteilt, wovon das obere durch Blendarkaden belebt ist. Im Jahr 1754 fügte man einen hohen barocken Glockenturm an. Das Innere besteht aus Narthex, Naos und Altarraum. Der Narthex überwölbt eine Tonne, während der Naos durch ein Kreuzgewölbe nach oben abgeschlossen ist. Beeindruckend sind die vollständig mit Malereien bedeckten Wände. Das Auge benötigt eine Weile, um sich an das dämmrige Licht zu gewöhnen. Selten wird durch elektrisches Licht nachgeholfen. Die Malereien des Naos schuf 1608 Hieromonachos Mitrofan. Der Narthex wurde erst 1654 ausgemalt. Während des Zweiten Weltkriegs zerstörten Angehörige der Ustaša den westlichen Deckenteil. Die darauffolgenen Renovierungsarbeiten offenbarten ältere Malereien, die kretischen Einfluß

Das vielbesuchte Kloster Novo Hopovo

erkennen lassen und von Meistern des Berges Athos ausgeführt worden waren. Die Darstellungen sind sehr lebendig und erzählfreudig. Alle vier Stützen des Naos sind mit Heiligen bemalt. In der Nordapsis erkennt man die Hochzeit zu Kanaa und die wunderbare Brotvermehrung. In der Südapsis sind das Abendmahl und der Bethlehemitische Kindermord zu sehen. In der Apsis sitzt die Muttergottes mit dem Jesuskind auf dem Thron. Sehr schön ist auch der Terrakottaboden des Naos.

Die jüngeren Malereien des Narthex sind dunkler, konventioneller und traditioneller: Sie knüpfen an das 14. Jahrhundert an. Ein Teil wurde zerstört, vor allem das Tonnengewölbe und teilweise die Lünetten. Im unteren Rang sieht man an den Wänden Heiligengestalten, darunter Soldatenheilige auf der Südseite, im Westen neben dem Eingang heilige Könige und serbische Herrschergestalten. Im zweiten Rang folgen abermals Heilige, darunter die zwölf Apostel. Die Westseite beleben Säulenheilige: Alle sind nackt, drei davon behaart. Den dritten Rang bilden wie so häufig die Medaillons von Heiligen, während im vierten Rang kleinteilige Szenen aus dem Neuen Testament Platz fanden. Im Westen zur Nordwand hin erkennt man sehr schön ›Christus heilt den Blinden‹. An der Nordseite zwischen den Fensteröffnungen ist das Abendmahl dargestellt, während auf der Ostseite, der Eingangsseite zum Naos der Einzug nach Jerusalem zu erkennen ist. Die Lünette der Ostseite ziert die Verkündigung. Das Kloster besaß eine kostbare Ikonostase. Deren Holzrahmen schnitzten Anton und Paul Roeßner aus Sremski Karlovci 1770, ihre Ikonen malte Teodor Kračun. Der Zweite Weltkrieg hinterließ davon nur noch Fragmente, die in Novi Sad aufgewahrt werden. An der Südseite der Kirche sind viele Grabsteine zu sehen. Der Ostflügel der barocken Konake oder Klosterherbergen von 1728 wurde nach dem Krieg restauriert.

Kloster Staro Hopovo

Das Kloster Staro Hopovo oder Alt Hopovo (Старо Хопово) erreicht man von Novo Hopovo nach eineinhalb Stunden Fußweg, Gelegenheit für einen Spaziergang in Fruška Gora. Der Weg beginnt am Parkplatz, feste Schuhe sind angeraten. Die Überlieferungen und historischen Quellen sind verwirrend, teilweise kommt es zu Verwechslungen mit Neu Hopovo. In einer Beschreibung von 1753 heißt es, die alte Holzkirche sei bei einem Erdbeben im Jahr 1751 zerstört und nur ein Jahr später wiederaufgebaut worden. Eine einschiffige Kirche mit polygonaler Apsis erwartet den Besucher. Sie ist von einer Kuppel über einem hohen, untergliederten Tambour bekrönt. Die äußere obere Wandzone der Kirche ist durch ein Gurtgesims und Blendarkaden gegliedert. Nach den Schäden des Zweiten Weltkrieges wurde das Kloster verlassen. 26 Ikonen und die kostbare Ikonostase konnten ins Museum gerettet werden und warten auf ihre Restaurierung.

Kloster Grgeteg

Wieder fährt man durch den unendlich scheinenden Wald, erreicht Felder und Ackerlandschaften, man fühlt sich völlig allein auf der Welt. Die Überlandstraßen sind gut, die Straßen innerhalb der Ortschaften weniger. Kloster Grgeteg (Гргетег) wird von sechs Nonnen bewohnt. Eng schmiegen sich die Konake wie eine Mauer um die Kirche und lassen wenig Raum für einen Garten. Ein Turm fehlt, er wurde im Zweiten Weltkrieg gesprengt. Die Anlage stiftete einer der letzten serbischen Despoten, Vuk Branković. Ein türkisches Dokument erwähnte das Kloster 1619. Mehrfach zerstört und wiederaufgebaut, stammt die heutige Kirche im Kern von 1770/71, die Konake sind wenig älter. Der Architekt Hermann Bollé nahm 1901 eine gründliche Renovierung vor, welche der Zweite Weltkrieg wieder zunichte machte. Die Restaurierung aus dem Jahr 1950 rettete es immerhin vor dem Verfall. Die alte barocke Ikonenwand von 1774 von Jakob Orfelin war 1902 bis 1904 durch eine moderne von Uroš Predić ersetzt worden. Im Glockenturm befand sich eine kleine Kapelle mit einer Ikonenwand von Petar-Pjer Križanić. Nur eine Ikone überstand den Krieg und wird in der Kirche aufbewahrt. Im Kloster lebte von 1874 bis zu seinem Tod 1905 der Historiker Ilarion Ruvarac als Abt. Im Konak ist eine Ruvarac-Gedächtnisstätte eingerichtet.

Das Nonnenkloster Remeta

Kloster Veliko Remeta

Eine schlechte Straße führt zum Kloster Veliko Remeta (Велико Ремета). Bei Regen sollte man darauf verzichten.

Ein zierliches Kirchlein steht in einem ummauerten Areal. Der gelbgetünchte, überaus hohe Glockenturm ist von weithin sichtbar. Zehn Nonnen leben hier.

Die Legende schreibt die Gründung des Klosters König Dragutin zu. Schriftlich wird es jedoch erstmals in einem Ferman (Erlaß) vom Sultan von 1534 erwähnt. Auf diese Zeit gehen die Darstellung des heiligen Demetrius an der südlichen Außenwand der Kirche und Malereien im Diakonikon zurück. Nach dem Brand durch die Türken von 1716 wurde das Kloster zügig wiederaufgebaut, 1722 folgte der Konak, 1735 der Glockenturm mit einer Johannes dem Täufer geweihten Kapelle. Die einschiffige, dem heiligen Nikolaus geweihte Kirche mit großer Apsis hat im Zweiten Weltkrieg die Kuppel eingebüßt. Die Konake sind teilweise renoviert worden. Die Ikonenwand stammt von einem unbekannten Künstler des 18. Jahrhunderts. Einst hingen hier vier große russische Ikonen von 1687: Die russischen Hofmaler Leontij Stefanov, Ivan Maksimov und Spyridon Grigorev hatten sie gemalt. Sie sind heute auf das Kloster Krušedol und das Museum der Vojvodina in Novi Sad verteilt. Die Nonnen empfangen die Gäste sehr freundlich mit Wasser oder Wein.

Kloster Krušedol

Das Kloster Krušedol (Крушедол) wird von den Tourismusorganisationen in Sremski Karlvoci und Novi Sad als Ausflug angeboten. Der Komplex wird von Nonnen bewirtschaftet und liegt außerhalb der gleichnamigen Ortschaft. Die Anlage ist eine Stiftung der Familie Branković von 1509 bis 1515. Đorđe Branković und seine Mutter Angelina wurden in ihren Absichten vom russischen Fürsten Vasilij Ivanovič und dem walachischen Vojvoden Ion Neagoe Basarab unterstützt. Đorđe war ein Sohn des Despoten Stefan und der später heiliggesprochenen Angelina. Er folgte seinem Vater als Despot im Jahr 1486 und trat 1496 die Herrschaft an seinen Bruder Jovan ab, um als Mönch Maximus (serbisch Maksim) ins Kloster einzutreten. Kurz darauf wurde er Metropolit der serbischen Kirche und baute als solcher nach 1512 hier in Krušedol das Mausoleum seiner Familie. In der Krypta sind er und seine Mutter begraben. Er wurde bereits 1526 kanonisiert und genießt eine große Verehrung.

Die Muttergottes-Verkündigungskirche ist ein klassischer Dreikonchenbau mit einer polygonalen Kuppel, wie er in der Moravaschule häufig angewandt wurde. Die Rahmen der Fenster sind plastisch verziert. Während der Barockisierung wurde ein Turm abseits der Kirche hinzugebaut. Das Kloster wurde mehrfach beschädigt und immer wieder erneuert. Der Konak geht auf den Meister Radivoje Obrenović 1759 zurück. Das Innere wurde im 16. Jahrhundert mit Wandmalereien ausgestattet, die zwei Jahrhunderte später durch Ölmalereien überdeckt wurden. Die ursprüngliche Malschicht tritt an den Säulen hervor. Die Wandbilder aus Öl zeigen Propheten, Apostel, Einsiedler. Dank einer Signatur konnte der Stifter und Metropolit Maksim identifiziert werden. Es ist eine der raren Darstellungen eines Herrschers des 16. Jahrhunderts.

Heiligendarstellungen im Kloster Krušedol

Von 1750 bis 1756 wurden Vorhalle und Naos neu mit Öl bemalt. Die Meister sind unbekannt. Im Naos erkennt man die Hochzeit in Kanaa, die Vertreibung der Händler, die Begegnung Jesu mit Martha und Maria. Der Künstler legte Wert auf Details wie Hausgerät, Einrichtung, Gewänder. In der Vorhalle sehen wir Soldatenheilige, Maria Entschlafen an der Westwand und die Ermordung der Unschuldigen an der Südwand. Außen an der Westwand wurden Reste eines Jüngsten Gerichtes aus dem 16./17. Jahrhundert entdeckt.

Die Ikonostase weist drei Ränge auf und ist nicht in einem Guß entstanden. Ältester und wertvollster Teil ist die Deesisdarstellung. Die Kreuzigung mit den Nebenikonen und das ›nichtschlummernde Auge‹ sind Werke eines unbekannten Meisters von 1653. Die Ikonen von Christus und der Muttergottes von 1745 werden dem Kiever Ivan Vasilevič zugeschrieben, die Pforte einem Holzschnitzer südlicher Herkunft. Der Einfluß verschiedener Kulturen wurde durch Künstler aus Serbien, Rußland, Österreich und Ungarn zu einem neuen Ganzen verschmolzen.

Das Kloster besaß die reichste Schatzkammer der Vojvodina, die wertvollsten Exponate wurden nach Belgrad gebracht. Heute sind noch Werke von Jakov

Orfelin, Stefan Teneski und Teodor Kračun sowie handgeschriebene und gedruckte Bücher zu sehen. Im Kloster sind der Patriarch Arsenije, der Despot Đorđe Branković und seine Mutter Angelina, der Vojvode Stefan Šuplijiac, Oberst Atanasije Rašković, Fürstin Ljubica Obrenović, König Milan Obrenović und mehrere Klostervorsteher sowie der wichtige Bischof Makarije Borđević von Sretenski (1903–1978) bestattet. Deswegen ist das Kloster auch für die Serben von besonderer Bedeutung.

Im Dorf steht das einschiffige Kirchlein zur Begegnung des Herrn (Sretenjska crkva/Сретењска црква), erbaut von 1512 bis 1516, mit Vorhalle und polygonaler Apsis. Bedeutend ist ihre Innenmalerei von 1634: in der Vorhalle Einsiedlerfiguren, darüber Medaillons mit Soldatenheiligen. An der Nordwand des Naos sind Persönlichkeiten aus dem Herrscherhaus der Nemanjiden, an der Südwand die Heiligen Demetrios und Georg in üppiger Kriegsaufmachung zu sehen. Die Ikonostase geht auf Dimitrije Bačević und Teodor Kračun zurück.

Im Dorf wurden mittelalterliche Siedlungsspuren entdeckt und außerdem Gräber mit Grabschmuck, der sich heute in Novi Sad befindet.

Kloster Fenek

Wer noch nicht genug Kirchen gesehen hat, kann zum Abschluß noch das Kloster Fenek (Фенек) besichtigen, das auch zum heiligen Berg gehört. Es liegt fast an der Save, nicht weit vom Flughafen Belgrad, zwölf Kilometer südwestlich von Surčin. Der Überlieferung nach war es eine Stiftung der Despotenfamilie Branković. Eine Urkunde erwähnte es 1563. Während der österreichisch-türkischen Kriege befand sich hier ein Miiltärlager. 1788 kam es hier zu einem Treffen zwischen Kaiser Joseph II. und Fürst Aleksandar Nenadović. Das Kloster diente als Fluchtburg für die Anführer des ersten serbischen Aufstandes: Karađorđe, Mateja Nenadović und ihre Mitstreiter. Die alte Kirche wurde 1793 zerstört, eine neue 1797 als einschiffige Barockbau mit halbkreisförmiger Apsis, flachen Chortransepten, oktogonaler Zentralkuppel und einem hohen Glockenturm an der Westseite aufgebaut. Der Konak liegt in Ruinen.

Ruma

Ruma (Рума) ist heute ein wirtschaftliches Zentrum des Sremgebietes am Fuß der Fruška Gora-Berge und liegt an der wichtigen Verkehrsanbindung nach Kroatien. In den Quellen wurde die Siedlung am Flüßchen Borkovac 1323 als Arpatorlo, später als Castellum Arpatarro erwähnt. In der Umgebung fand man römische

Fundstücke und auf einem Ziegeleigelände sogar eine Nekropole. Das Städtchen ist in Kreuzform angelegt, dort, wo sich die beiden Hauptachsen überschneiden, ist das Zentrum. Alles ist sehr weitgezogen. Kultbauten verschiedener Religionen sind hier zu finden. Es gibt allein drei serbisch-orthodoxe Kirchen. Die Nikolaikirche von 1758 ist die älteste und mit einer klassizistischen Ikonostase von Georgije Dević von 1847 geschmückt, die Himmelfahrtskirche von 1761 enthält barocke Holzschnitzereien und Malereien von Stefan Tenecki. Die Allerheiligenkirche, 1840 zunächst von Aromunen gegründet, wurde von der Familie Maksimović 1903 erneuert und mit einer Ikonostase von Uroš Predić verschönert. An der Hauptstraße stehen sich zwei Kirchen fast gegenüber: die serbisch-orthodoxe mit Westturm und die katholische, ein Backsteinbau. Ein kleines Heimatmuseum beherbergt unter anderem archäologische Funde.

Fährt man von Ruma aus in die Berge, erreicht man den Weinort Irig (Ириг) mit mehreren Kirchen, darunter drei serbisch-orthodoxe. Die älteste ist die Nikolaikirche von 1732, die nach dem Vorbild von Novo Hopovo 1732 errichtet wurde. Die Schnitzereien ihrer Ikonostase heben sich von vielen anderen ab. Die Malereien schuf Vasa Ostojić.

Vorwahl: 022.

Motel ›Ruma‹, Tel. 63 64 00, Fax 63 64 67, www.motel-mvruma.co.yu; 3 Sterne. Direkt am Autoput, eine der wenigen Übernachtungsmöglichkeiten im Sremgebiet.

Sremska Mitrovica

Sremska Mitrovica (Сремска Митровица, deutsch Mitrowitz) entstand auf den Ruinen des antiken Sirmium am Nordufer der Save, die bis hierher schon einen weiten Weg von den Julischen Alpen in Slowenien zurückgelegt hat. In ihrem Mittellauf bildet sie die Grenze zwischen Kroatien und Bosnien-Herzegowina und auf einem kleinen Stück auch zu Serbien. Ihre letzte Strecke fließt sie durch Sirmien, bevor sie sich nach fast 1000 Kilometern bei Belgrad in die Donau ergießt. Die Siedlung Sremska Mitrovica wurde im 1. Jahrhundert vor Christus von den Römern erobert. Sie entwickelte sich unter ihnen von der Zoll- und Flottenstation zur Colonia und unter den Flaviern zur Hauptstadt Unterpannoniens. Seit Galerius war Sirmium ständiger kaiserlicher Wohnsitz mit einer prächtigen Residenz. Hier kreuzten sich die Hauptrouten, die zu den Donauprovinzen führten, was sie strategisch sehr bedeutsam machte.

Sirmium ist die Geburtsstadt einiger römischer Kaiser: Decius (Messius Quintus Traianus Decius) wurde zwischen 190 und 200 nach Christus hier geboren. Er erhielt von Kaiser Philippus den Oberbefehl über Moesien und Pannonien. Im Jahr 249 wurde er in Viminacium von den Truppen zum Kaiser ausgerufen. Nach dem Sieg über Philippus bei Verona zog er in Rom ein, wo er Thermen bauen ließ. Nach nur zwei Jahren als Kaiser fiel er im Kampf gegen die Goten. Probus (Marcus Aurelius Probus) wurde 232 in Sirmium als Sohn eines Soldaten geboren. Im Jahr 276 erhob man ihm zum Kaiser. In Rom verdanken wir ihm die Vollendung der aurelianischen Stadtmauer. Vor einem geplanten Zug gegen die Perser wurde

Ausgrabungen des antiken Sirmium

er hier in Sirmien 282 ermordet. Maximianus (etwa 240–310 nach Christus, Marcus Herculius Maximianus), ein Mitkaiser Diokletians, ist ebenfalls ein Sohn der Stadt. Ein vierter in Sirmium geborener Kaiser war Gratianus (Flavius Gratianus). Er war von 367 bis 383 Kaiser im Westen des römischen Reiches, das er vorwiegend von Trier aus regierte. Nach Kämpfen gegen die Alamannen kam er zurück nach Sirmium, wo er nach dem Tod des Valens Theodosius I. zum Mitkaiser erhob. Theodosius hatte 374 als dux Moesiae die Sarmaten niedergeschlagen und mit seinem Edikt von 381 das Christentum zur Staatsreligion erklärt. Dem Galerius, der von Diokletian zum Caesar erhoben und mit dem Schutz der Donaugrenze betraut wurde, verdankte Sirmium schließlich ihren Status als Residenzstadt. Ihre große Zeit hatte die Stadt im 3. und 4. Jahrhundert, in der sie sich zum wichtigsten Waffenplatz der römischen Donauprovinzen und zur größten Stadt der Provinz Pannonien entwickelte. Während der Verbreitung des Christentums war sie eine wichtige Station. Der große Konstantin weilte hier von 316 bis 321 und erteilte der Stadt das Münzrecht. Nach einer kurzzeitigen Eroberung durch die Gepiden kam die Stadt wieder an Ostrom. Vor dem Jahr 582 unserer Zeit wurde Sirmium von den Awaren bedroht. Ihr Führer, der Khagan Boian, belagerte sie letztendlich erfolgreich. Sirmium galt lange als Schlüssel zur Balkanhalbinsel. Die Awaren errichteten eine wichtige Brücke über die Save zwischen Singidunum und Sirmium. Die Einwohner wurden zur Auswanderung genötigt. Nur ein Jahr später vernichtete ein Brand die Stadt. Sie war einst von Mauern umgeben und besaß an der Save einen Hafen. Im Zentrum sind liebevoll Grabungsfunde sichtbar gemacht. Sie sind über die ganze Stadt verteilt: Man fand Reste des Kaiserpalastes, der Thermen, der Wasserleitung, des Getreidespeichers und der Arena, von Straßen mit Ladenreihen sowie vieler öffentlicher und privater Bauten. An der Ost- und Westseite der Mauern lag je eine Begräbnisstätte. Alle beweglichen Funde von vor 1918 wurden auf die Museen in Zagreb, Belgrad und Novi Sad verteilt. Systematische Ausgrabungen sind seit 1957 wieder im Gange.

Ende des 9. Jahrhunderts berichten die Quellen von einem Bischof namens Methodije. Im 14. Jahrhundert existierte ein dem heiligen Dimitrije geweihtes Kloster. Die Türken erschienen erstmals 1396 und eroberten das Städtchen für längere Zeit ab 1526. Der Weg nach Mohács führte hier vorbei. Eingegliedert in die habsburgische Militärgrenze von 1718 folgte die Stadt dem Weg der Save-Donau-Anrainer. Während des Zweiten Weltkrieges hinterließ die kroatische Ustaša ihre Spuren.

Die Stadt wirkt mit ihren 65 000 Einwohnern ländlich und beschaulich. Ein Großteil der Bewohner ist im nahen Zellulosewerk beschäftigt, dem Hauptarbeitgeber der Stadt.

Beeindruckend ist die Lage an der Save. Am Hochufer ist eine schöne Promenade angelegt. Eine Fußgängerbrücke verbindet sie mit Mačvanksa Mitrovica. Im Zentrum steht fast am Ufer die kleine zierliche Stephanskirche. Diese serbisch-orthodoxe Kirche ist das älteste erhaltene Gebäude der Stadt. Vermutlich stammt sie aus dem 15. Jahrhundert. Die Malereien der Ikonostase gehen auf Teodor Kračun zurück. Die orthodoxe Dimitrijekirche hatte der Stadt im Mittelalter als Dimitrica kurzfristig den Namen gegeben. Daneben gibt es noch eine römisch-katholische und eine griechisch-katholische Kirche zu sehen. Alle Kirchen weisen Westtürme auf, die mit ihren Spitzen emporragen. Sehenswert ist das Museum des Sremgebietes. Es ist in eine archäologische, historische und numismatische Abteilung untergliedert und besitzt außerdem eine schöne Ikonensammlung. Das Museum wurde 1885 gegründet. Es befindet sich am trg Sv. Stefana und ist Montag bis Freitag von 8 bis 19 Uhr und am Wochenende von 9 bis 13 Uhr geöffnet.

Das Westbanat

Das Westbanat wird durch die Theiß von der Bačka im Westen und durch die Donau von Zentralserbien im Süden getrennt. Im Osten und Nordosten grenzt es an Rumänien und Ungarn.

Das Banat teilen sich heute Rumänien, Serbien und Ungarn. In Serbien bildet es den nordöstlichen Teil der Vojvodina und grenzt über weite Strecken an Rumänien. Der Name Banat leitet sich vom Wort Ban ab, einer ungarischen Bezeichnung für einen Verwaltungsbeamten.

Die Region war bis zur türkischen Eroberung ununterbrochen besiedelt. In vorchristlicher Zeit dakisch, geriet es in den römischen Interessenbereich (1. Jahrhundert vor Christus) und wurde Teil von deren Provinz Dacien. Nach dem Rückzug der Römer war die Region dem Ansturm der Völkerwanderung ausgesetzt. Im Mittelalter herrschten die verschiedenen Vojvoden, unter denen das Gebiet in sogenannte Vojvodate aufgeteilt wurde. Diese verbündeten sich untereinander im Kampf gegen die Ungarn. Einige wenige Vojvodate konnten ihre Unabhängigkeit bis ins 15. Jahrhundert hinein bewahren. Der Großteil des Gebietes wurde aber schon im Jahr 1054 der ungarischen Krone einverleibt. Die Zeit war geprägt von Aufständen der Bauern und Leibeigenen einerseits sowie der Bildung von Zünften und dem Aufbau des Handels, vor allem des Salzhandels, andererseits. Der gemeinsame Feind waren die über die Donau vordringenden Türken. Gegen sie wurde 1432 von Sigismund, dem ungarischen König und deutschen Kaiser aus dem Geschlecht der Luxemburger, eine militärische Grenzprovinz eingerichtet. Der Verteidigungswall erstreckte sich über das heutige Rumänien und heutiges serbisches Gebiet. Die Grenzeinheiten bestanden aus Rumänen, Serben und Ungarn. Im Landesinnern siedelten Deutsche, Italiener und Franzosen. Aber mit dem Tod des ungarischen Königs Ludwig II. 1526 in der Schlacht bei Mohács (Südungarn) gegen Süleyman begann ein 200jähriger Abschnitt der Banater Geschichte unter türkischem Einfluß. Mehrere Aufstände gegen die Türken wurden niedergeschlagen, erst 1716 gelangen entscheidende Siege gegen die Besetzer, die unter Führung des Feldherrn Eugen von Savoyen bei Petrovaradin hier in Serbien vernichtend geschlagen wurden. Das zwar befreite Banat war nun jedoch verwüstet und ganze Landstriche menschenleer. Nach ihrem Sieg in der Schlacht von Belgrad wurde den Habsburgern im Frieden von Passarowitz (Požarevac) 1718 das Banat zugesprochen, und der Wiederaufbau begann. Banater Schwaben wurden in drei Schüben ins Land geholt. Nun lebten Serben, die im 15. Jahrhundert nach der Besetzung ganz Serbiens durch die Türken gekommen waren, sowie Rumänen, Juden und die Banater Schwaben nebeneinander. Im Bündnis von Ungarn und Rumänen wurde gemeinsam gegen die Habsburger gekämpft. Bauernaufstände folgten von 1737 bis 1739. Der ungarische Adel nutzte die Schwierigkeiten des Wiener Hofes mit dem Banat und verleibte es sich 1779 ein. Trotz der Aufstände von 1848 blieb das Banat bis 1918 bei Ungarn. Nach dem Ersten Weltkrieg wurde das Banat im Vertrag von Trianon unter Serbien, Rumänien und Ungarn aufgeteilt. Der kleinere westliche Teil fiel an das Königreich der Serben, Kroaten und Slowenen (ehemaliges Jugoslawien), der Rest wurde Rumänien zugesprochen. Nach dem Zweiten Weltkrieg veränderte sich die Bevölkerungsstruktur im gesamten Banat. Die Deutschen wurden aus dem serbischen Teil des Banats vertrieben, ganz wenige blieben. Im serbischen Teil leben nach wie vor auch Rumänen.

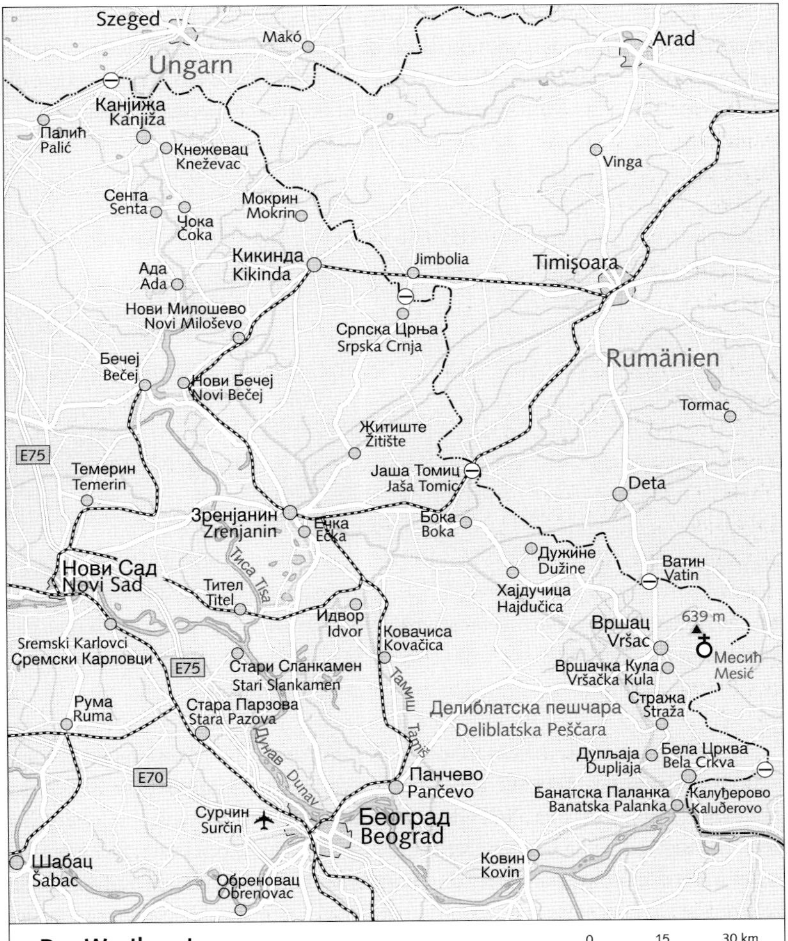

Das Westbanat

Kikinda

Die Rundfahrt durch das Banat beginnt im Norden, fast an der Grenze zu Rumänien. Viele Städte gibt es hier nicht. Kikinda (deutsch Groß-Kikinda, ungarisch Nagy-Kikinda) ist ganz nah an der Grenze. Hier im Westbanat wurden die Öl- und Erdgasvorkommen der Vojvodina entdeckt. Auf der Fahrt nach Kikinda wechseln sich Ölbohranlagen und Ziehbrunnen ab, außerdem sieht man ab und zu eine alte Tretmühle. Kikinda wurde erstmals 1423 als Nagy Kekeny erwähnt. Eine Zeitlang gehörte es zum Besitz des Despoten Georg Branković. Von 1541 bis 1716 befand es sich in türkischer Hand. Die Kriege zwischen Habsburg und den Türken haben ganze Landstriche entvölkert, so auch Kikinda, das um 1723 gar nicht mehr existierte. Erst die Wiederbesiedlungspolitik der Habsburger im Banat und die damit einhergehende eingerichtete Militärgrenze ließ ab 1751 den Ort neu entstehen, als sich Grenzbauern der Militärgrenze im Gebiet Pomorišje hier niederließen.

Im ehemaligen Verwaltungsgebäude von Großkikinda ist heute das Volkskunstmuseum untergebracht

In der Stadt ist die serbisch-orthodoxe Kirche aus dem 18. Jahrhundert sehenswert. Ihre Ikonostase geht auf Todor Ilić Češljar von 1773 zurück. Die Restaurierung von 1974 hat ihr den alten Glanz zurückgegegeben. Besonders schön ist der zweite Rang von unten mit den Darstellungen der orthodoxen Feste. Der Künstler schuf außerdem Wandmalereien: die Himmelfahrt, das Abendmahl und die Hochzeit zu Kanaa. Die anderen Szenen stammen von Ljubomir Aleksandrović. In der Stadt wurden die Schriftsteller Dušan Vasiljev (1900–1923) und Jovan Popović

(1905–1952) geboren. Ihre Denkmäler wie auch das Gefallenendenkmal im Stadtpark sind Werke des Bildhauers Alexander Zarin.

Direkt in der Fußgängerzone liegt das ehemalige Verwaltungsgebäude von Großkikinda. Der schöne Bau von 1839 beherbergt heute das Volkskunstmuseum und das historische Archiv.

Kirche, Hotel, Museum und Denkmäler gruppieren sich um den baumbestandenen Hauptplatz. Hinter diesem liegt der große Stadtmarkt. Es gibt auffällig wenig Geschäfte und nur einige Cafés. Das Städtchen hat 70 000 Einwohner. Man lebt von Keramikfabriken, Ziegeleien und kleineren Betrieben.

Am Stadtrand und in der weiteren Umgebung findet man kleinere archäologische Ausgrabungsstätten und Schloßreste: bei Čoka (Чока), Mokrin (Мокрин) und Kneževac (Кнежевац).

In Srpska Crnja (Српска Црња) an der rumänischen Grenze wurde 1831 der Dichter und Maler der Romantik Đura Jakšić geboren. Er studierte in Wien und München und kehrte später in die Heimat zurück, wo er eine Lehrtätigkeit annahm. Er verstarb 1878 mit nur 48 Jahren. Eine Gedenkstätte erinnert an sein Wirken.

Vorwahl: 02 30.

Hotel ›Narvik‹, Sport- und Kongreßhotel, Tel. 239 10, Fax 233 06; 4 Sterne, DZ 3200, EZ 1800 Dinar.

Volkskunstmuseum; Di–Sa 7–15, Mi 7–17, So 9–12 Uhr.

Novi Miloševo

In Richtung Novi Bečej passiert man Novi Miloševo (Нови Милошево) wo die Familie Karačoni, deren Name sich mit Weihnachten übesetzen läßt, im 19. Jahrhundert ansässig war. Ihr letzter Nachkomme, Andor Karačoni, hinterließ zwei Schlösser, eingebettet in einen großen Park. Das eine wurde während der Kriege zerstört, das andere ist heute im Besitz einer chemischen Fabrik, die Wasch- und Putzmittel herstellt, was Schloß und Park schon sehr zugesetzt hat.

Lohnenswert ist die Besichtigung von Arača (Арача), der Ruine eines ehemaligen Benediktinerklosters. Die Ruine ist zwar nicht klein, aber von der Straße nur schwer zu sehen. Felder verbergen den Blick, und wenn der Mais in voller Reife steht, ist sie nicht einmal zu erahnen. Man biegt nach etwa fünf Kilometern in einen Feldweg ein und fährt diesen etwa zweieinhalb Kilometer. Und plötzlich taucht hinter den Feldern die rote Backsteinruine auf. Das Kloster ist vermutlich vor dem ersten großen Mongolensturm im frühen 13. Jahrhundert entstanden.

Von der großen dreischiffigen Basilika mit drei Apsiden im Osten sind noch die Außenmauern und die mittlere Apsis erhalten. Gewölbereste und ein Turm sind auch noch erkennbar. Von der reichen Verzierung gibt selbst heute noch die Ruine eine Vorstellung. Einige Fragmente werden in Budapest aufbewahrt. Deutlich erkennt man Versuche, die Außenmauern zu stabilisieren, es wurden Ziegel eingefügt. Doch die Maßnahmen genügen nicht, es fehlt an Mitteln, die Kirche vor dem endgültigen Verfall zu bewahren.

Im 14. Jahrhundert war um das Kloster eine Ortschaft entstanden, die seit 1407 im Besitz der Despoten Stefan Lazarević und seit 1427 Georg Branković war. Die Urkunden der Zeit sprechen von einem Oppidum oder Castellum. Davon ist keine Spur mehr zu entdecken. Die Kirche steht heute unter der Obhut der Ungarn. Zu besonderen Anlässen finden hier Gottesdienste statt. Der Pfarrer von Novo Miloševo gibt gerne Auskunft.

Die Ruine des Benediktinerklosters Arača

Novi Bečej

In einer Theißschleife liegt Novi Bečej (Нови Бечеј) im Banat, sozusagen schräg gegenüber von Stari Bečej in der Bačka. Im Mittelalter bestand hier eine Siedlung auf einer Theißinsel. 1945 wurden die Orte Novi Bečej und Vranjevo zu einer Siedlung unter dem Namen Vološinovo zusammengefaßt, die später wieder in Novi Bečej umbenannt wurde. Prähistorische Funde liegen in der Umgebung. Zu sehen sind hier die serbisch-orthodoxe Nikolauskirche von 1774 mit einer Ikonenwand von Stefan Gabrilović von 1814 und Wandmalereien von Pavle Simić, die orthodoxe Kirche in Vranjevo aus dem 19. Jahrhundert mit einer Ikonenwand von Jeftimije Popović und Schnitzereien von Franc Kolb sowie die katholische Kirche des Architekten Joszef Schefet.

Am schönsten ist Novi Bečej an der Theiß, wo eine kleine Klosterkirche von 1742 Ikonen des 18. Jahrhunderts beherbergt. Die Ufer der Theiß sind reich bewaldet. Fischer sind mit ihren Angeln auf Booten unterwegs. Am Kai trifft sich alt und jung, und im Hotel ›Tiski Cvet‹ läßt sich mit Blick auf den Fluß Hausmannskost genießen. Die Theiß ist für ihren Fischreichtum bekannt. Die Umweltkatastrophen in den Goldminen im rumänischen Baia Mare vor wenigen Jahren haben Rückschläge zur Folge gehabt. Der Schönheit der Landschaft hat es jedoch keinerlei Abbruch getan.

Vorwahl: 023.

Hotel ›Tiski Cvet‹, trg Oslobođenja 1, 23272 Novi Bečej, Tel. 77 34 24; 2 Sterne, DZ 1960, EZ 1230 Dinar.

Zrenjanin

Zrenjanin (Зрењанин, serbisch auch Veliko Bečkerek, ungarisch Nagybecskerek) ist mit seinen 80 000 Einwohnern heute das wirtschaftliche und kulturelle Zentrum des serbischen Banat. Entstanden als Groß-Betschkerek, hieß es zwischen den Welktriegen kurzfristig Petrograd und erhielt seinen heutigen Namen dank einer Abstimmung nach dem Partisanen Žarko Zrenjanin. Er hat auch der städtischen Bibliothek, die sich direkt am Hauptplatz, dem trg Slobode (трг Слободе), befindet, seinen Namen geliehen.

Die Stadt ist bekannt für ihre Lebensmittelindustrie. Ob gute Fruchtsäfte, Molkereiprodukte oder gar Bier, häufig findet sich der Hinweis auf Zrenjanin. Deshalb finden hier auch alljährlich die ›Dani Piva‹, die Biertage, statt, dazu das Festival der elektronischen Musik, wo es richtig laut wird.

Die ganze Vojvodina ist von Flüssen, Bächen und Kanälen durchzogen. Auch Zrenjanin liegt am Wasser, am Fluß Begej (Bega) und einem ihrer Kanäle. Die Stadt besitzt ein paar schöne barocke und historistische Bauten beiderseits der Wasser. Das Zentrum beginnt am trg Slobode. Ein wenig vom Glanz der Habsburger vermittelt das zweimal umgebaute Rathaus, das in seinem neobarocken Kern aus dem 19. Jahrhundert auf den Entwurf des ungarischen Jugendstilarchitekten Ödon Lechner zurückgeht. Am gleichen Platz steht die katholische Kirche. Anstelle einer alten Kirche war zunächst die Wendelinkapelle errichtet worden. Diese wurde wegen Baufälligkeit durch eine große neue, dem heiligen Nepomuk geweihte Kirche von 1762 ersetzt. Da sie, wie ein großer Teil der Stadt, einem

Großbrand im Jahr 1807 zum Opfer fiel, wurde ein Neubau 1864 in die Wege geleitet. Diesen sehen wir heute. Er wurde von Joseph Geugner 1885 ausgemalt. Beim Friedhof steht eine zweite katholische Kirche.

Eine Metallbrücke führt über die Kanalschleife, wo das schöne Ensemble aus Justizpalast und steil aufragender reformierter Kirche im neogotischen Stil zu sehen ist.

Zwei orthodoxe Kirchen im klassizistischen Stil stehen den Serben zur Verfügung: Die Maria-Reinigungskirche von 1777 mit einer Ikonostase von Arsa Teodorović von 1817 und Gewölbemalereien von Steva Aleksić und die Maria-Entschlafenskirche, deren Bauzeit fast 40 Jahre in Anspruch nahm (1744–1787). Arsenije Petrović schnitzte ihre Ikonenwand, die Ikonen malte 1815 Georgije Popović.

Zrenjanin ist heute berühmt für seinen Jugendchor ›Koca Kolarov‹. Er wurde 1966 gegründet und wird seit 1970 von Milan Bulovan geleitet. Im Jahr 2004 nahm der Chor erfolgreich am Europäischen Jugendchor-Festival in Basel teil.

In südlicher Richtung im Dorf Ečka (Ечка) an der Begej ist im alten Schloß eine Künstlerkolonie untergebracht. Das Dorf schmücken außerdem eine rumänisch-orthodoxoe Kirche von 1844, die Joseph Geugner ausmalte, und eine schlichte, mit Schindeln gedeckte serbisch-orthodoxe Kirche von 1711. Ihre ursprüngliche Ikonenwand wurde abgetragen und auf Museen verteilt.

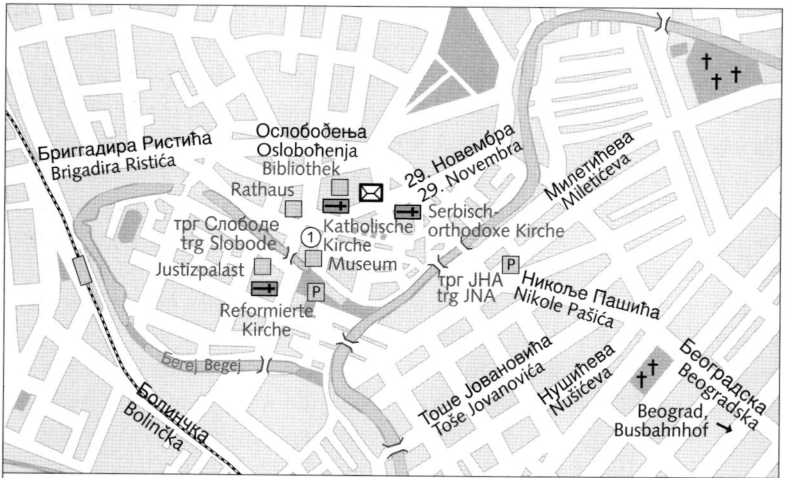

Zrenjanin (Зрењанин)

Legende

1 Hotel ›Vojvodina‹

Die reformierte Kirche und der Justizpalast

Im kleinen Dorf Idvor (Идвор) wurde der Physiker Mihajlo Idvorski Pupin 1854 geboren.

Vielfach existiert im Banat die Tradition, die Häuser zu verzieren. Wenn man durch die Ebene fährt, sieht man immer wieder einzelne Gutshäuser, sogenannte Salaši. Sie gehörten vor dem Krieg Großgrundbesitzern und wurden nach der Bodenreform 1945 landlosen Bauern übergeben. Auch mancher Landsitz, in Serbien gerne als Schloß bezeichnet, ist über das weite Land verstreut: entlang der rumänischen Grenze Dvorac Jagodica bei Boka (Бока), Dvorac Kapetanovo bei Dužine (Дужине) und Dvorac Dunćerski bei Hajdučica (Хајдучица).

Vorwahl: 023.

Hotel ›Vojvodina‹ [1], trg Slobode 2, Tel. 612 33, 62 21 22, Fax 53 69 43, www.hotel-vojvodina.co.yu; 3 Sterne, DZ 2600, EZ 1600 Dinar. Mit Parkplatz, 1972 erbaut.

Deliblatska Peščara

Im Banat liegt eines der größten und beliebtesten Jagdgebiete Serbiens für Großwild, die sogenannte Deliblatska Peščara (Делиблатска пещара), mit einer Fläche von fast 3000 Hektar.

Das Gebiet wurde zum Naturreservat erklärt, in dem verschiedene Zonen bestehen: zwei absolut geschützte Reservate und sechzehn Pflanzenschutzreservate, daneben sechs Naturdenkmäler. Innerhalb von 200 Jahren wurde das Areal systematisch aufgeforstet, um der Bodenerosion zu begegnen. Außerhalb des Gebietes verteilen sich die Städte Pančevo, Bela Crkva, Vršac und Kovin. Im Gebiet ist der Banatwolf zu Hause, das wichtigste Raubtier in diesem Wald, das entscheidend zur Erhaltung eines gesunden Wildbestandes beiträgt. Seine Population wird derzeit auf 40 Exemplare geschätzt. In der Vergangenheit war der Wolf hier sehr bedroht. Er wird zum Beispiel in den Quellen des 18. und 19. Jahrhunderts als Ungeziefer beschrieben, und zum Schutz von Vieh und Geflügel wurde nicht nur Jagd auf ihn gemacht, sondern sogar Gift gegen ihn gestreut. Diese Feindschaft hat den Bestand bis zum Anfang des 20. Jahrhunderts stark dezimiert, und der Wolf schien fast ausgerottet. Man nimmt an, daß bis in die 50er Jahre mindestens 300 Tiere getötet wurden. Doch trotz der starken Gegner hat er bis heute in diesem Gebiet überlebt.

Pančevo

Das Städtchen Pančevo (Панчево, deutsch Pantschowa, ungarisch Pancsowa) mit 80 000 Einwohnern liegt an der Mündung der Tamiš (Temesch) in die Donau. Eine der wenigen Brücken führt bei Pančevo über die Donau und verbindet sie mit der nahegelegenen Hauptstadt Belgrad. Ihre Lage hat sie als Industriestandort prädestiniert. Es ist das Zentrum der Petrochemie und der Pharmaindustrie. Heute sind nur 30 Prozent des Chemiekonzerns wieder in Betrieb. Die Bombardierungen von 1999 haben die Fabriken schwer geschädigt und eine starke Umweltbelastung zur Folge gehabt. Das Städtchen hat schon viele Namen besessen: Panuka im 9. Jahrhundert, Panuces, Panoča und Panzova, je nachdem, welches Volk von ihm Besitz nahm. Von 1520 bis 1717 von den Türken beherrscht, wurde es zunächst als Festung und 1794 als freie Stadt erwähnt. In der Umgebung wurden neusteinzeitliche Funde gemacht. Stolz war man auf den am Wasser liegenden Industriekomplex der Brauerei ›Weifert‹ von 1722, der heute leider dem Verfall preisgegeben ist. Eine neue Brauerei entstand, sie firmiert weiter unter ›Weifert‹, ihr rotes Logo schmückt Bierdeckel und Sonnenschirme. Mit 70 Prozent ist jedoch der türkische Bierhersteller ›Efes‹ beteiligt.

Im Zentrum sind zwei orthodoxe Kirchen sehenswert: Die Muttergottes-Entschlafenskirche (crkva Uspenska Bogorodice/црква Успенска Богородице) mit ihrer Zweiturmfassade wurde 1807 bis 1811 erbaut. Sie besitzt eine schöne Ikonostase, deren Schnitzarbeiten auf Mihajlo Janić aus Arad zurückgehen, während die Malereien von Konstantin Danil (1798–1873) von 1828 bis 1832 entstanden.

Die neoromanische Verklärungskirche

Die neoromanische Verklärungskirche (Preobraženskacrkva/Преображенска црква) entwarf der Architekt Svetozar Ivačković (1844–1932) im 19. Jahrhundert. Er griff im Entwurf auf mittelalterliche Konstruktionselemente zurück, weil er an die serbische mittelalterliche Architektur anknüpfen wollte. Ihre Ikonostase malte Uroš Predić, ihre Wandmalereien Stevan Aleksić. Sie beinhalten über 70 Porträts und historische Szenen, darunter die Errichtung des Klosters Žiča, die Krönung Stefans des Erstgekrönten und die Verbrennung der Gebeine des heiligen Sava. Die Malereien sind sehr renovierungsbedürftig; im September 2004 sollte damit begonnen werden. Der dazugehörige Glockenturm erinnert an einen italienischen Campanile, deutlich ist die Anlehnung an die italienische Architektur zu erkennen. Die orthodoxe Kirchengemeinde verfügt über eine Bibliothek mit historischen Dokumenten zur Stadtgeschichte. Daneben gibt es Gotteshäuser anderer Konfessionen, die alle verschlossen sind.

Im kleinen Nationalmuseum werden archäologische Funde aufbewahrt. Die Volkskunstabteilung mit Stickereien und ethnographischen Exponaten dokumentiert das Leben der hier ansässigen Rumänen.

Vršac

Vršac (Вршац, deutsch Werschatz, ungarisch Versec) war ein bedeutender Ort im serbischen Banat, nur wenige Kilometer von der rumänischen Grenze und etwa 100 Kilometer von Belgrad entfernt. Es war ein altes Zentrum Pannoniens und des alten Habsburgerreiches.

Der ungarische Dichter Férenc Herczeg setzte der Stadt ein Denkmal mit seinen Büchern: ›Die Heiden‹ und ›Die sieben Schwaben‹, er schrieb in deutsch, war dennoch nicht nur deutschfreundlich. Der Lyriker Vasko Popas schrieb zu Beginn auf rumänisch, später auf serbisch. In einem seiner Gedichte küßt man sich auf einer Bank im Stadtpark unter der Büste Nikolaus Lenaus. Diese Büste ist heute ins Museum verbracht. Lenau war im rumänischen Teil des Banat zu Hause und hat großartige Gedichte in deutscher Sprache hinterlassen. Milo Dor, ein zeitgenössischer österreichischer Schriftsteller, in Budapest geboren, von serbischen Eltern abstammend, in Wien lebend, hat in seinem Roman ›Nichts als Erinnerung‹ den Verfall einer wohlhabenden serbischen Familie aus dem Banat geschildert. Frauen wie Hilda Merkl oder Marie Eugenie delle Grazie beschrieben ebenfalls ihre Heimat. Letzere, geboren 1864, entwarf in ihrem Roman ›Donaukind‹ in der Figur der Nelly ein Selbstporträt.

Die langgezogene, großzügig angelegte Ortschaft besteht aus aneinandergereihten einstöckigen, maximal zweistöckigen Häusern, wie sie für das Banat so typisch sind. Die Innenhöfe bleiben verborgen, die Vorgärten zur Straße sind mit Blumen geschmückt. Zwischen ihnen ragen immer wieder spitze steile Türme heraus, die miteinander zu konkurrieren scheinen.

Erstmals wird der Ort Anfang des 15. Jahrhunderts als Podvršac erwähnt. Dies kommt von ›pod vrhom‹, ›unter dem Gipfel‹. Mit dem Gipfel ist jener gemeint, auf dem die Festung lag. Die Ortschaft in der Ebene, Vršački Grad, und der Hügel, Vršačka Kula, wurden 1552 von den Türken eingenommen. Der türkische Chronist Evliya Çelebi beschrieb den Ort 1666 als reich und fortschrittlich mit Wasserleitung, Badehäusern (Hamamen), Moscheen und Schulen. Nach der Befreiung von den Türken wurde neben dem serbischen der deutsche Stadtteil ausgebaut und beide erst 1794 zu einer Verwaltungseinheit zusammengeschlossen. Im Jahr 1817 wurde die Stadt von den Habsburgern begünstigt.

Viele Funde in der Umgebung belegen eine durchgehende Besiedelung: Kremenjak ist eine paläolithische Fundstätte, das Kozluktal eine neolithische, und in Ludoš fand man ein bronzezeitliches Gräberfeld. In der Stadt selbst wurden eine Nekropole der Sarmaten und römische Reste entdeckt. Man weiß daraus, daß sich hier bereits Weingärten befunden haben.

Die Stadt ist Hauptsitz des international sehr erfolgreichen Pharmakonzerns ›Hemofarm‹. Er stellt veterinärmedizinische Produkte, Antibiotika, aber auch

Verpackungsmateralien her und ist bereits in der ganzen Welt vertreten. Der Einfluß seiner Manager hat nicht unwesentlichen Anteil daran, daß die Stadt Austragungsort der Basketball-Europameisterschaft 2005 war. Die Firma ist auch ein großer Sponsor der Nationalmannschaft.

Das Stadtzentrum besitzt eine schöne breite Fußgängeranlage mit Restaurants und Cafés, in denen sich am Abend die Jugend trifft. Im Stadtpark befinden sich Büsten der Partisanen, aber auch die des Schauspielers Sterija Popović. Gleich um die Ecke steht das Theater, an dem er gewirkt hat.

Sehenswert ist in der Fußgängerzone die Alte Apotheke, die 1784 eröffnet wurde. Daneben steht das Haus ›Zu den zwei Pistolen‹, ein Quartier für Reisende. Benannt ist es nach Karađorđe, der dem Besitzer zur Deckung seiner Kosten zwei Pistolen überlassen hatte. Stolz hatte man sie früher im Museum gezeigt.

Die Nikolauskirche gegenüber dem Bischofssitz ist die serbisch-orthodoxe Kathedrale. Sie wurde von 1783 bis 1785 anstelle einer alten Kirche erbaut. Der Glockenturm ist barock. Die wunderschöne Ikonostase wurde von Aksentije Marković geschnitzt, die Bilder malte Pavle Đurković. Bei Umbauten des 19. Jahrhunderts wurden sie übermalt. Die Gewölbe malten Simeon Jakšić und Mihajlo Popović 1808 aus, und gegen Ende des 19. Jahrhunderts arbeitete Paja Jovanović daran. Derzeit wird der Bau gründlich renoviert. Im Inneren ist besonders schön die Darstellung der Propheten in der Apsis, die leider meistens hinter der Ikonostase verborgen bleibt. Neben der Kirche befindet sich in einem alten Gebäude die öffentliche Bibliothek.

Der Bischofspalast inmitten eines gepflegten Gartens entstand 1759 im Barockstil. Die Fassade wurde 1904 umgestaltet. Teil des Palastes ist die Erzengelkapelle, deren Ikonostase Nikola Nešković malte. 1904 erfolgten am gesamten Bau beträchtliche Umbauten. Heute ist hier die Kanzlei der serbisch-orthodoxen Kirche untergebracht.

An der Hauptstraße nicht weit von der Kathedrale liegt die serbisch-orthodoxe Marienkirche, die derzeit wegen Renovierung geschlossen ist. Sie ist von Grün umgeben und hat an ihrer Westseite einen Turm.

Die römisch-katholische Kirche Sankt Gerhard aus grauem Kalkstein ist von weitem an ihrer Zweiturmfassade zu erkennen. Der Patron ist Gerhard von Sagredo (977–1046) oder Gerhard von Csanád, der um 1015 als Abt von San Giorgio aus Venedig nach Ungarn kam. Hier wurde er Erzieher des Königssohnes Emerich und um 1030 Bischof von Csanád. Seiner Tätigkeit setzten die Heiden im Jahr 1046 ein Ende, indem sie Gerhard mit der Lanze ermordeten. Die Kirche entstand als dreischiffige Hallenkirche in den Jahren 1860 bis 1863 im Stil der Neogotik. Der Entwurf stammt von F. Brandajs. Das Innere ist vollständig ausgemalt und besitzt Glasfenster, die ein schönes Licht geben. Am Hauptaltar ist ein Bild von Karl Geiger aus Wien von 1863. Die Altäre der heiligen Familie und der heiligen

Dreifaltigkeit von 1869 schuf Karl Gutsch, ebenfalls aus Wien. Im Inneren werden die Innungsfahnen des 19. Jahrhunderts aufbewahrt. In der Apsis sieht man die Apotheose des heiligen Gerhard. Sankt Gerhard gilt als schönste Kirche des donauschwäbischen Siedlungsraumes. Bedeutender Pfarrer war hier Josef Nowak, der zum Propst der größten Banater Pfarrei in der ›Hennemannstadt‹ Werschetz ernannt worden war. Bischof Bonnaz hatte kurz zuvor die Pfarrkirche geweiht. Nach dem Ausgleich von 1878 wurde Novak zur Abdankung gezwungen. Seine Bemühungen für die Deutschen wurden von den Ungarn als Verrat geahndet.

Das alte Rathaus ist ein Biedermeiergebäude. Daneben steht ein neogotisches Gebäude des Architekten Bihers von 1860, das einst für die Gemeindeversammlungen genutzt wurde. Das Gebäude im Neorenaissancestil enstand anstelle des Geburtshauses des Lustspieldichters Jovan Sterija Popović. Wie die Serben auf rumänischer Seite haben auch die Rumänen auf serbischer Seite ihre Kirche und Gemeinde: Der Bau stammt von Dimitrije Turcu und Aksentije Marişescu. Die rumänisch-orthodoxe Kirche ist an ihrer flachen Kuppel erkennbar. Sie entstand Anfang des 20. Jahrhunderts und beherbergt eine Ikonostase mit Bildern und Details zeitgenössischer Volkstrachten und Kleider.

Das Nationalmuseum von Vršac verdiente einst besondere Aufmerksamkeit. Zu sehen waren archäologische Fundstücke vor allem aus Dupljaja und Armreifen aus dem Fundort At. Die ethnographische Sammlung ist reich an Volkstrachten aus dem südöstlichen Banat. Daneben gibt es eine naturkundliche und historische Sammlung. Das Museum verfügt auch über zwei Sammlungen, die Jovan Sterija Popović und Paja Jovanović, beide gebürtig aus Vršac, gewidmet sind. Das Museum ist derzeit geschlossen, eine Wiedereröffnung nicht in Sicht.

Die Gegend um Vršac, die Vršačka Brdo, ist berühmt für ihre Reben, woraus Rot- aber mehr noch Weißweine gewonnen werden. Den leichten frischen Wein kann man in den Restaurants genießen. Alljährlich wird mit einem Trachtenumzug der ›Weinball‹ (Grozdjebal) begangen.

Vršačka Kula (Вршачка Кула) ist der Rest einer schon im 13. Jahrhundert erwähnten größeren Festung. Sie wurde im 18. Jahrhundert mit dem Namen Vers erwähnt. Von dieser alten Burg blieb nur der 20 Meter hohe Turm aus dem 16. Jahrhundert erhalten. Der dreigeschossige Bau war über eine Zugbrücke zu betreten. Die Türken eroberten die Stadt 1525 und hielten sie bis 1717. Die Österreicher lösten die Türken ab. Die Zerstörung der alten Mauern begann größtenteils 1699, als nach dem Frieden von Karlovci (Karlowitz) in Vršac keine militärische Befestigung mehr bestehen durfte.

Vorwahl: 013.

Hotel ›Srbija Vršac‹,
Svetosavski trg 12,

26300 Vršac, Tel. 835-545, Fax -252; 3 Sterne, DZ 2400, EZ 1200 Dinar. Hochhaus im Zentrum an der Hauptstraße, das fast die katholische Kirche überragt.

In Vršac ist die Pilotenschule von ›JAT‹, der serbischen Fluggesellschaft, angesiedelt. In kleinen Flugzeugen werden Rundflüge angeboten.

Kloster Mesić

Etwa zehn Kilometer von Vršac entfernt, vorbei an vielen Reben, erreicht man über eine einsame Straße, auf der nur hin und wieder ein Ziehbrunnen zu sehen ist, das kleine Dorf Mesić (Месић). Am Ortseingang liegt das von fünf Nonnen bewirtschaftete Kloster Mesić. Die Anlage geht der Überlieferung nach auf die serbischen Despoten Grgur und Jovan Branković zurück, so daß man zeitlich das Ende des 15. Jahrhunderts annimmt. Eine erste gesicherte Information gibt eine Urkunde aus Peć von 1660. Während der habsburgisch-türkischen Kriege 1716 wurde das Kloster beschädigt und 1722 wiederaufgebaut. Ende des 18. Jahrhunderts wurde die Kirche um eine Außenvorhalle (Exonarthex) erweitert. Im Grundriß knüpft der Bau an die Bauschule von Raška an: Altarraum, Naos, Narthex, offene Vorhalle. Die Außenwände sind durch Blendarkaden verziert. Eine Kuppel, außen polygonal, innen rund, und ein barocker Glockenturm sind von außen dominant. Das Innere – Naos, Vorhalle und Altarraum – wurden von den Zographen Petar und Antonije ausgemalt. Unter ihren Malereien kommt eine ältere Malschicht zum Vorschein. Neben der Kirche entstanden 1841 bis 1843 ein Konak im klassizistischen Stil und eine Eingangshalle.

Bela Crkva

Auf der Fahrt durch eine weite Ebene kommt man durch das rumänische Dorf Straža. Bela Crkva (Бела Црква, deutsch Weißkirchen, ungarisch Fehértemplom, rumänisch Biserica Alba), liegt im Tal des Flusses Nera im Südosten der Vojvodina. Im Osten grenzen die Karpaten fast an die Stadt.

Die Stadt teilt ihre Geschichte mit vielen Städten des Banat: wechselhaft, von unterschiedlichen Volksgruppen und Religionen geprägt. Heute wird der Ort in drei Sprachen beschildert: Serbisch, Ungarisch und Rumänisch. Das Deutsche ist, wie überall, getilgt.

Erstmals fand der Ort in den Quellen 1335 Erwähnung. Zur Türkenzeit gehörte er zum Bezirk Hram, dem heutigen Banatska Palanka. Mit der Gründung der österreichischen Militärgrenze war er Sitz des serbisch-Banater Regimentsbezirks mit dem Namen Weißkirchen. Seit 1777 war er eine freie Stadt. Bis zum Zweiten Weltkrieg wohnten hier viele Schwaben. Sie wurden später vertrieben, in Lager gebracht. Andere siedelten sich im gleichnamigen Ort bei Salzburg an.

Nach dem Zweiten Weltkrieg hat sich hier Industrie breitgemacht. Am Stadtrand steht eine Zigarettenfabrik.

In Bela Crkva

Den Kern des Ortes bilden die ehemalige Feuerwache, zwei serbisch-orthodoxe, die katholische und die rumänisch-orthodoxe Kirche, die alle verschlossen sind; weiterhin ein Amtsgebäude von 1830 und das Stabsgebäude des Grenzregimentes von 1841. Die serbische Peter- und Paulskirche ist zwar renovierungsbedürftig, besitzt aber eine ausgesprochen schöne Ikonostase. In ihrer zweiten Reihe sind sehr klar die Kirchenfeste abzulesen: die Geburt Christi, die Erscheinung am Berge Tabor, die Taufe, in der Mitte die Dreifaltigkeit, die Auferstehung, Himmelfahrt und Pfingsten sowie der Tod der Muttergottes. Das Denkmal für die Partisanen stammt von Sreten Stojanović (1954). Kostbare Funde wurden in der Umgebung gemacht: in Selište (Селиште) ein Bronzeschwert der mittleren Bronzezeit, im römischen Castrum Aponte wurden Urnen entdeckt, in Mišićev Jarak (Мишићев Јарак) Materialreste und Münzen und in Dupljaja (Дупљаја) Kultgegenstände der Bronzezeit. Dabei handelt es sich um von Vögeln gezogene

Wägelchen mit Gottheiten in Frauengewändern. Alle Exponate sind auf Belgrad und kleinere Museen aufgeteilt.

Beliebt ist Bela Crkva als Erholungs- und Jagdgebiet. Nera, Karas und Donau-Theiß-Donau-Kanal durchziehen die Umgebung mit ihren Wasserarmen. Sieben kleinere Seen liegen in der Umgebung. Hier stehen Campingplätze zur Verfügung. Das große Jagdgebiet Deliblatska Peščara ist nur 15 Kilometer entfernt. In der Stadt selbst leben etwa 12 000 Menschen. Im Sommer wird hier der Blumenkarneval gefeiert.

Ganz nah liegt Banatska Palanka (Банатска Паланка), an dessen Ufern eine Fährverbindung über die Donau nach Ram besteht. Man hält sich immer in Richtung Restaurant ›Dunav‹, das mit einer schönen Terrasse direkt am Ufer zur Fischsuppe einlädt.

Kovin

Die Fahrt geht in Richtung Dubovac, rechter Hand begleitet vom Jagdgebiet Deliblatska Peščara, über den Donau-Theiß-Donau-Kanal nach Kovin (Ковин, ungarisch Kevevára). Weit und breit gibt es keine Dörfer, viel Schilf steht am Wegesrand, und ab und zu ist eine Schafherde unterwegs. Es gibt so gut wie keine Industrie, nur ein nagelneues ›Hemofarm‹-Fabrikgebäude, eine Firma, die für ihre Antibiotikaherstellung bekannt ist. Kovin macht trotz seiner reichen Geschichte heute einen eher trostlosen Eindruck.

Im Jahr 1073 als Castrum Ceve erwähnt, ist es eines der ältesten Siedlungen nördlich der Donau. Seit 1153 befestigt, ging es 1458 in den Besitz des Despoten Lazar über. Vor den anrückenden Türken flohen die Anwohner nach Ungarn und gründeten auf der Insel Csepel bei Budapest Srpski Kovin. Unter den Türken wurde Kovin Sitz eines Beg.

Die Umgebung ist reich an archäologischem Material. Im Stadtpark fand man eine Gepidennekropole. Die hiesigen Funde befinden sich im Militärmuseum in Belgrad. Das Kulturzentrum beherbergt nicht mehr die archäologische Sammlung, die von Aleksandar Ostojić zusammengetragen wurde, sondern steht für Ausstellungen zur Verfügung. Cafés und Restaurants haben sich in der Nähe angesiedelt.

Im Zentrum stehen sich katholische und rumänisch-orthodoxe Kirche fast gegenüber. Letztere verdankt ihrem kürzlich begangenen Jubiläum einen neuen Anstrich. Wirklich sehenswert ist die etwas abseits gelegene serbisch-orthodoxe Kirche, vor allem wegen ihrer schönen Ikonostase. Der unbekannte Meister schuf zarte wunderschöne Holzschnitzereien. Von der mittelalterlichen Festung sind an einem kleinen Kanal unweit der Donau nur noch Ruinen zu sehen.

Von der flachen pannonischen Ebene ausgehend, steigert sich das innere Serbien von einer sanften, überschaubaren Hügellandschaft zum hochaufragenden, dichtbewaldeten Gebirge.

Das innere Serbien

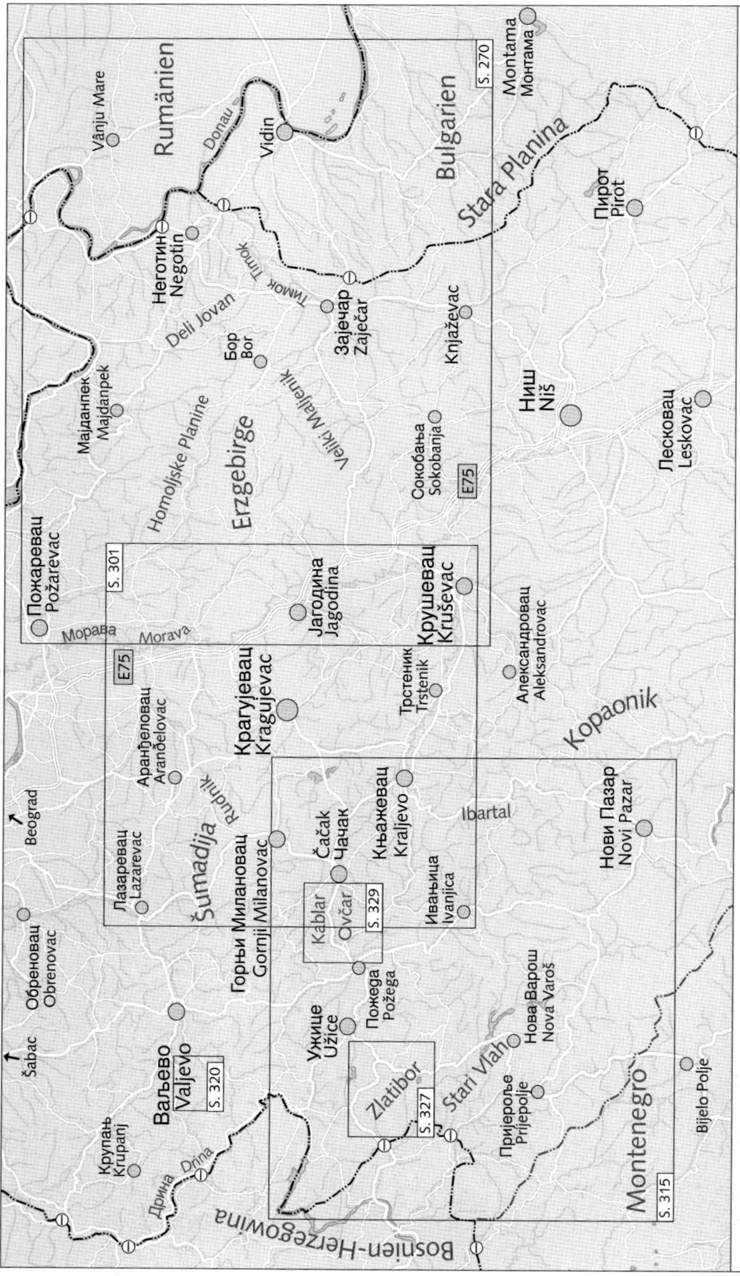

Das innere Serbien

Zentralserbien

Der zentrale Teil Serbiens (Uža Srbija) wird häufig auch Altserbien genannt. Er bezeichnet die südlich der Donau und der Save liegenden Gebiete: die Ebene Mačva und Šumadija, die Hügellandschaft südlich von Belgrad, die Donaulandschaft mit den vielen Zeugnissen ihrer frühen Besiedlung, das serbische Erzgebirge, Westserbien am Rand der Dinariden, den Sandžak Novi Pazar und das Stari Ras im Süden und Südostserbien entlang dem Balkan. Zentralserbien hat eine Fläche von knapp 56 000 Quadratkilometern.

Die Donau

Serbien, einer der vielen Donauanrainer, bewahrt einen der schönsten landschaftlichen Abschnitte dieses mächtigen europäischen Flußlaufes. Es ist das Eiserne Tor, an dessen Strecke sich nicht nur landschaftliche, sondern auch kulturelle Höhepunkte erleben lassen.

Die Gesamtlänge der Donau beträgt 2850 Kilometer. Nach den jüngsten politischen Umbrüchen säumen zehn Staaten die Ufer der Donau. Vom Schwarzwald bis zum Schwarzen Meer beträgt ihr Einzugsgebiet etwa 817 000 Quadratkilometer.

Der griechische Name des stattlichen Wasserlaufs war Istros, latinisiert zu Ister oder Hister. Ihr lateinischer Name lautete Danuvius (gräzisiert Danubis), bis sich im Laufe der Zeit für den westlichen Teil Danuvius (bis zur Mündung der Save) und für den östlichen Ister durchsetzte. Einen Mittellauf kannte die Antike nicht.

Die Donau bei Donji Milanovac

Seit den Römern war die mittlere und untere Donau der Grenzfluß Europas gegen feindliche Einfälle aus dem Norden und Nordosten gewesen. Mit den Osmanen rückte ein Gegner von Süden an. Die meisten Siedlungen lagen auf der Südseite, ebenso wie die eigentliche Römerstraße. Beginnend von der heutigen kroatisch-ungarischen Grenze und dem Ausgang des Eisernen Tores sind 30 Burgen nachweisbar, mit wenigen Ausnahmen alle auf der Südseite.

Die Donau war über Jahrhunderte eine wichtige Handelsstraße nach Westen bis Regensburg, Nürnberg, Köln. Ihre im europäischen Flußsystem einzigartige West-Ost-Richtung verschaffte ihr eine Monopolstellung. Heute ist die Donau auf 2414 Kilometern schiffbar. Jährlich wird eine Million Tonnen Fracht transportiert. Ihr Schiffahrtsweg beginnt bei Kelheim (Main-Donau-Kanal).

Die Tafel des Kaisers Traian am Eisernen Tor stammt aus dem Jahr 103

Die Donau war auch eine wichtige Pilger- und Kreuzfahrerstraße: vom Neckar zur Donau, an Zemun vorbei durchs Moravatal, nach Niš und entlang der alten römischen Kaiserstraße. Auch im zweiten Kreuzzug folgte man der Donau (1147–1149). Den dritten leitete Kaiser Friedrich Barbarossa 1189. Er brach von Wien auf, kam über Francavilla und über den Gebirgszug der Fruška Gora; ab hier folgte das Heer auf dem Landweg, die Versorgung kam per Schiff auf der Donau.

Der vierte Kreuzzug, der Konstantinopel eroberte, brachte die Kontrolle über dieses große Reich an der Donau: Serben, Bulgaren waren seine Erben südlich der Donau, Walachen (heute Rumänien) nördlich. Geprägt waren sie byzantinisch-orthodox.

Das Bombardement der NATO von 1999 hat den Verkehr auf und entlang der Donau von Serbien bis zur Mündung zeitweilig lahmgelegt. Teilweise wurden Brücken über die Donau und ihre Nebenflüsse zerstört, die Schiffahrt durch

Brückenreste und Rüstungsteile blockiert. Die Schäden wurden weitgehend behoben, die Brücken sind jedoch noch immer nicht vollständig wieder instandgesetzt und teilweise nur provisorisch erbaut. Die Donauschiffahrt der Touristen ist jedoch schon wieder in Gang gekommen.

Nur wenige Kilometer unterhalb von Mohács in Ungarn bildet der Mittellauf die Grenze zwischen Serbien und Kroatien mit der historischen Landschaft Slawonien. Bei Bačka Palanka (auf kroatischer Seite Ilok) ist die Brücke über die Donau die neu eingerichtete Grenzstation. Die Donau macht hier eine Kehre nach Osten und fließt an der Flanke der Fruška Gora entlang bis Novi Sad. Bei Slankamen (Salzstein) nimmt die Donau die Theiß auf. Die Theiß ist neben der Donau der wichtigste Fluß Ungarns. Sie entspringt in den ukrainischen Waldkarpaten, durchströmt die Hortobágy-Puszta, das pannonische Tiefland und erreicht die Vojvodina. Der Mäander von 1430 Kilometern wurde durch Begradigungen auf 977 Kilometer verkürzt.

Die Donau wendet sich nun leicht nach Süden und nimmt bei Belgrad die Save auf. Diese ist ihr größter Nebenfluß und hier an ihrer Mündung fast zwei Kilometer breit. Mit ihrem Volumen hat sich die Wassermenge der Donau seit Budapest verdoppelt. Die Save selbst hat von ihrer Quelle in den Julischen Alpen Sloweniens bis nach Belgrad bereits 940 Kilometer zurückgelegt. Die Donau fließt nun weiter Richtung Osten und bildet auf einem Teilstück die Grenze zwischen Rumänien und Serbien. Diese beiden Staaten teilen sich auch den spektakulären Abschnitt des Eisernen Tores, an dem 1972 das Gemeinschaftsprojekt des Wasserkraftwerkes verwirklicht wurde.

Am 29. Juni begehen auch die Serben den internationalen Tag der Donau. Sie lieben ihren Fluß. Leider ist dessen Ökologie stark in Mitleidenschaft gezogen. Daran hat die Gründung der internationalen Kommission zum Schutz der Donau, der Serbien beigetreten ist, noch nicht viel ändern können, auch wenn in Nachbarländern wie Rumänien bereits EU-Gelder für den Bau von Kläranlagen in fünf großen Städten bereitgestellt wurden. Noch heute fließen die Abwasser der Städte, so auch Belgrads, direkt und ungeklärt in den Fluß. Die großen Industrieanlagen leiten seit ihren Gründungen nicht nur in Serbien ihre Abwässer in die großen Flüsse. Dazu kommen die Folgen der Bombardierung der NATO von 1999. Viele Ölraffinerien und Industrieanlagen wurden bewußt getroffen, Schadstoffe traten in unüberschaubaren Mengen aus. Große Sorgenkinder sind Novi Sad, wo Öl in die Donau floß, aber auch Pančevo. In der 80 000 Einwohner großen Stadt unweit von Belgrad wurden die Düngemittelfabrik, die Raffinerie und das Chemiekombinat ›Petrohemia‹ getroffen. Dabei ist neben vielen anderen Chemikalien das hochgiftige Quecksilber in den Fluß gelangt. Zyanidunfälle in Rumänien brachten die Gifte über die Theiß in die Donau, und die uranhaltige Munition der NATO hat ihr übriges getan.

Smederevo

Von Belgrad beginnt die Fahrt an der Donau zunächst in Richtung Vinča. Wenige Kilometer vor dem Ort, direkt am Smederevo Put, befindet sich ein Hotel, das ein guter Ausgangspunkt für eine Donaufahrt sein kann. Entlang des Weges erscheint und verschwindet die Donau immer wieder. Die Häuser sind stattlich und sehr gepflegt. Mal geht es bergauf und wieder bergab, näher an die Uferregion.

In manchen Quellen wird Smederevo (Смедерево) als Semendria bezeichnet. An ihrer Stelle vermutet man die römische befestigte Siedlung Margum aus dem 3. Jahrhundert. Der gleichnamige Fluß war Hauptfluß von Moesia superior, an dem eine wichtige Zoll- und Handelsstation lag. Im 4. Jahrhundert entstand ein Kastell am Ufer. Die Siedlung wurde 442 vom Bischof den Hunnen übergeben. Byzantinische Quellen erwähnen sie Anfang des 11. Jahrhunderts und eine Urkunde des Fürsten Lazar für das Klosters Ravanica im Jahr 1381. Daraus kann man schließen, daß eine kontinuierliche Besiedlung stattgefunden hat. Unter dem Despoten Stefan

Die Donau bei Smederovo

Lazarević gewann sie als größere Ortschaft erstmals an Bedeutung: Viele Dubrovniker Kaufleute waren hier nachweislich ansässig. Ihr Wachstum geht jedoch auf seinen Nachfolger, Georg (Đurđe) Branković, zurück. Er verlegte seine Residenz von Belgrad nach Smederevo, wo er sich vor den Türken besser gesichert glaubte.

Der Status einer Residenzstadt wurde erstmals durch die Eroberung der Türken für die Jahre 1439 bis 1444 unterbrochen. Kurzfristig erhielten die Serben sie durch den Vertragsschluß mit den Ungarn in Szeged zurück. Im Jahr 1459 fiel die Festung jedoch endgültig in die Hand der Türken, womit die Eroberung Serbiens ihren Abschluß fand.

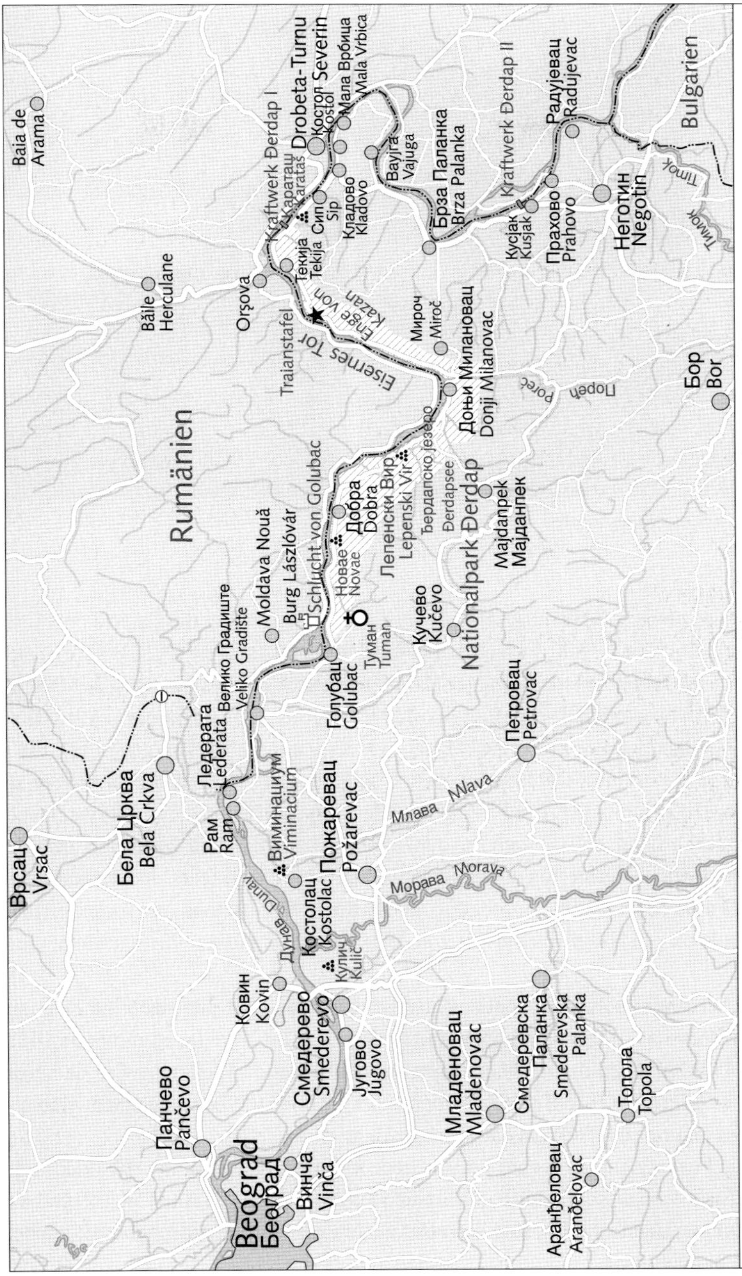

Die Donau von Belgrad bis zur rumänischen Grenze

Die Festung Smederovo

In den türkisch-habsburgischen Kriegen stationierten hier die Österreicher ihre Garnisonen: 1688, 1690, zwischen 1717 und 1738 und zuletzt 1789. Während des ersten serbischen Aufstandes unter Karađorđe wurde die Festung am 14. November 1805 von den Türken befreit und kurzfristig bis 1807 sogar zum Senatssitz. Der Aufstand konnte niedergeschlagen werden, und die Türken zogen bis 1867 erneut in die Festung ein. Erst unter Fürst Mihajlo wurde der Rückgabevertrag an die Serben geschlossen. Die Festung Smederevo galt als eine der mächtigsten und am besten erhaltenen Bastionen an der Donau bis zum Zweiten Weltkrieg. Im Jahr 1941 zerstörte die Explosion eines deutschen Munitionslagers, möglicherweise war es eine beabsichtigte Sprengung, den historischen Bestand und forderte viele Menschenleben. Bombenangriffe von 1944 verschlimmerten die Verwüstungen noch.

Schon bei der Einfahrt entlang der Donaustraße fällt die mächtige Festung (Smederevska tvrđava, Смедеревска тврђава) auf. Ihr Kernbau stammt von 1428 bis 1430. Nach den massiven Schäden aus dem Zweiten Weltkrieg war sie lange dem endgültigen Zerfall preisgegeben, aber in jüngster Zeit begannen glücklicherweise grundlegende Restaurierungsarbeiten.

Die Festung, die direkt am Wasser liegt, gehört zum Typus einer Wasserburg: Hier fließen Jezava und Donau zusammen und wurden durch einen Wassergraben verbunden, so daß die Festung von allen Seiten von Wasser umspült wird. Sie hat einen unregelmäßigen Grundriß von 550 auf 502 und 400 Meter und galt als eine der widerstandsfähigsten Verteidigungsanlagen Europas. Ihre Bauzeit ist in drei Phasen zu untergliedern: Zwischen 1428 und 1430 entstand die ›Kleine Burg‹ für den Hof des Despoten Georg Branković. Von diesem Palast sind donauseitig die nordwestlichen Umfassungsmauern mit drei gotischen Fenstern erhalten. Außer dem Donjon verstärkten fünf weitere Türme die mächtigen Mauern. Einer der Türme ist von einer monumentalen kyrillischen Ziegelinschrift eingefaßt, die über den Bau der Burg Aufschluß gibt. Außerdem erkennt man das christliche Symbol des Kreuzes.

In einer zweiten Phase von 1430 bis 1439 und 1444 bis 1456 wurde die durch 19 Türme verstärkte ›Große Burg‹ errichtet. Die über 11 Meter breiten und 20 Meter hohen Türme waren an der Innenseite offen und durch Holzkonstruktionen in Etagen geteilt. Turm- und Burgmauern haben eine Stärke von viereinhalb Metern und sind aus Stein und Ziegeln gefügt. Ihre Fassaden wurden dekorativ verziert. Die Festung war für den Kampf mit sogenannten kalten Waffen eingerichtet, nicht aber gegen Kanoneneinsatz gewappnet. Deshalb kam es zu einer letzten und dritten Bauphase 1480. Während dieser bauten die Türken an den Ecken der Außenseite drei Geschütztürme von polygonalem Grundriß an, die durch eine niedrige Mauer verbunden waren.

Heute ist die Ruine von Grün umgeben, Pflanzen arbeiten sich durch ihr Gemäuer. Ein Park für die Anwohner ist daraus geworden, Bewohner siedeln in den Außenmauern, Hühner, Schafe, Ziegen haben Anteil an ihr. Die Dächer der Türme sind den Störchen vorbehalten.

Das 70 000 Einwohner große Städtchen Smederevo besteht aus einem ebenen Teil entlang der Donau, dessen Zentrum eine lange Fußgängerzone ist. Hier reihen sich viele Cafés und Restaurants aneinander. Viel zu viele junge Leute verbringen in ihnen ihren Tag; die hohe Arbeitslosigkeit ist daran abzulesen. In der Fußgängerzone steht die serbisch-orthodoxe Kirche mit sehr schön gegliederten Außenmauern.

In Smedorovo

Ein anderer Teil von Smederevo liegt am Hang, am Ausläufer des serbischen Erzgebirges, hier beginnt schon das serbische Bergbaugebiet. Die Eisenhütte ›Sorbid‹ ist außerhalb angesiedelt, Stahlwerke flankieren die Umgebung. Steil bergauf geht es in die

Wohngebiete. Auf der Höhe befindet sich das einzige Hotel der Stadt. Auf dem alten Friedhof (staro groblje, старо гробље) steht ein sehenswertes Kirchlein aus dem 15. Jahrhundert, die Muttergotteskirche (crkva Uspenja Precvete Bogorodice/црква успења Прецбете Богородице). Der Dreikonchenbau aus Stein und Ziegel gehört der Moravaschule an und hat wunderbarerweise die Jahrhunderte fast unbehelligt überstanden.

In Plavinac, einem Stadtteil von Smederevo, hatte die Familie Obrenović einen Landsitz, der 1868 erbaut wurde. Marschall Tito nutzte ihn als Sommerresidenz.

Wer mit dem Schiff auf der Donau Smederevo passiert, sieht nordöstlich der Stadt an der Mündung der Morava in die Donau die Ruinen von Kulač (Кулач). Die Burg wurde 1493 von den Türken vermutlich an der Stelle einer römischen Siedlung erbaut.

Im Westen von Smederevo liegt die Ortschaft Jugovo (Југово), in der ein berühmter Weinkeller Gäste erwartet.

Vorwahl: 026.

Hotel ›Radmilovac‹ (Радмиловац), Smederevski put bb, 11037 Belgrad, Tel. 341 61 40; 3 Sterne, DZ 3220, EZ 2500 Dinar. 8 Kilometer vom Belgrader Zentrum Richtung Smederovo, 23 Zimmer.

Hotel ›Smederevo‹, ul. Izletnička 8, Smederovo, Tel. 22 34 71, 22 25 11; 2 Sterne, DZ 1400, EZ 800 Dinar. Auf der Höhe über der Stadt und der Donau. Renovierungsbedürftig, aber mit schön gelegenem Restaurant mit großem Garten.

Ein Abstecher nach Požarevac

Ein Abstecher von der Donau führt ins Landesinnere nach Požarevac (Пожаревац, deutsch Passarowitz). Požarevac hat in jüngerer Geschichte immer wieder als Geburtsort von Slobodan Milošević von sich reden gemacht. Miloševićs Sohn Marko, der auf wundersame Weise vom Erdboden verschluckt scheint, unterhielt hier eine Discothek und anderes.

Berühmtheit erlangte Požarevac durch den am 21. Juli 1718 abgeschlossenen Friedensvertrag zwischen Karl VI. für Venedig und Österreich und den Osmanen unter Sultan Ahmed III. In ihm wurde unter anderem die Abtretung des Banat und Serbiens mit Belgrad an Österreich vereinbart. Außerdem mußten dem Kaiser handelspolitische Zugeständnisse gemacht werden. Nach einer schweren Niederlage der Österreicher bei Grocka und anschließenden Schlachten fielen der serbische Teil und Belgrad im Vertrag von Belgrad an die Türken zurück, von denen es erst Fürst Miloš 1815 befreite. Im Park der Stadt steht ein Konak oder auch Schloß von 1825, das Miloš Obrenović in Auftrag gegeben hatte, als er Požarevac zeitweilig zu seiner Residenz machte. Heute ist dort die Kommunalregierung untergebracht. Das Denkmal seines Erbauers steht im Park ebenso wie eine Büste von Vasa Pelagiž (1838–1899).

Im Ort gibt es ein sehenswertes archäologisches Museum mit Exponaten der umliegenden Ausgrabungsstätten, vor allem von Viminacium, darunter Sarkophage. Im Museum werden außerdem Gemälde der Wegbereiterin der modernen serbischen Malerei, Milena Pavlović-Barili, ausgestellt.

Im Osten der Stadt erinnert die Gedenkstätte ›Čačalica‹ an die Opfer des Zweiten Weltkriegs. 3000 Serben fanden hier durch die Deutschen den Tod.

Hinter Smederevo überwindet die Morava von Süden kommend das ostserbische Erzgebirge und dringt in die Donau. Bereits von Belgrad ab ist die Donau einschließlich der Moravamündung zu einem See aufgestaut, als Folge des 1972 vollendeten Kraftwerks am Eisernen Tor. Einst grub sie sich in mehreren Armen ihr Bett, heute breiten sich riesige geschlossene Wasserflächen aus.

Vorwahl: 012.

Hotel ›Dunav‹, ul. Lenjinova 3, Požarevac, Tel. 221-022, Fax -336; DZ 2300, EZ 1150 Dinar. Staatliches Hotel, renovierungsbedürftig.

Nationalmuseum (Narodni muzej); Mo–Fr 10–17, Sa 10–15 Uhr.

Kostolac

Über Kostolac (Костолац) erreicht man die Donau wieder. Das pulsierende Städtchen lebt vom Bergbau. Förderanlagen und Kohleberge prägen das Stadtbild. Der Bergbaus bringt Wohlstand und hat viele serbische Familien aus dem Kosovo angezogen.

Um Kostolac hat sich ein buntes Völkergemisch angesiedelt, darunter viele Roma, die ihre Lager vor allem in Stari Kostolac aufgeschlagen haben. An der Sprache kann man die Wlachen ausfindig machen. Am besten geht man auf den bunten Markt, dort kann man die verschiedenen Physiognomien studieren; abgesehen natürlich von dem reichhaltigen Angebot an Obst und Gemüse. Nicht weit vom Industriestädtchen Kostolac entfernt liegt, nicht ganz leicht zu finden, die Ausgrabungsstätte der römischen Stadt Viminacium.

Auf dem Markt in Kostolac

Vorwahl: 012.

Hotel ›Kostolac‹, Tel. 241-440, -622; DZ 2560, EZ 1200 Dinar. Ein Teil des Hotels wurde den Flüchtlingen aus dem Kosovo zur Verfügung gestellt.

Viminacium

Viminacium (Виминациум) war vom 1. Jahrhundert vor Christus bis zum 4. Jahrhundert nach Christus von strategischer und wirtschaftlicher Bedeutung für das Römische Reich. Das römische Legionslager und die Stadt Viminacium in Moesia superior lagen an dem Fluß Mlava beziehungsweise der Magliamündung in die Donau. Als Legionslager erstreckte es sich zwei Kilometer von der Donau entfernt am Ostufer der Mlava und hatte eine Fläche von 442 mal 385 Meter. Die Bürgerstadt wird am Westufer der Mlava vermutet. Südlich und östlich des Lagers wurden zwei Gräberfelder entdeckt. Hier zweigte einst die Limesstraße Ratiar–Oescus von der Reichsstraße ab, die nach Byzanz führte. Die Römer waren erstmals nach der Niederschlagung der Skordisker im 1. Jahrhundert vor Christus hierher vorgedrungen und machten die Stelle bald schon zum ständigen Garnisonsort der VII. Legion des Claudius, die aus Dalmatien hierher kam. Auch die IV. Legion, die flavische, war zeitweise hier stationiert. Nach der Teilung der

Provinz Moesia wurde Viminacium Residenzstadt des Statthalters von Moesia superior. Während des ersten Dakerkrieges war das Hauptquartier hier stationiert. Kaiser Hadrian (117–138) erhob Viminacium in den Rang eines Municipiums. Am 6. April 196 nach Christus rief Kaiser Septimius Severus seinen Sohn Caracalla in Viminacium zum Caesar aus. Seit dem Jahr 239 war der Stadt als einziger in der nicht unbedeutenden römischen Provinz Moesia superior gestattet, Münzen zu prägen: Sie wurden mit der Legende MSCV für ›Moesia Superior Colonia Viminacium‹ versehen. Erst Gallienus (218–268) nahm ihr wieder dieses Recht. Im frühen Christentum wurde die Stadt zum Bischofssitz: Ein Bischof Amanthius von Viminacium wurde im Zusammenhang mit dem Konzil von Serdica im Jahr 343 erwähnt. Attila eroberte Viminacium 441 und zerstörte es bis auf die Grundmauern. Kaiser Justinian I. (527–565) erkannte ihre strategische Bedeutung und veranlaßte den Wiederaufbau. Unter ihm wurde diese wichtige byzantinische Bastion wieder Moesia prima und in ihr ein Erzbistum gestiftet. Kurz darauf zerstörten die Awaren sie 582 vollständig. Von all dem Glanz ist heute nichts mehr zu sehen. Gefunden wurden die Reste von Zivilgebäuden und zwei Nekropolen. Die Ausgrabung ist nicht als Museum eingerichtet und ausgesprochen schwierig zu finden. Man erhält Zugang nur an Tagen, an denen Ausgräber zugegen sind oder in Begleitung einer vom Museum in Požarevac beauftragten Person. Wer es dennoch alleine wagen möchte, fährt in Richtung Druma, einen Kilometer vor dem Ort befindet sich ein Kraftwerk, das mit Kohle gespeist wird. Man fährt durch das Kraftwerksgelände hindurch und sieht bald darauf ein Schild: Viminacium. Die mit Planen überdachten Ausgrabungen sind dann noch nicht erreicht. Über Feldwege vorbei an endlos scheinenden Maisfeldern, die Donau völlig außer Sichtweite, erkennt man ein weißes Zelt. Ein Wärter bewacht das Terrain. Ein Bitten, ein Lächeln und ein kleines Dankeschön, und man erhält einen Einblick: In einem Zelt wurden die Reste von Zivilgebäuden konserviert, während in östlicher Richtung eine Nekropole mit wenigen bemalten Gräbern freigelegt werden konnte. Die Ausgrabung erhält finanzielle und fachliche Unterstützung von amerikanischen Organisationen.

Ram

Entlang der Donauebene, vorbei an Feldern, erreicht man die Ortschaft Ram (Рам) am rechten Steilhang des Donauufers. Auf ihrem höchsten Punkt befinden sich die traurigen Reste einer mittelalterlichen Burg.

Zur Zeit Traians wurde hier eine Siedlung erwähnt, in der Reiterabteilungen stationiert waren. In mittelalterlichen Quellen fand man sie im Jahr 1128 als Ort, an dem die Byzantiner die Ungarn besiegten. Die heutige Burganlage geht auf

Sultan Beyazid II. (1480–1512) zurück. Sie hatte einen regelmäßigen Grundriß und wurde als Artilleriefestung erbaut. An der Landseite war sie von einer niedrigen Mauer mit einem breiten Graben umgeben. Erhalten sind der Donjon am Eingang zur Festung, Reste von vier Ecktürmen und ihre massiven Verbindungsmauern. In den Türmen fand man gemauerte Kamine, was für mittelalterliche Festungen eher selten ist, vergleichbar denen im apulischen Castel del Monte. Ein Großteil der Festung wurde Opfer der österreich-türkischen Kriege von 1788. In der Nähe liegt eine Karawanserei, deren Bauart an die Festung erinnert. In unmittelbarer Nähe befinden sich die Reste der Römersiedlung Lederata (Ледерата) aus dem 2. und 3. Jahrhundert.

Von Ram besteht eine Fährverbindung ins Banat, so daß man sich den Weg über Belgrad oder Smederevo auch sparen könnte. Ein schönes Restaurant direkt am Wasser, die ›Kafana Lederata‹, lockt zum Bleiben. Der junge Besitzer spricht

Bei Ram kann man sich ins Banat übersetzen lassen

deutsch und zeigt auch die verbliebenen Postkarten, auf denen die Festung Ram noch gut zu sehen ist. Alles hier ist ländlich beschaulich.

Das Bett der Donau weitet sich, gabelt sich, bildet Inseln, Bäume stehen im Wasser. Hinter Ram in Richtung Veliko Gradište sieht man schon Rumänien und das Erzgebirge der Karpaten.

Viele Serben leben und arbeiten in Österreich und Deutschland, sie haben hier Ferienhäuser und kommen immer wieder heim, man erkennt sie natürlich an ihren Autokennzeichen.

Vorwahl: 012.

Fährverbindung ›Dunav Trans‹ Tel. 72-092, -152.

Regelmäßig zwischen Ram und Banatska Palanka.

›Kafana Lederata‹, Tel. 72-092, -152.

Veliko Gradište

Veliko Gradište (Велико Градиште) liegt an der Mündung der Pek in die Donau. In der Umgebung kann man wunderbar Urlaub machen. Mehrere Donauseen, an denen sich kleine Naherholungsgebiete mit Hotels und geschmackvollen Restaurants etabliert haben, laden dazu ein. Am besten plant man ein wenig Zeit ein. Die Häuser sehen insgesamt recht wohlhabend aus. Eine Dammstraße verbindet Ram mit Veliko Gradište. Aber Achtung, der Gegenverkehr ist schnell, obwohl zwei Fahrzeuge nur knapp Platz haben.

Veliko Gradište gilt als antikes Pincum. Die letzten Reste befinden sich nicht weit von hier. Die kostbaren Fundstücke, darunter ein Relief mit der Darstellung von Achilles, wie er Hektor um die Mauern von Troja zieht, Münzen und Plastiken hat man nach Belgrad gebracht.

Vorwahl: 012.

›Restoran Fontana‹, Tel. 62-488. Auch Zimmer werden angeboten.

›Kafana Dinčić‹, Tel. 62-341.

Im Sommer findet an den Wochenenden im Zentrum ein großer Flohmarkt statt.

Golubac

Hinter Veliko Gradište verläßt man die Ufer der Donau. Erst vor Golubac zeigt sich ihr mächtiger Wasserlauf wieder. Das Städtchen Golubac (Голубац) liegt an der Donau vor dem Eisernen Tor und ist nach der mittelalterlichen Festung Golubac (Taubenburg) benannt. In seiner Nähe liegt das Kloster Tuman (Туман) mit einer Erzengelkirche. Den Vorgängerbau stiftete Miloš Obilić. Im 20. Jahrhundert erneuerte man ihn im gleichen Moravastil.

Die berühmte Festung Golubac liegt außerhalb der Stadt auf einem Gebirgskamm oberhalb der Donau, exakt am Eingang des Đerdappasses. Die genaue

Entstehungszeit dieses beeindruckenden Denkmals ist nicht bekannt. Erwähnt wurde sie in den Jahren 1337 bis 1342 als ungarische Befestigung. Im 15. und 16. Jahrhundert wechselten ihre Besitzer häufig. Nach der Schlacht auf dem Amselfeld gelangten die Osmanen in den Besitz des Gebietes Braničevo, der Ebene im Tal der Pek, wozu auch die Festung Golubac gehörte. Stefan Lazarević holte sie sich in der Schlacht von Angora 1402 zurück, nach seinem Tod forderten die Ungarn das Vasallengebiet zurück. Daraufhin trat der serbische Kommandant, der Vojvode Jeremije (1428/29), 1427 auf die osmanische Seite und übergab den Türken die Festung. Für die Ungarn war der Verlust der so nah am Eisernen Tor gelegenen Festung nicht ganz unbedeutend. Im Frieden von Szeged 1444 kam Golubac an den Serben Georg Branković, der sie bis 1458 hielt. Als erste aller donauländischen Festungen fiel sie dann für 400 Jahre in osmanische Hand. Bis ins 19. Jahrhundert blieb Golubac für die Osmanen von äußerst wichtiger strategischer Bedeutung. Erst 1867 mußten sie die Festung endgültig aufgeben.

Die Festung Golubac

Es handelt sich um eine rein militärisch-strategische Befestigung ohne Schutzfunktion für eine Stadt. Der regelmäßige Grundriß der Burg ist dem Gelände angepaßt. Sie ist untergliedert in eine obere und eine untere Burg. Auf einer Felswand steht der zweigeschossige Donjon, von dem ein doppelter massiver Mauerring mit acht viereckigen Türmen ausgeht. Nach Einführung der Feuerwaffen wurden die äußeren Türme umgebaut und erhielten halbrunde oder polygonale Formen. Den Achteckturm mit einer Plattform für Kanonen erbauten die Türken zum Schutz des Hafens direkt am Flußufer. Ihre unmittelbare Lage an der Donau ließen sie zu einer der ganz wichtigen Festungen, nicht nur auf der Donau, sondern auf dem ganzen Balkan werden.

Als Gegenstück entstand auf der rumänischen Seite Burg Lászlóvár, die für die Ungarn vom Deutschen Orden bewacht wurde.

Die Schlucht von Golubac

An der Festung beginnt der Nationalpark Đerdap, eines der großen unter Naturschutz stehenden Gebiete Serbiens. Er zieht sich entlang dem Eisernen Tor und endet an der Staumauer vom Kraftwerk Đerdap I. Die Donau wirkt hier noch wie ein riesiges Meer, aber gleich hinter der Festung erkennt man ihre Verengung. Die Straße entlang der Donau führt durch die Festung hindurch. Einziges Negativum sind die Müllhalden. Am gegenüberliegenden Ufer sieht man jetzt sehr schön die rumänische Seite, manchmal entstellt durch häßliche Hochhausbauten.

Hinter Golubac verengt sich die Donau zu einer Schlucht, der Golubačka Klisura. Die Straße durch das gesamte Eiserne Tor ist noch nicht so lange fertiggestellt. Sie ist gut ausgebaut, führt teilweise direkt an der Donau entlang und ist teilweise untertunnelt: Viele kurze Tunnel folgen hintereinander und eröffnen immer

Friedhof bei Dobra an der Donau

wieder den Blick auf die phantastische Landschaft. Wenige Kilometer vor dem Dorf Dobra (Добра) befinden sich die römischen Ausgrabungsreste von Novae (Новае). Die Friedhöfe von Dobra liegen direkt am Ufer der Donau. Sie sind sehr malerisch. Zu jedem Grab gehört ein kleiner Tisch mit einer Bank. Der Tote hat ein Anrecht auf sein Foto und sein Lieblingsessen. Zweimal im Jahr kommt das Dorf hier zusammen, um mit den Toten zu feiern. Dann wird der Friedhof ein wahrer Picknickplatz. Das Ufer der Donau weist hier an manchen Stellen einen mediterranen Bewuchs auf, man sieht sogar Feigen.

Lepenski Vir

An der Schlucht von Golubac, direkt an der Donau, liegt eine der bedeutendsten prähistorischen Fundstätten Europas, Lepenski Vir (Лепенски Вир). Diese einzigartige Anlage ist sehr gut ausgeschildert. Man fährt durch einen Tunnel unter der Hauptstraße und kommt auf den Parkplatz, außerhalb des Museums stehen kleine Wochendhäuschen, wo man den ganzen Sommer über jemanden antrifft.

Im Jahr 1965 entdeckte man erstmals eine große Siedlung aus der Zeit des Mesolithikums und des frühen Neolithikums (Steinzeit), das heißt etwa 6000 Jahre vor Christus, eine bis dahin wenig bekannte Kultur. Man faßte den Entschluß, unter einer Terrasse weitere Untersuchungen anzustellen und wurde fündig. Bis zum Jahr 1967 wurden Siedlungen aus den Zeiten 5300 und 4800 vor Christus entdeckt: Hirten- und Bauernsiedlungen. Die Fundstätte erstreckte sich über 3000 Quadratmeter. Sieben nacheinander gebaute Siedlungen aus vier chronologisch verschiedenen Schichten wurden ausgegraben. Die älteste wird ins Jahr 5800 vor Christus und die jüngste in die Zeit 4400 vor Christus datiert. Die ersten drei Schichten gehören zum vorkeramischen Neolithikum, die vierte weist Besonderheiten der Kultur von Starčevo auf. In den älteren Schichten befanden sich über 100 bauliche Objekte, die den gleichen Architekturtypus wiederholten: Häuser mit trapezförmigem Grundriß aus rotem Mörtel und umzäunter steinerner Feuerstelle. Wegen des steil abfallenden Geländes lag der breitere Teil der Siedlung auf einer kleinen Plattform, der schmalere war in die Erde gebettet. Die Bauten waren vom Donauufer bis zur enger werdenden Talsohle auf Terrassen angeordnet und der Landschaft hervorragend angepaßt. In den Bauten fand man Steinskulpturen, die zumeist auf den Fußböden der Häuser neben der Feuerstelle standen. Sie gehören zu den ältesten bisher bekannten Großskulpturen Europas. Sie sind bis zu 50 Zentimeter hoch und mit ganz flach ausgearbeiteten Fischmäulern, langen Nasen und Glotzaugen versehen. Auf den Betrachter wirken sie augesprochen expressionistisch. Eine zweite Gruppe an Skulpturen bestand aus rätselhaften

Ausgrabungsfund aus Lepenski Vir

abstrakten Arabesken. Daneben wurden ornamental verzierte Gegenstände aus Knochen, Nadeln, Ahlen, Werkzeuge aus Hirschgeweihen, Messer und eine große Anzahl Skelette entdeckt; außerdem Platten mit eingravierten Symbolen, die fast Buchstaben ähneln. Bis heute ist vieles einzigartig, aber auch rästelhaft. Infolge der Anstauung der Donau wurde als größtes konservatorisches Unternehmen in Serbien im Jahr 1970 die gesamte Siedlung 17 Meter höher gelegt. Diese Anlage kann man heute besichtigen. Das Museum besteht aus der überdachten, versetzten Fundstätte der Siedlung und dem Ausstellungsgebäude, in dem die Kopien der ersten Monumentalskulpturen Europas, Schalen und Dokumentationen ausgestellt sind. Die kostbaren Originale werden in Belgrad aufbewahrt.

In der Hoffnung auf weitere Funde setzte man die Forschungen fort und konnte 1971 über zehn Siedlungen an der Donau aufspüren. Sie alle wurden unter dem Begriff Lepenski Vir-Kultur zusammengefaßt.

Museum Lepenski Vir;
Di–So 9–17 Uhr.

Vom Parkplatz führt ein Fußweg von 400 Metern zum Museum.

Donji Milanovac

Donji Milanovac (Доњи Милановац) ist ein guter Ausgangspunkt, um das Eiserne Tor und viele Sehenswürdigkeiten an der Donau kennenzulernen. Es liegt inmitten des Đerdap-Nationalparks. Ein großes Sporthotel mit Blick auf die Donau erwartet die Gäste. Man kann hier gut mehrere Tage verbringen, auch wenn dem Speisesaal ein wenig vom Staub der kommunistischen Ära anhaftet. Nettes, gut englischsprechendes Personal und der schöne Blick auf den Fluß machen alles wieder wett. Man findet allerbeste Gelegenheiten zum Wassersport, Jagen in den Wäldern und zum Fischen im Donausee.

Der 3000 Einwohner große Ort liegt direkt an der Donau, am hier aufgestauten Đerdapsee und am Fluß Poreć. Eine kleine Promenade lädt zum Flanieren, ein zum gemütlichen Restaurant umgebauter Konak zum Essen ein. Das Städtchen ist auch als Rosenstadt berühmt. Die Ortschaft wird eingerahmt vom Gebirge. Nur etwa 30 Kilometer, vorbei an der Ruine von Burg Poreć, führt der Weg in die Bergbaustadt Majdanpek im serbischen Erzgebirge.

Vorwahl: 030.

Hotel ›Lepenski Vir‹,
19220 Donji Milanovac,

Tel. 862 10, Fax 862 17, lepenski-vir@ptt.yu, www.hotellepen-skivir.co.yu. Anlage aus kommunistischer Zeit, aber sehr gepflegt, soll privatisiert werden. Viele Sportler sind hier zu Gast. Es werden Ausflüge auf der Donau durch das Eiserne Tor und zur Tabula Traiana angeboten.

Das Eiserne Tor

Die Fahrt durch das Eiserne Tor (Đerdapska Klisura, Ђердапска Клисура) gehört zu den beeindruckendsten Naturerlebnissen einer Serbienreise. Unterhalb von Bela Crkva bei der Festung Ram beginnt der Donauverlauf als Grenze zwischen Rumänien und Serbien. Hinter Donji Milanovac tritt sie in den Gebirgsdurchbruch des Eisernen Tores ein und durchströmt auf einer Länge von 130 Kilometern vom pannonischen Becken kommend die Nahtstelle zwischen Balkan- und Karpatengebirge. Zwischen den 1200 Meter hohen Banater Karpaten im Norden und dem serbischen Erzgebirge im Süden zwängt sich der Fluß hindurch. Beim Eingang in das Engtal bei Donji Milanovac ist das Flußbett noch 1000 Meter breit, wird aber mehr und mehr durch die Felswände auf 350 bis 120 Meter verengt. Um die Wassermassen durchzuschleusen, hat sich die Donau in eine Tiefe von bis zu 80 Metern in den weichen Kalk gegraben. Stromschnellen, Wirbel und felsige Untiefen machten diesen Abschnitt viele Jahrhunderte lang zu einer gefährlichen und sehr gefürchteten Schiffspassage auf dem Donaulauf. In der gesamten Engtalstrecke bildet die Flußmitte die serbisch-rumänische Staatsgrenze. Nach Tekija (Текија) auf der serbischen und Orşova auf der rumänischen Seite beginnt das eigentliche Eiserne Tor. Ein kurzes Stück Stausee weitet sich bis Tekija. Schwierig ist es, einen Fotostop für die berauschende Landschaft zu finden. Der Name ›Eisernes Tor‹ geht auf die Osmanen zurück, die nicht nur den Donaudurchbruch, sondern noch mehrere Balkan- und Karpatenpässe als ›Demir Kapi‹ (Eisentor) bezeichneten.

In früheren Zeiten endete die ganzjährige Schiffbarkeit häufig abrupt. Bei Niedrigwasser unterband ein quer durch den Fluß verlaufendes Felsriff jegliche Durchfahrt für jede Art Boot oder Schiff. Erste Sprengungen im Jahr 1834 schufen eine Fahrmöglichkeit für flache Barken. Erst zwischen 1891 und 1896 wurde auf serbischer Seite ein zweieinhalb Kilometer langer, 80 Meter breiter und 3 Meter tiefer Umgehungskanal in den Felsen gesprengt. Während des Ersten Weltkrieges legten deutsche Truppen neben dem Kanal Geleise und ließen die Schiffe flußaufwärts von Lokomotiven im Schlepptau gegen die starke Strömung ziehen. Das Eiserne Tor hat viele abgeschreckt. Schon der römische General

Gaius Scribonius Curio äußerte im Jahr 74 vor Christus seine Abneigung, die finsteren Wälder jenseits der Donau zu betreten.

Ein Abstecher gleich beim Eingang in das Eiserne Tor führt steil bergauf ins Hinterland. Man kann die Abzweigung sehr leicht übersehen. Von ihr hat man stellenweise einen phantastischen Blick auf den Donausee und den Eingang des Eisernen Tores. Im Wald oben bei Miroč (Мироч) liegt das Ausgrabungsareal Gerulatis, einer der unzähligen Fundorte römischer Herkunft. Man kann ihn nur zu Fuß erreichen. Für die fünf bis sechs Kilometer sollte man gute zwei Stunden einplanen. In dieser fast menschenleeren Region gibt es viele Wanderwege und Hütten.

Das Eiserne Tor war lange Zeit ein gefürchteter Donauabschnitt

Die Straße durchs Eiserne Tor ist teilweise als Hochstraße gebaut. Sie führt über den Đerdappaß und weiter bis nach Tekija. Die Enge von Kazan, wie die Serben diesen Teilabschnitt nennen, ist wie mit dem Messer aus dem Fels geschnitten. Stellenweise liegen Felsbrocken auf der Straße. Vor allem nach Regen sollte man besonders auf den Steinschlag achten. Für die Schiffe gilt in diesem Abschnitt Einbahnstraßenverkehr; sie warten vor dem Tor den Gegenverkehr ab. Von der Autostraße führen mehrere Fußwege ab, die zu kleinen Kulturdenkmälern führen. Feste Schuhe sollte man dabei haben, die Natur ist sehr urwüchsig, es gibt auch viele Schlangen. Eines der Schilder weist auf einen Pfad durch die Uferfelsen zur Tabula Traiana. Er endet jedoch im Gestrüpp und mit einer Schranke. Die Tabula Traiana ist ausschließlich vom Schiff aus zu sehen. Ausflüge dorthin werden von Donji Milanovac angeboten.

Der Marmorblock ist 3,60 mal 1,75 Meter groß und wurde 103 in den Felsen eingelassen. Von den einst sechs Zeilen der Inschrift sind noch vier erhalten: Sie verkündet, daß Kaiser Traian die Straße an der Donau vollendet hat. Zwei gemeißelte geflügelte Genien tragen folgende Inschrift:

Inschrift auf der Traianstafel

Imp (erator) Caesar Divi Nervae F (ilius) Nerva Traianus Aug(ustus) Germ(anicus) Pontif(ex) Maximus Trib(unicia) Pot(estate) IIII Pater Patriae Co(n)S(ul) III Montibus Excisi(s) Anco(ni)bus Sublat(i)s Via(m) f(ecit).

Darüber befindet sich ein mit Rosetten in Kassetten geschmückter Dreiecksgiebel, über dem ein Adler seine Schwingen ausbreitet. Die Tafel wurde vor dem Kraftwerksbau und dem Aufstauen der Donau 40 Meter höher gelegt.

In Tekija weitet sich die Donau wieder. Hier gibt es ein Motel und einen großen Campingplatz. Die Fahrt durch das eigentliche Eiserne Tor endet am Donaudamm, dem Großkraftwerk Đerdap I, wo man der massiven Nutzung der Donau zur Energiegewinnung gewahr wird. Der Damm entstand in serbisch-rumänischer Gemeinschaftsproduktion. Dennoch sind malerische Abschnitte geblieben, deren Landschaft Fjorde zieren.

Hinter dem Kraftwerk Đerdap I. liegt die römische Ausgrabungstätte Karataš (Караташ).

Die Stätte wird von der Kultureinrichtung ›Diana‹ betreut. Diese Einrichtung, eine Initiative des Belgrader Nationalmuseums, bemüht sich um den gesamten Denkmalschutz im Land. Man findet das Gelände der alten Römersiedlung zwischen Kunststoffabrik und der Ortschaft Novi Sip (Нови Сип). Manche Herde verweilt an den Ruinen. Die Reste der Festung und Nekropole aus dem 1. Jahrhundert nach Christus sind zu sehen. Sehr gut sind noch die Tore, Türme und Umfassungsmauern erhalten. Man fand hier sogar Bronzestatuetten, die heute in Belgrad verwahrt werden. Ganz in der Nähe stieß man auch auf eine zweite Tabula Traiana, die sich heute im Verwaltungsgebäude des Kraftwerks befindet. Karataš und die gegenüberliegende Siedlung Sip liegen praktisch am Ende des Donaudurchbruchs zwischen Karpaten und Balkan. Die Berge entfernen sich hier vom Wasser. In Sip (Сип) ist ein Flüchtlingslager an der Donau zu sehen. 300 Serben aus Bosnien und Kroatien haben in kleinen Häuschen ein neues Zuhause gefunden. Sie kommen aus einer der serbischen Enklaven in Kroatien, Knin, das von den Kroaten zunächst aufgegeben und dann zurückerobert wurde. Tudjman hißte dort persönlich 1995 die kroatische Flagge.

Auf dem oberen Abschnitt des Engpasses von Đerdap an der Donau verlief eine römische Straße. Zum größten Teil war sie in die Bergwand gehauen und stellenweise, wo die Breite von sieben römischen Fuß nicht erreicht werden konnte, durch Holzgalerien erweitert. Der Bau begann um das Jahr 30 nach Christus und war 70 Jahre später abgeschlossen. Die Straße endete bei dem heutigen Ort Kostol (Костол), wo der kaiserliche Baumeister Apollodor aus Damaskus im Jahre 103 eine Brücke von über 1000 Metern Länge auf 20 Pfeilern über die Donau errichtete. Beim Dorf Kostol drei Kilometer flußabwärts von Kladovo stehen am Ufer Reste eines Uferpfeilers dieser von Apollodor erbauten Traiansbrücke. Die 20 Pfeiler hatten eine Stützenweite von 38 Metern. Die Straße besaß große strategische Bedeutung: Sie ermöglichte den Römern das Vordringen nach Dakien und trug zur Sicherheit der Nordgrenze des Imperiums bei. Geschützt wurde sie durch zwei Befestigungsanlagen, die bereits zur Zeit Hadrians zerstört wurden. Von den Bauetappen und Umbauten zeugen vier Steintafeln: die des Tiberius 34 nach Christus, Claudius 43 nach Christus, Domitian 83 nach Christus und die Tabula Traiana 100 nach Christus.

Entlang der Donauschleife liegt die Ortschaft Mala Vrbica (Мала Врбица), in der viele Rumänen serbischer Staatsangehörigkeit, sogenannte Wlachen, leben. Ländliche Idylle macht Kraftwerk und Industrieanhäufung von Kladovo vergessen: Wohin das Auge blickt, Mais- und Sonnenblumenfelder. Außerdem wird der Weinbau sehr gepflegt. Die Schleife endet hinter Vajuga (Bajyjra), wo ein Burgrest steht. Bis Brza Palanka sind entlang der Donau viele Badeplätze angelegt.

Kladovo

Die Stadt Kladovo (Кладово, türkisch Fetislam), zehn Kilometer vom Eisernen Tor entfernt, ist schon von weitem an ihren Kraftwerken und Industrieanlagen entlang der Donau zu erkennen. Das wirtschaftliche Zentrum an der serbischen Donau ist aufgrund der Industrie stark zersiedelt.

Direkt am Wasser steht das unübersehbare Hochhaus des Hotels ›Đerdap‹, davor eine Büste des großen serbischen Gelehrten Vuk Karadžić, wie so oft mit einem aufgeschlagenen Buch. Er scheint ein wenig ins Abseits gerückt und mitgenommen. Um die serbisch-orthodoxe Kirche ist das Krankenhaus entstanden. In der kleinen Fußgängerzone reiht sich ein Café ans andere. Die Ortschaft entwickelte sich vermutlich aus der römischen Siedlung, die unter Traian hier am Donaukanal aus der Zeit der römischen Feldzüge gegen Dakien entstand. Erstmals wurde sie 378 von den Goten und 443 von den Hunnen zerstört. Der Wiederaufbau des Kaisers Justinian wurde das Opfer der Awaren im Jahr 596. Am Rande der Stadt, an der Straße nach Tekija, liegt die Festung Fetislam (tvrđava Fetislam), übersetzt: der Sieg des Islam. Auf römischen Grundmauern war im 11. Jahrhundert eine Festung entstanden. Der Ungar Sigismund nannte sie Neustadt. Sie hatte immerhin eine Fläche von fünf Hektar. Die Osmanen übernaahmen sie von den Ungarn und benannten sie in Fetislam um. Sie diente Süleyman dem Prächtigen, dem herausragenden osmanischen Sultan, zum Angriff auf Turnu Severin auf der gegenüberliegenden Donauseite. Dazu baute er sie nach neuestem Stand um und renovierte sie. Die Festung besteht aus zwei deutlich voneinander getrennten Anlagen, der kleinen und der großen Burg. Im älteren Teil, der kleinen Burg, einer rechteckigen Anlage aus Naturstein mit runden Ecktürmen, wurden Reste der Traiansfestung entdeckt. Auf sie hatte Justinian den Wiederaufbau gesetzt. Der Komplex ist polygonal von starken Schutzmauern, Schießscharten, Türmen und drei Toren umgeben. Davor liegt ein breiter Wall. Zwei der Tore tragen türkische Inschriften in arabischer Schrift. Die Türken hatten sich bis zu Atatürks Reformen der arabischen Schriftzeichen bedient. Im Jahr 1868 wurde die Festung den Serben übergeben.

Blick auf Kladovo von der Festung

Durch eines der Tore mit Inschrift kommt man heute ins Areal. Die riesige freie Fläche wird von Fischern für ihre Netze genutzt. Außerdem steht ein kleines Restaurant dort, das derzeit renoviert wird. Ein weiteres Tor führt in den viel kleineren Palastbereich, der leider fast zerfallen ist. Von hier hat man einen schönen Blick auf Kladovo mit der orthodoxen Kirche und ihren zwei Türmen.

Kladovo hat in jüngster Zeit ein archäologisches Museum bekommen, in dem Fundstücke aus Karataš, Vrbica, aber auch Kopien, zum Beispiel von Lepenski Vir, gehütet werden. Eine Dokumentation zeigt die Hebung der Traianstafel (Трајанова Табула). Besucher werden freundlich und stolz zu den Objekten begleitet.

Vorwahl: 019.
Touristeninformation Kladovo, ul. 22. Septembra 18/II, Tel. 81690, tooic@ptt.yu.

Hotel ›Đerdap‹, ul. Dunavska, Tel. 81010, Fax 81090; 3 Sterne, DZ 3400, EZ 1400 Dinar. Direkt an der Donau.

Archäologisches Museum; tägl. 9–17 Uhr.

Brza Palanka

Brza Palanka (Брза Паланка) liegt auf halbem Weg zwischen Negotin und Kladovo wunderbar oberhalb der Donau. Zur Zeit der Römer hieß die Siedlung Egeta. Kaiser Tiberius (14–37 nach Christus) baute in seinen letzten Regierungsjahren an der ersten Engstrecke des Eisenern Tores eine Straße, die durch das Tal des Flusses Porečka reka und über das Miročgebirge führte und schließlich bei Egeta wieder an die Donau stieß. Es ist genau die Strecke von Donji Milanovac über Miroč hierher. Bis zum 5. Jahrhundert bestand die Stadt. Im Jahr 1962 entdeckte man Reste eines Tempels des Jupiter Dolichenus, einer semitischen Baalgottheit. Er hatte seine Ursprünge im heutigen Syrien. Seine Verbreitung erfolgte über Soldaten, deren Schutzpatron er war. Gefunden hat man unter anderem Skulpturen, die nach Belgrad gebracht wurden. Zum Städtchen gehört ein Stück Donauufer, an dem viele Strände, Wochenendhäuschen und ein Campingplatz liegen.

Bis zur Mündung des Timok windet sich die Donau noch durch Serbien. Auf dem Weg nach Prahovo (Прахово), wo das Kraftwerk Đerdap II. angelegt ist, passiert man noch einige archäolgoische Fundorte: kurz hinter Milanovac am Donauufer Festungsreste, außerdem bei Kusjak (Кусјак), in unmittelbarer Nähe des Kraftwerks. Hinter Radujevac (Радујевац), der letzten Ortschaft am Fluß, verläßt die Donau Serbien.

Das serbische Erzgebirge

Dieses stark gegliederte Gebirge (Srpsko rudogorje, Српско рудогорје) liegt im Osten Serbiens. Es wird von drei Flüssen gerahmt: der Morava im Westen, der Donau im Norden und der Flußniederung des Timok im Osten. Im Süden bildet ein Ausläufer des Rhodopengebirges die Grenze. Die höchste Erhebung im Erzgebirge ist der im Süden liegende Rtanj (Ртањ) mit 1560 Metern. Der frühere

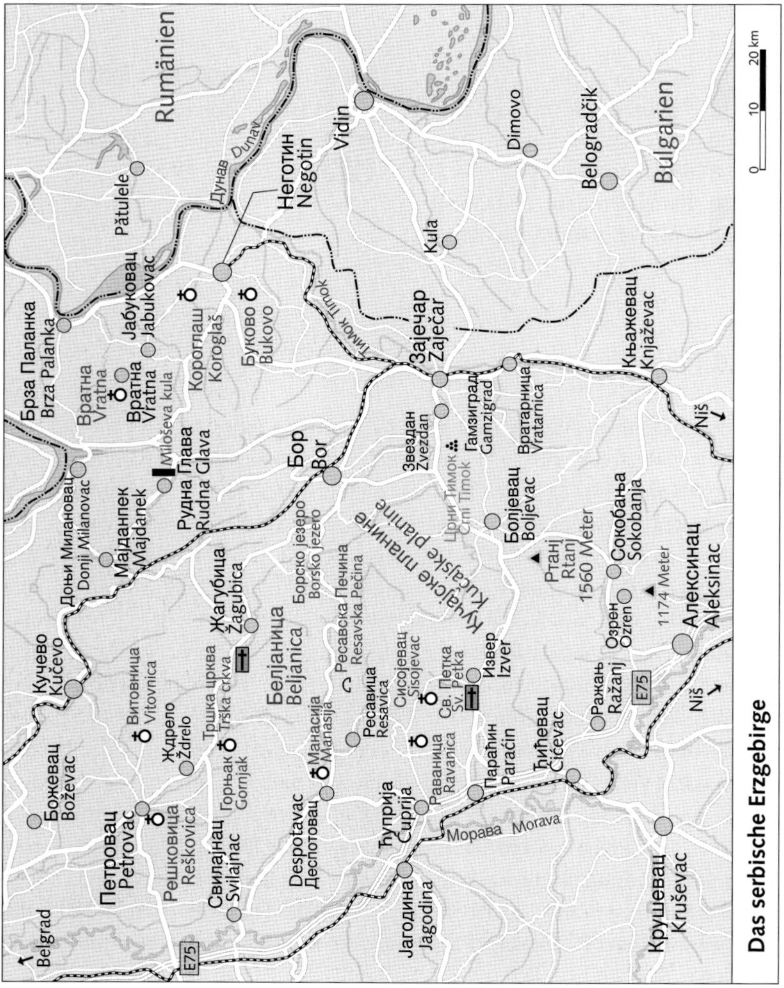

Das serbische Erzgebirge

Reichtum Serbiens lag in diesem Erzgebirge. Neben Kupfererzen um Bor und Majdanpek werden auch Blei und Eisenerz abgebaut. Im serbischen Erzgebirge liegen zwei der schönsten Wehrklöster Serbiens und eine der interessantesten römischen Ausgrabungsstätten.

Negotin

Das Städtchen Negotin (Неготин) liegt nicht weit vom Dreiländereck Serbien/ Bulgarien/Rumänien, im Gebiet von Timočka Krajina. Die Grenze zu Bulgarien ist nicht weit, ein reger Verkehr zwischen beiden Ländern ist zu beobachten. Negotin ist nicht sehr alt, es wurde im Jahr 1627 zum erstenmal als Dorfsiedlung erwähnt. Während des ersten serbischen Aufstandes machte es von sich reden: Der besonders tapfere Hajduk Veljko Petrović fiel bei der Verteidigung seiner Heimatstadt im Jahr 1813 und wird hier sehr verehrt. Sein Reiterdenkmal steht am Hauptplatz gleich gegenüber der serbisch-orthodoxen Kirche. Die Kirche diente während des Aufstandes als Lazarett. Ihre Ausstattung stammt vollständig aus dem 19. Jahrhundert, darunter die Ikonostase von Stevan Todorović. Auf dem Hauptplatz befinden sich außerdem die alte Apotheke aus dem 18. Jahrhundert, eines der ältesten Gebäude der Stadt, und ein großer Park, in dem ein Denkmal von Đorđe Tanojević (1858–1921) steht.

Denkmal für den Hajduk Veljko Petrović

Negotin ist der Geburtsort des Komponisten Stefan Stojanović Mokranjac. In seinem Geburtshaus wurde zu seinem 50. Todestag eine Gedenkstätte eingerichtet. Der Komponist ist einer der ersten klassischen Musiker Serbiens, der über die Grenzen hinaus bekannt wurde. Er komponierte unter anderem 15 Chorrhapsodien, die teilweise auf Volksweisen basieren. In Negotin fanden viele Jahre die Mokranjac-Tage (Mokranjčevi dani) mit Solisten, Chor- und Orchestermusik statt. Im Garten stehen seine Büste (1855–1914) und moderne Skulpturen.

Im Vorgarten des Nationalmuseums (muzej Vojvode Mišića/музеј Војводе Мишића) stehen Sarkophage, Fragmente, im Museum selbst werden Funde von versteckt liegenden Ausgrabungsstätten aufbewahrt.

Außerhalb von Negotin, im Vorort Krajina, liegen die Weinkeller von Rajac. Im 18. Jahrhundert entstand hier ein Komplex aus 270 Gebäuden, die bis heute der Weinproduktion und -lagerung dienen.

Vorwahl: 019.

Hotel ›Krajina‹, ul. Srbe Jovanovića,
Tel. 54 22 46, Fax 513 05;
DZ 1992, EZ 1086 Dinar.

In Jabukovac gibt es einen Campinplatz.

Mokranjac-Haus;
tägl. 8–14 Uhr.
Nationalmuseum; tägl. 8–14 Uhr, Sa/So nur nach Voranmeldung.

Die Umgebung von Negotin

Eine gute, sehr waldreiche Strecke von 70 Kilometern führt in die Bergbaustadt Majdanpek. Am Weg stehen Zeugnisse der Vergangenheit: bei Rudna Glava (Рудна Глава) die ›Miloševa Kula‹ (Милошева Кула), ein Verteidigungsturm und eine bronzezeitliche Fundstätte, hinter Majdanpek (Мајданпек) eine römische Festung.

Nur wenige Kilometer von Negotin entfernt liegt auf dieser Straße die Abzweigung nach Šarkamen (Шаркамен), einer römischen Ausgrabungsstätte. Wer an ihr Interesse hat, sollte sich mit dem Museum in Negotin in Verbindung setzen. Da die Ausgrabung nicht leicht zu finden ist, bietet sich manchmal eine Begleitung an. Ein Stück weiter geht die Straße nach Jabukovac (Јабуковац) ab, vorbei an Ruinen des mittelalterlichen Klosters Koroglaš (Короглаш), mitten ins Erzgebirge. Hinter Jabukovac geht es ins Vratnatal. Fast am Ende des Tales steht das Kloster Vratna (Вратна). In seiner Nähe ist eine Natursehenswürdigkeit zu bewundern: die Steinbögen (Vratnjanske kapije/Вратњанске капије) über die Vratna. In unendlich langen Zeiten hat der Fluß das Gestein so ausgewaschen, daß ein Bogen wie eine römische Brücke entstanden ist. Hier liegt auch das Kloster Vratna.

In südlicher Richtung gelangt man auf einer kurven- und waldreichen Strecke zum Kloster Bukovo (Буково) gleich an der Straße. Die Sankt Nikolauskirche wurde vom heiligen Nikodim von Tismana gegründet. Er wirkte im 14. Jahrhundert und verteidigte die orthodoxe Kirche gegen die zunehmende Ausbreitung des katholischen Glaubens durch die Ungarn, vor allem in Rumänien. Nikodim von Tismana war auf dem Athos erzogen worden und ist einer der bedeutenden orthodoxen Kirchenmänner des Mittelalters. Den Glockenturm mit einer Darstellung des Nikolaus übersieht man nicht. Der Dreikonchenbau aus Haustein ist durch Arkaden mit dem Glockenturm im Westen verbunden. 400 Jahre blieb die Kirche unbeschadet, bevor auch sie 1683 erstmals zerstört wurde. Während des Wiederaufbaus schmückte man sie mit Malereien, von denen wenige Reste erhalten blieben. 1813 wurde die Anlage Opfer im serbischen Befreiungskrieg und 1837 wiederaufgebaut. Heute wohnen Mönche hier, die die Renovierung der Konake veranlaßt haben.

Zaječar

Von Negotin bis Zaječar (Зајечар) erwartet den Reisenden eine gute Straße durch eine schier endlose Hochebene. Noch ist auf diesen Straßen sehr wenig Verkehr.

Zaječar liegt in Ostserbien an der Mündung der Crna Reka in den Timok. Die Bahnstrecke Niš–Negotin führt hier vorbei. Die Quellen erwähnen es 1784 erstmals als kleine Siedlung. In seiner kurzen Geschichte hat es viele Aufstände gegeben: 1813 gegen die Türken, die es dennoch bis 1833 halten konnten, danach gegen die Willkürherrschaft Milan Obrenovičs. Dieser Aufstand wurde grausam niedergeschlagen und ist in die Geschichte als Timokaufstand eingegangen. Einer seiner Anführer war Ljuba Didič, dem ein Denkmal in der ul. Kraljevica gewidmet ist, ebenso wie dem Aufstand insgesamt. Es wurde vom Bildhauer Antun Augustinčić geschaffen.

Im Städtchen hielt man lange den Sarg Stefans des Erstgekrönten vor den Türken verborgen.

Nikola Pašić, Staatsmann und Mitbegründer der Radikalen Volkspartei Serbiens, wurde 1845 hier geboren. Der gelernte Ingenieur mußte als Gegner des Milan Obrenović zunächst ins Exil. Nach seiner Rückkehr wurde er als Ministerpräsident einer der einflußreichsten Politiker Serbiens. Dieses Amt hatte er mit Unterbrechungen noch innerhalb Jugoslawiens inne. Er vertrat von Beginn an die großserbische Idee und gilt als einer der Hauptakteure zur Gründung des südslawischen Staates. Sein Denkmal steht in der Stadt.

Im Zentrum sind mehrere Gebäude aus der Türkenzeit sehenswert: Der Konak Radul-Beg ist eines der wenigen Häuser im türkischen Konakstil, die in Serbien erhalten geblieben sind. Es gehörte Radul Beg, einem Serben, der den Beinamen Beg nicht als türkischen Titel, sondern als Ehrennamen aufgrund seines großen Einflusses erhalten hatte. Das Gebäude wurde renoviert und ist liebevoll als Eth-

Im Konak Radul-Beg befindet sich heute das Ethnologische Museum

nologisches Museum eingerichtet. Besonders sehenswert ist das Obergeschoß, in dem Möbel eines reichen Serben des 19. und 20. Jahrhunderts (nicht die des Hausbesitzers) ausgestellt sind. Es handelt sich dabei um komplette und authentische Zimmer: ein türkisches, ein arabisches, ein Eßzimmer und das interessante Mädchenzimmer. Die Mädchen erhielten als Mitgift zur Hochzeit eine Zimmereinrichtung. Deren Besonderheit stellte ein Sofa mit einem Spiegel dar, der sie gegen den bösen Blick schützten sollte.

Ein weiteres Gebäude aus der Türkenzeit ist die alte türkische Mühle aus dem 18. Jahrhundert, in der ein sehr einladendes Restaurant untergebracht ist. Das Essen wird auf serbischer Keramik seviert, die man auf ein Holzbrett stellt. Spezialitäten sind deftige Gerichte wie ›Mućkalica‹, ein Fleischeintopf mit Schwein, Huhn, Rind, Tomaten, Zwiebel und Paprika, der sehr scharf und ölig sein kann; außerdem ›Tavče varivo so Kobasicom‹, ein dicker Bohneneintopf mit Wurst.

Der Graben des ehemaligen Kanals existiert noch, aber ohne Wasser. Altes Kopfsteinpflaster läßt erahnen, wie die Stadt zur Zeit der Türken ausgesehen haben muß. Nicht weit vom Restaurant findet täglich der große Markt statt.

Den Hauptplatz dominiert, wie könnte es anders sein, ein Hochhaus, das Hotel ›Srbija‹. Aber einige Bauten des Historismus haben auch den Kommunismus überlebt: das Gymnasium von 1882 und das Gebäude der Kreishauptmannschaft von 1911. Im Nationalmuseum sind die kostbaren Funde von Gamzigrad ausgestellt. Der Leiter des Museums freut sich auf jeden Besucher und führt in Englisch mit wahrer Begeisterung durch seine Ausstellung. Zu sehen sind unter anderem: der Kopf des Kaisers Galerius aus Porphyr; qualitativ hochwertige Mosaiken, von denen eines Dionysos, ein anderes ein Labyrinth und ein drittes Jagdszenen zeigt. Auf einem Pilaster vom Osttor sind die sogenannten Tetrarchen dargestellt, die beiden seniores Augusti, die älteren der vier Herrscher über Rom im 4. Jahrhundert: Diokletian und Maximinianus Herculius Galerian.

Etwas ganz besonderes stellt der Fund einer Unmenge an Kämmen dar. Vermutlich war Gamzigrad ein Zentrum der Kammproduktion. Kämme wurden nicht unbedingt zur Haarpflege, sondern sehr häufig als Amulett genutzt und daher besonders verziert.

In den wenigen historistischen Bauten sind Cafés, Banken und kleine Geschäfte untergebracht. In der Mitte steht das Denkmal für die Kämpfer im Balkankrieg.

Das Städtchen mit 50 000 Einwohnern pulsiert. Viele Wlachen sind hier ansässig. Man lebt von einer Porzellanfabrik, Baustoffproduktion, einer Brauerei und kleineren Messen, weswegen die wenigen Hotels häufig ausgebucht sind. Für den Notfall hält der kommunistische Einheitsbau immer noch Zimmer bereit. Zwei Privathotels sind jedoch viel netter.

Auf dem städtischen Friedhof gibt es eine Gedenkgruft für alle Opfer des Zweiten Weltkrieges, auf welcher Seite die auch standen.

Vier Kilometer vom Ort befinden sich die Reste einer Nemanjidenkirche aus dem 12. Jahrhundert, eines aus Stein und Ziegeln errichteten Vierkonchenbaus.

Serbische Spezialitäten gibt es im Restaurant in der alten Mühle

Vorwahl: 019.

Im Zentrum, hinter dem Hotel ›Srbija‹, findet man einen bewachten Parkplatz.

Hotel ›Srbija-Tis‹, ul. Pašica 2, Tel. 422-333, -890; 2 Sterne, DZ 2400, EZ 1290 Dinar. Der übliche Hochhausbau im Zentrum.
Hotel ›Garni Grinka‹, ul. Prote Mateje 15, Tel. 42 33 30; 3 Sterne, DZ 2580, EZ 1500 Dinar. Das Gebäude von 1938 wurde 1997 in ein Privathotel umgebaut. Einfach, aber sehr gepflegt mit freundlichem Personal.
Motel ›Restoran Beba‹, Tel. 42 23 92, 42 46 72; 3 Sterne, DZ 2500, EZ 1200 Dinar. Ganz neue Privatpension außerhalb des Zentrums, die Tochter des Hauses spricht Englisch.

Restaurant ›Vodenica‹, Tel. 42 06 00. Im Zentrum in der sehr schön gepflegten alten Mühle. Gute nationale Küche, großer Garten. Im Restaurant ist noch die alte Presse erhalten.

Nationalmuseum; Di–So 7–18 Uhr.
Ethnologisches Museum; Di–So 7–18 Uhr. Sollte es geschlossen sein, wende man sich an das Nationalmuseum.

Gamzigrad

Nach Zaječar kommt man in erster Linie, um die antike Stadt Romuliana (Gamzigrad) zu besichtigen. Sie liegt etwa elf Kilometer südwestlich von Zaječar, beim Dorf Zvezdan (Звездан), im Timoktal, auf dem rechten Ufer des Crni Timok. Man hält sich zunächst in Richtung Bor, und bald schon weisen große Schilder den Weg. Die Besichtigung ist ein Muß für jeden Archäologieinteressierten. Nicht

Legende
1 Eingang
2 Kasse und Souvenirladen
3 Westliche Eingangstore/Ältester Befestigungsring
4 Ost-Westtore mit Wall/Jüngerer Befestigungsring
5 Palast 1
6 Tempel 1
7 Palast 2
8 Gebäude mit dem Korridor
9 Tempel 2
10 Einteiliges Gebäude/Gericht
11 Fünfteiliges Gebäude/Getreidespeicher
12 Kleiner Tempel
13 Einteiliges Gebäude
14 Thermen

nur das Ausgrabungsgelände, sondern auch die Geschichte seiner Entdeckung und Entschlüsselung sind außergewöhnlich spannend.

Zu Beginn des 1. Jahrhunderts nach Christus gehörte dieses Gebiet als Teil des römischen Weltreiches zunächst zur Provinz Moesia inferior, später wurde es in die Provinz Dacia eingegliedert. Erste Beschreibungen dieser römischen Stadt verdanken wir dem sächsischen Bergwerksvorsteher Baron von Herder, der die Anlage in seiner ›Bergmännischen Reise‹ 1835 beschrieben hat. Nach ihm folgten der deutsche Geologe Breithampl und der österreichische Archäologe und Reiseschriftsteller Felix Kanitz, der Skizzen der sichtbaren Schutzmauern und Türme fertigte.

Erste intensive Forschungen begannen 1953 und sind dem Einsatz von Vekoslav Popović, Drucker des Stadtmuseums von Zaječar, zu verdanken.

In einer zweiten großen Grabungsetappe, die 1970 unter Leitung von Dragoslav Srjeović gestartet wurde, begann die systematische Erforschung der Anlage. Lange wußte man nicht, um was und welchen Ort es sich handelte. Zunächst ging man von einem Militärlager aus, nach ersten kostbaren Funden, den Mosaiken, dachte man an eine luxuriöse Villa, einen prunkvollen Landsitz oder gar an einen

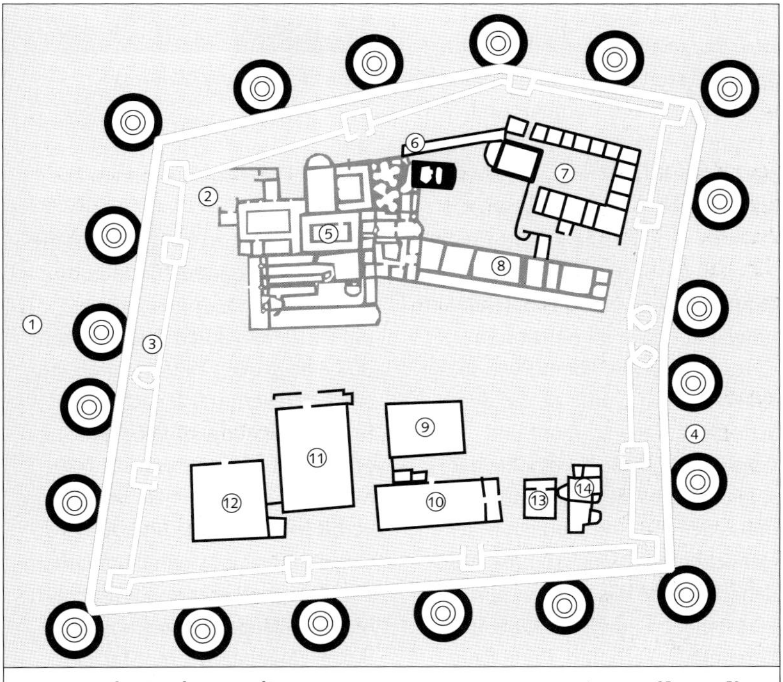

Die antike Stadt Romuliana

Kaiser Galerius

Galerius Maximianus wurde um das Jahr 250 in Serdica (Sofia) geboren. Nachdem er zunächst als einfacher Soldat in der Armee gedient hatte, machte er unter Kaiser Diokletian Karriere beim Militär.
Im Jahr 293 erhob ihn Diokletian zum Mitkaiser. Galerius trennte sich von seiner ersten Frau und heiratete eine Tochter Diokletians. 298 erlebte er im fünften Regierungsjahr seinen größten Triumph mit dem Sieg über die Perser, nachdem er zwei Jahre zuvor zur Grenzsicherung in den Osten berufen worden war. Danach begannen die ersten Bauten in Romuliana. Ein Gerücht kam in Umlauf, das seine Mutter ihn mit Gott Mars gezeugt habe. Fortan verstand er sich als zweiter Romulus und pflegte eine Vorliebe für Götter mit sterblicher Mutter und göttlichem Vater wie zum Beispiel Dionysos.
Galerius verehrte seine Mutter sehr, was sich besonders in ihrem Begräbnis nach bester römischer Sitte unweit des nach ihr benannten Ortes ausdrückte. Ebenso wie später Galerius selbst wurde sie auf dem Scheiterhaufen verbrannt und vergöttlicht. Diese Zeremonie der sogenannten Apotheose fand mit seinem Tod zum letzten Mal im römischen Reich Anwendung. Bald danach wurde das Christentum Staatsreligion, römische Kulte und Zeremonien verboten. Romuliana war einerseits als Alterssitz nach dem 20. Regierungsjahr des Galerius gedacht, so wie sein Vorgänger und Gönner Diokletian in Split sein Alter genoß, andererseits als ewige Erinnerung an den vergöttlichten Kaiser Galerius. Galerius besaß einen weiteren Palast mit einem Mausoleum in Thessaloniki, von wo aus er regierte.

Büste des Kaisers Galerius

Kaiser Galerius ist für die christliche Welt von besonderer Bedeutung. Zunächst leitete er gemeinsam mit Diokletian durch das Edikt von 303 eine große Christenverfolgung ein. Doch vermutlich nach seiner Krebserkrankung im Jahr 310 erließ er in Serdica das erste Toleranzedikt, das 311 in Nikomedia veröffentlicht wurde und den Christen Religionsfreiheit garantierte, das Versammlungsverbot abschaffte und die Glaubensgemeinschaft offiziell anerkannte. Im Mai 311 erlag Galerius seiner Erkrankung.

Bischofssitz und schließlich an eine frühbyzantinische Siedlung, da man frühchristliche Basiliken entdeckt hatte. Im Jahr 1984 konnte dank eines spektakulären Fundes das Geheimnis der Anlage gelüftet werden. Man fand im kleinen Palast unter anderem einen großen Marmorblock aus Tuffsandstein und ein Fragment eines Bogengewölbes mit der eingravierten Inschrift ›Felix Romuliana‹. Historische Quellen erwähnten eine Stadt des römischen Kaisers Galerius (293–311), die er in Verehrung seiner Mutter ›Romuliana‹ genannt hatte.

Die Ruinen von Romuliana bei Gamzigrad

Die Fläche der Anlage beträgt 6,5 Hektar und hat die Form eines unregelmäßigen Trapez von 210 auf 180 Meter. Ihre Hauptachse, der Decumanus, verläuft in Ost-West-Richtung. Der Haupteingang [1] befand sich auf der östlichen Seite. Die Vielzahl der Gebäude gibt ein Zeugnis von der intensiven Bautätigkeit, die durch Brände und Zerstörungen häufig unterbrochen wurde. Daraus ergaben sich verschiedene kulturelle Schichten und unterschiedliche Interpretationen.

Innerhalb von 30 Jahren wurden zwei große Paläste, zwei Tempel auf einem Podium, zwei christliche Basiliken, Thermen, ein kleiner Palast – genannt das Triclinium der Romula – ein mutmaßlicher Kultraum und mehrere große Gebäude, deren Zuordnung noch nicht gesichert ist, ausgegraben; außerdem zwei Befestigungsringe, ein älterer und ein jüngerer. Diese wurden mit ihren Türmen zum Teil rekonstruiert und vermitteln so eine gute Vorstellung von der Stadt ›Felix Romuliana‹.

Während der Grabungen wurde viel bewegliches Kulturgut gefunden: Mosaiken, Skulpturen, Architektur- und Dekorationsteile, die fast alle aus der Zeit vom Ende des 3. bis Anfang des 4. Jahrhunderts stammen. Die Erforschung der Gebäude aus der Zeit des Kaisers Galerius konnte damit abgeschlossen werden. Sie bestanden wie die ältere Befestigung aus Ziegel in Verbindung mit verschiedenen örtlichen Steinen, Sandstein, Andensit, Kalkgestein, Mergel. Auch die Verarbeitung ist Gebäuden und Befestigung gemeinsam. In Planung, Konstruktion und Ausführung konnten Parallelen zum Diokletianspalast in Split festgestellt werden.

Zwei Befestigungsringe entstanden um die Anlage. Man konnte sie aufgrund des erhalten gebliebenen Materials rekonstruieren. Der ältere, innere Ring [3] bestand aus sechzehn Türmen: zwölf quadratischen und vier achteckigen von bis zu 18 Metern Höhe. Die Befestigungswälle und die Fassade des westlichen Tores waren fünf Meter niedriger. Weder Tore, Türme noch Mauer wiesen Verzierungen auf.

Der jüngere Befestigungsring [4] war viel monumentaler: 20 Türme, davon 8 runde an den Ecken und den Eingangstoren, und 12 polygonale Türme mit einem Durchmesser von einst 23 bis 26 Metern. Ihre heutige Höhe beträgt zwischen 8 und 20 Metern. Die Mauern waren 3,6 Meter stark und wie die Eingangstore verziert.

Im Osten lag der Zutritt in die Stadt. Am Eingangstor hat man Reste von Verzierungen gefunden, darunter Bildnisse des Statthalters, der Tetrarchen Galerius und Diokletian; aber auch Pfauen, Gorgonen und Adler mit Lorbeerkränzen in den Schnäbeln. Das westliche Tor war mit floralen Ornamenten dekoriert.

Kloster in der Fruška Gora
Kloster Sv. Jovan bei Poganovo; Nonne im Kloster Žiča

Die monumentalen Gebäude innerhalb der Befestigungsanlagen lassen sich in zwei Gruppen gliedern, in denen je ein Podiumstempel den Komplex beherrschte: den nördlichen und den südlichen Gebäudekomplex. Man vermutet, daß mit dem Bau der Gebäude im Norden begonnen wurde.

Im nördlichen Teil standen Tempel 1 [6], Palast 1 [5] und Palast 2 [7] sowie ein großes Gebäude mit einem dazugehörigen Gang. Der Tempel war vermutlich der Cybele, der Großen Mutter (Magna Mater) geweiht. Der Palast 1 bestand aus fünf Gliedern: achteckiger Vorraum, drei Peristyle, von Säulen umgebene, oft bepflanzte Innenhöfe und ein kleiner Baderaum. Im Vestibül wurde das Mosaik mit der Darstellung des Labyrinths entdeckt, während den Eingang das Bild des Gottes Dionysos schmückte. Alle beweglichen Funde wurden ins Museum nach Zaječar gebracht. Die Wände des Palastes waren mit Marmor- und sogar Porphyrplatten bedeckt oder mit Malereien verziert. Unweit des Tricliniums wurde die linke Hand einer Porphyrstatue gefunden. Zusammen mit dem Kopf, den man im südlichen Teil fand, gehörte sie zu einer Statuengruppe, in der Kaiser Galerius als Pantokrator (Weltenherrscher) dargestellt wurde. Die Säulen des Peristyls mit einem Brunnen sind auf dem Gelände sehr gut zu erkennen. Sie hatten Kapitelle aus weißem Marmor von der griechischen Insel Prokonsos.

Der Palast 2 besitzt ein rechteckiges Peristyl, das von Vorräumen unterschiedlicher Größe und Funktion umgeben ist. Sein Haupteingang befindet sich im Osten, während im Westen ein großer Raum mit einer Apsis angeordnet ist.

Der südliche Teil wird von einem großen Tempel [9] beherrscht, der Jupiter und Herkules zugeschrieben wird. Diokletian, Gründer der Tetrarchie und selbst Herrscher über ein Viertel des Reiches, identifizierte sich mit Jupiter. Galerius, adoptiert von Diokletian, gehörte nun zur heiligen Familie und nahm Herkules als Patron an. Dadurch wurde die Tradition begründet, die Herrscher Jupiter und Herkules zu nennen. Vom Tempel sind das Podium und Fundamente einer großen Treppe gut erhalten. Vor dem Tempel fand man die Reste eines Altars mit einer schmalen Treppe. Interessanterweise verbirgt sich im Podium des Tempels eine zweiteilige Krypta, in die eine enge Treppe von der südöstlichen Ecke der Cella führt. Wichtigste Fundstücke in der Nähe des Tempels waren Köpfe von Jupiter und Herkules.

Die Gebäude, die sich um den großen Tempel gruppieren, besitzen einen rechteckigen Grundriß, sie waren räumlich getrennt und einzeln zugänglich, so daß man öffentliche Gebäude vermutet: vielleicht war eines ein Getreidespeicher (Horreum) [11] und das andere ein Gerichtsgebäude [10].

Kloster in der Fruška Gora; Kloster Studenica
Die Savakirche in Belgrad

Ein dritter Tempel [12], der kleinste, in dem das Fragment mit der Inschrift gefunden wurde, diente vermutlich einem geheimnisvollen Zweck. Es könnte der Ort gewesen sein, an dem Romula mystische Rituale und Feste organisiert hat.

Das Konzept von Felix Romuliana ist einerseits durch die Grabungen und andererseits dank biographischer Quellen entschlüsselt worden.

Nachdem Galerius verstorben war, wurde das Palastgelände wahrscheinlich bis ins 5. Jahrhundert bewohnt, aber sehr verändert. Christliche Basiliken wurden in bestehende Gebäude eingebaut, die Türme in Handelszentren verwandelt. Vermutlich wurden sie von Prominenten des Hofes oder Geistlichen bewohnt. In einem der Gräber wurde der Name eines Gaudentius gefunden. Möglicherweise handelt es sich bei ihm um einen Würdenträger. Die Forschung geht von einer ersten Zerstörung durch die Hunnen im 5. Jahrhundert aus. Danach wurde die Anlage wieder aufgebaut. Zur Zeit des Justinian folgte eine neue Bauetappe: Christliche Kirchen wurden in den nordwestlichen Teil integriert. Mit den Awaren- und Slaweneinfällen wurde Romuliana verlassen. Erst am Anfang des 11. Jahrhunderts belebte eine neue, mittelalterliche Siedlung im östlichen Teil die Stadt.

Das Labyrinthmosaik ist im Nationalmuseum in Zaječar zu bewundern

Magura

Die Grabungen in Gamzigrad werden bis heute fortgesetzt. In den Jahren 1989 bis 1993 ist man außerhalb der Befestigungsmauern auf die Gräber von Kaiser Galerius und seiner Mutter Romula gestoßen; sie befinden sich etwa einen Kilometer in östlicher Richtung vom Hauptplatz von Romuliana auf einem Hügel, der Magura heißt.

Der zentrale Komplex umfaßt die Reste von zwei Mausoleen sowie zwei tumuliähnlichen Gräbern.

Die Nekropole an dieser Stelle ist viel älter. Sie geht auf die Bronzezeit zurück und wurde während der Erforschung von Romuliana entdeckt. Magura war von prähistorischen Zeiten an Grabstätte eines vielleicht als heilig geachteten Hügel.

Das für Romula errichtete Mausoleum befand sich auf dem höchsten Punkt von Magura. An seiner nordwestlichen Ecke entdeckte man 1991 fast tausend

Goldmünzen von Gratianus, Valentianus II., Theodosius I. und Arcadius. Nordwestlich von diesem Mausoleum konnten die Reste eines riesigen Monumentes in der Form eines Tumulus mit einem Durchmesser von dreißig Metern ausgemacht werden. Er war von einem 8,5 Meter hohen Kegel aus Erde aufgeschüttet. Das Monument markiert den Ort, wo der Scheiterhaufen der Romula errichtet wurde. Ihre Bestattung fand um 305 nach Christus statt.

Das Dionysosmosaik war einst auf dem Eingang des Palastes zu sehen

Ungefähr 45 Meter in nordöstlicher Richtung vom Mausoleum der Romula stand dasjenige des Galerius. Sein zentraler Teil hatte einen Außendurchmesser von 5,65 Metern, im Inneren ist es eine vollständig verschlossene Grabkammer. Auf seiner westlichen Seite ist der Ort der Verbrennung des Galerius markiert, der 311 bestattet wurde. Der Außendurchmesser dieses Steinrings beträgt vierzig Meter und er wurde mit zehn Metern Erde zum Kegel aufgefüllt. Die Reste des Tetrapylon sind etwa 220 Meter entfernt von den sakralen Monumenten, gebildet aus vier kräftigen Säulen, von denen jede einen der vier Teilherrscher symbolisiert. Der Tetrapylon befindet sich an der Schnittstelle von zwei Straßen und legt die Grenze zwischen dem heiligen und dem weltlichen Bereich fest.

Die Ausgrabungsstätte Gamzigrad ist täglich, außer montags, von 8 bis 18 Uhr geöffnet.

Bor

Neben Majdanpek ist Bor (Бор) das zweite wichtige Bergbaugebiet im serbischen Erzgebirge. Bei der Einfahrt in die gesichtslose Stadt fallen sofort die vielen jungen Leute auf. Hier herrscht große Arbeitslosigkeit. Der Ort präsentiert sich zersiedelt und von einem großen Bergwerkskomplex bestimmt. Erst in jüngster Zeit machten ihre Bewohner auf ihr Elend aufmerksam. Die Bergarbeiter des Kupferbergwerks blockierten im Juli 2004 den Autoput, um ihre Forderungen nach mehr Lohn durchzusetzen. Stunden über Stunden standen die griechischen, türkischen, albanischen Urlauber auf der Straße, während die Regierung sie wenigstens mit Wasser versorgte.

Bor besitzt reiche Kupfervorkommen, deren Förderung im Tagebau seit 1989 auf ein Volumen von nur einem Fünftel der ehemaligen Förderungsmenge zurückgefahren wurde. Es gibt nicht unberechtigte Befürchtungen, daß das Bergwerk, ist es erst einmal genügend heruntergewirtschaftet, zu einem Dumpingpreis an irgendeinen Duzfreund der hohen Politik verschleudert werden könnte. Aus Furcht vor Blockaden zum Zeitpunkt der Athener Olympischen Spiele hatte die Regierung den Forderungen nach Lohnerhöhungen nachgegeben. Doch noch immer muß die Familie eines Bergarbeiters im Monat von nur 140 Euro leben.

Schöner ist es, über Bor Banja (Бор Бања) zu fahren, immer durch das dichte Waldgebiet. Man hält sich an die Richtung Žagubica (Жагубица). Nur wenige Kilometer von Bor entfernt hat man Quellen gefunden. Ein Badesee und ein Naherholungsgebiet konnten sich dort etablieren, in dem ein Hotel mit Campingplatz zur Verfügung steht.

Vorwahl: 030.

Hotel ›Jezero‹ 3 Sterne, Borsko Jezero, Tel. 348 30, Fax 367 78; DZ 2400, EZ 1480 Dinar. Ein Sommersporthotel auf 438 Meter.

Klöster im serbischen Erzgebirge

Wieder geht es über eine einsame Strecke, fast ohne Verkehr, lediglich die Polizei ist auffällig präsent. Man sollte einen vollen Tank haben, denn es gibt wenige Tankstellen. Wunderschöne Ausblicke verlangen immer wieder nach einem Stop.

An der Straße von Žagubica nach Petrovac steht die alte Kirche Trška crkva (Тршка црква, Dreifaltigkeitskirche). Das Kirchlein ist der Muttergottes geweiht und geht auf das 13. Jahrhundert zurück. Es ist damit eines der ältesten Sakralbauten im serbischen Erzgebirge. Im Grundriß erinnert sie an die Bauten der Raškaschule. Besonders sehenswert ist ihr Steinportal. Daß man in Serbien nicht allzuviel Bauplastik zu sehen bekommt, macht dieses Portal umso kostbarer. Sein Rahmen ist ornamental geschmückt. Über dem Rundbogen ist der Adler, links und recht sind Greifen, alles Herrschaftssymbole, zu sehen. Das Kirchlein besitzt eine Kuppel über hohem Tambour. Im Kloster leben drei Nonnen und pflegen ihr malerisches Gärtchen. Vom hölzernen Glockenturm wird zum Gebet gerufen.

Die Weiterfahrt führt ins reizvolle Tal der Mlava. In ihrer Klamm klebt das Kloster Gornjak (Горњак), eine Stiftung Fürst Lazars von 1379. Fast fährt man daran vorbei, denn es liegt in einer Kurve über dem Fluß. Die Hinweisschilder in kyrillisch sind erneuerungsbedürftig. Der Name des Klosters bezieht sich auf seine Lage an den steil aufragenden Felswänden: Gorn (Felsen), Gora (Berg) und Gornja (das Obere).

Die Hauptkirche ist der Muttergottes Reinigung geweiht. Der Dreikonchenbau mit Kuppel hat viele Neuerungen durchgemacht: Südseite und Glockenturm wurden 1845 hinzugefügt. Auch die Wandmalereien gehen auf das 19. Jahrhundert zurück. In der Kuppel sieht man Christus Pantokrator. Am linken Pfeiler vor dem

Dramatisch von hohen Felswänden umgeben ist das Kloster Gornjak

Naos ist König Lazar, der Stifter, abgebildet. Oberhalb der Hauptkirche wurde im 16. Jahrhundert in die Felswand die Sankt-Nikolauskapelle eingefügt. Die Höhlenkirche besitzt aus ihrer Entstehungszeit noch Malereireste. Sie wird ganz selten durch eine der Nonnen geöffnet. Im Kloster wirkte der vom Sinai geflohene Mönch Gregorius, der dank Fürst Lazar hier im 14. Jahrhundert Aufnahme fand.

Auf dem Weg nach Petrovac (Петровац) stößt man immer wieder auf Hinweise zu Kirchen und Einsiedeleien in Höhlen, zum Beispiel Kloster Reškovica (Решковица) bei Ždrelo (Ждрело). Hübsche einladende Gasthäuser liegen an der Straße. In Petrovac gibt es ein Hotel, das derzeit noch renoviert wird.

Ab Petrovac ist das Kloster Vitovnica (Витовница) gut ausgeschildert. Vor dem Zentrum führt ein Wegweiser rechts ab. Das Kloster liegt unterhalb einer Felsenwand am Fluß Vitovnica. Vor der Kirche ist begrenzter Platz zum Parken, am besten, man läßt den Wagen unten stehen und geht einen Kilometer zu Fuß. Der Dreikonchenbau aus Bruchstein gilt als Stiftung König Milutins. In Quellen wurde die Muttergottes Entschlafen geweihte Kirche 1552 erwähnt. Sie ist in ihrer Anordnung von Altarraum, Naos, Narthex und Exonarthex ein typischer Bau. Über ihm erhebt sich ein Turm. Die Kirche wurde im 19. und 20. Jahrhundert ausgemalt. Die Konake werden derzeit kräftig renoviert. Ein einziger Mönch belebt die Anlage. Kostbarstes Gut des Klosters sind zwei Inschriften im Mauerwerk: eine slawische auf der Nordseite und eine armenische. Sie weisen auf einen Vorgängerbau aus dem Jahr 1218 hin. Ein schmaler, kurzer Pfad führt durch den Wald zum Fluß, der sich hier durch die Felsen seinen Weg gräbt – ein idyllisches Plätzchen zum Ausruhen.

In Kloster Vitovnica lebt derzeit nur ein Mönch

Kloster Ravanica

Kloster Ravanica (Раваница) ist ein Juwel serbischer Kunst. Dieses wunderschön gelegene Kloster erinnert von außen eher an eine Festung. Es ist so phantastisch eingebettet in die waldige Umgebung, daß man fast daran vorbeifahren könnte. Mächtige Mauern mit sieben Türmen umgeben die der Christi Himmelfahrt geweihte Kirche und geben den Blick auf dieses einzigartige Bauwerk fast nicht frei. In einer der Turmruinen befand sich die Gebetskapelle Fürst Lazars. Bis vor kurzem durfte man den baufälligen Turm und diese Kapelle noch besichtigen. Das Kloster steht von Sonnenauf- bis Sonnenuntergang dem Besucher offen. Wie Manasija wird es von Nonnen bewirtschaftet.

Die Anlage entstand im Jahr 1376 auf Veranlassung des Fürsten Lazar Hrebeljanović, der in der Schlacht auf dem Amselfeld sein Leben für Serbien ließ, als letzte seiner Stiftungen. Die serbisch-orthodoxe Kirche sprach ihn nach seinem Tod heilig und ließ seinen Leichnam feierlich nach Ravanica überführen. Damit wurde das Kloster zu einem bedeutenden Wallfahrtsort. Nicht genug damit, entstanden hier auch Lobpreisungen zu seinen Ehren, wodurch sich Ravanica zum Kulturzentrum und zur Schreibstube entwickelte. Seit dem 15. Jahrhundert, mit Unterbrechungen bis hinein ins 18. Jahrhundert, bestand hier eine Mönchsschule, die sich nicht nur dem Abschreiben widmete, sondern auch der Dichtung. Im Jahr 1689 mußten die Mönche nach dem gescheiterten Aufstand gegen die Türken auf österreichisches Gebiet fliehen. Sie nahmen die Reliquien, aber auch wertvolle Bücher und Preziosen mit. Nur der Priestermönch Stefan erlebte die Rückkehr in sein Mutterkloster und veranlaßte sofort den Wiederaufbau und die Erneuerung der Schreibschule im Jahr 1717. Das Kloster ist sowohl geschichtlich als auch kulturhistorisch äußerst bedeutsam. Zwei Urkunden geben Aufschluß über seine Entstehung, deren Datierung um zehn Jahre, zwischen 1376/77 und 1381, schwankt. Der gesamte Klosterkomplex bestand aus Kirche, Refektorium, Zellen, Spital, Wirtschaftsgebäuden und Befestigungen und beanspruchte eine jahrelange Bauzeit.

Die Christi-Himmelfahrtskirche hat die Form eines griechischen Kreuzes mit fünf Kuppeln, kombiniert mit Drei Konchen. Vier freistehende Stützen tragen die zentrale Kuppel. An der Ostseite findet man eine dreigliedrige Apsis.

Besonders schön ist der Außenbau: Hau- und Ziegelsteinreihen wechseln sich in den Fassaden ab. Ihre warmen roten und beigen Töne leuchten zu jeder Tageszeit in anderen Nuancen. Zweigeteilte Fenster, Rosetten und keramische Verzierungen beleben das Mauerwerk. Zwei Kranzgesimse gliedern es in drei horizon-

Das wehrhafte Kloster Ravanica

›Christus heilt den Blinden‹ im Kloster Ravanica

tale Zonen, Halbsäulen und flache Rundbogennischen in vertikale Felder. Fenster und Rosetten sind mit plastischen Verzierungen versehen, die größtenteils erhalten sind und ein einzigartiges Zeugnis serbischer Reliefkunst darstellen. Als zweigliedriges Band verbindet sich dieser plastische Schmuck zu verschiedenen geometrischen und floralen Ornamenten mit phantastischen Tierbildern. Teilweise wurden fast vollplastische Formen ausgearbeitet wie das Medaillon mit zwei Greifen.

Schon 1385 wurde die Kirche – Apsis, Naos und Narthex – vollständig im sogenannten Moravastil ausgemal. Diese Werke sind eines der letzten Zeugnisse der mittelalterlichen serbischen Malerei. Sie gehen auf verschiedene Künstler zurück, nur einer von ihnen signierte mit Konstantin. Die Signatur ist auf der Tunika des heiligen Merkurios im Nordchor entdeckt worden. Den ältesten Teil der Malerei stellt die Kuppel dar, in ihr sieht man Christus Pantokrator, die himmlische Liturgie und sechzehn Propheten.

Das Bildprogramm zeigt in der Hauptapsis von oben nach unten: in der Lünette die Muttergottes mit dem Christuskind zwischen zwei Engeln, die Apostelkommunion, eine Reihe von Heiligenmedaillons, die in der Mitte das Opfer anbeten, und im untersten Rang Propheten. Im Naos sind die orthodoxen Feste und ein Zyklus mit den Wundern und Gleichnissen Christi abgebildet: In der südlichen Konche erkennt man in der Lünette den Einzug in Jerusalem, darunter die Heilung des Kranken und die berühmte Heilung des Blindgeborenen. Auch wenn die Malereien schon sehr gelitten haben, ist ihre Einzigartigkeit erkennbar geblieben. Man sollte sich Zeit für die Details nehmen. Anmut und Weichheit sind besondere Merkmale der Gesichter. Die unteren Reihen zeigen wieder Medaillons und Soldatenheilige. Auf der Westseite sind der Stifter Lazar und seine Frau Milica mit ihren Kindern Stefan und Vukan unter den Einsiedlern zu sehen.

Fürst Lazar unterstützte nicht nur Kirche und Klöster, sondern auch einzelne Einsiedler. Er nahm zum Beispiel vom Sinai geflohene Mönche auf und brachte sie in seinen Stiftungen unter. Einer von ihnen war der Mönch Romilo, von dem eine Biographie vorliegt. Er starb 1375 in Ravanica und wurde sogar heiliggesprochen. Oben sieht man den Marientod. Die Seele der Muttergottes liegt bei Christus in Form eines kleinen Kindes auf dem Schoß.

Das Kloster wurde mehrmals beschädigt, beraubt und verödete zuletzt im 17. Jahrhundert. Doch schon Anfang des 18. Jahrhunderts wurde es wiederhergestellt. Dabei ersetzte man 1721 den alten Narthex im Westen durch einen neuen, dreischiffigen. Er ist von einer Tonne überwölbt, die mit der Darstellung der Hypostasen Jesus Christus geschmückt ist: Alter der Tage, Christus als junger Mann bärtig und Christus als Jugendlicher bartlos mit der Weltkugel in der Hand. Das Thema versteht sich auch als Sinnbild der Dreifaltigkeit. Im linken Seitenschiff des Narthex erkennt man Jonas mit dem Wal, ein Thema, das Bezug zur Auferstehung nimmt. Auf der Westseite befindet sich ein zweites Mal der Tod der Muttergottes. In der alarmgesicherten Kirche befindet sich seit geraumer Zeit wieder der Sarkophag mit den Gebeinen des Stifters, Fürst Lazars.

Die Darstellung ›Alter der Tage‹ im Narthex

Hier wird auch eine russische Muttergottesikone verehrt, von der ein ganz besonderer Duft wahrgenommen wird.

Heute ist das Kloster wieder in fürsorglicher Hand. Allein die Gartenanlagen spiegeln die Behutsamkeit seiner Bewohner wieder. Innerhalb der Wehrmauern wurden neue Wohnbauten, sogenannte Konaks, auf die Ruinen aufgesetzt.

Oberhalb von Ravanica, etwa zwölf Kilometer entfernt, steht auf einem Gebirgsausläufer des Kučajske planine, nicht weit vom Fluß Crnica, das Kloster Sisojevac (Сисојевац). Bis vor kurzem lag es in Ruinen. Zu Zeiten des Fürsten Lazar war es durch den vom Sinai geflohenen Mönch Sisoje entstanden. Er war ein Anhänger des Hesychasmus, einer mystischen Bewegung des orthodoxen Mönchswesens, die durch Konzentration das göttliche Licht zu schauen suchte. Das Kloster war einst von Meistern aus Kalenić und Manasija ausgemalt worden.

Die Moravaschule

Nach dem Vordringen der Türken auf die Balkanhalbinsel verschob sich das Machtzentrum innerhalb Serbiens in den 70er Jahren des 14. Jahrhunderts nach Norden in das Tal der Morava. Trotz politisch äußerst instabiler Zustände entstand unter Fürst Lazar und seinem Sohn, dem Despoten Stefan, im serbischen Teilstaat der Lazarević-Dynastie eine neue Kunst auf hohem Niveau.
Man konnte hier eine relative Autonomie bewahren und, von den Eroberern geduldet, neue Kirchen und Klöster gründen.
Zu den wichtigsten Denkmälern der Moravaschule zählen die Klöster Ravanica, Lazarica, Kalenić und Manasija. Ihnen ist als Grundriß das griechische Kreuz gemeinsam sowie differenziert gegliederte Außenmauern, reiche Farbigkeit und keramischer Schmuck. In ihren Malereien kam zum letztenmal die große byzantinische Maltradition zum Tragen. Mit dem Fall Smederevos endete auch diese glanzvolle Periode der serbischen Kunst. Den Klöstern Manasija und Ravanica ist ein starker Wehrcharakter eigen, der Zeugnis von den politischen Zuständen und der ständigen Bedrohung gibt.
Typisch für den Moravastil sind zwei Einflüsse: die der Zeit Großserbiens, der Raškaepoche und die reiche kleinasiatisch-islamische Handwerkskunst. Die Außengestaltung erfuhr eine reichhaltige Dekoration, gleichzeitig wurde der Dreikonchentypus streng eingehalten, der sich am Vorbild von Hilandar auf dem Athos orientiert. Der serbische Gelehrte Radojčić formulierte, die Gestaltung sei »wie ein glanzvoller Traum von der Schönheit längst vergangener Zeiten.«
Die Bauten, für die zweigeteilte spitzbogige Fenster mit einer Mittelsäule, kunstvoll gemeißelte Steinrosetten im Tympanon und bewußt betonte Westfassaden bevorzugt wurden, zeichnen sich durch Höhenstreben aus. Die Konzentration auf die Westfassade deutet auf den westlichen Einfluß, der über die Adria hier Eingang fand.

Die Außengestaltung des Klosters Ravanica ist typisch für die Moravaschule

Kloster Manasija

Von Ravanica kann man auf zwei Wegen zum Kloster Manasija (Манасија) gelangen. Einer führt über eine kurven- und waldreiche einsame Strecke zunächst ins Bergbaustädtchen Resavica (Ресавица), in dem Steinkohle abgebaut wird. Am Ortsrand steht eine prächtige Doppelkuppelkirche. Hinter Resavica beginnt der Nationalpark um den Gebirgsstock des Beljanica. Seine Hauptattraktion sind die Höhlen der Resava (Resavska Pečina/Ресавска Печина). Die Fahrt geht weiter bis nach Despotovac (Деспотовац). Es sind etwa 60 Kilometer zu fahren, aber die gebirgige Landschaft kann man in ihrer Ausdehnung leicht unterschätzen. Man sollte nicht unter Zeitdruck sein.

Der andere Weg führt ein Stück über die Autobahn und dann nach Despotovac. Nur einen Kilometer von Despotovac am rechten Ufer der Resava liegt die Wehranlage.

Das Kloster, das auch als Kloster Resava bezeichnet wird, ist gut ausgeschildert. Egal von welcher Seite man kommt, erst zeigt sich ein Turm, dann ein zweiter, dann drei und dann verschwinden wieder alle. Das Kloster ist noch mächtiger, noch abweisender als Ravanica, und von viel Wald umgeben. Kirche und Befestigung wurden von Stefan Lazarević, dem Sohn Lazars, 1407 gestiftet. Über zehn Jahre wurde daran gebaut, bevor die Kirche im Jahr 1418 der heiligen Dreifaltigkeit geweiht werden konnte. Anläßlich dieses Ereignisses wurde sogar ein Landtag einberufen.

Der Biograph Stefans berichtete, daß mit ihr die größte Kirche ihrer Zeit gebaut werden sollte. Stefan hatte sich auf eine Reise begeben, um persönlich den schönsten Ort für seine Stiftung auszuwählen, den er hier an der Resava fand. Kloster Manasija wurde zum letzten bedeutenden Zufluchtsort für Geistliche und Künstler der um ihre Unabhängigkeit ringenden Serben. 20 Jahre blieb es das bedeutendste Zentrum des serbischen Schrifttums und des kulturellen Schaffens.

Nach dem Tod Stefans eroberten die Türken die Burg 1427 zum ersten und 1439 zum letzten Mal. Dabei ging sie in Flammen auf. Die Glocken nahmen die Türken mit. Kriege zwischen Türken und Österreichern, Vergeltungsschläge und die Zerstörungen am Vorabend des ersten serbischen Aufstandes haben das Kloster sehr mitgenommen. Umso erstaunlicher ist das, was heute nach dem Wiederaufbau in der ersten Hälfte des 19. Jahrhunderts noch zu sehen ist. Die Anlage hat einen unregelmäßigen polygonalen Grundriß mit elf Türmen, deren größter der Donjon, Despotenturm, genannt wird. Mauern und zinnenbekrönte Türme sind durch Innengänge miteinander verbunden. Außer der Kirche umschloß die Befestigung das große Refektorium und die Unterkünfte der Mönche. Die Kirche wird eingefaßt von den monumentalen Wehrmauern und Türmen und ist der größte Bau der Moravaschule. Aus Hausteinen wurde ein Dreikonchentypus mit fünf

Kuppeln auf schlanken Tambouren gefügt. Ihre Hauptkuppel ruht auf vier freistehenden Stützen und scheint mittels ihres Tambours in unendliche Höhen zu streben. Im Grundriß liegt ein griechisches Kreuz vor, dem Drei Konchen eingeschrieben sind. Die Ostseite ist dreigeteilt, im Westen ein überkuppelter Narthex angeschlossen. Im Unterschied zu den anderen Bauten der Moravaschule sind die Fassaden aus regelmäßigen Steinquadern gefügt. Die Außenmauern der Konchen und der Apsis sind durch Halbsäulen gegliedert. Unter dem Dach verläuft ein Blendarkadenfries auf Konsolen, der an die Raškaschule erinnert.

In der Vorhalle ist ein Rest des ehemaligen Fußbodens zu beachten. Er wurde aus farbigen Fliesen gelegt. Die Wandmalerei von 1420 ist eine Synthese byzantinischer und westlicher Kunst und nahm eine besondere Stellung im 15. Jahrhundert ein. In der Portallünette zum Naos sieht man das letzte Abendmahl. Die qualitätvollen Wandmalereien im Naos haben die turbulenten Zeiten nur teilweise überstanden. In ihnen zeigt sich aristokratischer Prunk, vor allem in den Gewändern der Stifter und Heiligen. Folgende Kompositionen sind noch zu erkennen: in der Apsis die Apostelkommunion und die Anbetung des Lammes, in der Kuppel 24 Propheten. Den Naos zieren in der unteren Zone die orthodoxen Feste, die Wunder Christi, darunter die Auferstehung des Lazarus und die Hochzeit zu Kanaa sowie heilige Krieger, die prunkvoll gekleidet mit vielen Waffen versehen sind. An der Westwand sieht man das in der serbisch-orthodoxen Kirche so beliebte Thema der Muttergottes Entschlafen. Darunter ersucht der Stifter Stefan Lazarević mit dem Kirchenmodell in der Hand um Gnade. Eine Besonderheit stellt die Hand Gottes, die guten Seelen haltend, im Laibungsbogen der Westseite, der Eingangsseite, dar. Die Farben sind sehr dunkel, das Blau dominiert anstelle von Gold.

Im Kloster werden kostbare Handschriften verwahrt, darunter eine des Radoslav von 1328. Einige sind im Narthex ausgestellt, in dem sich auch ein Verkaufsstand befindet. Die Kirche hat eine neue Ikonostase bekommen.

Ćuprija

Am Rande des Erzgebirges liegt Ćuprija (Ћуприја), das sich gut als Ausgangspunkt für eine Klosterfahrt eignet. Die Stadt liegt auf dem rechten Ufer der Großen Morava an der Stelle des römischen Municipiums Horreum Margum. Im Mittelalter erhielt sie den Namen Ravno oder Ravnela. Die Gelehrten streiten, ob Stefan Nemanja die Abgesandten des Kaisers Friedrich Barbarossa 1189 in Ćuprija oder in Niš getroffen habe. Friedrich befand sich auf dem Weg zum dritten Kreuzzug. Sicherer ist, daß Stefan hier im Jahr 1215 König Andreas II. von Ungarn empfing.

Ihren heutigen Namen erhielt die Stadt von den Türken. Großwesir Mechmed Pascha Köprülü (serbisch Ćuprilić) ließ auf den römischen Brückenfundamenten eine neue Brücke errichten. Die Türken richteten einen Gerichtsbezirk, eine Kadiluk, und einen Flußhafen ein. Mehrere Kirchen, wenngleich weniger bedeutend, liegen noch in der Umgebung: Bei Izvor führt eine Abzweigung nach Plag Rodicza zu einer Holzkirche auf uraltem Steinfundament. Im alten Konak wohnt der Kustode. In der Parkanlage ist eine Quelle, die als heiliges Wasser angesehen wird. Aus diesem Grunde entstand hier ehemals eine Kirche, die zerstört wurde.

Ganz in der Nähe liegt das Nonnenkloster zur heiligen Petka (Св. Петка). Der alte Bau wurde vollständig neu ausgemalt. Zwanzig Nonnen leben hier. In Richtung Autoput trifft man noch auf eine Michaelskirche.

Sokobanja

An Paraćin vorbei über Ražanj gelangt man nach Sokobanja (Сокобања), das Falkenbad. Die Verbindung über Aleksinac führt am großen Stausee vorbei, der Aleksinac und Niš mit Trinkwasser versorgt. Sokobanja liegt reizvoll am Ozrengebirge auf 410 Metern Höhe. Das Städtchen ist Heilbad und beliebter Ferienort der Serben. Mehrere Hotels, alle noch staatlich, sind ansässig. In der langen Fußgängerzone pulsiert das Leben mit Musik, Märkten und Veranstaltungen bis in die Nacht. Alles Sehenswerte ist in der Fußgängerzone plaziert. Die alten türkischen Badeanlagen, die noch immer benutzt werden, sind an ihren Ziegeln und den Kuppeln erkennbar. Das Museum in einem alten Konak wird derzeit umgestaltet. Gegenüber befindet sich die Touristeninformation, die auch Hotelzimmer vermittelt.

Alte türkische Badeanlagen in Sokobanja

Der Ort ist benannt nach der Burg Sokograd (Falkenburg), die im Volksmund auch Sokolac, Sokolnik und Sokolica hieß. Sie liegt auf einem schroffen Felsen, nicht weit von der Ortschaft. Man fährt in Richtung Ozren (Озрен), dem Hausberg von Sokobanja mit einer Höhe von 1174 Metern, vorbei am Krankenhaus mit großem Rehabilitationszentrum Richtung Sokograd. An einem Flüßchen liegt ein einladendes Restaurant, in dem auch wenige Zimmer angeboten werden. Es ist ein guter Ausgangspunkt für die Wanderungen rund um den Ozren. Ein ausgeschilderter Weg führt hoch zur Burgruine, zunächst geht es am Fluß entlang und dann bergauf. Man benötigt etwa eine Stunde, gutes Schuhwerk ist ratsam. Die Burg aus dem 4. Jahrhundert liegt auf etwa 500 Metern Höhe. Nach dem Fall Serbiens geriet sie in türkische Hand und wechselte bis zur Befreiung durch den Hajduk Veljko noch häufig den Besitzer. Überall gibt es Picknikplätze. Gutes Schuhwerk ist angesagt. Nicht weit vom Restaurant steht wiederum eine Kirche der heiligen Petka.

Vorwahl: 018.

Es stehen zwar viele große Hotels zur Verfügung, sie lassen aber Charme und Behaglichkeit vermissen. Fast alle sind noch in staatlicher Hand und teilweise sehr vernachlässigt. Die wenigen kleinen Privatunterkünfte sind oft belegt.
Hotel ›Zdravljak‹, ul. M. Ivanovića, Tel. 830-742, Fax -722; 3 Sterne, DZ 3080, EZ 1650 Dinar. Mit großen Sportanlagen und Parkplatz.
›Turist‹, ul. Svetog Save 20, Tel./Fax 83 05 10; 3 Sterne, DZ 2320, EZ 1540 Dinar.
Hotel ›Sunce‹, ul. Radnička 2, Tel. 83 01-22, Fax -62; 2 Sterne, DZ 2200, EZ 1150 Dinar.
Pension und Restaurant ›Splendid‹, ul. Kralja Petra I Nr. 2, Tel. 83 06 34, mobil 063/773 18 66; DZ 34, EZ 17 Euro.
›Kurzentrum Banjica‹, ul. Milutina Pejovića 40, Tel. 830-204, Fax -308, sbol@bankerinter.net.

Restoran ›Čoka‹, direkt in der Fußgängerzone. Nationale Küche.

Türkisches Bad; tägl. ab 7 Uhr.

Entlang der Save nach Šabac

Eine gut ausgebaute Strecke, hügelig und teilweise bewaldet, führt von Belgrad nach Obrenovac (Обреновац). Das nur 30 Kilometer entfernte Städtchen liegt am Zusammenfluß von Kolubara und Save. Es ist ein Kurort, in dem heute auch viele Flüchtlinge leben. Gleich am Ortseingang steht das große Hotel ›Obrenovac‹. In der Umgebung sind die schöne Doppelkirche von Barič (Барич) und ein Nikolauskloster bei Grabovac (Грабовац) zu sehen, dessen Komplex, bestehend aus Glockenturm, Kreuzkuppelkirche und Wohngebäude, jüngeren Datums ist. Bei Ušće (Ушће) steht ein großes Wärmekraftwerk, das mit Kohle gespeist wird.

Šabac (Шабац) liegt am rechten Ufer der Save und ist das Zentrum der Region Podrinje. Hier produziert der Pharmakonzern ›Zorka‹. Die Stadt ist aus der mittelalterlichen Siedlung Zaslon hervorgegangen und stand, wie ganz Serbien, von 1459 bis zum ersten serbischen Aufstand unter osmanischer Hoheit. Während des Befreiungskampfes der Serben erlitten die Türken in der Ebene Mišar südlich von Šabac 1806 eine schwere Niederlage, die als ›Schlacht von Mišar‹ in die Geschichte einging. Heute befindet sich an der Stelle ein großes Denkmal. Im 19. und 20. Jahrhundert entwickelte sich in Šabac eine Arbeiterbewegung. Die beiden Weltkriege brachten die Besetzung: im Ersten jene der Habsburger, im Zweiten die der Deutschen, die hier 1941 ein Konzentrationslager errichteten, in dem viele den Tod fanden.

An den Ufern der Save sind die Reste der türkischen Festung Šabac von 1470 zu sehen. Eine Zeichnung gibt eine Vorstellung von ihrem Aussehen. Danach bestand sie aus einer Hauptbastion, die von einer mächtigen Mauer mit vielen Wehrtürmen umgeben war.

Im Städtchen sind die Peter- und Paulskirche mit einer Ikonostase von Pavle Simić (1818–1876) und der ehemalige Konak, Schloß Vladičin, sehenswert, das heute als Bibliothek genutzt wird. Im ehemaligen Gymnasium von 1856 ist ein kleines Provinzmuseum eingerichtet.

Bei Prnjavor (Прњавор) steht eine Kapelle, mit der der Kriegsopfer von 1912 bis 1918 gedacht wird. Malereien mit Darstellungen der serbischen Leiden stammen von Rista Bocarić. Zwei Klöster in der Nähe sind zu besichtigen: Kloster Jošanica (Јошаница) und Kloster Čokašina (Чокашина) mit seiner Maria-Entschlafenskirche, das im 15. Jahrhundert gestiftet und nach seiner Zerstörung durch Miloš Obrenović wiederhergestellt wurde. Auf dem Friedhof sind Helden des serbischen Aufstandes bestattet.

Das Dorf Sovljak (Совљак), in dem ein ethnologischer Park mit typischen Dorfhäusern der Region eingerichtet wurde, gehört schon zur Region Mačva (Мачва). Die Ebene der Mačva schließt sich an das Sremgebiet südlich der Save an und wird von der Drina im Westen begrenzt. Typisch für die Region sind ihre weit gestreuten Dörfer.

Vorwahl Obrenovac: 011.
Vorwahl Šabac: 015.

Obrenovac: Hotel ›Obrenovac‹, ul. Miloša Obrenovica 189, Tel. 8721-039, Fax -268; 2 Sterne, DZ 2220, EZ 1260 Dinar. Mit Sportanlage.

▶ Šabac: Hotel ›Dvor‹, ul. Miloša Pocerca 11, 15000 Šabac, Tel./Fax 34 73 93; DZ 4880, EZ 2400 Dinar. Kleines Hotel im ersten Stock eines älteren Hauses, wurde vor zwei Jahren privat eingerichtet.

Die Šumadija

Dieses waldreiche Gebiet schließt sich im Süden Belgrads an. Seine größte Stadt ist Kragujevac. Das Waldland, wie die Šumadija (Шумадија) übersetzt heißt, ist nicht nur das am dichtesten besiedelte Gebiet Serbiens, sondern besitzt auch viele Klöster. Unter diesen ragen künstlerisch besonders diejenigen von Kalenić und Ljubostinja heraus. Begrenzt wird diese sanfte, fruchtbare Hügellandschaft von der Donau im Norden, der Großen Morava im Osten, der Zapadna Morava im Süden und der Kolubara im Westen. Inmitten großer landwirschaftlich genutzter Hügel liegen weit verteilt die Sehenswürdigkeiten. Man muß sich die Wege immer wieder über viele kleine Straßen suchen.

Die typische Hügellandschaft der Šumadija

Lazarevac

Das Städtchen Lazarevac (Лазаревац) hieß ehemals Šopić und erhielt seinen heutigen Namen 1889. In der Umgebung fand während des Ersten Weltkrieges die Kolubaraschlacht statt. In ihr brachten die Serben dem österreichisch-ungarischen Heer eine schwere Niederlage bei. Eine Kirche mit Krypta wurde für die gefallenen Soldaten errichtet. Außerhalb liegt auf der Anhöhe Vrapče brdo das Denkmal für Dimitrije Tucović, den Führer der sozialistischen Bewegung Serbiens, der 1914 fiel.

In der Umgebung ist Kloster Bogovadja (Боговадја) sehenswert. Die heutige Georgskirche wurde 1852 auf alten Grundmauern erbaut. In ihr sind die Ikonostase, Ikonen und sakrale Gegenstände aus zwei Jahrhunderten zu bewundern. Das Kloster war während des 17. Jahrhunderts ein kultureller Mittelpunkt Serbiens. Ende des 18. Jahrhunderts lebte und wirkte hier der Künstler und Freiheitskämpfer Hadži Ruvim, der von den Türken ermordet wurde. Im Jahr 1805 tagte der Senat Serbiens unter Karađorđe hier.

Aranđelovac

Vom Glanz des einst berühmten Badeortes Aranđelovac (Аранђеловац) ist im Augenblick nicht viel zu spüren, obgleich er herrlich am Fuß des bewaldeten Bukuljagebirges in der mittleren Šumadija gelegen ist. Das Städtchen ist jung. An unbesiedelter Stelle entstand unter den Habsburgern in der ersten Hälfte des 18. Jahrhunderts eine sogenannte Schanze mit dem Namen Vrbica. Dies war nichts anderes als eine befestigte Siedlung von etwa 50 Häusern und einer kleinen Herberge, einem Han. Seine Bewohner waren zur militärischen Hilfe verpflichtet. Fürst Miloš verfügte die Zusammenlegung der Dörfer Vrbica und Orašac, stiftete 1859 eine Erzengelkirche, Sveta Aranđela, und ließ den Namen der Kirche auf die Stadt übertragen. Von hier stammt das berühmte Mineralwasser ›Knjaz Miloš‹. Die Mineralwasserfabrik ist bereits privatisiert und gehört zu 51 Prozent dem berühmten Basketballer Vlade Divac.

In der Stadt besteht ein Skulpturenpark mit Arbeiten moderner Bildhauer. Hier fand mehrfach die Kulturveranstaltung ›Kultur und Klänge‹ (Mermer i zvuci) mit Künstlern aus verschiedensten Ländern statt. Zu Aranđelovac gehört der Kurort

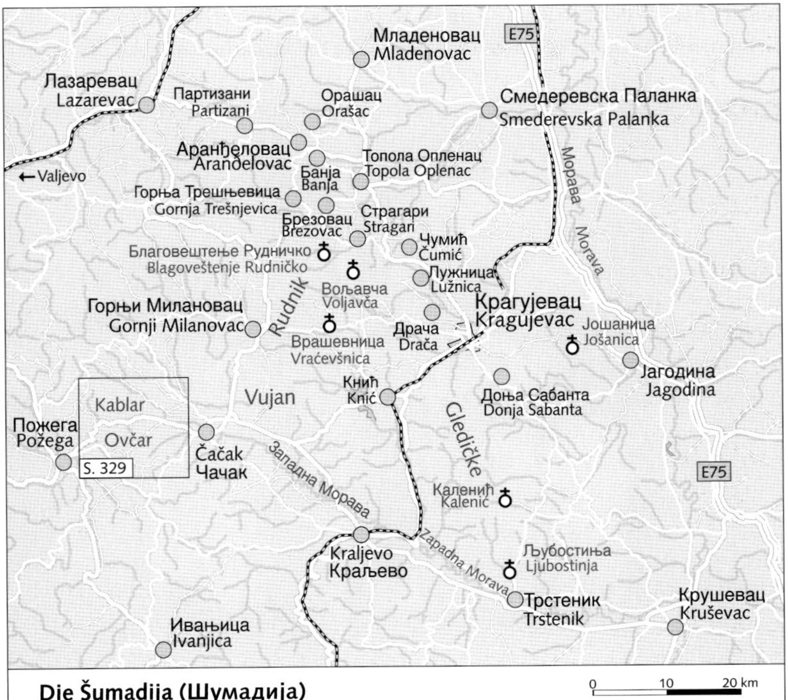

Die Šumadija (Шумадија)

Banja (Бања) mit zahlreichen warmen Mineralwasserquellen. Auch Heilschlammbäder werden verabreicht.

Die Umgebung ist abwechslungreich. In der Höhle Pećina Risovača (Пећина Рисовача) wurde eine paläolithische Siedlung entdeckt, im Dorf Brezovac (Брезовац) steht eine Stiftung des Despoten Georg Branković (1428–1459), und bei Orašac (Орашац) am Venčacgebirge wird Marmor gebrochen.

Vorwahl: 034.

Hotel ›Izvor‹, ul. Čede Plečevića, Tel./Fax 72 37 08, hotelizvor@ptt.yu, www.hotelizvor.co.yu; 3 Sterne.

›Šumadija‹, ul. Ilja Garašanina, Tel. 71 23 17, Fax 72 49 72; 1 Stern.

Topola Oplenac

Das Dreieck Topola–Oplenac–Orašac ist die Wiege des modernen Serbien. Die erste Rebellion gegen das Osmanische Reich hat hier ihre Wurzeln. Viele Denkmäler erinnern deshalb an die Familie Karađorđe und den Befreiungskampf der Serben. Der Aufstand gegen die Türken wurde in Orašac beschlossen, Karađor-

Die prächtige Grabstätte der Familie Karađorđe

đe im Januar 1804 zum Anführer (vožd) gewählt und der Aufstand durchgeführt. Ein Museum ist diesem Aufstand gewidmet. Im Park dahinter liegt eine Gedenkstätte für alle Opfer des Aufstandes. Die Erinnerungsstätten lassen sich gar nicht verfehlen, weil übertrieben große Schilder den Eindruck erwecken, als wären hier die größten Kunstwerke Serbiens zu sehen.

In Topola Oplenac (Топола Опленац) steht das fünfkuppelige Mausoleum der Familie Karađorđe idyllisch im Wald. Auf Initiative von Petar I. Karađorđe erbaut, wurde es zu seiner Grabstätte. Prächtige Mosaiken kopieren die mittelalterlichen Fresken von mehr als 70 Klöstern. Von Belgrad aus werden Ausflüge zu den Karađorđe-Gedenkstätten angeboten. Die Gegend ist die Heimat eines Weißweines mit dem Namen ›Triumph‹. Er wurde nach dem Rezept eines deutschen Weinbauern exklusiv für Aleksandar Karađorđe hergestellt.

Im Dorf Gornja Trešnjevica (Горња Трешњевица) ist man stolz auf den Besitz der schönen Ikonostase des bedeutenden Vertreters des Klassizismus, Dimitrije Avramović. In Ovsište (Овсиште) wurde der Satiriker Radoje Domanović geboren. In Partizani (Партизани), dem alten Darosava, steht eine der seltenen Holzkirchen von 1833 mit einer Ikonostase.

Orašac: Museum des Serbenaufstands;	Di–Fr 9–17 Uhr.

Klöster im Rudnikgebirge

Im Dreieck von Aranđelovac, Kragujevac und Gornji Milanovac rund um den Gebirgsstock des Rudnik liegen mehrere zwar nicht so bedeutende, doch durchaus sehenswerte Kirchen und Klöster. Die Vielzahl an kleinen, abseits gelegenen sakralen Zentren macht deutlich, wie sich Serbien sein geistiges Kulturgut während der 500jährigen osmanischen Besetzung bewahren konnte.

Bei Stragari (Страгари) stehen zwei Klöster. Das Maria Verkündigungskloster (Blagoveštenje Rudničko/Благовештење Рудничко) wird gerne ins 14. Jahrhundert datiert. Man weiß so gut wie nichts über seine Ursprünge. Im 17. Jahrhundert entstand die das Bauwerk überragende Vorhalle mit Glockenturm und wurde ausgemalt. Das Kloster Voljavča (Вољавча) besitzt eine Erzengel-Michael-Kirche aus dem 15. Jahrhundert. Ihr Stifter soll der Feudalherr Mihailo Končinović gewesen sein. Im 18. Jahrhundert wurde sie renoviert. Im Konak des Klosters etablierte sich 1805 der erste Senat Serbiens unter Karađorđe und der Leitung des Erzpriesters Mateja Nenadović. In der Nähe liegt das Dorf Šatornja

(Шаторња) mit einer weiteren Nikolauskirche von 1425. Die Stiftung des Nikola Dorječnović datiert von 1817. Unter den Wandmalereien von 1850 ist eine ältere Schicht erkennbar.

Nicht weit von Čumić (Чумић) steht in Ramaća (Рамаћа) eine alte Nikolauskirche. Sie ist mit Darstellungen aus dem Leben des beliebten Heiligen ausgemalt, die auf das Ende des 14. Jahrhunderts zurückgehen.

In Drača (Драча) befindet sich eine der wenigen Holzkirchen des Landes von 1827; im Hof der Dorfkirche von Lužnica (Лужница) sind noch Tische für die Totenmesse erhalten – eine Seltenheit.

Kragujevac

Kragujevac (Крагујевац) ist mit 150 000 Einwohnern das wirtschaftliche, politische und kulturelle Zentrum der Šumadija und Pomoravlje und die größte Stadt im Hügelland. Nach den Befreiungskriegen war sie von 1818 bis 1841 kurzfristig die Hauptstadt des Fürstentums Serbien. Im 20. Jahrhundert entwickelte sie sich zum Rüstplatz der Nation, womit der Name der Firma ›Crvena Zastava‹ verbunden ist.

In Kragujevac

Nicht weit vom Zentrum führt eine Brücke über den Fluß Lepenica, in die vier wichtige Daten eingraviert sind: 1804, 1853, 1918, 1944. Dahinter steht das Denkmal eines Arbeiters mit Käppi und der Inschrift ›Samouprava‹ (Selbstverwaltung). Dies und die Daten sind ein Sinnbild des Befreiungskampfes, der so oft in Serbien stattgefunden hat. Hinter dem Denkmal liegt der Eingang zur Firma ›Crvena Zastava‹ (Rote Fahne), einst Stolz der Nation und heute zum Verkauf angeboten. Doch hat sich noch kein Käufer gefunden. Die Rüstungs- und Automobilfabrik wurde im Jahr 1999 durch NATO-Bomben zerstört. Heute arbeitet nur noch ein Teil der ehemaligen Anlagen.

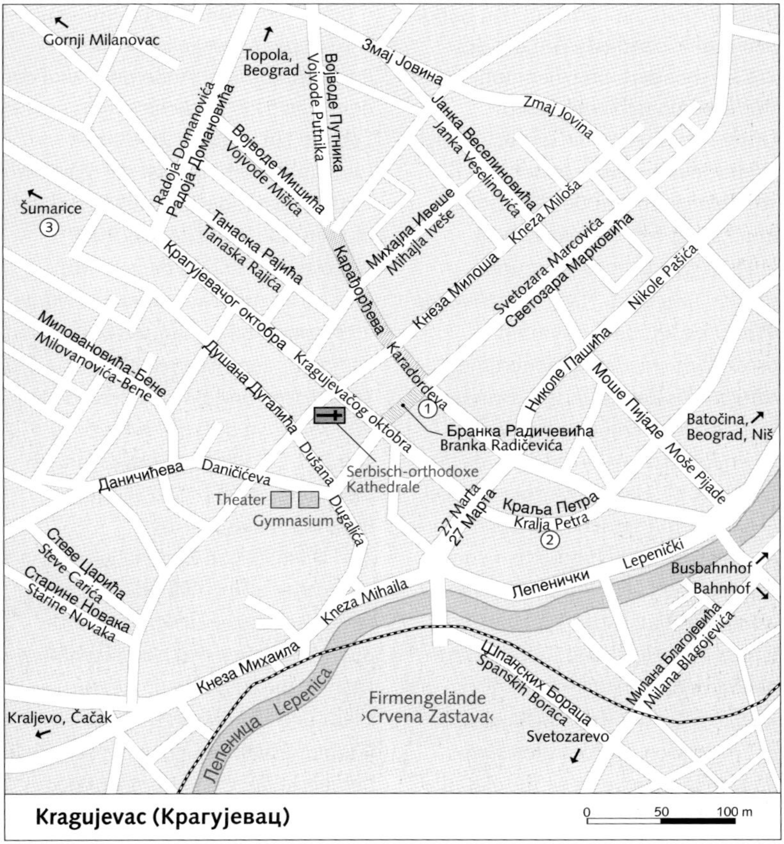

Kragujevac (Крагујевац)

Legende

1 Hotel ›Zelengora‹

2 Hotel ›Kragujevac‹

3 Hotel ›Šumarice‹

Das Unternehmen ›Rote Fahne‹

Die Fabrik ›Crvena Zastava‹, wichtigster Arbeitgeber von Kragujevac, war eine der ältesten Industrieanlagen des Balkan. Das Unternehmen wurde im Jahr 1851 gegründet, als die serbischen Fürsten hier Büchsenmacher ansiedelten. Bald schon begann man mit dem Bau von Kanonen und expandierte Anfang des 20. Jahrhunderts zu einem führenden Werkzeugmaschinenbetrieb.
Unter Tito begann die große Zeit des Werks, das im Laufe seiner Geschichte bis zu 12 000 Mitarbeiter beschäftigt hat. In beiden Weltkriegen wurde es zerstört und wiederaufgebaut. Nach dem Zweiten Weltkrieg wurde die Waffenproduktion wieder aufgenommen. Wegen des Zerwürfnisses zwischen Tito und Stalin mußte das Werk einen Rückschlag einstecken, da der Ostblock als Handelspartner wegfiel. Mit der Erfolgsgeschichte des Konzerns war die Produktion von Automobilen verbunden. Seit 1953 wurden ausländische Typen in Lizenz hergestellt und montiert: zunächst der amerikanische ›Willy's Jeep‹, später der ›Fiat‹-Kleinwagen. Es entstanden im gesamten Jugoslawien Zulieferbetriebe für ›Zastava‹. 53000 Arbeiter waren in 280 Produktionsstätten beschäftigt. Im Jahr 1980 wurde die Produktion der Eigenmarke ›Jugo‹ aufgenommen. Der Untergang des Unternehmens begann mit dem Zerfall Jugoslawiens: Wirtschaftliche Depression, Sanktionen und die Bombardierung durch die NATO beendeten die Erfolgsbilanz des Unternehmens.
Die Regierung Milošević zerlegte den Industriekoloß in Einzelteile und begann mit der Privatisierung. Zwischenzeitlich wurde die Produktpalette der Autos mit den Modellen ›Korall‹ und ›Floriad‹ modernisiert. Ein Teil der Modelle fährt mit Peugeotmotoren. Außerdem wird der dem ›Fiat 128‹ ähnliche ›Z101‹ gebaut. Ein weiterer Zweig des Riesenunternehmens ist die ›Zastava‹-Waffenfabrik, die in staatlicher Hand bleiben soll. Von ehemals 9000 Angestellten sind es derzeit noch 3400. Das Artillerieprogramm wurde 1999 eingestellt. Man setzte verstärkt auf den zivilen Bereich, mit Jagdwaffen und Pistolen, von denen 70 Prozent in die USA exportiert werden. Die jüngste Entwicklung ist das Sturmgewehr ›M-21‹ auf der Basis der ›Kalaschnikov‹.
Als Filetstück von Zastava gilt die Werkzeugfabrik ›Aliti‹, die seit zehn Jahren schwarze Zahlen schreibt. 355 Mitarbeiter sind hier beschäftigt. Man ist spezialisiert auf präzise Preß- und Stanzwerkzeuge sowie Räumungswerkzeuge. In diesem Teilbetrieb ist die Umstellung auf den Computer weit fortgeschritten. Obwohl die weitere Zukunft des Unternehmens ungewiß ist, sehen viele Mitarbeiter die Zerstörung auch als Chance für eine Erneuerung.

Die Geschichte der Stadt ist nicht sehr alt; gegründet im 15. Jahrhundert, nannten sie die Türken Karadžovdža. Der heutige Name stammt vom Wort kraguji, Gänsegeier, der einst in den umliegenden Wäldern zu Hause war. Der Aufschwung der Stadt erfolgte zur Zeit des serbischen Fürstentums unter den Obrenović.

Sie war schon damals ein wichtiges kulturelles und wirtschaftliches Zentrum geworden, in dem Verwaltungsgebäude und Lehreinrichtungen entstanden: das erste Gymnasium Serbiens (1833), das Theater, die Druckerei und die Bibliothek. Heute ist Kragujevac Universitätsstadt.

Das erste Gymnasium Serbiens entstand in Kragujevac

In der Fußgängerzone blieb das historistische Regierungsgebäude mit dem Denkmal des Vojvoden Radomir Putnik (1847–1917) erhalten. Die Fußgängerzone reicht weiter in die ul. Branka Radičevića (ул. Бранка Радичевића), in der viele Restaurants und Cafés angesiedelt sind. An Gebäuden der Obrenovićzeit gibt es noch die Dreifaltigkeitskirche, eine Stiftung des Miloš von 1818, ein großer Kuppelbau mit Ikonostase und liturgischen Gegenständen, und die Konaks der Obrenović: Fürst Miloš bewohnte den Amižda-Konak von 1818, der heute ein Museum beherbergt. Vor dem ehemaligen Gymnasium, in dem auch Massenerschießungen durch die Deutschen im Zweiten Weltkrieg stattfanden, darf das Denkmal des Gelehrten Vuk Karadžič nicht fehlen. Gleich daneben steht das Theater, eines der ersten Serbiens, mit dem Denkmal von Joakim Vujć (1772–1847). Nicht weit von hier befindet sich der Markt.

In der Stadt nahm auch die Arbeiterbewegung ihren Ausgang. Einem ihrer Wortführer, Svetozar Marković, ist ein Museum gewidmet. Heute sind hier eher Nationalisten vertreten: Der Präsidentenkandidat von 2004, Tomislav Nikolić, wurde in Kragujevac geboren.

Während des Zweiten Weltkriegs litt man besonders unter der deutschen Besetzung: 1941 kam es zu Massenerschießungen, die in die Tausende gingen. Grund war der Befehl des Oberkommandos der Wehrmacht, für jeden von einem Partisanen getöteten Besatzungssoldaten 50 bis 100 Zivilpersonen des betreffenden Gebietes hinzurichten, woraufhin es in Kragujevac in einem Monat zur Massenexekution von mehreren tausend Männern im Alter von 16 bis 60 Jahren gekommen ist. An der Stelle des Richtplatzes wurde die Gedenkstätte ›Kragujevazer Oktober‹ (Memoralnij Park Kragujevački Oktobar) im Šumaricepark (Шумарице Парк) eingerichtet. Auf dem Areal befinden sich 30 authentische Gräber, Denkmäler und ein roter Backsteinbau, das Museum des 21. Oktober 1941. Das Ehrenmal für die Opfer des 21. Oktober 1941 schuf Milenko Živković. Der Park ist riesig, viele Denkmäler in Erinnerung an das Grauen wurden am Weg aufgebaut.

Im Ethnopark kann man typische Häuser der Šumadija sehen. Außerdem hat man einen römischen Sarkophag hier aufgestellt, der in der Umgebung gefunden wurde.

Südlich von Kragujevac im Dorf Donja Sabanta (Доња Сабанта) lebte der Dichter und Maler Đura Jakšic. Seine Büste im Wald auf der Anhöhe namens Lipar erinnert an sein Gedicht ›Auf dem Lipar‹.

Das Museum des 21. Oktober 1941

Vorwahl: 034.

Hotel ›Zelengora‹ [1], ul. Branka Radičevića 1, 34000 Kragujevac, Tel. 336-254, -185; 3 Sterne. In der Fußgängerzone, renoviert, gemütlich, sauber.
›Kragujevac‹ [2], ul. Kralja Petra 26, Tel. 33 58 11, Fax 33 19 44. Das Hochhaus ist nicht zu verfehlen.
›Šumarice‹ [3], Desankin venac, Tel. 33 61 80, Fax 33 38 07. Hotelanlage aus mehreren Holzhäusern, im Gedenkpark Šumarice, sehr ruhig gelegen. Großer Parkplatz.

Gedenkstätte ›Kragujevazer Oktober‹, Park Šumarice; Di–Sa 9–18 Uhr.

Jagodina

Am Rande des Hügellandes, nicht weit vom Autoput, liegt Jagodina (Јагодина), das alte Svetozarevo, eine langgezogene lebendige Ortschaft. Ihr waldreiches Hinterland birgt das geradezu verwunschen gelegene Kloster Jošanica (Јошаница). Da es nicht zu den ganz berühmten Anlagen zählt, ist es nicht ganz leicht zu finden. Ein unbekannter Edelmann, vielleicht Fürst Lazar, soll die Kirche im 14. Jahrhundert gestiftet haben. Das Kirchlein ist dem Nikolaus geweiht und mit feinem Bildschmuck bestückt. Zum Kloster gehört ein kleines Ferienheim. Vielleicht trifft man den einen oder anderen Schüler, der begierig seine Englisch- oder Deutschkenntnisse anwenden will.

Südlich von Jagodina, ebenfalls nicht weit vom Autoput, liegt das Städtchen Varvarin (Варварин), das in jüngster Geschichte in den Blickpunkt der Öffentlichkeit geriet, als durch das NATO-Bombardement die Brücke über die Morava zerstört und bei der Bergung von Toten und Verletzten ein weiterer Angriff Opfer forderte.

Kloster Kalenić

Kloster Kalenić (Каленић) gilt als schönstes Bauwerk der Moravaschule. Auf dem Weg dorthin zeigt sich auch die Šumadija von ihrer malerischsten Seite: eine sanfte hügelige Landschaft, so gut wie keine Industrie, langgezogene Dörfer und Felder über Felder, dazwischen Obstplantagen mit Pflaumenbäumen. Man muß

Landschaft bei Kloster Kalenić

Die Muttergottes mit dem Kind am Seitenportal des Klosters Kalenić

sich immer wieder neu orientieren, um die Richtung nicht zu verlieren. Das Kloster liegt am Ende der Landstraße im Gebirgszug des Gledićke. Es wurde in den ersten Jahrzehnten des 15. Jahrhunderts von unbekannten Künstlern erbaut und ausgemalt und steht umgeben von einer Mauer inmitten eines üppigen Gartens mit Schafen, Apfelbäumen und Bienenstöcken.

Auf der Westseite befinden sich die Wohngebäude der Nonnen, das Kerzenhaus und ein polygonaler Glockenturm. Ein kleines Museum verwahrt Ikonen und Kirchengerät aus dem 18. und 19. Jahrhundert. Wer es besichtigen möchte, kann eine der vier Nonnen um die Öffnung bitten. Südlich der Kirche steht ein Brunnenhaus, das 1937 gespendet wurde.

Die Anlage ist eine Stiftung des Adelsherren Bogdan, der im Rang eines Oberkämmerers am Hofe des Despoten Stefan stand. Er ist im Narthex auf der Nordwand mit seiner Frau Milica und seinem Bruder Petar abgebildet. Der strengen Hierarchie gemäß steht er hinter dem Despoten, der als Vermittler zwischen dem Stifter und dem Kirchenpatron dargestellt wird.

Über dem Grundriß erhebt sich ein Dreikonchenbau aus Backstein, der an byzantinische Vorbilder erinnert. Das Äußere beeindruckt durch seine schöne Steinverzierung, die in vielfältiger Weise angewendet wurde: die Apsiden wurden gebrochen, in ihnen sind Inschriften eingelassen. Fenster, Portale, Bögen und Rosetten zieren Steindekorationen. Die Fassaden wurden durch Wandpfeiler und kleine Säulen gegliedert, vertikal durch zwei profilierte Simse, zwischen denen zweiteilige Fenster eingelassen sind. Ziegel und Tonverzierung sind farbig unterstrichen. Die plastische Dekoration ist in Flachrelieftechnik ausgeführt, die an Holzplastik erinnert. Sie zeigt Flechtbänder, Rankenwerk von Lilien, Palmetten sowie Menschen- und Tierfiguren. Die letzteren beschränken sich auf die Lünetten über den Fenstern. In der südlichen Lünette des Narthex sieht man die Muttergottes mit dem Christuskind zwischen zwei Seraphim; in den übrigen Lünetten Greife, Adler, Simson im Kampf mit dem Löwen, den Zentauren Chiron, einen Jäger, der mit einem Bären kämpft.

Das Innere ist mit guterhaltenen Malereien geschmückt, die eine sorgfältige Auswahl an Themen, Figuren und Szenen erkennen lassen. Sie sind auf die Proportionen des Baus abgestimmt. Die Figuren in den höheren Zonen sind größer als in den unteren. In der Zone der Heiligen sieht man vorwiegend Soldatenheilige – im Gegensatz zu früheren Kirchen, wo diese Flächen von Heiligen, Aposteln und Einsiedlern eingenommen werden. Die Soldatenheiligen stehen in ruhiger Haltung mit Panzer, Schwert, Bogen oder Lanzen an der Wand. In der Südkonche ist im zweiten Rang eine beeindruckende Darstellung der Hochzeit zu Kanaa zu sehen. Eine erlesene Gesellschaft von neun Personen nimmt daran teil. Man sitzt um den Tisch, auf dem die großen Gefäße aufgestellt sind. Links sieht man Maria und Christus, das Brautpaar mit Trauzeugen, einen älteren Mann und drei die

Gäste bedienende Jünglinge. Während Maria mit Christus über den Wein spricht, vollzieht sich zwischen den Brautleuten, die ihre Köpfe zärtlich zueinander neigen, eine volkstümliche Hochzeitszeremonie: Der Bräutigam sticht seiner Braut mit einem Messer leicht in den Finger. Nach einem vorchristlichen altserbischen Brauch trinkt das Paar aus demselben Glas mit Wein vermischtes Blut. Auffällig sind die vornehme Kleidung und stilistisch die elegante Linienführung.

Im Narthex wurden die Kuppelmalereien zerstört. Auf der Westwand erkennt man die Anbetung der Könige und Josefs Traum.

Kloster Ljubostinja

Die Fürstin Milica, Gemahlin des Fürsten Lazar, stiftete nach dem Tod ihres Mannes 1388/89 das Kloster Ljubostinja (Љубостиња) am linken Ufer der Ljubostinja, vier Kilometer von Trstenik (Трстеник) entfernt. Es erhielt seinen Namen vom Wort Ljubov (Liebe) und sollte an die erste Begegnung mit ihrem Manne an dieser Stelle erinnern. Der zweite Teil des Namens leitet sich vom Wort Stena (Felsen) ab. Nach dem Verlust ihres Mannes in der Schlacht auf dem Amselfeld widmete sich Milica sozialen Aufgaben. Ihre Taten lebten in den Volksliedern fort. Sie ließ die Gebeine Lazars nach Ravanica bringen, nahm bald darauf den Schleier und ging als Evgenija ins Kloster. Die große Anlage ist ummauert, davor befindet sich ein weiter Parkplatz, der erkennen läßt, daß dieses Kloster viele Serben besuchen. Die Kirche ist von einem wunderbaren alten Baumbestand, vor allem Linden, umgeben.

Die Anlage gehört zeitlich und stilistisch zur Moravaschule. Der Dreikonchenbau mit großem Narthex ist an seinen Bogenfeldern und Fenstern, Rosetten und Portalen reich verziert. Die Fassaden mit eingelassenen Rosetten und Biforien sind durch Blendarkaden detailliert gegliedert. Ein umlaufendes Gesims unterteilt den Bau in zwei horizontale Zonen. Die Verwandtschaft mit Kalenić, Ravanica und Manasija ist auf den ersten Blick erkennbar. Der Baumeister war Rade Bezović, er hat sich mit einer Signatur verewigt.

Das Innere war ursprünglich bemalt. Die älteste Schicht entstand gleich nach Beendigung des Baus und wurde vom berühmten Maler Markarije aus Zrze übermalt. Die Söhne der Fürstin hatten den Meister im Jahr 1422 beauftragt. Von der ursprünglichen Ausstattung sind nur wenige Kompositionen und Einzelfiguren erhalten, unter anderem die Stifterbilder von Lazar, Milica, Despot Stefan und seinem Bruder Vuk und den beiden Söhnen an der Innenfassade. Das Portal zum Naos weist eine schöne Steinverzierung auf. Die Ikonostase ist jüngeren Datums. In der Kirche sind die Fürstin Milica und Fürst Stefan, der Sohn des Zaren Uglješa, bestattet. Auf dem Klosterareal stehen ein Brunnenhaus und Bienenstöcke.

Kloster Ljubostinja

Gornji Milanovac

Gornji Milanovac (Горњи Милановац) liegt eingebettet in die Ausläufer des Gebirges Rudnik und Vujan. Während der beiden Weltkriege wurde die Stadt so schwer zerstört, daß der Besucher hier schwerlich etwas entdecken wird. Die Stadt war unter dem Namen Despotovica nach einem genauen Bebauungsplan, der in Wien gefertigt wurde, angelegt. Auf Geheiß des Fürsten Miloš wurde es in Erinnerung an seinen Bruder Milan in Milanovac umbenannt, und um es vom gleichnamigen Ort an der Donau zu unterscheiden, in Gornji, Oberes Milanovac. In der Nähe sind noch Reste der mittelalterlichen Festungen Rudnik und Ostrovica zu finden.

Kloster Vraćevšnica

Kloster Vraćevšnica (Враћевшница), die Stiftung des Čelnik Radič Postupović, des höchsten Würdenträgers am Hofe von Georg Branković, liegt östlich von Gornji Milanovac. Angeblich wurde sie aus Dankbarkeit für das Überleben der Schlacht am Amselfeld gebaut. Deshalb ist sie auch einem Kriegerheiligen, dem heiligen Georg, geweiht. Aus den Quellen ist ein Bau aus dem Jahre 1431 bekannt, der mit Szenen aus dem Leben des Georg ausgestattet wurde. Durch die Eroberungkriege wurde es zerstört, der Wiederaufbau im Jahr 1579 durch den Metropoliten Dimidije aus Užice veranlaßt. Verwahrlosungen machten die Erneuerung von 1737 nötig, währenddessen die alten Malereien durch neue überdeckt wurden. Heute wären dringend Restaurierungsarbeiten nötig, doch die Mittel fehlen. Zwei Szenen konnten restauriert werden. Die Westwand im Naos zeigt den Tod Mariens, an die Decke wurde die Trinität gemalt, und im Narthex dürfen die Stifterbilder nicht fehlen. Auf der linken Seite sind Mönche dargestellt, die im Kloster aktiv waren. Noch mehrfach ging der Komplex in Flammen auf. Im 19. Jahrhundert entstand im Kloster unter der Führung der Familie Obrenović die Idee zum zweiten Aufstand, weswegen es vom Fürsten Miloš begünstigt war und heute noch sehr verehrt wird. Miloš ließ die zerstörte Kirche 1860 zur Erinnerung an seine Mutter Višnja wieder aufbauen. Es wurde ihre Grabstätte. Man sieht ein einschiffiges Gotteshaus aus Naturstein mit Vorhalle und oktogonaler Kuppel. Wandmalereien und Ikonen schufen 1737 der Maler Andrej Andrejević und seine Mitarbeiter. Die Thronikone ist ein Geschenk des Fürsten Miloš. Besonders schön ist der Konak des Fürsten Miloš auf der Südseite, einer der bedeutenden Profanbauten Serbiens. Er wurde 1825 gebaut und 50 Jahre später renoviert. Durch eine Torkirche gelangt man in das von einer Mauer umgebene Frauenkloster. Es ist bis 19 Uhr geöffnet. In einem Ring sind die Konake angeordnet, alle mit einer reizvollen Holzveranda ausgestattet. Die Nonnen sind dem Bischof in Kraljevo unterstellt. Den Gottesdienst hält wie in jedem orthodoxen Frauenkloster ein Priester aus dem Ort.

Kloster Vraćevšnica

Die Nonnen zeigen stolz das kleine Museum mit einer Ausstellung über Miloš Obrenović.

Westserbien

Die Gebirgszüge Westserbiens werden durch die Drina von Bosnien getrennt. Im Süden reicht das westliche Serbien an das mittelalterliche serbische Stari Vlah. Neben gemütlichen Städtchen und dem waldreichen Nationalpark ›Tara‹ birgt es ein wahres Schatzkästchen, das Kloster Pustinja. Das Erholungsgebiet des Zlatibor lockt mit einem großen Sportangebot, Bajina Bašta bietet Heilklima und viele Möglichkeiten für einen Urlaub in der Natur, und rund um die Stadt Valjevo lassen sich viele Kirchen und Klöster besichtigen.

Westserbien und Stari Vlah

Krupranj

Im Westen Serbiens liegt das kleine Bergbaugebiet um Krupranj (Крупрањ), unter dem Namen Crupan bereits 1442 ein wichtiges Bergbauzentrum Serbiens. Es war für seinen Blei- und Silbermarkt bekannt. Zur Türkenzeit wurde der Bergbau aufgegeben. Für Hadži Kalfa, einen türkischen Chronisten des 17. Jahrhunderts, war der Ort bloß ›23 Tage von Konstantinopel‹ entfernt. Im Ersten Weltkrieg lieferten sich am Mačkov Serben und Österreicher schwere Gefechte. Den Opfern wurde 1928 eine Gedächtniskirche mit Krypta errichtet. 1936 wurde direkt am Berg eine weitere für die Opfer von 1914 erbaut.

Östlich liegt Bela Crkva (Бела Црква), wo am 7. Juli 1941 der Aufstand gegen die Besatzer begann. Dieser Tag wurde als Feiertag im ehemaligen Jugoslawien begangen. In vielen Städten trug eine Straße dieses Datum zum Namen. Stolice (Столице) ist mit dem Widerstand gegen Nazi-Deutschland und seiner Verbündeten verbunden. Im Verwaltungsgebäude des Bergwerks Zajača tagte am 26. September 1941 der Partisanenverband NOP mit den Führern aus Serbien, Kroatien, Slowenien, Montenegro und Bosnien-Herzegowina. Man beschloß die Ausdehnung des Aufstandes. Im Gebäude wurde ein Gedenkmuseum eingerichtet. Außerhalb fand man etwas ganz anderes: ein Gräberfeld mit reichverzierten Totenkultsteinen, sogenannten Stećci.

Zwölf Kilometer östlich erhebt sich Sokograd (Falkenburg, Сокоград). Vermutlich handelt es sich dabei um die Feste, die Stefan Lazarević 1402 von König Sigismund von Ungarn erhalten hatte. Serbien besitzt nicht nur viele Klöster, sondern auch viele Festungen: Nördlich liegen Reste der Burg von Dvorska (Дворска) und südöstlich die der Festung Petrc (Petrica stena/Петрица стена).

Valjevo

Das Städtchen Valjevo (Ваљево) mit 60 000 Einwohnern liegt reizvoll zwischen den Gebirgszügen des Povlen (bis 1347 Meter), Maljen (1042 Meter) und Medvednik (bis 1244 Meter) im Süden und des Vlašić im Norden. Es konnte sich bis heute und trotz der Schäden von 1999 eine Anmut bewahren, wie sie nur wenig Orte Serbiens ausstrahlen. Am Kreuzungspunkt der Verkehrswege gelegen, trafen im 14. Jahrhundert auch Kaufleute aus Dubrovnik ein. Sie waren die Mittler zwischen dem Balkan und den mediterranen Städten. In einem Dokument beklagen

Legende

1 Grand Hotel ›Valjevo‹

sich jene Dubrovniker Kaufleute bei der Fürstin Milica im Jahr 1398 über die Schäden, die ihnen die Türken zugefügt haben. Während der Türkenherrschaft wurde Valjevo zu einem der bedeutendsten Orte Serbiens, wenn auch mit orientalischem Flair. Stürmische Zeiten erlebte es während der Befreiungskämpfe von den Türken. Handel und Gewerbe nahmen einen jähen Aufschwung nach 1804. Aus dieser Zeit ist der Nenadovićturm erhalten.

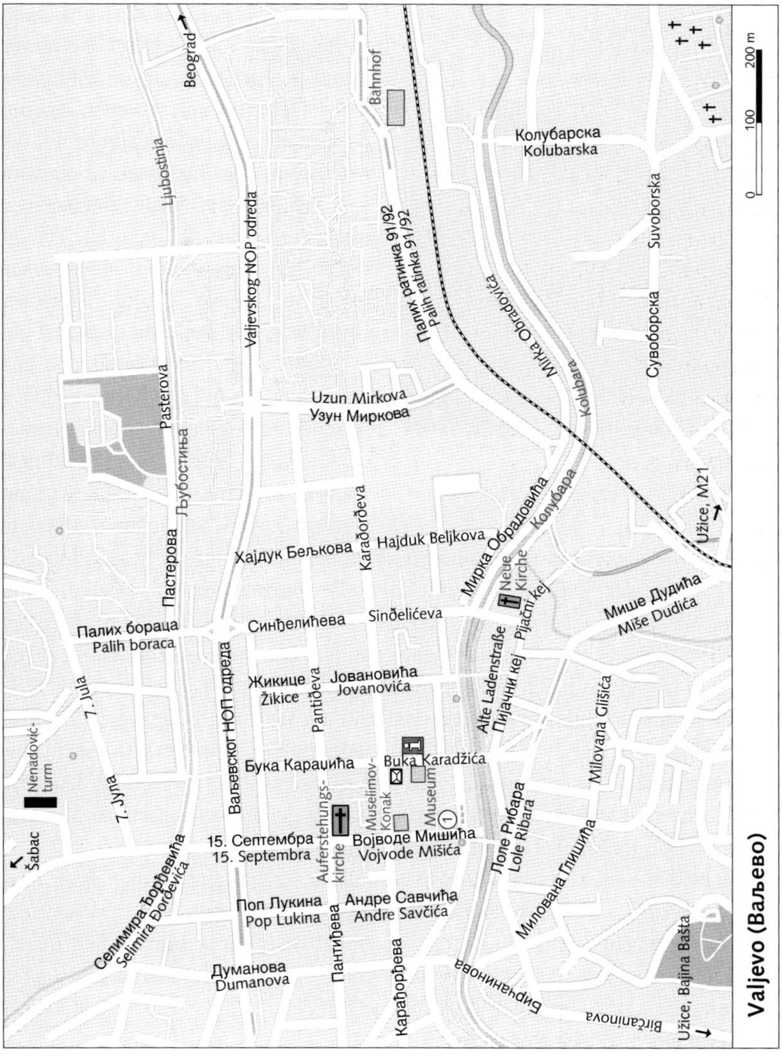

Valjevo (Ваљево)

In Valjevo

Links und rechts der Kolubara liegt das Zentrum. Am nördlichen Flußufer konnte sich die Stadt in einem breiten Tal ausbreiten, nach Süden war sie durch die Gebirgszüge eingeengt. In der türkischen Zeit befand sich auf dem rechten Ufer der Kolubara ein orientalisches Handwerker- und Handelsstadtviertel, heute als die alte Ladenstraße (Stara čaršija) bezeichnet. Zahlreiche kleine Geschäfte und Wohnhäuser erinnern an diese Epoche, während auf der linken Seite des Flusses das administrative Zentrum lag. Auch das bezeugen die historistischen Bauten. Der erfolgreiche Befreiungskampf der Serben führte zu einem Zuzug serbischer Bewohner. Sie siedelten zunächst auf der rechten Seite, der Handelsseite, und erst später am bis dahin unbewohnten linken Ufer. Der ungeordneten Besiedelung wurde durch einen Bebauungsplan von 1855 mit rechtwinkligen Straßenzügen und Kreuzungen ein System gegeben, das noch heute die Grundlage der urbanen Struktur der Stadt bildet.

Der Name der Stadt ist vermutlich vom Personennamen Valj (Valko, Valli, Valius, Valentius) abgeleitet. Das schönste und älteste Gebäude der Stadt ist der Muselimov-Konak, in dem sich heute das Nationalmuseum (Narodni muzej/Народни Музеј) befindet: In ihm werden unter anderem Wachsfiguren der Helden der Stadt gezeigt. Ein weiteres Museum am Ende der Fußgängerzone wird derzeit renoviert. Vor ihm stehen die Büsten der Helden im ersten serbischen Aufstand gegen die Türken: Ilija Birčanin und Aleksandar Nenadović. Beide waren 1804 enthauptet worden. Das Gymnasium ist ein gelber Neobarockbau, vor dem Büsten wichtiger Männer der Stadt aufgestellt sind.

Zu beiden Seiten des Flüßchens verläuft die Fußgängerzone mit ihren zierlichen Häusern – teilweise durchsetzt mit kommunistischen Bauten – und lädt zum Flanieren ein. Weiterhin sind zu sehen: das Haus des serbischen Schriftstellers Ljuba Nenadović aus dem 19. Jahrhundert, die Konake der Fürsten Jovica Milutinović, Lazar Grabović, Jovan Simić Bobovac und das Geburtshaus eines Nationalhelden, Žikica Jovanović.

Außerhalb auf dem Berg Krušik erhebt sich ein monumentales Denkmal für Stefan Filipović.

Die Stadt hat 1999 schwer gelitten. Einst lebte sie fast vollständig von der Rüstungsindustrie. Die Fabrik ›Krušik‹ am Eingang der Stadt, die wegen Waffenlieferungen in den Irak ins Gerede kam, wurde komplett zerstört. Trotz oder wegen dieser negativen Entwicklung entsteht gerade hier die größte serbisch-orthodoxe Kirche Serbiens, die Auferstehungskirche (Hram Voskresenja Gospodnje/Храм Воскресења Господње) in der ul. Pantiđeva 60.

Vorwahl: 014.

Grand Hotel ›Valjevo‹ [1], Trg Živojina Misića, 1400 Valjevo, Tel. 222-367; 4 Sterne, DZ 5000, EZ 2800 Dinar. Mitten im Zentrum, sehr gepflegt, obwohl noch immer staatlich. An der Rezeption spricht man ausgezeichnet Englisch. Das Hotel besteht aus einem alten und neuen Komplex. Der alte wurde schon 1903 erbaut und zeigt seine Front zur Fußgängerzone.

Nationalmuseum; Di–Sa 10–17 Uhr.

Die Umgebung von Valjevo

Die Umgebung von Valjevo ist landschaftlich und kulturell sehr reizvoll. Man benötigt einige Tage, um alle Klöster und Kirchen auffinden und besichtigen zu können. Außerdem sollte man sich Zeit nehmen, die landschaftliche Schönheit auszukosten.

Auf dem Weg von Valjevo Richtung Norden nach Šabac liegt Brankovina (Бранковина) mit einer alten Grundschule, eine der ältesten Bildungseinrichtungen in Serbien. Sie geht auf den Erzpriester Mateja Nenadović zurück, einen Schriftsteller und Staatsmann der ersten Hälfte des 19. Jahrhunderts.

Im Dorf Miličnica (Миличница) nordwestlich von Valjevo steht eine der wenigen Holzkirchen. Sie wurde 1791/92 vom Baumeister Ignat Petrović errichtet. Reiche Holzschnitzereien mit stilisierten Pflanzen- und geometrischen Motiven verleihen dem Bauwerk ein besonderes Gepräge. Über eine Vorhalle gelangt man ins Innere der Kirche, wo sich eine kleine Ikonensammlung befindet.

Drei Straßen führen nach Süden; an und abseits einer jeden sind Kirchen und Klöster zu finden. Die größte und gut ausgebaute Straße Nr. 21 führt über Požega nach Užice. Eine zweite, ausgeschildert Richtung Bajina Bašta, führt direkt nach Süden, begleitet vom Fluß Jablanica, der bei Valjevo in die Kolubara mündet.

Die Umgebung von Valjevo

Sobald man die Brücke des Zentrums von Valjevo überquert hat, folgt nach etwa vier Kilometern ein Abzweig von fünf Kilometern, der zum Kloster Ćelije (Ћелије) im gleichnamigen Dorf führt. Es besitzt eine dem Erzengel Michael geweihte Kirche des 15. Jahrhunderts, die im Jahr 1811 wiederhergestellt wurde. In ihr sind Ikonen des Vojvoden Petar Nikolajević Moler und Jeremija Mihajlović zu sehen. Sie gehörten der Valjevoschule an. Im Klosterhof liegt das Grab des Fürsten Ilija Birčanins, der in den Liedern über den ersten serbischen Aufstand besungen wird.

Acht Kilometer sind es nach diesem Abzweig zur Kirche in Lelić (Лелић). Der Hieromonachos Joakim ließ die Muttergottes-Reinigungskirche 1811 erneuern. Die genaue Entstehungszeit ist unbekannt. Auffällig sind der hohe Tambour und die schönen Mauern aus Ziegel und Naturstein. Die Malereien sind Werke der Maler Jovan und Nikola. Im Ort ist auch eine alte Grundschule zu sehen.

Wer noch nicht genug Kirchen besucht hat, kann vom Dorf Lelić auf sehr kleinen Nebenstraßen nach Gornje Leskovice (Горње Лесковце) zur Kirche Kraljevo Brdo (Краљево Брдо) fahren. Unterwegs wird er typische Häuser der Šumadija entdecken.

Im Dorf Struganik (Струганик) wurde der Vojvode Živojin Mišić, Befehlshaber der Kolubaraschlacht, geboren. Weitere vier Kilometer führen zum Kloster Sovanic (Сованиц).

Zurück auf der Hauptstraße Richtung Bajina Bašta fährt man fast allein auf einer gut ausgebauten nagelneuen Teilstrecke. Unterwegs bemerkt man die Vorbereitungsarbeiten für das Großprojekt des neuen Stausees, der Valjevo und Umgebung in Kürze mit frischem Trinkwasser versorgen soll. Allein die waldreiche Strecke, immer wieder geweitet durch endlos scheinende Täler, ist lohnenswert. Man achte auf die Hinweisschilder zum Kloster Gračanica (Грачаница), und nach etwa 25 Kilometern erreicht man den Ort Poćuta (Поћута). Im Ortszentrum führt ein Schotterweg zum Kloster Pustinja.

Kloster Pustinja

Das Kloster Pustinja (Пустиња) stammt aus dem 11. Jahrhundert und wird der Raškaschule zugeordnet. Eine asphaltierte Straße führt nach unten wie in eine Schlucht, bis plötzlich hinter dem Grün das Kloster auftaucht. Ein zierliches Kirchlein ist von Wirtschafts- und Wohngebäuden umgeben. Das geöffnete Tor lädt jeden Besucher ein. Eine liebenswürdige Nonne öffnet die Kirche und versucht mit allen Mitteln zu erklären. Die Anlage ist in ihrer Anmut einzigartig.

Schlicht und einfach von außen, birgt sie im Inneren eine Überraschung: Apsis, Naos und Narthex sind vollständig bemalt. Ein großer Teil stammt von 1622. Kerzenlicht verleiht dem Innenraum eine besondere Atmosphäre. Gerne beleuchtet die Nonne auch mit moderner Technik all die schönen Darstellungen und erklärt sie geduldig. Teile der Ikonostase stammen aus dem 14. Jahrhundert. Die Darstellungen der Mitteltür sind aus dem 17. Jahrhundert. In der rechten Nische der Apsis ist das Porträt Papst Silvesters zu sehen, eine Besonderheit.

Das Kloster Pustinja wurde im 11. Jahrhundert erbaut

Der Naos wird durch seine eckigen Pfeiler, die die Kuppel tragen, unterteilt. Im vorderen Teil sieht man in der unteren Reihe wie so oft in Serbien die heiligen Soldaten, beginnend von der Südseite zunächst Johannes den Täufer, dessen Bild unter UNESCO-Schutz steht, gefolgt von Dimitrije, Georg, Nestor, Prohomije, Artemije, Nikita, Merkurije, Theodor Tiron und Theodor Stratilates, so wie es aus der Ikonographie bekannt ist. Darüber befinden sich Szenen aus dem Neuen Testament: an der Südseite die ›Hochzeit von Kanaa‹, im Westen ›Pilatus wäscht seine Hände in Unschuld‹ und der ›Einzug in Jerusalem‹. Im hinteren Teil des Naos sehen wir auf der Westseite gemäß dem Kanon den Tod der Muttergottes, die Verspottung Christi und auf der Nordseite den Judaskuß. Darunter folgen in der unteren Zone gleich vom Eingang links Konstantin und seine Mutter Helena. Die Figuren setzen sich fort mit Säulenheiligen: Onophrius, Ephenos, Kosmas und Damian, den heiligen Ärzten, denen sich Panteleimon zugesellt. Auf der Südseite erkennt man den Erzengel Michael, Antonius den Großen und den Stifter Joakim, wie er der Muttergottes das Kirchenmodell überreicht, sowie die Heiligen der Nemanjadynastie, Simeon und Sava. Darüber folgt eine Reihe Medaillons. Die Ostseite wird von der Kreuzigung und dem Tod Christi geschmückt. Der Narthex ist mit Ton-in-Ton Malerei bestückt, an der Eingangswand zum Naos das Jüngste Gericht. Wunderschöne alte Ikonen werden hier aufbewahrt. Sie stammen teilweise von der Ikonostase der alten Klosterkirche. Darunter sieht man auf der Mitteltür der Bilderwand die Verkündigung aus dem 13./14 Jahrhundert.

Der heilige Kosmas in Pustinja

Das schindelgedeckte Kirchlein weist Reste einer Außenmalerei auf. An der Nordseite ist die Muttergottes zu sehen. Ursprünglich lag der Eingang mit seinem alten Steinportal im Westen, heute betritt man die Kirche über den Narthex von Norden.

Bajina Bašta

Das Örtchen Bajina Bašta (Бајина Башта) mit 10 000 Einwohnern liegt rechts der Drina an der Mündung der Rača, auf den nordwestlichen Hängen des Taragebirges. Das einstige Plijeskovo ist knapp einen Kilometer von der Grenze zu Bosnien-Herzegowina entfernt. Der heutige Name geht auf Osman Baja zurück, der hier große Gärten, bašte, besaß.

Bajina Bašta ist ein ruhiges, beschauliches Städtchen, dessen Elektro-, Textil- und Zuckerindustrie stillgelegt wurde. Ein Aufenthalt lohnt sich hier für vielerlei: Da gibt es den wunderbaren Naturschutzpark ›Tara‹, der auch als ›Zvijezda-Nationalpark‹ bekannt ist, ein herrliches Naturerlebnis. Der Park ist bedeckt mit dichten Wäldern, durchzogen mit Hängen und Wiesen und steinigen Felswänden, Schluchten und Höhlen. Seine Höhen reichen von 1000 bis 1200 Meter, auf denen die Pančićevfichte wächst.

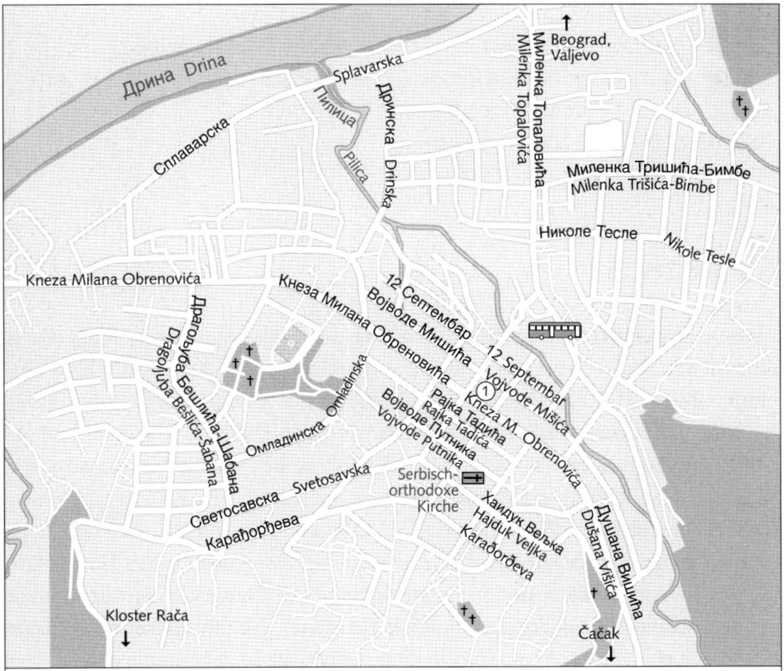

Bajina Bašta (Бајина Башта)

Legende

1 Hotel ›Drina‹

Das Klima begünstigt die Heilung von Bronchialasthma, chronischer Bronchitis, Asthenie und Anämie. Ein Kindererholungsheim und große Hotelanlagen machten es ideal für den Familienurlaub. Heute sind die großen Häuser geschlossen und warten auf ihre Privatisierung.

Etwa 13 Kilometer von Bajina Bašta entfernt liegt Perućac (Перућац) am rechten Ufer der Drina, unmittelbar an der Staumauer des Kraftwerkes. Hier beginnt der 54 Kilometer lange Stausee des Drinsko jezero. Bade- und Angelgelegenheiten gibt es reichlich, unter anderem lassen sich Lachse und Welse fangen. Zur Siedlung gehört die große Fischzuchtanlage kalifornischer Forellen.

Die Canyons der Drina ziehen sich eindrucksvoll von Vidikovac (Видиковац) bis zur Stadt Višegrad (Вишеград) entlang. Dieser Stadt hat Ivo Andrić mit seiner ›Brücke über die Drina‹ ein unvergeßliches Denkmal gesetzt. Ein weiterer See liegt mitten im Gebirge bei Zaovine (Заовине).

Vorwahl: 031.

Bajina Bašta: Hotel ›Drina‹ [1], ul. Vojvode Mišića 5, Tel. 85 24 52; DZ 2100, EZ 1100 Dinar.

▶ Perućac: Hotel ›Jezero‹, Tel. 85 90 81. Mit Haupthaus und Bungalows.

Kloster Rača

Ein interessanter Besichtigungspunkt ist das nahegelegene Kloster Rača (Рача) am Fuß des Taragebirges am Fluß Rača. Der Überlieferung nach stiftete es Dragutin (1276–1316), der Bruder König Milutins, der Sirmium als Teilreich erhalten hatte. Mehrfach wurde es zerstört und verödete. Die heutige Kirche geht auf den Wiederaufbau des Jahres 1623 durch Mönche des Klosters Tronoša zurück. Während der 500jährigen türkischen Besetzung unterhielt das Kloster eine bedeutende Schreibstube, in der orthodoxes Schriftgut kopiert wurde. Unter den Kopisten ragte Hieromonachos Hristifor besonders hervor. Sieben seiner Handschriften des 17. Jahrhunderts sind bis heute erhalten. Er schmückte die Bücher nicht nur ornamental und mit Bannern, sondern fügte auch Portraits und einfache Kompositionen ein. In der serbischen Literatur werden die in der Schreibstube tätigen Kopisten ›Račani‹ genannt.

Zwei Mönche des Klosters haben herausragende Bedeutung für Serbien erlangt, Jerotej und Kiprijan von Rača. Jerotej, der um 1720 verstarb, hinterließ die erste Reisebeschreibung der serbischen Literatur. Er war zweimal nach Ägypten und

Palästina gereist und hatte seine Erlebnisse in dem Werk ›Die Reise des Priestermönches Jerotej aus Rača zu der Stadt Jerusalem‹ beschrieben. Der für seine Zeit sehr gebildete Mönch Kiprijan predigte in der Volkssprache. Er schrieb die ›Slawische Fibel‹, in der er auch dichterische Formen anwandte.

Im Zuge der Niederschlagung des ersten serbischen Bauernaufstandes zerstörten die Türken das Kloster zum letztenmal 1813.

Die heutige Kirche, bestehend aus Apsis, Naos, Narthex und Exonarthex, wurde 1835 auf den Grundmauern der alten in Haustein wiederaufgebaut. Die Wandmalereien gehen auf Dimitrije Posniković, der Ikonostas auf Georgije Bakalović und seine Werkstatt zurück. Die Kirche ist der Muttergottes und Christi Himmelfahrt geweiht. Im Naos sind auf der Ostseite das Abendmahl und neben der Ikonostase rechts die Auferstehung, links die Himmelfahrt zu sehen. Der Eingang zur Kirche ist durch moderne Nemanjidendarstellungen geschmückt. An der südwestlichen Ecke der Kirche ist der Abt, Heerführer im ersten serbischen Aufstand gegen die Türken und Erneuerer des Klosters, Hadži-Melentije Stefanović, begraben. Das Relief auf dem Grabstein geht auf den Bildhauer Grgur Kovačević zurück. Der Turm entstand erst 1849. Die Gästehäuser fielen der Zerstörung durch die Besatzungstruppen von 1943 zum Opfer. Sie wurden 1969 mit einer Muttergotteskapelle im Erdgeschoß neu errichtet. Das Kloster bewahrte eine bedeutende Handschrift, das Evangelienbuch des Fürsten Miroslav aus dem 12. Jahrhundert. Als 1943 Einheiten der bulgarischen Armee die Klostergebäude abbrannten, konnte sie durch Vergraben vor der Vernichtung bewahrt werden. Das Buch wird heute im Nationalmuseum aufbewahrt.

Das Kloster wird von Mönchen bewirtschaftet, in der Umgebung kann man sogar noch Holzköhler beobachten.

Kadinjača

Außerhalb von Bajina Bašta sind beachtliche Reste der mittelalterlichen Festungen Višeslava (Вишеслава, nördlich) und Solotuša (Солотуша) zu sehen. In Richtung Užice passiert man das Dorf Dub (Дуб). Oberhalb ist noch eine der wenigen serbischen Holzkirchen zu finden. Interessant sind ihre vierseitige Apsis und der fünfseitige Narthex. Die Ikonostase ist reich geschnitzt. Die Kirche geht wohl auf das Ende des 18. Jahrhunderts, die Ikonostase auf das 19. Jahrhundert zurück. Bei Kadinjača (Кадињача) sieht man schon von Ferne die Gedenkstätte, gestaltet von Bogdan Bogdanović. Der Künstler hat im ehemaligen Serbien viele Gedenkstätten gestaltet. Das ›Memorijalni Centar Kadinjača‹ (Меморијални Центар Кадињача) wurde zur Erinnerung an die Niederschlagung der sogenannten Republik Užice errichtet, gedenkt aber auch der Opfer beider Weltkriege.

Die Gedenkstätte bei Kadinjača

Užice

Die Stadt Užice (Ужице) in Westserbien besaß vor kurzem noch den Beinamen Titovo, weil Marschall Tito hier während des Zweiten Weltkrieges das Hauptquartier der jugoslawischen Befreiungsarmee aufgeschlagen hatte, das er aber 1941 aufgeben mußte.

Im Westen der Stadt, über dem Fluß Djetinja, thront auf 411 Metern die mittelalterliche Festung aus dem 14. Jahrhundert. Sie bestand aus zwei Bereichen: im unteren die Mauern und Türme, auf dem Gipfel der Haupttrakt. In ihr wurde der streitbare Stadtherr und Edelmann Nikola Altomanović von seinen Widersachern, König Lazar und König Tvrtko, gefangengehalten und 1374 hingerichtet. Die von den Türken modernisierte Anlage geht auf die Kelten zurück, die eine Siedlung Kapedunum an dieser Stelle gegründet hatten. Seit dem 15. Jahrhundert war die Stadt türkischer Besitz, den sie immer wieder kurzfristig an die Habsburger verloren. Vor dem ersten serbischen Aufstand war Užice nach Belgrad die wichtigste Stadt im Belgrader Paschalik und wurde in Volksliedern häufig Klein-Konstantinopel genannt. Anfang 1815 wurde sie wieder serbisch und entwickelte sich zur wichtigen Handels- und Gewerbestadt. Während des Zweiten Weltkriegs bestand hier die sogenannte Republik Užice, die grausam niedergeschlagen wurde. Auf dem Spomen trg (Gedenkplatz) stand ehemals ein Denkmal Titos, heute werden alle Erinnerungen an ihn getilgt.

Einige Kirchen in der Umgebung sind sehenswert: Die Holzkirche in Sevojno (Севојно) von 1773 mit einer holzgeschnitzten Ikonenwand des Zographen Simeon Lazavić, die Holzkirche in Seča Reka (Сеча Река) von 1812 mit einer Ikonensammlung und liturgischem Gerät und beim Dorf Karan (Каран) die

Weiße Kirche von Karan (Bela Crkva Karanska), die der Verkündigung geweiht ist. Sie entstand im Auftrag des Gaugrafen Brajan 1335. Aus dieser Zeit sind die Stifterbilder erhalten: König Milutin, Zar Dušan, die Gaugrafenfamilie und der junge König Uroš.

Vorwahl: 031.

Hotel ›Zlatibor‹, ul. Dimitrija Tucovića 48, Tel. 291 83; 3 Sterne, DZ 1880, EZ 1000 Dinar. 1961 eröffnet.
›Palace‹, trg Svetog Save 2, Tel. 21-752; 2 Sterne.

Der Zlatibor

Der Zlatibor (Златибор) wird auch der ›Berg der goldenen Föhren‹ genannt. Der Ferienort Kraljeve Vode war einst beliebtes Reiseziel der serbischen Aristokratie. Das gesamte Erholungs- und Sportgebiet hieß bis vor kurzem noch Partizanske selo (Partisanendorf). Heute ist alles in Zlatibor umbenannt. Es gibt ein großes Angebot an Hotels. Man kann hier reiten, wandern, ski- und eislaufen, fast alles ist

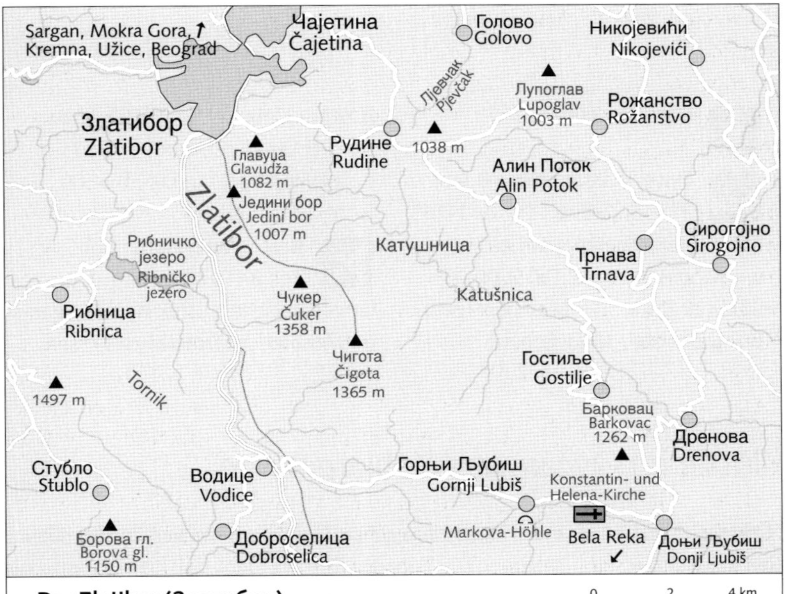

Der Zlatibor (Златибор)

möglich. In Sirogojno (Сирогојно) ist ein Ethnologischer Park angelegt und in Gostilje (Гостиље) ein Dorfmuseum. In Sargan (Сарган), nicht weit von Zlatibor, besteht die Möglichkeit zu einer Nostalgiefahrt. Eine 13,5 Kilometer lange Schmalspurbahn mit historischen Lokomotiven und Bahnhöfen führt durch etwa 20 Tunnel, viele Viadukte und Brücken nach Mokra Gora (Мокра Гора). Die malerische Landschaft hat der Filmregisseur Emir Kusturica für seinen jüngsten Film ›Das Leben ist ein Wunder‹ genutzt.

An der Strecke der Schmalspurbahn

Vorwahl: 031.

Hotel ›Palisad‹ Naselje Jezero, 31315 Zlatibor, Tel. 841-151, Fax -734, office@palisad.co.yu, www.palisad.co.yu; DZ 3600, EZ 2300 Dinar. Großes Sport- und Kongreßhotel, 1965 gebaut.

›Olimp‹ Zlatibor, Naselje Sloboda bb, Tel. 84 25 55, Fax 84 19 53, hotelolimp@ptt.yu; DZ ab 4600, EZ ab 2100 Dinar.

Restaurant ›Zlatan Bor‹, Tel. 841077. Sehr gute landestypische Küche, hervorragende Musiker untermalen das Essen.

Klöster im Ovčar- und Kablargebirge

Nicht weit von Čačak, an der Straße von Užice, kann der Besucher eine der schönsten Schluchten Serbiens sehen. Die Zapadna Morava gräbt sich hier ihr Bett zwischen den Gebirgen Ovčar und Kablar. Links und rechts des Flusses liegen viele

Klöster inmitten großartiger Natur. Nach ihnen wird die ganze Gegend im Volksmund in Anlehnung an die Mönchsrepublik des Athos der ›heilige Berg Serbiens‹ genannt. Die Klöster entstanden vom 13. bis zum 17. Jahrhundert. Derzeit werden zwölf davon bewirtschaftet. Die Schlucht beginnt am Hauptort Ovčar Banja (Овчар Бања), vor dem man einen großen Steinbruch sieht. Eines der Klöster liegt wenige Kilometer vor der Schlucht: Kloster Kadenice (Каденице). Alle anderen sind dicht aneinandergereiht, nur wenige Kilometer voneinander und nicht weit vom Kurort Ovčar Banja entfernt. Hinter diesem beginnt der schönste Teil der Schlucht, zu der parallel die Hauptstraßenverbindung von Ost nach West verläuft. Im Ort gibt es nur private Zimmer und nicht weit vom Ort einen Campingplatz. Entlang der Morava sind kleine Badehütten, viele Angler stehen am Fluß – ein idyllisches Bild. Wer nicht alle Klöster besichtigen möchte, dem seien vier empfohlen, die aufgrund ihrer Architektur, Malereien und anderer Werte besonders sehenswert sind: Maria Verkündigung, Sankt Nikolaus auf der linken Seite und im Hinterland die Klöster Sretenje und Trojice.

Auf der linken Seite der Morava sind die Klöster Maria Verkündigung (Blagoveštenje/Благовештење), Sankt Elias (Sv. Ilinje/Св. Илиње), Sankt Johannes (Sv. Jovanje/ Св. Јовање), Sankt Nikolaus (Sv. Nikolje/Св. Никоље), Maria Entschlafen (Uspenje/Успење) und Sv. Sava (Св. Сава) zu besichtigen.

Oberhalb von Ovčar Banja liegen das Verkündigungs- und das Eliaskloster nur 400 Meter voneinander entfernt. Man muß durch das Areal des ersten fahren, um

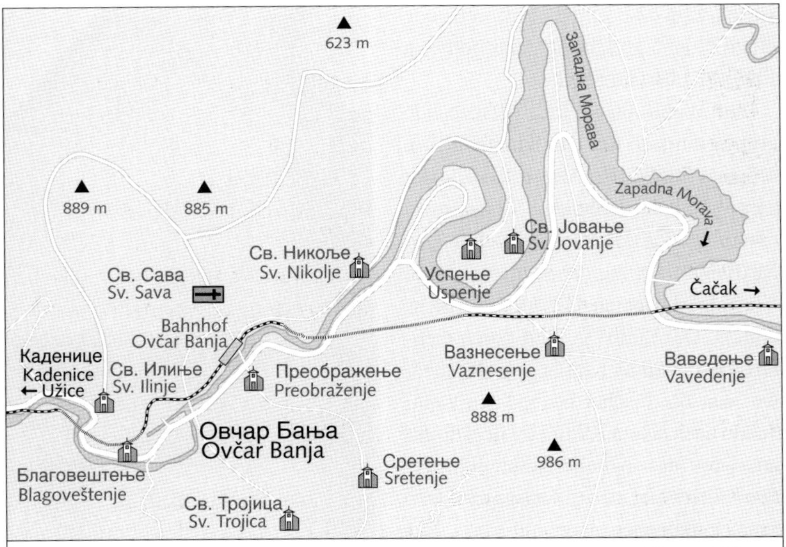

Klöster im Ovčar- und Kablargebirge

das Männerkloster zu erreichen. Das Verkündigungskloster (Blagoveštenje/Благовештење) ist ein wahres Schatzkästchen. Es versteckt sich in nur 300 Metern Entfernung von Ovčar Banja auf der Höhe. Eine kleine zauberhafte Kuppelkirche mit einem schindelgedeckten Vorbau ist zu sehen. Seine Eingangswand schmückt das Jüngste Gericht. Die Dreikonchenanlage ist vollständig ausgemalt. Im Naos sieht man an der Nordseite die Anbetung der Könige und den Marientod, auf der Südseite den Judaskuß. Im Narthex trifft man auf der Südseite die Nemanjiden, außerdem eine Medaillonreihe. Darüber ist die Verkündigungsszene besonders schön dargestellt: In zwei Szenen verkündet Gabriel der jungen Maria die Geburt. Außerdem ist die Heimsuchung abgebildet. Auf der Westseite sieht man Johannes und Maria in dem Moment, da Johannes mitgeteilt wird, daß er sterben wird. Besonders schön ist auch die Szene, in der die Magier, die heiligen drei Könige, vom Engel die Botschaft von der Geburt erhalten. Es folgen die Geburt selbst und die Muttergottes mit Christus. Auf der Nordseite sieht man den Einzug in Jerusalem, die Darbringung Christi im Tempel beim Simeon und der Hannah sowie die Predigt Christi. Die Kirche besitzt einen schönen alten Steinfußboden. Das heutige Kirchlein geht auf die Jahre 1602 bis 1632 zurück, aus dieser Zeit sind auch die Malereien. Die besonders schöne und zierliche Ikonostase zeigt in der Festtagsreihe alle zwölf orthodoxen Kirchenfeste von der Geburt Jesu Christi bis zum Marientod. Eine reizende junge Nonne spricht gut und gerne in Englisch über die Kirche.

Kloster Blagoveštenje

Die Wohn- und Wirtschaftsgebäude gruppieren sich um das Kirchlein. Die schmale Straße führt durch das Kloster zum oberhalb liegenden Eliaskloster (Sv. Ilinje, Св. Илиње). Zurück in Ovčar Banja folgt man einfach dem Fluß. Vorsicht ist geboten, falls Gegenverkehr kommt. Das Sträßlein führt durch mehrere Tunnel, immer entlang der Morava, wo man die Fischer beobachten kann. Schon nach einem Kilometer liegt direkt am Ufer das Nikolje-Nonnenkloster. Die Klöster hier sind gut ausgeschildert. Eine Dreikonchenanlage mit Apsis, Naos, Narthex, die vollständig ausgemalt

Heimsuchung und Verkündigung im Kloster Blagoveštenje

ist, erwartet den Kunstbeflissenen. Die Malereien gehen auf das 17. Jahrhundert zurück. Zu erwähnen ist die Dreifaltigkeit im Tonnengewölbe in Form der dreifachen Erscheinungsform von Jesus Christus wie in Ravanica. Der Eingang zur Kirche befindet sich auf der Südseite, die nur wenige guterhaltene Malereireste aufweist. Außen an der Apsis ist die Wand durch kielbogenförmige Blendarkaden gegliedert. An der Südkonche erkennt man eine Inschrift. Zehn Nonnen bewirtschaften das große Kloster mit schönen Wohngebäuden.

Die gleiche Straße weiter führt in die Flußschleife zum Maria-Entschlafenskloster, das derzeit renoviert wird. Eine einzige Nonne bewohnt es mutig und überwacht die Aufbauarbeiten. Von hier hat man einen wunderbaren Blick auf die Morava-Flußschleife. Die Kirche wurde 1939 auf einem Vorgängerbau errichtet. Ihr kostbarstes Gut sind Teile der alten Ikonostase aus dem 14. Jahrhundert mit russischen Ikonen. Sie werden im Vorraum aufbewahrt. Hinter dem Konak sieht man die Ruinen des ehemaligen Glockenturms.

Man fährt die Flußschleife 500 Meter zurück und dem Hinweis zum Kloster Jovanje (Св. Јовање) nach. Hier geht es schon wieder lebhafter zu. Die Nonnen haben häufig Besuch, die Handwerker werden üppig bewirtet, und so ist immer Leben da. Das Kirchlein besitzt Malereien, die übermalt und durch das Kerzenlicht völlig dunkel geworden sind. In der Bogenlaibung des Naos sind noch Heilige zu erkennen: links Sava, rechts Simeon. Fünf Medaillons zeigen Milutin, Stefan den Erstgekrönten, Zar Lazar, Uroš und Dragutin. In der rechten Konche sieht man die Geburt und darüber einen schönen Seraph. Im Naos wurde auf der rechten Seite der Patriarch German dargestellt, er war der Vorgänger Pavles. Zwei

Stützen im Naos tragen schöne alte Würfelkapitelle. Der Narthex wurde im Jahr 2001 ausgemalt. Den Farben fehlt noch die Patina.

Auf dieser Seite des Flusses gibt es noch das Kloster des heiligen Sava. Es ist nur zu Fuß nach einstündiger Wanderung zu erreichen. Aber am Abend erkennt man es von Ferne an seiner Beleuchtung. Es wird derzeit wieder aufgebaut.

Auf der rechten Seite der Morava sind folgende Klöster zu erreichen: Vavedenje (Maria Darstellung im Tempel), Vaznesenje (Christi Himmelfahrt), Preobraženje (Verklärungskloster), Sretenje (Kirche zur Begegnung des Herrn) und die Kirche Sv. Trojica (Kirche zur heiligen Dreifaltigkeit).

Gleich hinter dem Tunnel in Richtung Čačak weist das Schild nach rechts. Eine steile Straße führt zum Verklärungskloster (Preobraženje/Преображење). Moderne und nicht sehr anmutige Wohngebäude säumen den Eingang. Hinten steht das kleine Kirchlein mit einem neuen Narthex. Die Mönche nehmen es hier sehr genau. Frauen sollten mit einem Rock bekleidet erscheinen. Frühmorgens kann man sehr schön dem Gottesdienst beiwohnen. Das Kirchlein besitzt Innenmalereien. Etwa 500 Meter weiter entlang der Hauptstraße führt der nächste Abzweig wieder steil nach oben. Ohne Blick auf den Fluß erreicht man das Himmelfahrtskloster. Es besteht aus mehreren Gebäuden und einer Kirche, die auf der Hochebene verteilt sind. Noch werden Sprengungen am Felsen vorgenommen, um das Areal zu vergrößern. Die Kreuzkuppelkirche ist neueren Datums mit Resten einer älteren Kirche.

Zurück auf der Hauptstraße, sieht man direkt am Ufer der Morava das Kloster Vavedenje (Ваведење). Beim Überqueren der Hauptstraße ist Vorsicht geboten. Von abgelegen und verwunschen kann hier keine Rede sein. Aber die älteren Nonnen sind sehr freundlich. Die einschiffige Kirche ist von einer Tonne überwölbt.

Nur wenig vom Fluß entfernt, aber von viel Wald umgeben liegen die beiden Klöster Sretenje (Сретење) und Trojica (Св. Тројица). Zwei Wege führen dorthin: einer über das Verklärungskloster, ein anderer über gut 15 Kilometer durch immer abgeschiedenere Dörfchen. Im sehr idyllisch gelegenen Sretenje leben 18 Nonnen. Ihre Kirche wurde im 19. Jahrhundert vollständig ausgemalt. Das Dreifaltigkeitskloster liegt wenige Kilometer von Čiča entfernt. Ein kleiner Zentralbau mit einer Kuppel dient den Mönchen als Gotteshaus. Beide Klöster besitzen kleine Schatzkammern mit Ikonen und Handschriften.

Schriftliche Quellen belegen ein weiteres Kloster, Sveti Georgije (Св. Георгије), das an der Südostseite des Ovčar-Gebirges vermutet wird. Sein Siegel wird im Nationalmuseum Belgrad aufbewahrt.

Seit wann hier in der Schlucht Mönchsleben stattgefunden hat, ist ungewiß, man vermutet jedoch seit der Zeit des heiligen Sava. Im 16. und 17. Jahrhundert waren die Klöster bedeutende Stätten für Kultur und Bildung. Leider ist von der Vielzahl der Handschriften, die noch Vuk Karadžić 1820 aufzählte, nicht mehr viel vorhanden. Verschwunden ist auch das berühmte Nikolaus-Tetra-Evangelium des 15. Jahrhunderts. Eines der Klöster besaß vermutlich eine Malerwerkstatt, aus der auch der Meister des Maria Verkündigungsklosters und des Klosters Ježevica bei Čačak (1637) hervorging. Seine Arbeiten gehören zu den herausragenden Werken des 17. Jahrhunderts in Serbien.

Čačak

Die relativ kleine Stadt Čačak (Чачак) liegt am Rande der Šumadija. Auch dieses Städtchen wurde 1999 bombardiert und hat sich davon noch nicht erholt. Das Zentrum ist klein und eigentlich anmutig. In der Fußgängerzone gibt es einige historistische Bauten zu sehen. Ein Denkmal für die Malerin Nadežda Petrović erinnert an die große, hier geborene serbische Künstlerin. Die serbisch-orthodoxe Kirche aus dem 19. Jahrhundert ist an ihrer Kuppel und den zwei Türmen zu erkennen. Auf dem Areal des Hotel ›Beograd‹ fand man antike Reste, eine alte Badeanlage. Gerne zeigen die Kellner des Hotels die Ausgrabung. Im Umland sind viele Gärtnereien, die ganz Serbien mit Jungpflanzen versorgen. Der Basketballclub der Stadt ist einer der führenden des Landes, was für die Serben weitaus wichtiger ist als bei uns der Fußball.

In Čačak

Vorwahl: 032.

Hotel ›Beograd‹ [1], ul. M. Tita bb, Tel. 245 92; DZ 1880, EZ 940 Dinar.

Motel ›Petrović‹ in Parmenac, einer westlich Ortschaft vor Čačak, Stanimir-Cane, Tel. 89 04 25. Neues Motel, an der Morava gelegen, sauber und komfortabel, gutes Restaurant.

Restaurant ›Baša 1. Maj‹ [2]. Mitten in den Wohnsiedlungen, nicht weit vom Zentrum. Hier wird hervorragende, authentisch serbische Musik gespielt.

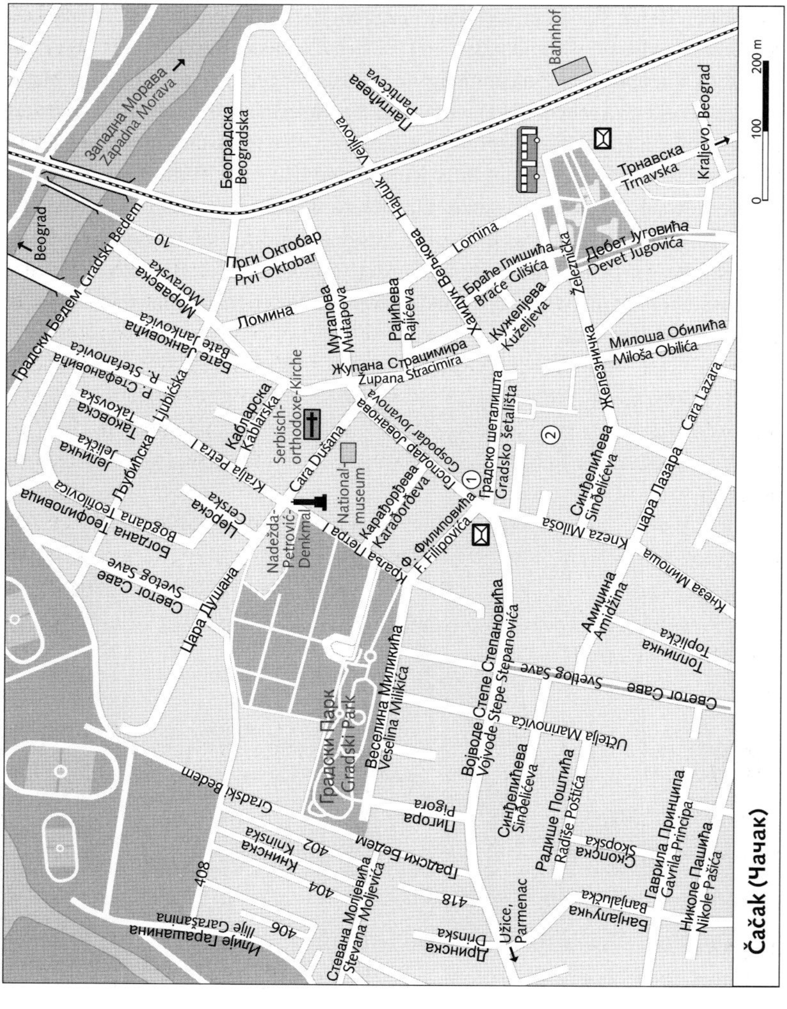

Guča

Im Südwesten von Čačak in der Region Dragačevo liegt die Ortschaft Guča (Гуча), die weltberühmt für das alljährlich stattfindende Trompeterfestival ist. Mehrere hunderttausend Besucher, nicht nur aus Serbien, zieht das Festival inzwischen an. Die Soundtracks der Filme vom Regisseur Kusturica haben die Roma-Musik in den letzten Jahren weit über die Grenzen Serbiens hinaus bekannt gemacht. Einmal im Jahr, Ende August, wetteifern auf diesem Festival etwa 50 Bands um verschiedene Titel. Unter den Teilnehmern sind Alte und Junge, die auch gemeinsam die Festivalhymne ›Za Ovčara i Kablara‹ in die Landschaft schmettern. Die Aufführung einer traditionellen Hochzeitszeremonie und ein Umzug durchs 3000-Seelen-Städtchen krönen das Fest. Für drei Tage und Nächte belagern die Fans der Blechbläsermusik die Ortschaft und feiern, angeheizt von den Bands, die größte Party des Balkan, bei der auch alte Armeehörner noch zum Einsatz kommen.

Zur Legende dieses Festivals wurde Boban Marković mit seinem Orchester. Fünfmal gewann er den Preis als bester Trompeter. Sein zwölfköpfiges Orchester tourt durch die ganze Welt. Aus Respekt vor seinen Mitstreitern nimmt er am Wettbewerb nicht mehr teil, hat aber einen mehr als ebenbürtigen Nachfolger in seinem Sohn, von dem viele schon heute sagen, er übertreffe sogar den Vater.

Die Kenner sprechen gerne von zwei Gruppen Teilnehmern, den ›Schwarzen‹, worunter man die dunkleren Roma versteht, und den ›Weißen‹, womit die helleren Serben gemeint sind. Neidlos erkennen die ›Weißen‹ und ihre Fans die Führung der ›Schwarzen‹ an und haben ihren Rhythmen dafür mehr Jazzelemente beigegeben.

Das Festival ist gratis, die Musiker werden in den Bierzelten von den Gästen bezahlt, wobei der Phantasie zur Übergabe der Scheine keine Grenzen gesetzt sind. Nach dem Festival versinkt das Städtchen wieder im Gleichmaß des Broterwerbs und der Ernte der vielen Him- und Brombeeren, die in großen Plantagen in der Region wachsen.

Vorwahl: 032.
Information, trg Republike 72, Tel. 85 47 39, ekuguca@eunet.yu.

Hotel ›Zlatna Truba‹ (Die Goldene Trompete), trg Slobode, Tel. 854-459. Fax -680; 3 Sterne.

Legende

1 Hotel ›Beograd‹

2 Restaurant ›Baša 1. Maj‹

Stari Vlah

Die Gebirgsregion des Stari Vlah ist ein Teil des Kernlandes des mittelalterlichen Serbien. Es liegt südlich der Zapadna Morava und wird durch mehrere Täler gegliedert, in denen die schönsten mittelalterlichen serbischen Klöster liegen.

Zwischen Užice und Čačak liegt Požega (Пожега), ehemals Užička Požega. Es hat römische Ursprünge und wurde als Municipium Malvesa im 2. Jahrhundert erwähnt. In der Umgebung im Dorf Visibaba (Висибаба) wurden antike Funde gemacht. Unter den Nemanjiden wurde Požega Sitz eines Gebietshauptmanns, den Fürst Miloš zum Hauptort der Region machte. Mit dem Bau der Eisenbahnstrecke Belgrad–Bar wurde es ein wichtiges Wirtschaftszentrum. Die Stadt ist mit der Familie Obrenović eng verbunden: Miloš Obrenović wurde hier geboren, er ließ zur Erinnerung an seinen Vater Teodor eine Kirche errichten. Das Grab seines 1802 verstorbenen Vaters ist vor der Kirche. Ein lohnenswerter Abstecher führt in Richtung Ivanjica entlang dem Fluß Moravica nach Süden. An dieser Strecke sind wunderbare Sakralbauten zu finden. Landwirtschaftlich wird das Tal für Himbeer- und Brombeerplantagen genutzt, aus denen aromatische Säfte hergestellt werden.

Arilje

Ein erster Stop lohnt sich in Arilje (Ариље) mit einer dem heiligen Achilleus geweihten Kirche im Zentrum. Wer die Umgehungsstraße benutzt, fährt vorbei. Obwohl die Kirche nicht so bekannt ist, offenbart sich in ihr ein wahres Schatzkästchen an Wandmalereien. Sie wurde im 13. Jahrhundert von König Dragutin gestiftet. Die Inschrift in der Kuppel weist auf das Jahr 1296, in dem die Malereien ausgeführt wurden. Der Kirchenbau der Raškaschule erhielt erst viel später einen Exonarthex. Die verputzte Außenmauer wird durch Lisenen und einen Arkadenfries unter dem Dachgesims gegliedert. Dafür, daß die Kirche 150 Jahre ohne Dach ausharren mußte, sind die Malereien in einem guten Zustand. In ihrer Anordnung und Ikonographie folgen sie dem Vorbild von Kloster Sopoćani. Einige Abbildungen seien herausgegriffen: Im Naos sieht man in der unteren Zone viele Heiligengestalten, auf der Südseite über dem Rundbogen den Judaskuß, an der Westwand den Tod und auf der Nordseite den Tempelgang Marias. An der Ostseite, links oberhalb der Ikonostase, ist das bedeutendste Motiv dieser Kirche, der berühmte blaue Engel, zu erkennen, das Pendant zum weißen Engel in Mileševa. Im Naos sind die Nemanjiden-Heiligen Uroš, Stefan und Jelena von Anjou auf Christus zugehend dargestellt, jedoch nicht als Stifter, sondern stellvertretend für die serbisch-orthodoxen Konzilien.

Im Narthex stehen zwei Sarkophage: rechts der mit den Gebeinen des mit 21 Jahren verstorbenen Stiftersohns Urošić, links jener des Bischofs Mercarije. Die Malereien im Narthex sind jüngeren Datums. Auf seiner Südseite zeigen prächtige Stifterbildnisse Dragutin, Milutin und Katalina. Rechts vom Eingang in den Naos sieht man als Kirchenpatron den heiligen Arilje von Larissa. Er stammte aus Kappadokien, unternahm eine Missionsreise nach Thessalien und wurde Bischof von Larissa (heute Griechenland). Bedeutend war seine Teilnahme am Konzil von Nicäa im Jahr 325, auf dem er gegen die Arianer Partei nahm. Arilje ist als greiser Bischof mit einem binsenförmigen Bart dargestellt.

Die Kirche des heiligen Achilleus

Auf der Westseite sieht man die Söhne des Stifters, von denen der eine in der Kirche bestattet ist, und die in der orthodoxen Kirche sehr verehrten Konstantin und Helena. Darüber findet sich eine interessante Darstellung Christi in jugendlicher Ausdrucksform.

Nicht weit von Arilje versteckt sich die den Erzengeln Michael und Gabriel geweihte Kirche, die auch unter dem Namen Kloster Klisura (Клисура) bekannt ist. Sie liegt sehr romantisch. An den mittelalterlichen Bau, bestehend aus Apsis, Naos und Narthex, wurde eine offene hölzerne Vorhalle in Art einer Veranda im Westen angefügt. Durch eine schöne Holztür gelangt man ins Innere. Die Kirche ist nur im Naos und der Apsis ausgemalt. Im Naos erkennt man die Heiligen Nikolaus, Sava und Georg und darüber die Kreuzigung. Die Südseite schmücken weibliche Heilige: Petka, Angelina und Ephinia und darüber die Auferstehung. Die Wandpfeiler zieren die Patrone Michael und Gabriel. Sehr schön ist eine ländlich gehaltene Szene auf der linken Seite.

Kloster Kovilje

Das Kloster Kovilje (Ковиље), nicht zu verwechseln mit dem gleichnamigen Bau in der Vojvodina, ist ausgesprochen abgelegen. Man fährt durch das lebhafte Ivanjica (Иванjица, siehe Seite 351) an einer Zellulose- und Fruchtsaftfabrik vorbei bis Sjenica (Сјеница) und biegt in Matjerac (Матјерац, auch Međurečje/ Мећуречје) nach Bradliovo (Брадлиово) ab. Das hochgelegene Dorf Bradliovo ist sehr arm. Von hier geht es noch fünf Kilometer auf einer Asphaltstraße und dann mehrere Kilometer auf einem Schotterweg bis zum ersten und einzigen Hinweisschild, wo man nach rechts abbiegt und auf Schotter abwärts fährt. Man sollte die Unternehmung nur bei trockenem Wetter wagen, am besten ist hier ein Allradantrieb. Die Ausblicke entschädigen für alle Mühen. Das Kloster Kovilje besteht aus zwei Kirchen, die als Kloster des Stari Vlah bekannt sind.

Eine der Kirchen ist den Erzengeln geweiht, eine Felsenkirche, die vermutlich im 12. Jahrhundert entstand. Die jüngere, die Nikolauskirche, entstand im 16. Jahrhundert. Die Malereien sind kaum erhalten. Im Jahr 1664 wurde das Kloster nochmals renoviert.

Versteckt und verborgen, teilweise als Ruinen, gäbe es hier noch mehr Kirchen zu sehen. Eine davon steht bei Devići (Девићи), zwischen Ivanjica und Kloster Studenica gelegen, und geht auf das Jahr 1195 zurück.

Stifterbildnis im Kloster Avilje

Kraljevo

Nach Kraljevo (Краљево) fährt man nur, um einen der schönsten Wege in den Süden zu nehmen und dabei am Kloster Žiča einen längeren Halt zu machen. Die Stadt unweit des Zusammenflusses von Ibar und Zapadna Morava hat im Zweiten Weltkrieg viele Zerstörungen erlitten. Sie wirkt trotz der schönen Lage an der westlichen Morava und der langen Fußgängerzone heute ein wenig gesichtslos, Hochhäuser prägen das Zentrum. Das schönste Gebäude der Stadt, der Vasa Konak (Gospodar Vasin Konak) steht im Ibarpark. Er geht auf das Jahr 1824 zurück und wurde als Museum eingerichtet. Aus der Stadtgeschichte ist wenig bekannt: Vielleicht lag hier die slawische Siedlung Janok. Unter den Türken hieß sie Karanovac. Ihr Aufschwung begann unter den Obrenovićs im 19. Jahrhundert. Den heutigen Namen Kraljevo (Königsstadt), erhielt sie 1882, als Serbien Königreich wurde und Fürst Milan Obrenović über Kraljevo zur Krönung nach Žiča reiste.

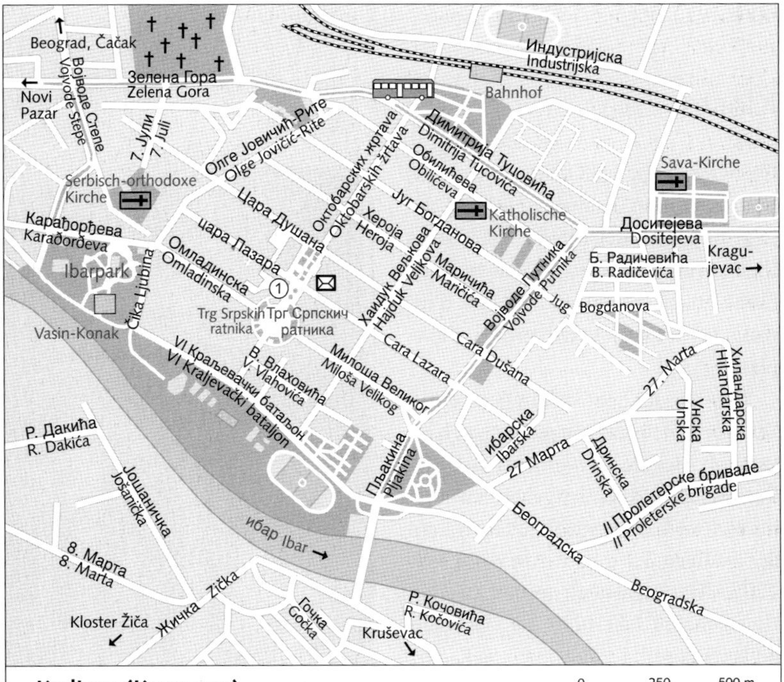

Kraljevo (Краљево)

Legende

1 Hotel ›Turist‹

Vorwahl: 036.

Hotel ›Turist‹, trg Srpskih Ratnika 1, Tel. 22-366, -347, Fax 33 42 48; DZ 1899, EZ 965 Dinar.

Durch das Ibartal

Das Ibartal gehört zum Stari Vlah, zum uralten serbischen Terrain. Bei Novi Pazar lag das Zentrum des mittelalterlichen serbischen Staates Raška (Рашка) oder Raszien. Bis heute stellt das Ibartal eine wichtige Verbindung nach Süden her, weswegen die Straße stark befahren ist. Der Fluß Ibar zwängt sich von Süden aus Montenegro und dem Kosovo her entlang dem Kopaonik-Gebirge bis ins zentrale Serbien. Auf seinem fast 300 Kilometer langen Weg durch Raška entstanden immer wieder enge Schluchten, an denen die Straße entlangführt.

Kloster Žiča

Das Kloster Žiča (Жича) ist nur sechs Kilometer von Kraljevo entfernt. Es liegt direkt an der Straße, die durchs Ibartal führt, und ist an seiner roten Farbe gut zu erkennen. Vor dem Eingang befindet sich ein großer Parkplatz.

Das Kloster hebt sich in besonderer Weise von den anderen serbischen Klöstern ab. Begründet wurde es von Stefan Nemanja, dem Erstgekrönten, vermutlich nach der erstmaligen Rückkehr des heiligen Sava vom Athos im Jahr 1207. Als Sava nach seiner zweiten Rückkehr im Jahr 1219 die Unabhängigkeit der serbisch-orthodoxen Kirche erwirkt hatte, wurde die Muttergottes-Entschlafenskirche vollendet. Um die Kirche entstand ein Komplex an Gebäuden, von deren Anordnung und

Das Brunnenhaus auf dem Klostergelände

Kloster Žiča war der erste Erzbischofssitz des Landes

Aussehen heute nichts mehr bekannt ist. Vor dem Jahr 1233 wurde im Westen der Kirche der Turm und ein Exonarthex angefügt. Außerdem verfügten Stefan und sein Sohn große Stiftungen und Privilegien für das Kloster. Den Inhalt dieser Verfügung ließ man der mittelalterlichen Tradition gemäß in einer Inschrift an der Seitenwand des Turmes anbringen. Die Version der heutigen Inschrift datiert vom Anfang des 14. Jahrhunderts. In der Kirche von Žiča weihte Sava seinen Bischof und krönte Stefan zum König. Ein Edikt, das sich an der Nordwand befindet, legt dar, daß alle Inthronisationen feierlich in dieser Kirche, der Mutter vieler Kirchen, vollzogen werden sollten. In der Inschrift wird die Anlage auch als große Kirche bezeichnet, weil sie für viele Jahrzehnte der Erzbischofssitz war. Hier wurden Stefans Thronfolger und der Nachfolger Savas, Arsenije, geweiht. Noch während des 13. Jahrhunderts wurde der Erzbischofssitz aufgrund der ungarischen Bedrohung weiter nach Süden verlegt, in die Metohija, wo das Patriarchat von Peć begründet wurde.

Die Raškaschule

Unter der Raškaschule versteht man die Kunst im Zentralgebiet des frühen mittelalterlichen serbischen Königreiches, eine Epoche, die den kurzen zeitlichen Rahmen vom letzten Drittel des 12. bis zum Ende des 13. Jahrhunderts umfaßte.
Der Einfluß dieser Kunst wirkte aber über mehrere Jahrhunderte weit über den Balkan hinaus. Besonders prägnant ist dieser Stil in der Baukunst entwickelt worden. Am Beginn der Entwicklung steht die erste Nemanjidenstiftung Sankt Nikolaus von Kuršumlija. Es folgte der Bau der Georgskirche in Ras bei Novi Pazar. Die Epoche gipfelte in den beiden Bauten von Studenica und Žiča, in denen der Raškatypus voll ausgebildet wurde. Ein saalförmiges tonnengewölbtes Langhaus verschmilzt mit einem großen zentralisierten Kuppelraum über einem unregelmäßigen Kreuz, das in der Längsachse von einem schmalen Ostjoch mit dreigeteilter Apsis und einem längeren Westjoch gebildet wird. Die Querarme des Kreuzes bestehen aus dem wesentlich niedrigeren Schiff, dessen Süd- und Nordteil kapellen- oder vorhallenartige Räume bilden, die in der serbischen Kunst als Sängerchöre bezeichnet werden. Sie werden oft halbkreisförmig abgeschlossen. Im Westen schließt ein sogenannter Esonarthex oder Narthex ungefähr von der Größe der Vierung an, er ist durch eine Wand mit niedrigem Portal vom Naos getrennt. An diesen Narthex kann eine weitere Vorhalle, ein äußerer Narthex, der Exonarthex, angefügt werden. Seit Kloster Žiča wurden diesen Bauten ein oder zwei sogenannte Parekklesien, Seitenkapellen für bestimmte kultische Funktionen, an den Narthex angefügt, man war bestrebt, alle Bauglieder von außen wie Seitenschiffe aussehen zu lassen.
Wenn man eine serbische Kirche der Raškaschule betritt, stellt man sich gerne die Frage, ob es sich um ein Langhaus oder einen Zentralbau handelt. Diese Tendenz sieht man vollendet ausgeführt in den Kirchen von Arilje und Banjska.

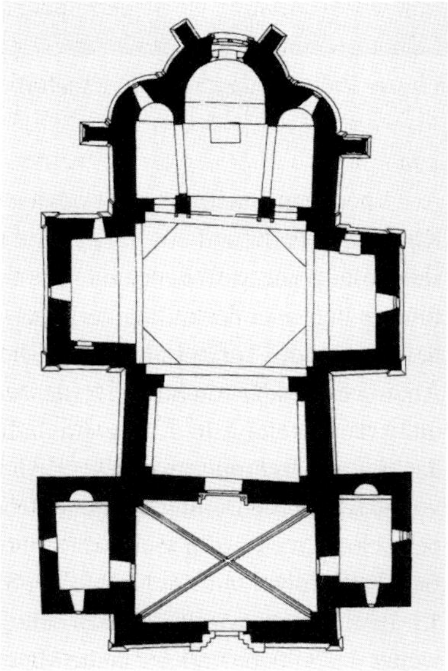

Grundriß des Klosters Gradac

Die große Kirche wurde im Raškastil errichtet, innerhalb dessen Entwicklung sie einen neuen Höhepunkt darstellt. Im Grundriß ist sie ein gewaltiges Schiff, das in verschiedene Bauglieder unterteilt ist: eine weite Apsis im Osten, ein Narthex im Westen, sogenannte Seitenchöre, die an die Nord- und Südseite angefügt wurden und sozusagen ein niedriges Querhaus bilden, so daß eine Kreuzform entsteht. Über dem Kreuz ist der Bau mit einer Kuppel überwölbt. Dieser Typus hat sich aus den Vorgängerbauten der Nikolauskirche von Kuršumlija, Đurđevi Stupovi in Novi Pazar und der Muttergotteskirche in Studenica entwickelt. Den Höhepunkt stellt Žiča dar, wo der Bau erweitert wurde um ein türloses Vestibül, integriert in die Chöre, und kleine, schmale, getrennte Kapellen, die sich an den Narthex anschließen. Die Basisform erhielt im Laufe der Zeit ihre Modifizierung. Links und rechts des Schiffes fügte man sogenannte Pastophorien an, die den Bau in der Breite streckten. Die Wand, die den Narthex vom Schiff trennte, wurde zerstört.

Die Kapellen im Norden und Süden entstanden einst am Narthex und schließen heute an das Schiff an. Sie stellen selbständige Räume mit Kuppeln, einem verkleinerten Schiff und einer Apsis dar und waren einst den Begründern des Klosters, Stefan und Sava, geweiht. Heute sind sie jedoch deren Namenspatronen geweiht: die nördliche dem heiligen Sava von Jerusalem aus Kappadokien, einem Schüler des heiligen Euthymios von Jerusalem und des Theoktistos; die südliche ist dem Erzdiakon und Erzmärtyrer Stefan geweiht. Sava gilt als Begründer von sieben Klöstern, darunter das berühmte Savakloster und Mar Saba in der Kidronschlucht bei Jerusalem. Beide Kapellen waren ursprünglich als Mausoleen für ihre Stifter gedacht. Doch dazu ist es nie gekommen: Stefan wurde zunächst in Studenica bestattet und später hierher überführt, Sava starb in Tarnovo, und König Vladislav ließ seine Gebeine nach Mileševa überführen. Die Funktion des Narthex kann nicht mehr rekonstruiert werden.

Das Innere des Exonarthex ist durch Säulen in neun Teile untergliedert. Er ist durch ein Kreuzgratgewölbe überdacht, deren Spuren im westlichen Teil noch vor der Restaurierung zwischen den Weltkriegen bestanden. Im ersten Stock befindet sich ein weiterer Raum, dessen Funktion nicht hinreichend geklärt werden konnte. Erzbischof Danilo II. beschrieb ihn als Raum für die Ungetauften, die auf die Taufe vorbereitet wurden. Hier hat man es mit einem ganz seltenen Beispiel eines solchen Raumes zu tun. Vermutlich führte vom Exonarthex eine hölzerne Treppe hinauf und eine Steintreppe zur westlichen Seite des Turmes hinab.

Der Turm entstand zeitgleich mit dem Exonarthex, ist aber nicht mehr vollständig erhalten. Die Restaurierungen des 19. Jahrhunderts haben das Kloster verändert. Erhalten blieb ein alter Teil des Turmes, in dem eine Kapelle mit Kreuzgratgewölbe untergebracht war.

Das Äußere der Kirche ist sehr schlicht: Sie besitzt keine Wandgliederung, ist aber in Anlehnung an die Athoskirche von Hilandar farbig.

Die Malereien der Kirche stammen aus verschiedenen Epochen. Sie sind leider, auch durch fahrlässige Übermalungen, sehr mitgenommen. Begonnen wurde mit ihnen nach der Unabhängigkeit der serbischen Kirche 1219. Zu den ältesten Partien gehörten im Südchor die Kreuzigung und sechs Figuren aus der ersten Hälfte des 13. Jahrhunderts, unter denen Petrus, Lukas, Simon und Thomas noch zu erkennen sind. Mit den Malereien von Studenica gehören sie zu den ältesten monumentalen Malereien Serbiens.

Alle anderen Bildnisse sind jünger; im Tambour der Kuppel sieht man die Apostel und Christus im Zentrum, in den Pendentifs die vier Evangelisten.

Die schlecht erhaltenen Malereien im Naos zeigen auf der Ostseite die Verkündigung, im Westen das letzte Abendmahl, im Süden die Herabkunft des heiligen Geistes, auf der Nordseite ›Der Erzengel sagt die Geburt Johannes des Täufers voraus‹. Die Westseite des Schiffes ist mit der Koimesis geschmückt. Christus steht in der oberen Zone, von Engeln und Aposteln umgeben, die Seele seiner Mutter in Form eines Kleinkindes empfangend. Die beiden Seitenkapellen waren erst im 15. Jahrhundert ausgemalt worden. Die Malereien der Nordkapelle gingen im letzten Weltkrieg verloren, während in der Südkapelle noch Szenen zu erkennen sind: an der Nordwand die Verurteilung des Stephanus und die Steinigung, in der Apsis die Hierarchen, die das Lamm anbeten. An der Südwand sieht man im unteren Rang vier Hierarchen, darunter der Patron Stefan; darüber die Translatio (Überführung) der Gebeine des Stefan und die Kreuzigung.

Die Malereien im Turm gehören der Frühphase an. Ein Brand hat die Farben nachhaltig verändert. Die Erdfarben, vor allem das Ocker, wurden durch die Hitze rot. An der Ostwand erkennt man die Figuren des Diakon Stefan, von Konstantin und Helena und in einer Nische Christus als Halbfigur, darüber Reste einer Kreuzigung. Die Heiligengestalten auf der Südwand sind gerahmt, als sollten sie Ikonen sein. Darunter sind Sava von Jerusalem und Theodor Studita abgebildet. Dieser Heilige lebte im 8. Jahrhundert und setzte sich stark für die Bilderverehrung ein. Er war Abt des Studiosklosters, das ihm seinen Beinamen gab. Seine Verehrung setzte nach 843 dem Ende des Ikonoklasmus ein. Er ist als Mönch mit kahler Stirn und langem zweigeteilten Bart dargestellt. Die West- und Nordwand tragen die Figuren der orthodoxen Kirchenväter Johannes Chrysostomos und Gregors des Theologen. Sie erinnern in ihrem Stil an die byzantinische Malerei der Komnenenzeit.

Der Eingang unter dem Turm ist mit der Darstellung der 40 Märtyrer von Sebaste geschmückt. Die Malereien gehen auf die Jahre 1303 bis 1316 zurück, als Milutin (1283–1321) neue Stiftungen vornahm. Das Thema ist in der orthodoxen serbischen Kunst sehr beliebt. Die 40 Märtyrer waren Soldaten der Legion fulminata, die unter Licinius wegen ihres christlichen Bekenntnisses in Sebaste (Armenien) das Martyrium durch Erfrieren auf dem Eis eines Teiches erlitten. Die erfrorenen Leiber wurden anschließend vor der Stadt verbrannt und die Asche in den Fluß gestreut. Im Westen wurden ihnen eine erste Kirche in Rom geweiht. In der byzantinischen Kunst wurde folgender Kanon herausgebildet: Die 40 Märtyrer stehen als Gruppe nur mit einem Lendenschurz bekleideter Männer eng aneinander gedrängt auf dem Eis; rechts ist meist der Eingang eines Badehauses, in dem der Abtrünnige verschwindet, während ein Neubekehrter zur Gruppe hinzutritt. Im Westen stehen sie hingegen bis zu den Knien im Wasser. Das Thema wird in Verwandtschaft mit dem Weltgericht und der Verdammnis gesehen. In Serbien gibt es neben diesem Kloster schöne Beispiele in Sopoćani, Dečani und Studenica. Außerdem erkennt man Heiligenfiguren, unter anderem den heiligen Petrus mit dem Kirchenmodell auf den Schultern.

Hinter der großen Kirche im Osten der Klosteranlage befindet sich ein kleiner Sakralbau. Er besteht aus einem von einer Tonne überwölbten Schiff und ist abwechselnd aus Natursteinen, Ziegel und Mörtel gefügt. Im Mittelalter war die Kirche Theodor Tiron und Theodor Stratilates geweiht; beide sind in der Lünette vom 14. Jahrhundert über dem Eingang dargestellt. Das Patronat der Kirche wurde den Heiligen Petrus und Paulus übertragen.

Kloster Studenica

Als unser Herr und Alleinherrscher Stefan Nemanja, der über das ganze serbische Land herrscht, zur Jagd kam und dem Wilde nachstellte, gefiel es ihm, in dieser Wildnis als Niederlassung und Pflanzstätte des Mönchtums dieses unser Kloster zu errichten: Studenica. Denn uns allen und anderen soll offenbar werden, daß Gott, der die Menschen zu Besserem lenkt und nicht das Verderben der Menschen will, diesen wahrhaft dreimal seligen Vater … eingesetzt hat, über das ganze serbische Land zu regieren.

Aus den mittelalterlichen Herrscherbiographien Serbiens

Von Kraljevo kommend passiert man zwei kleine Kurorte: Mataruška Banja (Матарушка Бања) und Bogutovačka Banja (Богутовачка Бања). Den Eingang in die Ibarschlucht bewacht oben die Festung Maglić (Тврђава Маглић), die zum Schutz der hier verlaufenden wichtigen Nord-Süd-Verbindung des Mittelalters im 13. Jahrhundert auf einem hohen Felsvorsprung erbaut wurde. Nach 50 Kilometern erreicht man den Abzweig zum Kloster Studenica.

Das bewehrte Kloster Studenica (Студеница) liegt wunderschön in einem Seitental. Es ist eines der bedeutendsten mittelalterlichen Klöster Serbiens und als Stiftung Stefan Nemanjas eine sogenannte Carska Lavra, ein Zarenkloster. Be-

Kloster Studenica ist einer der wichtigsten mittelalterlichen Bauten in Serbien

gonnen wurde es gegen Ende des 12. Jahrhunderts. Kirchenrechtlich ist Studenica ein Stauropegion, denn es besaß das vom Patriarchen verliehene Recht der Immunität, das mit der Übersendung eines hölzernen Kreuzes verbunden war. Hierher wurden 1208 die Gebeine Simeons von Hilandar auf dem Athos feierlich übertragen und in der von Nemanja schon zu Lebzeiten vorbereiteten Grabstätte beigesetzt. Der heilige Sava wirkte hier von 1208 bis 1215 als Archimandrit (Vorsteher). Er verfaßte auch für dieses Kloster, wie seinerzeit auf dem Athos, ein Typikon, ein Buch mit Vorschriften für die orthodoxen Feste und Regeln für das Kloster.

Zum Kloster gehören drei Kirchen: Die Muttergotteskirche, die größte, die man sofort im Zentrum sieht, die Nikolauskirche, als kleinste, und die Kirche der Heiligen Joachim und Anna. Daneben stehen auf dem Klostergelände Wirtschafts- und Mönchsgebäude und ein Friedhof. Außerhalb des Klosters liegen zwei Einsiedeleien, die Gründung der älteren wird noch dem heiligen Sava zugeschrieben. Kirche und Kloster wurden im 20. Jahrhundert konserviert. Das Kloster wird in der Liste des Weltkulturerbes der UNESCO geführt. Man betritt die Anlage durch das Westtor, das von einem Turm bekrönt wird und mehrere Funktionen hatte: Wachturm mit Glocken und darunterliegende Kapelle, die ausgemalt war. Auf seiner nördlichen Seite ist aus den Anfängen des Klosters das Refektorium erhalten geblieben. Die Wohngebäude südlich der Kirche entstanden in der Obrenović-Zeit.

Die Kirchen von Studenica

Im Zentrum steht die älteste, Maria geweihte Kirche des Klosters Studenica. Sie entstand in den Jahren 1183 bis 1196 im Stil der Raškaschule. Ihr Stifter, Stefan I. Nemanja, trat als Simeon ins Kloster ein. Es ist seine Grabkirche. In der Kirche wurden außerdem König Stefan II., der Erstgekrönte, sein Sohn Radoslav und seine Mutter Anastasija beigesetzt.

Die Kirche stellt den voll entwickelten Raškatypus dar. Im Naos zeichnen sich deutlich drei liturgische Räume ab: der Altar, der Kuppelraum, das westliche Joch, in dem die Teilnehmer des Gottesdienstes stehen.

Die Mauern sind mit poliertem Marmor verkleidet, in die ein-, zwei- und dreiteilige Fenster eingefügt sind. Konsolen, Fenster und Portale sind mit Marmor prächtig geschmückt.

Besonders gut ist der plastische Schmuck an den Fenstern erhalten: an den Archivolten und Pilastern ein Ranken- und Rebengeflecht aus realistischen und phantastischen Tierfiguren. Am Abschluß der Stirnseitenarchivolte stützt sich je ein Greif auf eine Säule, deren Basis einen Löwen darstellt. Von großer Steinmetzkunst zeugt auch das Drillingsfenster in der Apsis: In seiner Lünette sieht man Ranken und Blattgeflecht mit einem geflügelten Drachen, der in den Klauen eine kleine menschliche Figur hält, und einen Basilisken mit Schlangenschwanz. Auf dem reichverzierten Rahmen sehen wir ein verschlungenes Rankenmuster,

Wandmalerei in der Seitenkapelle von Studenica

das an den unteren Seiten aus dem Rachen der Schlange und des Drachens aufsteigt. Unter dem Dachgesims verläuft ein Blendarkadenfries auf Konsolen. Die Marmorreliefs der Portale erinnern an die westeuropäische Romanik.

Im Tympanon des Westportals thront eine würdevolle Muttergottes, Christus auf dem Schoß, flankiert von Michael und Gabriel. Am aufwendigsten ist das Portal im Exonarthex gestaltet. Im Tympanon sitzt Christus zwischen zwei Engeln auf dem Thron, an den Seiten des Türsturzes die Apostel.

Man glaubt, daß Benediktinermönche, die über Kotor nach Raszien gelangten, den Bau errichteten. Die Plastik, die hier wunderbar erhalten ist, findet Parallelen in Serbien nur noch in Dečani.

Der Exonarthex, eine zweijochige Halle mit Kreuzrippengewölbe, stammt von 1230. Er war eine Stiftung Stefans III. Radoslav, dem Enkel des heiligen Simeon. In seiner an die Gotik anklingenden Form ist er eines der wenigen Beispiele dieser Art in Serbien. In ihm wird das Fragment eines alten Taufbeckens aufbewahrt. An den Exonarthex schließen sich zwei halbkreisförmige Kapellen (Parekklesien) aus grobem Kalksteinmauerwerk an.

Das Innenportal schmückt eine gemalte Muttergottes mit geöffneten Armen auf ihrer Brust, Christus im Medaillon links und Mond und Sonne rechts.

Die Malereien entstanden in mehreren Phasen. Die älteste Schicht ist laut Inschrift am Tambour zu finden und stammt aus der Zeit der zweiten Generation der Nemanja: Sava, Stefan und Vukan. Sava ließ byzantinische Meister um 1209 die Malereien ausführen. Sie wurden in der Mitte des 16. Jahrhunderts übermalt.

Der Westteil des Naos wird von der großen Kreuzigungsdarstellung von 1209 dominiert. In übermenschlicher Größe beherrscht der Gekreuzigte das Bild, das sich auf wenige Hauptfiguren beschränkt. Das Bildwerk ist besonders monumental und nimmt bereits alle Stilelemente des 13. Jahrhunderts vorweg. Darüber sind die Auferstehung des Lazarus und der Einzug Christi in Jerusalem zu sehen. In diesem Teil stehen die Gläubigen während des Gottesdienstes. Er wird auch als Grabraum genutzt, an dessen Südseite die Gebeine des Stifters Stefan I., des heiligen Simeon Nemanja, ruhen.

Auch die Malereien der Apsis entstanden während der ersten Malphase: die Muttergottes des Zeichens, darunter die Apostelkommunion und in der untersten Zone die Anbetung des Lammes. Die Muttergottes wurde wie die Eucharistie, Maria Verkündigung und Maria Heimsuchung in Imitation eines Mosaiks auf Gold gemalt, während der andere Teil Diakone und Bischöfe, Reste von Festszenen und stehende Heilige darstellt und in der unteren Zone einen blauen Grund sowie weiße und goldene Inschriften hat. Die Inschriften sind teilweise in griechischer und seit dem 13. Jahrhundert in serbischer Sprache angebracht, was im Zusammenhang mit der Errichtung des eigenen serbischen Erzbistums und der Loslösung vom griechischen Ohrid zu verstehen ist.

In einer zweiten Phase, um 1235, entstanden Malereien im Exonarthex und in den Seitenparekklesien, in der südlichen Kapelle historisch bedeutsame Szenen aus dem Leben des Stefan Nemanja. Darunter sind Porträts der Nemanjiden zu sehen: Stefan I., Stefan II. und Radoslav, also Vater, Sohn und Enkel.

Die jüngste Schicht stammt aus dem Jahr 1568 und schmückt teilweise Altarraum und Naos sowie Narthex und Exonarthex. In dieser Zeit wurde das Patriarchat (1557) von Peć wiederhergestellt und viele Kirchen renoviert. Im Naos ist der Tod der Muttergottes an der Nordseite, nicht wie üblich im Westen, zu sehen. Die Darstellung ist sehr ausdrucksstark und monumental. Das Jüngste Gericht der

Darstellung der Auferstehung des Lazarus

Ostseite und das letzte Abendmahl der Westseite im Exonarthex gehören ebenfalls der späteren Zeit an.

Vor der hölzernen Ikonostase stehen zwei Sarkophage, der von Stefan II. Nemanja, unter dem die Gläubigen zum Zeichen ihrer Demut und Anbetung hindurchkriechen, und der seiner Mutter, Anastasija, während das Grab Stefans I., des heiligen Simeon, im Narthex untergebracht ist.

Die einschiffige Nikolauskirche ist die kleinste Kirche im hinteren Teil der Anlage. Ihre Entstehungszeit und ihre Stifter sind unbekannt. Der einschiffige Bau mit halbkreisförmiger Apsis und Tonnengewölbe wird ins 12. Jahrhundert datiert. Er ist aus gebrochenen und grob behauenen Steinen erbaut.

Von den Wandmalereien in Freskotechnik sind nur zwei Kompositionen erhalten geblieben: Der Einzug in Jerusalem und die myronbringenden Frauen am Grabe. Außerdem erkennt man noch einzelne Figuren, darunter besonders schön Johannes den Täufer, den Archidiakon Stefan, zwei heilige Krieger und Bischöfe. In der Apsis ist die Muttergottes mit dem Medaillon Christi abgebildet.

Die Kirche Joachim und Anna (Königskirche) steht auf dem Friedhof des Klosters neben der Muttergotteskirche. Eine Inschrift an der Außenseite der Apsis weist sie als Stiftung König Milutins auf Betreiben des Oberabtes Jovan von 1314 aus. Es handelt sich um eine Kreuzkuppelkirche mit gestaffelter rechteckiger Apsis. Die Fassaden sind durch ein- und zweiteilige Fenster gegliedert. Die vollständig ausgemalte Kirche mit heute noch gut erhaltenen Fresken ist eines der schönsten Beispiele der Malerei im Stil der Palaiologenrenaissance. Neben Szenen, die sich wie ein Kanon durch viele Kirchen Serbiens ziehen, fallen hier zwei Zyklen besonders auf: die Festtagsszenen der orthodoxen Kirche und das Leben der Muttergottes. Letzteres ist besonders durch die Geburt der Muttergottes im Naos an der Südwand und Maria Tempelgang beeindruckend. Die Figurengruppen sind stufenweise in die Raumtiefe gestaffelt, Bäume erweitern einerseits den Raum, grenzen ihn aber auch ab. Jede Personengruppe ist in einen besonderen architektonischen Raum gestellt. Licht aus verschiedenen Richtungen modelliert sowohl die Architektur als auch die Figuren. Die Szenen sind geradezu heiter zu nennen, vom Ernst und Schmerz der Muttergottes ist noch nichts zu spüren.

»In keiner zweiten orthodoxen Kirche bietet sich dem Blick ein solcher Reigen, ein solcher Festzug junger graziöser Geschöpfe, nirgends sonst gibt es so viele pausbäckige, staunende, neugierige und stirnrunzelnde Kinder, so viele Küsse und Liebkosungen«, so beschrieb einst der Gelehrte Rajković die Malereien.

Beginnend vom gemalten Raum, den Physiognomien, der Kleidung und Haltung der Figuren bis zu der Art der Modellierung und dem hellen Kolorit verweist alles auf den sogenannten Palaiologen – den höfischen Stil, der unter dem Kaiserhaus der Palaiologen in Byzanz eine Renaissance erlebte.

Man sieht das Thema der Koimesis wie in fast jeder mittelalterlichen serbischen Kirche auf der Westwand, Maria Tempelgang und die Anastasis, den Abstieg Christi in die Hölle, an der Nordwand und auf der Südseite die Muttergottes und den Stifter Milutin, eines der herausragenden historischen Porträts. Außerdem sind die Heimsuchung, Geburt Mariens und darüber Geburt und Taufe Christi zu erkennen.

Im Kloster werden Handschriften und Preziosen aufbewahrt.

Das Kloster Studenica liegt in einem wunderbaren Wandergebiet, das teilweise unter Naturschutz gestellt wurde. Ein wirklich nettes Hotel lädt ein, mehrere Tage hier zu verbringen und die einsamen Wälder bei Spaziergängen zu genießen.

Vorwahl: 036.

Hotel ›Studenica‹ direkt beim Kloster, Tel. 836-222, -110; DZ 2020, EZ 1030 Dinar.

Auf 428 Metern Höhe, 12 km von Ušće entfernt, direkt am Fluß Studenica in herrlicher bewaldeter Umgebung. Busverbindungen nach Kraljevo (60 km).

Ivanjica

Von Studenica führt eine kleine kurvenreiche, doch relativ gute Straße durchs Gebirge bis nach Ivanjica (Ивањица), einem kleinen Städtchen zwischen waldbedeckten Bergen des Golija und Javor. Es ist ein Kurort mit einem Badezentrum. In der Vergangenheit hatte es sich in vielen Befreiungskämpfen Ruhm erworben. Ein Mosaik-Denkmal von Đorđe Andrejević-Kun soll die Erinnerung an den Aufstand von 1941 wachhalten. Auf dem Weg von Studenica nach Ivanjica sind zwei Sehenswürdigkeiten zu besichtigen: im Dorf Pridvorica (Придворица), 21 Kilometer in Richtung Devići, steht eine Kirche, von der die Legende erzählt, ein Diener Stefan Nemanjas habe sie 1195, im gleichen Jahr wie Studenica, erbaut. Nach seiner Zerstörung wurde der Dreikonchenbau mit Kuppel im 16. Jahrhundert wiederaufgebaut. Die Malereien gingen verloren. In Brezovica (Брезовица) steht eine Nikolauskirche, deren Vorgängerbau von Stefan Lazarević gestiftet wurde.

Kloster Gradac

Wenn man das Ibartal weiter in Richtung Süden fährt, erreicht man nach wenigen Kilometern bei Ušće die Abzeigung zum Kloster Gradac (Градац). Zwölf Kilometer von der Hauptstraße in einem Seitental liegt diese verwunschene Anlage. Stifterin war Königin Jelena von Anjou, Gattin Uroš I. Der Bau wurde um 1275 auf den Fundamenten eines Vorgängerbaus errichtet, dessen Grundmauern im Boden eingezeichnet sind.

Die ganze Anlage war befestigt und von Mauern umgeben, von denen nur Reste erhalten sind. Die Verkündigungskirche war als Grabeskirche geplant, in der Jelena auch bestattet wurde. Die Kirche nimmt im Grundriß den Raškastil auf: dreigeteilter Altarraum im Osten, Naos mit zwei niedrigen Sängerchören, die das Querhaus bilden, und einem Narthex im Westen, an den zwei Seitenkapellen anschließen. Der Bau wurde mit gotischen Stilelementen ausgestaltet. Auf dem Naos ruht eine achteckige Kuppel. Die Kirche wurde aus behauenen Quadern

Kloster Gradac liegt abseits der üblichen Besichtigungsrouten

gefügt, deren Außenmauern durch größere und kleinere Zwillingsfenster gegliedert sind. Unter dem Dachgesims verläuft ein spitzbogiger Blendarkadenfries. Portal und Fenster sind plastisch geschmückt, die Malereien sehr rudimentär. Im Narthex erkennt man von den Szenen aus dem Marienleben den Tod und die Heimsuchung der Maria. Sie stammen aus dem 13. Jahrhundert, wurden aber während der Erneuerung der Kirche im 16. Jahrhundert übermalt. Das Kloster verfiel erneut und wurde nach dem Zweiten Weltkrieg grundlegend renoviert. Hinter der Kirche stehen die Nonnengebäude und oberhalb eine kleine Nikolauskirche mit wenigen Malereiresten.

Auf der Weiterfahrt nach Novi Pazar sieht man immer wieder Ruinen auf der Höhe und das Kloster Pavle (Павле) auf einem Felsen. Es wurde durch ein neues bei Raška ersetzt. Die Straße säumen kleine Motels und Gasthäuser. Leider gibt es keine Parkbuchten, um einmal die wunderbare Landschaft zu genießen. Beim jungen Städtchen Raška (Рашка), benannt nach dem historischen Staat, gabelt sich die Straße. Entlang dem Ibar führt der Weg ins Kosovo. Zur Einreise benötigt man eine Genehmigung, außerdem empfiehlt es sich, die aktuellen Informationen des Auswärtigen Amtes abzurufen. Die Berge des Kopaonik bilden die Grenze zwischen Zentralserbien und dem Kosovo. Außerhalb von Raška gibt es Kirchen, die bereits auf dieser Grenze stehen. Große Schilder warnen vor Minen- und Munitionsgefahren – man sollte immer den asphaltierten Straßen folgen und nicht durch Wildnis gehen.

Der Sandžak Novi Pazar

Nirgendwo in Zentralserbien ist die Berührung von Islam und Christentum so eng und intensiv wie im Sandžak Novi Pazar, wo Juwelen der serbisch-orthodoxen Kultur inmitten einer Vielzahl von Moscheen die mittelalterliche Hochblüte Serbiens widerspiegeln.

Das Wort Sandžak (Санџак) ist türkisch und bedeutet Fahne oder Gebiet. Damit sind die Fahnen gemeint, mit denen die Osmanen ihre Gebiete abgesteckt haben. Einer dieser Sandžaks ist heute zwischen Serbien und Montenegro aufgeteilt. Es handelt sich dabei um ein Gebiet von 7100 Quadratkilometern, das sich östlich der Herzegowina wie ein Keil zwischen Serbien und Montenegro schob. Nach seiner Hauptstadt Novi Pazar sprach man vom Sandžak Novi Pazar. Viele Klosterbauten, darunter die bedeutenden von Mileševa, Sopoćani und Đurđevo Stupovi, geben von christlichen Siedlungen Zeugnis und kennzeichnen es als ein Stück des serbischen Kernlands.

Mit dem Vorrücken der Türken wichen die Serben, die nicht zum Islam konvertierten, nach Norden aus. Danach verlagerte sich das wirtschaftliche Zentrum von der altserbischen Stadt Ras auf den neuen Markt, türkisch Yeni Pazar.

Österreich-Ungarn erhielt 1878 das Mandat über Bosnien und Herzegowina. Artikel 85 erlaubte die Einrichtung einer Pufferzone zwischen Österreich und der Türkei auf türkischem Gebiet an drei Orten: Priboj, Pjevlja und Prijepolje. Damit war Serbien vom Meer abgeschnitten. Zu dieser Zeit lebten in der Region knapp eine halbe Million Menschen: 300 000 orthodoxe Serben, 105 000 Muslime und 25 000 Katholiken, vermutlich albanischer Herkunft. Aus anderen Regionen wie der Herzegowina wanderten Muslime slawischer Abstammung ein.

Im ersten Balkankrieg von 1912/13 besetzten montenegrinische Truppen Bijelo Polje, während die Serben Novi Pazar und Sjenica eroberten. Daraufhin wurde das Gebiet im Londoner Frieden zwischen Montenegro und Serbien aufgeteilt. Viele türkische Muslime verließen das Land, die Serben blieben zurück.

Während des Zweiten Weltkrieges war der Sandžak deutsches und italienisches Besatzungsgebiet: Novi Pazar, Nova Varoš und Sjenica kamen unter deutsche, Pjevlja und Bijelo Polje unter italienische Herrschaft. Der Besatzungsmacht gehörten Mitglieder der kroatischen Ustaša an, und muslimische Milizen sollten alte Strukturen wieder errichten. Im Verlauf des Krieges fanden hier verlustreiche Kämpfe zwischen Tito-Partisanen und ihren Gegnern statt. Die Besatzungsmächte sollen über 8000 Menschen erschossen haben.

Nach dem Zweiten Weltkrieg wurde der Grenzverlauf im Sandžak gemäß Londoner Vertrag erneut bestätigt. Priboj, Prijepolje, Nova Varoš, Sjenica, Novi Pazar und Tutin fielen an Serbien, der Rest an Montenegro. Die muslimische

Minderheit serbischer Herkunft genoß weder zwischen den Weltkriegen noch nach dem Zweiten Weltkrieg rechtlichen Schutz. In rein religiöser Hinsicht untersteht sie den muslimischen Versammlungen (Sabori) mit Sitz in Priština. Ihr derzeitiger Mufti ist Muamer Zurkolic. Im ehemaligen Jugoslawien gehörte die Region zu den unterentwickelten des Landes.

Am 10. Oktober 1991 fand im Sandžak eine Abstimmung über politische und territoriale Autonomie statt. Sechs serbische und drei montenegrinische Gemeinden schlossen sich zur ›Muslimischen Autonomen Region Sandžak‹ zusammen, die von Belgrad unter Milošević nie anerkannt wurde. Von einer knappen halben Million Einwohner bekennen sich zwischen 60 und 70 Prozent zum Islam. Druck veranlaßte viele Muslime 1992, ihr altes Siedlungsgebiet zu verlassen. Man spricht von etwa 70 000 Flüchtlingen.

Die Spannungen zwischen den ethnischen und religiösen Gruppen sind für den Besucher spürbar, auch wenn man als Gast sehr freundlich empfangen wird. Großes Engagement für den Tourismus ist um Novi Pazar erkennbar, wo man viele kleinere und mittlere Häuser antrifft, in denen man äußerst komfortabel und sauber übernachten kann. Die Region hat lange von einer florierenden Schattenwirtschaft profitiert. Im Zuge der Normalisierung Serbiens meldete sich der Staat zurück, neue Gesetze wiesen die Unternehmer in ihre Schranken, wodurch viele junge Unternehmer in den Bankrott getrieben wurden.

Das Nebeneinander von Islam …

… und Christentum kennzeichnet den Sandžak

Novi Pazar

Die Hauptstadt des Sandžak, Novi Pazar (Нови Пазар), ist ein orientalisch anmutendes Städtchen, ein Zentrum der Muslime, die hier den größeren Bevölkerungsanteil stellen. Schon von weitem erkennt man die vielen schlanken Minarette, die wie Nadelspitzen nach oben zeigen.

Novi Pazar liegt eingebettet von den Gebirgszügen des Golija, Kopaonik und Rogozna am Ufer der Raška. Die Stadt ist ein guter Ausgangspunkt für die Besichtigung der umliegenden Klöster und Burgen. Es stehen sehr gute Privathotels sowie kleine stimmungsvolle und saubere Pensionen zur Verfügung.

Novi Pazar wurde Mitte des 15. Jahrhunderts vom berühmten Heerführer Isa Beg Isaković für seine Eroberungszüge nach Bosnien und Herzegowina gegründet und entwickelte sich zu einer wichtigen Karawanenstation. Unter den Türken wuchs es schnell und hatte seine Blüte im 17. Jahrhundert. In dieser Zeit erhielt die Stadt ihr orientalisches Aussehen mit 23 Moscheen und zwei Derwischklöstern bei immerhin noch sieben Kirchen, darunter einer römisch-katholischen. Im Jahr 1912 kam die Stadt zum Königreich Serbien.

Einige Kilometer von Novi Pazar entfernt lag im 9. Jahrhundert an der Grenze zwischen dem kleinen serbischen Staat Raška und dem byzantinischen Reich die inzwischen spurlos verschwundene Stadt Ras. Es folgten Perioden bulgarischer und byzantinischer Herrschaft, bis im Jahr 1159 der Großžupan Stefan Nemanja sein kleines Reich unabhängig und Ras zur Hauptstadt machte. Sie wurde erst unter Uroš, der Makedonien eroberte, von Skopje abgelöst. Ras, zwischenzeitlich auch Trgovište und Pazarište genannt, wurde 1455 türkisch und als Handelsplatz von Novi Pazar abgelöst.

Einen Spaziergang durch die Stadt beginnt man am besten vom Stadtpark aus, in dem sich die Reste der vermutlich im 17. Jahrhundert errichteten Türkenfestung befinden. Ein nettes Café gibt Gelegenheit, den orientalischen Charme zu genießen. Unterhalb beginnt die ul. Karadžića mit vielen kleinen Häusern, in denen Händler ihre Waren anbieten. Fast in der Mitte befindet sich die Altum-Alem-Moschee (Dzamija Altum Alem), eines der seltenen Denkmäler aus osmanischer Zeit (1461). Der Oberiman ließ sie für Mehmed den Eroberer errichten. Der harmonische Bau aus Naturstein hat einen quadratischen Grundriß und ist von einer großen, die Vorhalle von zwei kleinen Kuppeln bedeckt. Zu ihr gehört ein schlankes Minarett. Die Wände sind innen ornamental verziert. Den Fußboden schmücken Teppiche des Sandžak. Zur Moschee gehörte ein Mekteb, eine Glaubensschule. Auf dem Areal befinden sich auch Gräber.

Am Hauptplatz steht die alte Karawanserei oder Han, eine Herberge des Amir-Agin Han mit einem überdachten Innenhof. In der ul. Miledraga befindet sich die serbisch-orthodoxe Nikolauskirche. Sie wird nur zu den Gottesdiensten geöffnet.

Das alte Hamam im Kurort Novopazarska Banja (Новоразарска Бања), zwei Kilometer außerhalb von Novi Pazar, geht vermutlich auf Isa Beg Isaković zurück. In der Badeanlage, gespeist aus den vielen Warmwasserquellen, befinden sich noch heute ein Frauen- und ein Männerbad. Man kann hier Temperaturen bis 52 Grad genießen, allerdings ist das Bad sehr renovierungsbedürftig. Der Besitzer der Pension ›Erma‹ plant ein neues Badehaus hinter seinem Restaurant.

Vorwahl: 020.

In Novi Pazar gibt es zahlreiche Quartiere, dazu ein nagelneues Hotel im Zentrum und außerhalb kleine gemütliche Motels mit guter nationaler Küche. Hotel ›Cannes‹, ul. Rifata Burdževića 10, Tel. 31 50 00, Fax 31 50 03; 3 Sterne, EZ 18, DZ 30 Euro. ›Vrbak‹, Hochhaus im Zentrum, Tel. 31 48 44, Fax 255 48; 3 Sterne. ›Tadž‹, ul. Rifata Burdžovića 79, Tel./Fax 31 19 04, 31 68 38; 4 Sterne, DZ 48, EZ 27 Euro. Das Hotel wurde vor drei Jahren eröffnet und ist sehr gepflegt.

▸ Novi Pazarska Banja: Motel ›Termal‹, Tel. 242 23, mobil 064/154 34 52; DZ 2400, EZ 1200 Dinar. Atmosphärische Pension mit nur 6 Zimmern und kleinem gemütlichen Restaurant mit Terrasse.

▸ Jerka: Motel ›Ilidža‹, Tel. 064/162 24 11, 249 74 00; DZ 2160, EZ 1440 Dinar. Motel auf dem Weg nach Sopoćani mit 6 sauberen Zimmern und einem wunderbaren großen Garten mit Restaurant. Hotel ›Sopoćani‹, Tel. 31 36 63; 2 Sterne. Außerhalb von Novi Pazar, nicht weit vom Kloster Sopoćani mitten im Wald an der Quelle der Raška.

Die Peterskirche

Das mittelalterliche Raška wird heute geographisch vom Sandžak Novi Pazar eingenommen. In ihm liegt die Wurzel des ersten serbischen Staates mit der Hauptstadt Ras, über deren Position man lange gerätselt hat. Vielleicht bezog sich die Bezeichnung ›Raška Zemlja‹ immer schon auf die gesamte Region und war mehr als Gau denn als einzelne Stadt zu verstehen. Die Hauptstadt ist verschwunden, aber eine Reihe von Denkmälern ist erhalten geblieben und gibt Zeugnis von der hohen Kultur. Vor der Einfahrt in die Stadt Novi Pazar stehen große Hinweisschilder zu den bedeutenden religiösen Denkmälern, bis jetzt nur in kyrillischer Schrift.

Die Kirche der Apostel Petrus und Paulus (Петрова црква), auch nur als Apostel- oder Peterskirche bekannt, steht oberhalb der Straße nach Raška und gilt als einer der ältesten Sakralbauten nicht nur Serbiens, sondern des gesamten Balkan. Der Überlieferung nach wurde die Kirche von Titus, einem Begleiter des Paulus, errichtet. Vermutlich berief sich der heilige Sava auf diese Kirche, um die serbische Autokephalie zu erwirken. Denn das Kirchengesetz sah vor, daß der Erzbischof von Konstantinopel einem Erzbistum nur dann Unabhängigkeit gewähren konnte, wenn es eine von einem der Apostel erbaute Kirche vorweisen könne. Die Peterskirche hat eine lange und komplizierte Baugeschichte. Bei Konservierungsarbeiten machte man dort einen sensationellen Fund, man entdeckte eine alte illyrisch-griechische Kammer, in der sich ein Goldschatz befand: Gold- und Bernsteinschmuck, ornamental verzierte Gegenstände. Die Fundstücke wurden nach Belgrad ins Nationalmuseum gebracht.

Vermutlich stammt der Kern der heutigen Kirche aus dem 9. Jahrhundert. Im Raškastaat, der später sogar zum Erzbistum erhoben wurde, war sie Bistumskirche. In ihr empfing Stefan I. Nemanja seine zweite Taufe nach griechischem Ritus. Im 12. Jahrhundert fanden hier zwei berühmte Synoden statt; auf einer wurde die Vertreibung der Bogumilen beschlossen, auf der zweiten verzichtete Stefan Nemanja zugunsten seines Sohnes auf den Thron. Die Kirche hat die Form einer Rotunde mit einer Trompenkuppel auf einem hohen Tambour. Um diesen Kern wurde eine zweistöckige Galerie errichtet, die einen Teil des Gebäudes umgibt. Die Innendekoration aus verschiedenen Epochen ist zum Teil erhalten. Aus der ältesten Schicht stammen eine Ornamentik in Ritzputztechnik und im Tambour Fragmente der zwölf großen Feste der orthodoxen Kirche.

Aus der zweiten Schicht des 12. Jahrhunderts stammen in der Halbkalotte die Muttergottes, darunter stehende Apostelfiguren und im unteren Bereich die Anbetung des Bischofs. Auch aus dem 13. Jahrhundert sind Reste erhalten. Im Jahr 1718 wurde die Kirche zum letztenmal erneuert, nachdem sie zuvor als türkisches Militärdepot gedient hatte. Nach dem Zweiten Weltkrieg wurde sie renoviert und konserviert. Ein malerischer Friedhof umgibt die Kirche. Sie wird heute von einer muslimischen Familie gehütet, die gegen ein Entgelt gerne öffnet.

Das Georgskloster

Das dem heiligen Georg geweihte Kloster, als Georgstürme (Đurđevi Stupovi, Ђурђеви Ступови) bezeichnet, liegt in Richtung Deževo drei Kilometer im Norden von Novi Pazar. Am Abend kann man seine Lichter vom Kurort Novopazarska Banja sehen. Das Kloster hat in der Vergangenheit immer wieder gelitten: 1689 wurde es zum erstenmal zerstört, im 19. Jahrhundert war es verödet, und im Zweiten Weltkrieg machten es die Deutschen zur Ruine. Seit den 70er Jahren wurde mit Konservierungsarbeiten begonnen. Der Westteil der Kirche ist offen geblieben, das Dach wurde geschlossen, die Befestigungsmauern ergänzt und ein neuer Konak für die Mönche gebaut. Waren es im Jahr 2003 noch zwei, so sind es im Jahr 2004 bereits sechs Mönche, denen die Erhaltung des Verbliebenen zu verdanken ist. Auch als Ruine ist das Kloster noch beeindruckend.

Die Ruine des Georgsklosters

Die Anlage ist eine Stiftung Stefan Nemanjas von 1170. Sie war durch zwei Mauerringe befestigt. Dragutin veranlaßte die Erweiterung. Sie gehörte zum frühen Typus der Raškaschule. Ihre Hauptkirche bestand aus Naos, dreigliedrigem Ostteil und einem Narthex, an den je eine Kapelle angefügt worden war. Die Fassaden zierte unter dem Dachgesims ein Blendarkadenfries, den man am Tambour noch sehen kann. Fragmente von Dekorationsteilen wurden in der Umgebung gefunden und legen die Vermutung nahe, daß sie plastisch geschmückt war. Von der Kirche ist nur noch der Naos mit der Kuppel auf dem Tambour erhalten. Die Kirche war in mehreren Etappen ausgemalt worden: 1175 und 1282. Die Malereien wurden fast alle zerstört, wenige Reste konnten gerettet, abgenommen und in Belgrad konserviert werden, darunter Fragmente aus dem Leben des heiligen Georg mit weißem Pferd.

In einem ehemaligen Befestigungsturm wurde im 16. Jahrhundert eine Kapelle eingebaut. Ihre Malereien sind noch an Ort und Stelle. An ihrer Nordwand sieht man eine Prozession der Nemanjiden-Dynastie von 1282 und eine Darstellung der Engel bei Abraham, ein Typus der Dreifaltigkeit in der orthodoxen Kirche. In dieser Kapelle ist ein Souvenirladen eingerichtet.

Eine weitere Burg, Burg Jeleč (Јелеч), befindet sich in der Umgebung Novi Pazars auf einem Gipfel im Rogoznagebirge: Die kleine Befestigungsanlage mit polygonalen Türmen wurde 1282 erwähnt, als König Dragutin auf dem Landtag von Deževo seinem Bruder Milutin den Thron überließ.

Beim Dorf Ribarići liegt Kloster Crna Reka (Црна Река) mit einer dem Erzengel Michael geweihten, in eine Felshöhle gebauten Kirche. Vermutlich ist sie viel älter als ihre Wandmalereien vom Ausgang des 16. Jahrhunderts des Malers Longin aus Peć. Die Konake schmiegen sich wie Vogelnester an den schroffen Felsen. Im Kloster wird eine Sammlung von Ikonen und Kirchenmobiliar aus dem 16. und 17. Jahrhundert aufbewahrt.

Stari Ras

Stari Ras (Стари Рас) war vermutlich im Mittelalter die Bezeichnung für eine ganze Region. Man vermutete aber auch eine Residenzstadt der Nemanjiden mit diesem Namen. Ihre Reste werden in der Ruine Gradina bei Pazarište gesehen. Sie gehörten zu einer der ältesten mittelalterlichen Festungen und liegen sieben Kilometer von Novi Pazar entfernt. Man fährt zunächst in Richtung Tutin. An der Straßengabelung Tutin–Sopoćani sieht man rechter Hand Ausgrabungsreste, die letzten Spuren des mittelalterlichen Zentrums der Serben. An dieser Stelle hat sich vermutlich eine byzantinische Verteidigungsanlage befunden, die seit dem 9. Jahrhundert immer wieder im Besitz serbischer Gespane war. Nur zweimal noch konnten die Byzantiner sie zurückerobern, bevor sie im Jahr 1172 für 300 Jahre fest in serbische Hand geriet. Stefan Nemanja machte Ras zu einer seiner Residenzstädte, wonach das mittelalterliche Serbien Raška genannt wurde. Das alte Ras umfaßte eine große Stadt, ein Marktzentrum und eine Zitadelle auf dem Berg, die die Form eines Dreiecks von jeweils 70 Metern Seitenlänge hatte. Die massiven Mauern waren durch mehrere Türme verstärkt, von denen drei in Fragmenten

Landschaft bei Stari Ras

erhalten sind. Sie ist nur zu Fuß zu erreichen. Im Mittelalter war Ras politisches und kulturelles Zentrum und nach 1219 Sitz des selbständigen Bistums Raška. Seit 1455 waren die Türken die Herren der Stadt und nannten es Eski Pazar, Alter Markt. An anderer Stelle gründeten sie den Neuen, Novi Pazar. Die Anlage wurde in den Kriegen schwer beschädigt. Stari Ras wurde mit dem Kloster Sopoćani in die Liste des Weltkulturerbes der UNESCO aufgenommen. Mit Konservierungsarbeiten wurde begonnen.

Kloster Sopoćani

Das Kloster Sopoćani (Сопоћани) liegt abseits in einer bergigen Waldlandschaft nahe der Raškaquelle, sechzehn Kilometer westlich von Novi Pazar, nicht weit von der Ausgrabungsstätte Stari Ras. König Uroš I. (1243–1276) stiftete das Kloster als Mausoleum für sich und seine Familie im Jahr 1260. Schon 1389 wurde das Kloster beschädigt. Im Jahr 1689, der Zeit der Kriege zwischen Österreich und den Osmanen, zerfiel die Dachkonstruktion, und das Kloster verödete. Für 250 Jahre war die Kirche nun Wind und Wetter ausgesetzt. Zwei große Restaurierungen in den Jahren 1925 bis 1929 und 1949 bis 1958 bewahrten sie vor dem völligen Verfall. Dank der hervorragenden Technik überdauerten die Malereien mit Ausnahme des Goldgrundes die Zeiten ungeschützt bis heute. 70 Prozent sind im Original erhalten. Dies war nur der Ausführung und der Qualität der Farben, natürliche Pigmente und teures Blau aus Opal, zu verdanken.

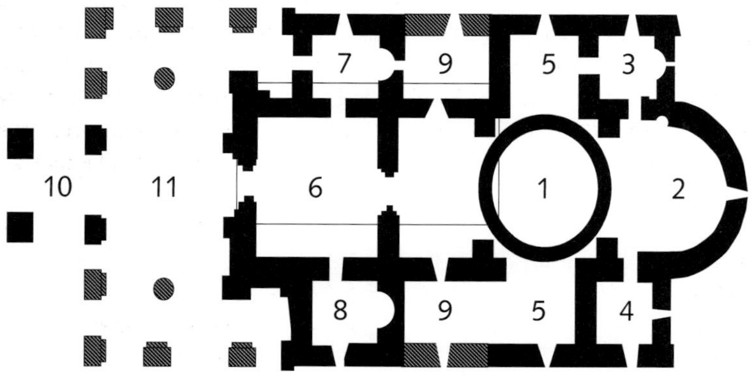

Grundriß des Klosters Sopoćani

Sopoćani ist Weltkulturerbe. Schon im Jahr 1961, als Teile der Malereien in Paris gezeigt wurden, erkannte man die herausragende Qualität seiner Fresken. Die Kirche ist in einer Zeit erbaut und ausgemalt worden, in der der Reichtum des serbischen mittelalterlichen Staates auf dem Bergbau basierte. Im Nemanjiden-Mausoleum fanden Uroš I., seine Mutter Anna Dandolo, Giovanni Dandolo, ein getreuer Freund des Königs, der Erzbischof Joanikije I. und andere große Persönlichkeiten ihre letzte Ruhe. Zar Dušan stiftete zwischen 1342 und 1345 den Exonarthex mit den Malereien mit Wundern und Gleichnissen Christi sowie den Glokkenturm. Malereien und Turm wurden später zerstört. Der zerstörte Glockenturm [10] wurde rekonstruiert, ebenso in jüngster Zeit der Exonarthex [11].

Die Darstellung der ›Muttergottes Entschlafen‹ stammt aus dem 13. Jahrhundert

Man betritt das Kloster durch die in Ruinen liegende Ummauerung. Die Kirche wird von den Mönchen geöffnet, das Fotografieren ist verboten. Die Malereien von Sopoćani gehören in Ausführung und Programm zum großartigsten, was Serbien zu bieten hat. Die Kirche wurde von verschiedenen Meistern in den Jahren 1263 bis 1268 vollständig ausgemalt. Nur die Malereien des Exonarthex und in der Georgs- und Nikolauskapelle wurden in einer zweiten Periode zwi-

Legende

1 Naos
2 Apsis
3 Prothesis
4 Diaokonikon
5 Sängerchöre
6 Narthex (Esonarthex)
7 Kapelle Stefan II.
8 Stefan-Nemanja-Kapelle
9 Seitenkapellen
10 Turm
11 Exonarthex

schen 1342 und 1345 geschaffen. Im Naos wurden sie als Mosaikimitation auf Goldgrund gemalt, der leider den Witterungseinflüssen zum Opfer fiel.

Die besondere Stellung der Kirche innerhalb der europäischen Kunst macht eine ausführliche Betrachtung der Bildwerke unerläßlich. In der Chorzone sind auf der Südseite der ungläubige Thomas und ›Christus erscheint den Frauen‹ zu sehen. In den Laibungen erkennt man zwei Propheten, die sich durch ihre Kopfbedeckung als jüdische Priester auszeichnen. Die Apsis [2] zeigt die Muttergottes mit Christus und zwei Engeln, die Apostelkommunion und die Anbetung des Lammes, in deren Prozession neben heiligen Vätern die serbischen Erzbischöfe Sava I., Arsenije I. und Sava II. dargestellt sind. Eine niedrige steinerne Ikonostase trennt den Naos [1] vom Altarraum.

Die östlichen Pfeiler sind mit Darstellungen der Ältesten geschmückt: Rechts sieht man David, links Salomon. Die Schriftrollen der Gelehrten zeigen Texte in kirchenslawischer Schrift.

Hauptthema im Naos sind die zwölf orthodoxen Kirchenfeste, die mit der Geburt Christi an der Nordwand beginnen und mit dem Tod Muttergottes auf der Westseite enden. Dieses in Serbien häufige Thema wurde in keiner Kirche so monumental umgesetzt wie in Sopoćani; auf einer Fläche von 6,35 auf 4,25 Metern liegt Maria mit verinnerlichten Gesichtszügen auf dem Totenbett. Um sie herum stehen, genauso wie es in der Legenda Aurea beschrieben wurde, die Apostel. Christus, wiederum von Engeln umgeben, empfängt die Seele seiner Mutter in Form eines Kindes und reicht sie den Engeln, die sie in den Himmel emportragen. Die Komposition ist voller Grazie und Anmut, erhaben durch vollendete Modellierung, ergreifend in ihrer Ausstrahlung. Im Rang darunter erkennt man heilige Ärzte an ihren medizinischen Instrumenten, die eine Vorstellung vom damaligen Stand der Medizin vermitteln.

Im Nordteil des Naos bedecken die drei Engel bei Abraham (›Abrahams Gastfreundschaft‹), der ›Abstieg in die Hölle‹ und die ›Verklärung am Berge Tabor‹; außerdem das berühmteste Gesicht von Sopoćani, ein Heiliger, der die ›serbische Mona Lisa‹ genannt wird. Lange galt er als anonymer Heiliger, manchmal wird er als Philippus und an anderen Stellen als Johannes betrachtet.

An der Ostseite stehen sechs Apostel, unter denen an Schönheit die Apostel Petrus, Paulus und Johannnes besonders herausragen. Auf den linken Pfeiler malte der Künstler einen heiligen Demetrius, dessen Augen stets mitwandern und den Besucher immer anzuschauen scheinen.

Am Sängerchor [5] im Südteil des Naos lassen sich weitere Themen verfolgen: die ›40 Märtyrer von Sebaste‹, eine beschädigte Kreuzigung, ›Christus unter den Schriftgelehrten‹ und ›Christus wird in den Tempel gebracht‹ mit Simeon und Hannah darüber. Auch die Stifterfamilie ist hier dargestellt: Uroš I. als Stifter, links davon sein Vater Stefan II. und sein Großvater Stefan I., ihre Ahnenreihe

Die ›Mona Lisa Serbiens‹, Apostel Philippus oder Johannes

setzt sich an der Westseite mit seinem Sohn Uroš II. fort. Die Figuren halten sich an den Händen und gehen auf die Muttergottes zu, die in Serbien als eines der schönsten Mariengesichter gilt. Die Sängerchöre sind niedriger als der eigentliche Naos und wirken wie ein kleines Querhaus (Transept).

Im Naos befindet sich rechts der Sarkophag von Uroš I., die Gebeine sind verschollen, es gibt nur Reliquien. Auf der linken Seite ist Joanike, ein Bischof Serbiens, beigesetzt. An den Naos schließen recht die Nikolauskapelle und links die Georgskapelle [9] an. Die beiden Kapellen wurden erst später zwischen Sängerchören und Narthex-Kapellen ergänzt und verleihen der Kirche von außen ihr basilikales Aussehen.

Die Malereien im Narthex [6] wurden vermutlich fünf Jahre später von einem anderen Künstler als im Naos geschaffen. Die Formen sind kleinteiliger, die Szenen dichter gedrängt, es wird mehr erzählt. Im Narthex sieht man folgende Szenen: Auf der Westwand in der ersten Zone die Heiligen Helena und Konstantin, heilige Mönche, Antonius, Theodor Studiates, Onophrius, Johannes den Täufer. Die Zone darüber zeigt den schlafenden oder schon gestorbenen Joseph. An die Nordseite malten die Künstler den Tod der Königin Anna, Mutter von Uroš, umgeben von der Königsfamilie, in Anlehnung an die Ikonographie vom Marientod und darüber das Jüngste Gericht. Gegenüber auf der Südseite stehen die 40 Märtyrer von Sebaste und die Wurzel Jesse. Den Türbogen am Eingang zum Naos, die Ostseite, schmücken die sieben ökumenischen Konzile. Neben der Tür rechts wacht Uroš II. und links seine Mutter Jelena. An den Narthex schließen sich zwei Parekklesien (Seitenkapellen) an.

Auf der Südseite befindet sich die Stefan-Nemanja-Kapelle [8]. In ihrer Apsis ist Christus dargestellt, alles andere sind Erzählungen aus dem Leben des Stefan I. Nemanja, der als Simeon heiliggesprochen wurde. Die Darstellung seines Todes füllt die linke Seite der Kapelle. Die nördliche Kapelle berichtet aus dem Leben Stefans II., des Erstgekrönten [7].

22 zum Teil sehr junge, langhaarige, bärtige Mönche leben heute im Kloster. Einige sprechen Englisch und führen mit Begeisterung durch die Kirche.

Tutin

Nicht weit von der Grenze zu Montenegro liegt der kleine Ort Tutin (Тутин), in dem viele Muslime leben. Die Fahrt dorthin wird begleitet von vielen eleganten Minaretten. In dem orientalischen Städtchen Tutin steht oberhalb der Stadt auf einem Plateau die Peter-und-Paulkirche. Die 1646 errichtete Kirche ist einschiffig und war einst schindelgedeckt, heute ist das erneuerte Dach aus Metall. Unter den verbliebenen Malereiresten sind die Gottesmutter Širšaja in der Apsis sowie Szenen aus dem Leben Jesu Christi an der Süd- und Nordwand zu erwähnen. Die Kirche wurde von außen frisch renoviert und ist leider fast immer verschlossen.

Prijepolje

Auf der Strecke von Novi Pazar nach Prijepolje durch das Gebiet des Sandžak liegen viele Sehenswürdigkeiten. Von Sopoćani fährt man zur Hauptstraße in Richtung Sjenica (Сјеница), schon von weitem erkennt man die große Moschee. Hier ist am Donnerstag immer großer Markt. Zwischen Sjenica und Nova Varoš wurden die Flüsse Uvac und Varo zu zwei großen Stauseen Zlatarsko und Sjeničko jezero aufgestaut, die das Gebiet mit Trinkwasser versorgen.

Prijepolje (Пријепоље), malerisch am Fluß Lim gelegen, war einmal eine wichtige Karawanenstation, in der die Waren aus Dubrovnik zwischengelagert

Das Limtal bei Prijepolje

wurden. Dies endete im Jahr 1690. Seit 1912 gehört der Ort zu Serbien. Im Städtchen fallen die Wohnbauten der Region auf quadratischem Grundriß, bedeckt mit einem Pyramidendach, sofort ins Auge. An der Straße nach Bijelo Polje fand man die antike Ausgrabungsstätte Kolovrat mit römischen Gräbern auf dem Gelände einer Textilfabrik. Im Ort gibt es eine orthodoxe Kirche mit Glockenturm und eine Moschee. Serben und Muslime teilen sich die Stadt. An alten Bauten ist der Uhrturm aus dem 18. Jahrhundert besonders sehenswert.

Südlich von Prijepolje, bei Brodarevo (Бродарево) am Lim, liegt das Kloster Davidovica (Давидовица). Es wurde 1281 vom Gaufürsten Dmitar als Mönch David, einem Sohn des Fürsten Vukan und Enkel Stefan Nemanjas errichtet. Es ist eines der wenigen Klöster, dessen Bauvertrag erhalten blieb, in dem die Bauleiter benannt sind: Desina de Riso und sein Sohn Blaž aus Dubrovnik. In der Nähe liegt eine Ruine der Raškaschule, das Kloster Mili (Мили).

Vorwahl: 033.

Hotel ›Mileševa‹, ul. Novavaroška, Tel. 71 10 78; 2 Sterne, EZ 1550, DZ 2800 Dinar.

Kloster Mileševa

Das Kloster Mileševa (Милешева) gehört mit jenen von Sopoćani, Studenica und Gradac zu den absoluten Höhepunkten einer jeden Serbienreise. Sie wurden alle im frühen Mittelalter unter den Nemanjiden gebaut. Das Kloster liegt sechs Kilometer nordöstlich von Prijepolje am rechten Ufer der Mileševka, am Rand des Nationalparks ›Zlatar‹.

Sein Hinterland sind Wälder und ein Felsen, auf dem die Burg Hisardžik (Хисарџик) thront, die 1465 von den Türken eingenommen wurde.

Das weißgekalkte Mauerwerk des Klosterkomplexes sieht man erst in letzter Minute. Die Stiftung geht auf Vladislav, einen Fürsten der dritten Nemanjidengeneration, zurück. Die Nemanjiden statteten Mileševa mit Rechten aus, die es im Ansehen gleich hinter Studenica einreihten. Der heilige Sava, erster serbischer Erzbischof, wurde hier bestattet. Sein Leichnam war feierlich von Tarnovo überführt worden. Ihm ist auch der Aufstieg des Klosters zu verdanken. Am Grab des heiligen Sava ließ sich der bosnische Ban Tvrtko zum König von Serbien und Bosnien krönen. Von 1466 an nannte sich Stjepan Vukčić Kosača Herzog des heiligen Sava, und seither hieß sein Herrschaftsgebiet das ›Zahumlje‹, für uns die Herzegowina. Der türkische Großwesir serbischer Abstammung Mehmed Soko-

Der ›weiße Engel‹ von Mileševa

lović (1505–1579) war vor seiner Konvertierung Schüler in Mileševa, ihm war die Wiedererrichtung des Patriarchats von Peć zu verdanken. Sein Bruder Makarije, auch ein Schüler des Klosters, wurde nach der Wiedererrichtung erster Patriarch in Peć und ließ seinen Patriarchensitz renovieren. Gleichermaßen wurde auch dem Kloster Mileševa neue Aufmerksamkeit zuteil, die in der Erneuerung der Wandmalereien durch den berühmten Zograph Longin aus der bedeutenden Schule von Peć 1560 gipfelte. Von seiner Arbeit ist das Abendmahl im Südtambour am besten erhalten geblieben. Im 16. Jahrhundert bestand im Kloster auch eine Druckerei. Die Türken sahen im Sava-Kult eine Bedrohung für ihre Herrschaft in Serbien. Frevelhaft überführten sie die Gebeine 1595 nach Belgrad und verbrannten sie dort anschließend auf dem Vračar-Hügel. In der ersten Hälfte des 17. Jahrhunderts wurden die Malereien im Diakonikon erneuert. Das Kloster wurde mehrfach von den Türken gebrandschatzt, geplündert, durch Überschwemmung schwer geschädigt und im 19. Jahrhundert verwüstet.

Die Architektur der Christi-Himmelfahrtskirche von Mileševa gilt als Prototyp der Raškaschule. Im Jahr 1236 wurde sie einschiffig mit dreigliedriger Apsis, rechteckigen Chören auf der Nord- und Südseite des Naos, einer Kuppel und einem Narthex im Westen erbaut. Im Jahr 1263 ergänzte man die Kirche um einen überkuppelten Exonarthex mit zwei überkuppelten Seitenkapellen. Auch während der Türkenzeit bestand hier ein wichtiges Kulturzentrum. Im 19. Jahrhundert wurde der Glockenturm angefügt.

Am wertvollsten sind die Malereien, die in verschiedenen Epochen ausgeführt wurden. Die ältesten entstanden beim Bau von Mileševa und gehören zu den kostbarsten Zeugnissen Europas aus der Mitte des 13. Jahrhunderts. Im Naos waren sie auf Goldgrund gearbeitet und imitierten Mosaike, im Altarraum, Narthex und Exonarthex auf blauem Hintergrund. Blau hatte den gleichen Stellenwert wie Gold, aus Opal war es sogar viel wertvoller. Die ausführenden Maler haben sich durch Inschriften – eine Seltenheit – verewigt. Es waren die Meister Dimitrije, Theodor und Georgije, vielleicht Griechen. Gern werden die serbischen Malereien in einen höfischen und einen mönchischen Stil unterschieden. Die Malereien im Naos von Mileševa ordnet man dem höfischen Stil zu.

Als Verehrungsstätte des heiligen Sava genoß die Kirche den Status eines Vorbildes, an ihr hatten sich andere Kirchen zu orientieren. Die Kirche war auch mit plastischem Bildwerk ausgestaltet. Das Fragment des steinernen mittelalterlichen Portals, der Löwe, ist im Exonarthex ausgestellt.

Weltberühmt wurde die Szene der Frauen am Grabe auf der Südseite im Naos. Der auf ihr dargestellte Engel ist in seiner Modellierung und vollendeten Farbgebung einzigartig und ist als der ›weiße Engel‹ ein stehender Begriff. Vielfach wurde er kopiert, vergrößert und plakatiert. Darunter zeigt ein Stifterbild Vladislav mit dem Kirchenmodell, den Maria zu Christus führt.

Weitere Szenen sind der Einzug in Jerusalem auf der Nordseite, die Verkündigung auf der Ostwand und die Kreuzabnahme im Tambour. Die Koimesis auf der Westseite wurde zum Teil durch das Öffnen der Westwand zerstört. In den Laibungen unter der Kuppel sind Medaillons mit Brustbildern von Heiligen und Heiligenfiguren, darunter Nikolaus und Stefan in den unteren Bereichen, zu sehen.

Im Narthex sind der Verrat des Judas und Christus im Garten von Gethsemane noch zu erkennen; auf der Nordwand die Porträtgalerie von drei Generationen der Nemanjiden-Dynastie: Stefan I. als Mönch Simeon (beschädigt), der heilige Sava als Erzbischof, Stefan der Erstgekrönte und seine beiden Söhne Radoslav und Vladislav.

Die Stifterbilder sind als echte Porträts sehr bedeutsam und geben in ihrem Realismus eine Vorstellung von den Nemanjiden. Der Stifter Vladislav mit dem Kirchenmodell in den Händen erscheint in dieser Kirche sogar zweimal.

An der Ostseite rechts der Tür sieht man Konstantin, der das Christentum anerkennt, und seine Mutter Helena, die das Kreuz aufgefunden hatte. Beide werden in der orthodoxen Kirche als Heilige verehrt.

Die Malereien im Exonarthex wurden vermutlich im 16. Jahrhundert von einheimischen Künstlern nach dem Vorbild der älteren übermalt.

Die Ostseite schmückt das Jüngste Gericht, den Westen das Abendmahl und die Südseite das für Serbien wichtige Thema der 40 Märtyrer von Sebaste. Hier steht der Sarkophag des heiligen Sava, der von Vladislav im Naos.

Rund um das Kloster wurde großräumig renoviert. Sehr auffällig sind die wunderschön angelegten Picknickplätze gleich hinter der Kirche im Klosterareal: Sitzbänke und Holztische laden die Besucher ein.

In der Umgebung von Prijepolje sind noch viele Kirchen zu finden: die Hinweisschilder, in Kyrillisch versteht sich, zeigen den Weg: Die Kirchen Puševine (Пушевине) und Denova (Денова) erreicht man über einen drei Kilometer langen, nicht asphaltierten Weg. Man sollte einfach immer viel Zeit einplanen, um die eine oder andere Kirche auch einmal zu erwandern.

Kloster Banja

Von Prijepolje geht es das malerische Limtal entlang. Das Kloster Voljavac (Вољавац) besteht aus der Kirche der Gottesmutter an der Bistrica, einem Bau der Raškaschule. Beim Abzweig nach Banja wurde der Lim zu einem großen See aufgestaut, ein Kraftwerk versorgt die Region mit Energie. Zwischen den Gebirgszügen entlang gelangt man über Priboj zur Grenze nach Montenegro. Auf dem Weg dorthin sieht man die Reste von Burg Jerinin (Теринин Град), nicht weit davon entfernt das Kloster Mažici (Мажици).

Kloster Banja

Kurz vor Priboj führt eine Straße steil bergauf nach Banja (Бања), einem kleinen Badeort, in dem die warmen Mineralwasser nur so sprudeln. Hier steht das gleichnamige Kloster Banja, auf einer die Stadt Priboj und den Lim überragenden Anhöhe. Schon der arabische Geograph El Idrissi beschrieb im 12. Jahrhundert an dieser Stelle eine kleine befestigte Stadt. Das Kloster, auch Sveti Nikola Dabarski nach dem Gau Dabar genannt, gelangte in dieser Zeit bereits zu hohem Ansehen. Als die serbische Kirche 1219 autokephal wurde, stieg Sankt Nikolaus zum Sitz des Bistums Dabar auf. Anfang des 14. Jahrhunderts zerstörten die Bogumilen die Kirche. Im Jahr 1330 errichtete König Stefan Dečanski eine neue Kirche, in der der tatkräftige Bischof Nikola von Dabar beigesetzt wurde. Der Besucher wird überrascht sein von den vielen Grabsteinen; viele kirchliche Würdenträger fanden hier ihre letzte Ruhe.

Eine zweite Blüte erlebte Kloster Banja zur Zeit des Wiederaufbaus des Patriarchats von Peć (1557–1614). Gefördert und reich beschenkt von Patriarch Makarije und dem Metropolit von Novo Brdo, Dionisije, entstand die neue Kirche mit ihren Malereien. Nach neuerlichen Zerstörungen erfolgte ein Wiederaufbau im 19. Jahrhundert. Während der 1975 begonnenen Konservierungsarbeiten fand man eine beachtliche Schatzkammer mit reichverzierten Gegenständen. Die

Kirche wurde dem heiligen Nikolaus, der in der orthodoxen Kirche sehr verehrt wird, geweiht. Der Kuppelbau mit Narthex gehört zur Raškaschule. Wenig Malereireste des 14. Jahrhunderts sieht man im Altarraum. Die Malereien im Naos und Narthex gehen auf das Jahr 1575 zurück, sie sind sehr mitgenommen. Man sieht die üblichen Themen wie die Stifterporträts, aber als Besonderheit die Übergabe des Patriarchenthrones des Makarije Sokolović an seinen Nachfolger Antonije, die Schlacht Kaiser Konstantins des Großen für den Sieg des Christentums. Teilweise wurden die Malereien abgenommen. Auf der Südwand des Narthex sind noch relativ gut Szenen aus dem Leben des heiligen Nikolaus zu erkennen.

Neben der Kirche hat man Ruinen freigelegt. Gegenüber der Kirche wurden die Heilwasserquellen gefaßt und zu einer hübschen offenen Badeanlage gestaltet, ein Vergnügen für Jung und Alt.

Die Quellen von Banja laden zum Bad

Nova Varoš

Die Ortschaft Nova Varoš (Нова Варош) befindet sich im Quellgebiet der Bistrica. Im 19. Jahrhundert bestand hier ein bedeutender Viehmarkt. Mit dem Sandžak kam sie an Serbien. Im Zentrum sind wenige historistische Bauten zu sehen.

In der Umgebung stehen einige Holzkirchen: Im Dorf Radijevići (Радијевићи) eine von 1808, eine in Kućani (Кућани) aus dem 18. Jahrhundert. Nova Varoš liegt im Talkessel der Berge und ist ein Ausgangspunkt fürs Wandern und Skilaufen.

Der Weg nach Užice führt direkt am Zlatarsko jezero, dem großen Stausee, vorbei. Hinweisschilder weisen die Wege zu den Klöstern Dubnica (Дубница) und Uvaz (Уваз), die in den Wäldern liegen. Die gut ausgebaute, aber sehr befahrene Strecke führt über den Boem-Paß nach Zlatibor.

Vorwahl: 033.

Hotel ›Panorama Zlatar‹, Tel. 61-772, 784, Fax -203; DZ 2450, EZ 1245 Dinar. Außerhalb der Stadt beim Dorf Zlatar (Златар) auf 1230 Metern, inmitten eines dichten Waldes. Winter- und Sommersportmöglichkeiten, ganzjährig geöffnet.

Entlang der Zapadna Morava

Entlang der Zapadna Morava, der westlichen Morava, führt der Weg von Kraljevo nach Kruševac. Kurz hinter Trstenik liegt Kloster Veluća (Велућа). Das Denkmal der Moravaschule wurde Maria Tempelgang geweiht. Den Dreikonchentypus aus Haustein und Ziegel stiftete der Despot Jovan. Im Inneren gibt es Wandmalereien mit Stifterbildnissen im Naos und im Narthex. Wer noch nicht genug Kirchen gesehen hat, kann den Hinweisen zum Kloster Sveti Luka (Св. Лука) oder zur Dreifaltigkeitskirche bei Bošnjane (Бошњане) folgen.

In den nördlichen Ausläufern des Kopaonik-Gebirges liegt Aleksandrovac (Александровац), so benannt nach Aleksandar Obrenović seit 1882. Im Mittelalter hieß der Ort Kožetin. Zehn Kilometer entfernt auf einem unwegsamen Felsen links der Rasina thront die Burg Koznik (Козник). Der Name stammt vom serbischen Wort Koza (Ziege), weil das Baumaterial nur mit Ziegen auf den Berg transportiert werden konnte. Errichtet wurde sie im Auftrag von Radič Postupović, dem Veliki Čelnik, höchster Würdenträger am Hof der Despoten Stefan und später Georg Branković. Er herrschte über das Gebiet Rasina von 1413 bis 1435. Von der Burg sind die Mauern und polygonalen Türme erhalten.

Nicht weit von Aleksandrovac stehen zwei weitere Zeugnisse der Moravaschule: An der Straße nach Stopanja (Стопања) in der Nähe des Dorfes Rataje (Ратаје) steht das Kloster Rudenica (Руденица), die Stiftung eines Vuk und seiner Gemahlin Vukosava von 1405. Die verbliebenen Malereireste stammen laut Inschrift im Altarraum von Meister Teodor Anfang des 15. Jahrhunderts. Drei Kilometer nördlich von Aleksandrovac haben die Mönche Dorotej und sein Sohn Danilo das Kloster Drenća (Манастир Дренћа), auch Dušmanica genannt, gegründet. Sie führten die Besitzungen des Klosters in einer Urkunde von 1389 auf.

Kruševac

Kruševac (Крушевац) ist ein mittelgroßes Städtchen mit einer kleinen Fußgängerzone und einem belebten Hauptplatz. Kosmetikindustrie und Autoersatzteilhersteller sind hier angesiedelt.

Sehenswert ist das Städtchen in erster Linie wegen der sogenannten Lazarica. Fürst Lazar Hrebeljanović hatte sich hier eine befestigte Residenz mit einer kostbaren Kirche errichten lassen. Von der Festung ist nicht allzuviel übriggeblieben. Das gesamte Areal wurde zu einem großen Park umgestaltet. Schon bei der Einfahrt in die Stadt wird man der Palastruinen und des Parks gewahr. In der Burganlage Kruševac stiftete Fürst Lazar im Jahr 1370 noch vor dem Kloster Ravanica eine Stefanskirche. Sie wurde aber nach seinem Namen Lazar ›Lazarica‹ genannt und hatte die Funktion einer Hofkirche. Sie gilt als eines der ersten Bauwerke der Moravaschule; es handelt sich um einen verkürzten Dreikonchentypus mit ausgesprochener Höhenbetonung. Seine Kuppel sitzt auf einem schlanken durchfensterten Tambour über einem Würfel. An der Westseite schließt sich der Narthex an, über dem sich ein zweigeschossiger viereckiger Turm erhebt. Der aus Stein und Ziegel gefügte Bau ist außen außergewöhnlich architektonisch gestaffelt. Seine Fassaden sind durch kleine Säulen, Lisenen, Archivolten, profilierte Simse, Rosetten, Nischen und Zierbauteile aus gebranntem Ton sehr reich gegliedert, was ihm ein malerisches Aussehen verleiht. Dazu kommt der Reliefschmuck der Fenster- und Türeinfassungen. Der lebhafte Gesamteindruck wird durch die wechselnden Reihen von Stein und Ziegel noch gesteigert. Zwei Kranzgesimse gliedern den Bau in drei horizontale Zonen, während die Halbsäulen und Blendnischen vertikale Felder bilden. Besonders reich ist die dekorative Steinplastik an den Bögen, Rosetten, Fenstern und Portalen. Die Ornamente lassen sich in zwei Gruppen unterteilen: Zum einen sieht man Phantasievö-

Die Kirche ›Lazarica‹ wurde nach ihrem Stifter, Fürst Lazar, benannt

Die Reste der Festungsmauern

gel und Tiere und zum anderen florale und geometrische Ornamente. Ein schönes Beispiel dafür ist das Fenster an der Südseite.

In der Türkenzeit verödete die Kirche. 1904 wurde sie restauriert, und heute finden wieder regelmäßig Gottesdienste statt. Von der Malerei ist nichts mehr erhalten. Neben der Kirche steht ein Gebäude für die Geistlichen und im Park eine Skulptur, die den Fürsten Lazar darstellt. Dieser hatte die strategisch günstig gelegene Stadt durch seine Bauten sehr gefördert. Da sie aber auch den Angriffen von Türken und Ungarn ausgesetzt war, mußte sie befestigt werden. Nach Lazars Tod endete die Bautätigkeit, und 1455 wurde Kruševac zu einer orientalischen Stadt.

Vorwahl: 037.

Hotel ›Rubin‹, ul. Nemanjina 2, 37000 Kruševac, Tel. 243 67 und 42 55 35, Fax 396 00; 1 Stern, DZ 2600, EZ 1400 Dinar.

›Evropa‹, Tel. 283 31, Fax 398 60; 3 Sterne, DZ 1260, EZ 630 Dinar.

Das Archäologische Museum mit Objekten und Kunst aus dem 17. und dem 18. Jahrhundert wird derzeit renoviert.

Südostserbien wird östlich vom Balkangebirge, dem Stara Planina, der natürlichen geographischen Grenze zu Bulgarien, und dem Fluß Timok, westlich vom Autoput und südlich von der Grenze zu Makedonien eingerahmt.

Südostserbien

Entlang des Stara Planina

Auf dem Weg nach Süden Richtung Pirot passiert man kleinere Ortschaften. Knjaževac (Књажевац), nur 68 Kilometer von Pirot entfernt, hat sich zu beiden Seiten des Timok entwickelt. Es gibt hier Übernachtungsmöglichkeiten im Hotel ›Timok‹ direkt im Park am Fluß und außerhalb im Konak Barka. Eine wunderbare Strecke führt den Trgoviski Timok entlang, flankiert von dichten Wäldern und weiten Feldern. Im Dorf Donji Kamenica (Доњи Каменица) erblickt man eine mittelalterliche Dorfkirche. Über eine Brücke gelangt man in den Ort, der vorwiegend von der Landwirtschaft lebt. Die Kirche mit ihren beiden kantigen Türmen, die mit Ziegelreihen geschmückt sind, wirkt wie eine Wehrburg ohne Ummauerung.

Der Timok bei Knjaževac

Zur Gemeinde Gornji Kamenica (Горњи Каменица) gehört das Dreifaltigkeitskloster (Sv. Troijca/Св. Тројица). Die Beschilderung führt zu einem Parkplatz. Die 1456 erbaute Dreifaltigkeitskirche liegt umgeben von einem kleinen Friedhof am Waldrand, abseits der modernen Wohngebäude der Nonnen. Der weiße Kalkputz verbirgt den alten Außenschmuck. Hinter der Kirche liegt eine Quelle, die sehr verehrt wird. Die Kirche wurde 1876 durch die Familie Obrenović renoviert. Die alte Steininschrift, die Auskunft über die Baugeschichte gibt, wird im Inneren aufbewahrt. Malereireste sieht man vor allem im Tambour. Wenige Kilometer vor Pirot liegt die langgezogene Ortschaft Temska (Темска). Von ihr führt ein Abzweig hinter der Flußbrücke zum Frauenkloster Temska. Etwa zwei Kilometer vom Dorfzentrum entfernt, vorbei an einem Marmorsteinbruch, sieht man schon aus der Ferne das schmucke Kloster. In seiner Umgebung stehen viele Obstbäume, darunter viele Pflaumen, aus denen Schnaps gebrannt wird. Das Kloster besteht aus einem wunderschön erhaltenen Konak des 18. Jahrhunderts mit den typischen Holzveranden und Balkonen, Wirtschaftsgebäuden und der schönen Georgskirche (Sv. Đorđe, Св. Ђорђе). Die Kirche liegt versteckt in einem blumenreichen, farbigen Garten und wird dem Besucher gerne geöffnet. Sie ist ein Dreikonchenbau mit Kuppel und Narthex aus dem 16. Jahrhundert. Im Jahr 1654 wurde ihr eine offene Vorhalle im Westen angefügt. Die Außenmalerei im Westen zeigt den heiligen Georg, wie er die Königstochter und die Stadt Silena vom Drachen erlöst. Durch eine niedrige Tür gelangt man ins Innere, das im 17. Jahrhundert ausgemalt wurde. In der linken Konche sieht man die Deesis, darüber Medaillons und im obersten Rang Kreuztragung, Kreuzigung

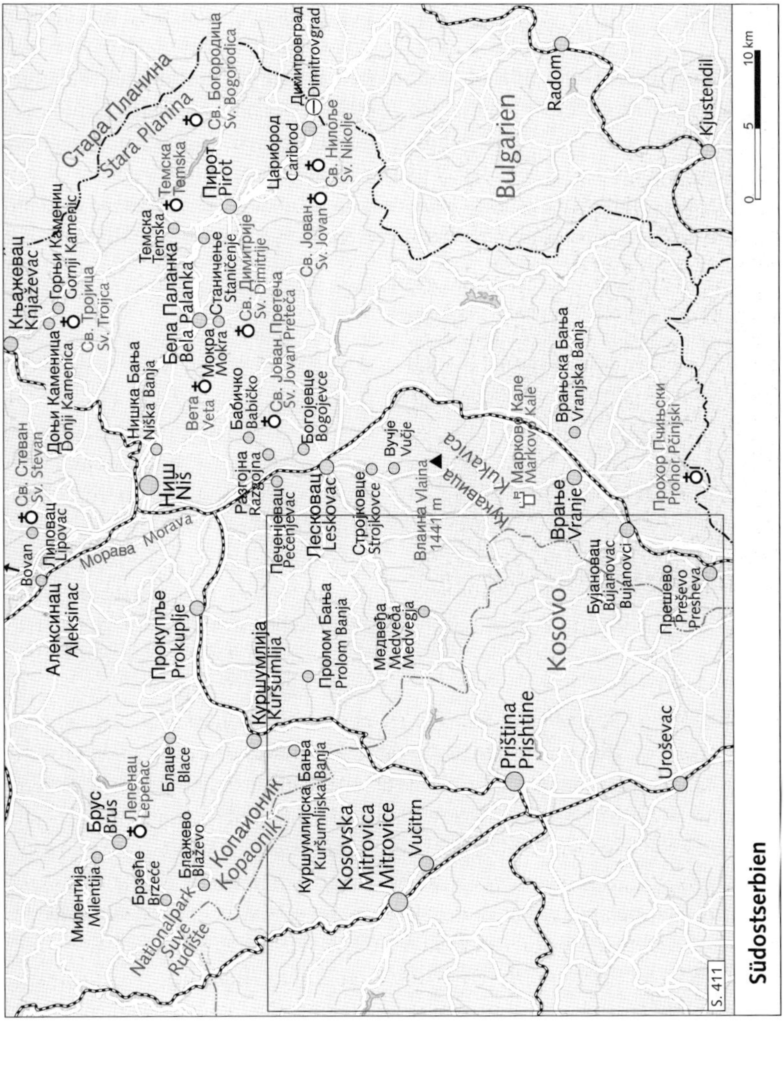

und Grablege. Im Osten, der Kalotte der Apsis, ist das Abendmahl und auf der Westwand der Marientod zu erkennen. Den Narthex überwölbt eine Tonne, auf der die Muttergottes als Orantin zu sehen ist, während seine Wände mehrere Malschichten aufweisen. Unter ihnen sieht man auf der Ostseite, der Eingangswand zum Naos, das Jüngste Gericht und einige Inschriften. Das Kloster verwahrt viele Muttergottes-Ikonen.

Pirot

In einem Talkessel auf 366 Metern, umgeben von Bergen und am Fuße des Balkan, liegt Pirot (Пирот) mit seinen 70 000 Einwohnern beidseitig des Flusses Nišava, nicht weit vom Grenzübergang nach Bulgarien. Von seiner prächtigen Vergangenheit ist leider heute nicht mehr viel zu spüren.

Über der römischen Siedlung Turres aus dem 3. Jahrhundert entstand ein Jahrhundert später das befestigte byzantinische Städtchen Quimedava. Erst seit dem

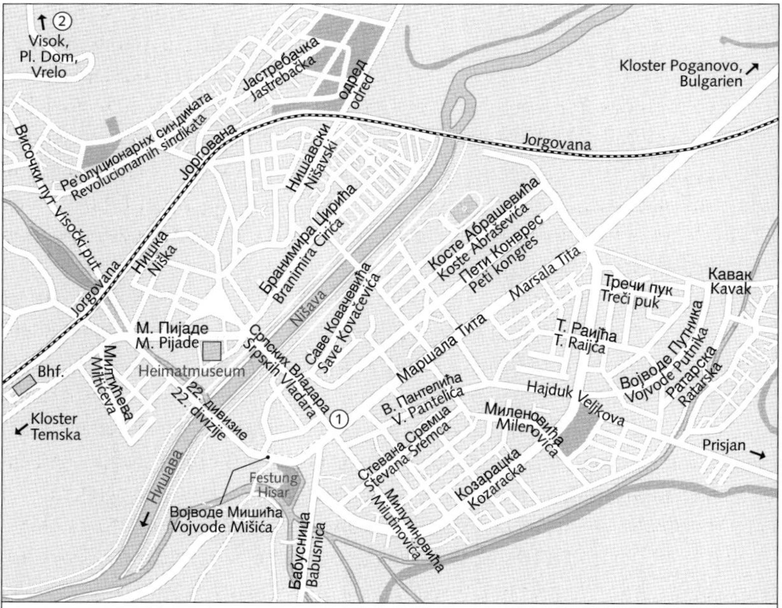

Pirot (Пирот)

Legende

1 Hotel ›Pirot‹

2 Hotel ›Tigar‹

Die ehemalige Festung Pirot

14. Jahrhundert ist es als Pirot bekannt. Wie so häufig gab es auch hier ein türkisch-serbisches Wechselspiel: 1386 eroberten die Türken das Städtchen, denen es der Vojvode Dimitrije, in den Diensten Fürst Lazars stehend, wieder entriß. Zeitweilig geriet es auch unter den Einfluß der Despoten Stefan und Georg. 1415 nahmen es sich die Türken und behielten es bis 1877/78. Im Zuge des bulgarisch-serbischen Krieges fand bei Pirot vom 26. bis 27. November 1885 eine Schlacht statt, die König Aleksandar von Bulgarien klar für sich entschied. Das Gebiet wurde bulgarisch besetzt. Erst die Intervention der Österreicher und der daraufhin abgeschlossene Friedensvertrag von Bukarest stellten die Herrschaftsverhältnisse von vor 1885 wieder her.

Am Rande des Zentrums befindet sich eine niedrige Anhöhe namens Hisar (Хисар). Auf ihrem höchsten Punkt befindet sich der Satellitenmast, und unterhalb liegen die Reste der ehemaligen Festung, umgeben von viel Grün. Sie wird in einem Volkslied als Burg des Vojvoden Momčilo besungen. Ihr Kern geht auf das 14. Jahrhundert zurück. Davon sind heute noch die Verteidigungsmauern mit Turmresten und der Wall zu sehen.

Die ältesten Häuser Pirots sind das Haus Bela Mačka (weiße Katze) und das Hristić-Haus. Letzteres gilt als eines der schönsten Wohnhäuser und stammt aus dem 19. Jahrhundert. In ihm ist heute das Heimatmuseum (muzej Ponišavlja/музеј Понишавља) untergebracht. Einer der Räume des Museumskomplexes beherbergt eine kleine Verkaufsausstellung der traditionellen kunsthandwerklichen Produkte von Pirot. Die Stadt war einst berühmt für ihre gewobenen Teppiche, die Kelims. Man kann sie überall in den Heimatmuseen bewundern. Vor dem Museum steht ein Denkmal des Musikers Vojislav Bučković (1910–1945).

Seit 1998 gehört Pirot zu einer sogenannten Freien Zone, einer wirtschaftlich begünstigten Zone, in der nur umweltfreundlich produziert werden darf. In dieser Wirtschaftszone dominiert die Firma ›Tigar‹ (Тигар), ein wichtiger Arbeitgeber der Stadt und des Umlands. Die Produktpalette von Tigar reicht von Gummiprofilen und Lacken über Klebstoffe bis hin zu Autoreifen, die seit dem Jahr 2002 im neugegründeten Tochterunternehmen ›Tigar-Michelin‹ hergestellt werden. Im

Umland wird sehr viel Tabak angebaut, der im nahegelegenen Niš und in Vranje verarbeitet wird.

Pirot hat ein schönes Umland, in dem das Balkangebirge im Sommer zum Wandern und im Winter zum Skilaufen einlädt. Außerdem sind mehrere Klöster zu besichtigen.

Vorwahl: 010.

Auf den wenigen Kilometern bis zur bulgarischen Grenze in Richtung Dimitrovgrad befinden sich mehrere Motels in gutem Zustand.
Hotel ›Pirot‹ [1], Srpskih vladara, Tel. 31 34 55, Fax 33 24 93; 2 Sterne, DZ 1700, EZ 1050 Dinar. Hochhaus im Zentrum von Pirot.
›Tigar‹ [2], ul. Nikola Pašića 213, Tel. 311-212, Fax -213; 3 Sterne. 12 km außerhalb von Pirot auf etwa 1000 Metern Höhe.

Heimatmuseum, im Hristić-Haus; Di–So 8–14 Uhr.

Das Johanneskloster

Beim Dorf Poganovo (Поганово) liegt das Kloster Sankt Johannes des Theologen, das auch oft als Kloster Poganovo bezeichnet wird. Kein Wegweiser oder Hinweis lockt den Besucher zu diesem einzigartigen Ensemble. Neben den großen und berühmten Klöstern ist es eine der am schönsten erhaltenen Anlagen Serbiens. Man fährt in Richtung Bulgarien, Grenzübergang Dimitrovgrad (Димитровград). Bei Sukovo biegt man nach rechts ab und fährt immer entlang dem Flüßchen Jerma. An seinen Ufern passiert man zunächst ein weniger prächtiges Ensemble, das Kloster Sv. Nikolje (Св. Нилоље). Am besten stellt man das Auto an der Straße ab und geht zu Fuß über die Brücke. Die Nikolauskirche und der unterhalb liegende Konak werden derzeit renoviert, und das Gelände wird seit jüngster Zeit wieder von Mönchen bewirtschaftet. Die Kirche besitzt einen alten Kern mit einem Grundriß der Raškaschule. Ihre Kuppel ruht auf einem auffällig schlanken und hohen Tambour. Das Innere ist neu und farbenfroh bemalt und mit einer Ikonostase ausgestattet. Dem Bau wurde ein Narthex angefügt. Von außen wirkt die Kirche wie ein rechteckiger schwerer Block.

Mühle in der Vojvodina
Die Festung Golubac an der Donau; Landschaft bei Niš

Fahrt durch die Jermaschlucht

Weiter geht es in Richtung Poganova noch etwa acht Kilometer. Auf dem Weg dorthin passiert man die spektakuläre Jermaschlucht. Die Straße ist an einer Engstelle durch einen in den überhängenden Felsen gehauenen Tunnel fortgesetzt. Überwältigende Ausblicke belohnen die weite Fahrt in den Süden Serbiens. Plötzlich und unerwartet sieht man durch die Bäume das Johanneskloster (Sv. Jovan/Св. Јован). Erst nach der nächsten Kurve bietet sich eine Parkmöglichkeit und ein einladendes Restaurant, die ›Kafana Poganovo‹, direkt an der Straße. Man sollte sich Zeit nehmen für die Besichtigung. Zwei Brücken führen über den Fluß ins Kloster, das derzeit von fünf Mönchen bewirtschaftet wird.

Eine zierliche Kreuzkuppelkirche aus dem 15. Jahrhundert erwartet den Besucher. Ihr wurde im Westen ein Narthex angefügt, über dessen Galerie man in den Glockenturm gelangt. Der Dreikonchentypus wurde in wechselnden Reihen aus Naturstein und Ziegeln gefügt.

Die Kirche ist Johannes dem Theologen geweiht, der im Westen auch als Johannes Chrysostomus (Guldenmund) bekannt ist. Johannes war zunächst Eremit, dann Mönch, erhielt 386 die Priesterweihe und folgte Nektarius 397 als Patriarch in Konstantinopel. Mehrfach wurde er ins Exil geschickt, wo er auch verstarb. Aufgrund der Vielzahl seiner Schriften wird er als einer der großen Kirchenväter der Ostkirche verehrt. Über eine offene Vorhalle aus Holz, einer Art Veranda, gelangt man ins Innere der vollständig ausgemalten Kirche.

Die Gründung des Klosters geht auf den Stifter, einen Herrn Konstantin und dessen Frau Jelena zurück. In Konstantin wird ein Verwandter des byzantinischen Kaisers, der Würdenträger Konstantin Dragaš, vermutet.

Die Malereien entstanden laut der Inschrift über der Eingangstür in den Jahren 1494 bis 1499 und zeigen zwei Zyklen: Festszenen und die Passion. Alle Wände

Die Ausgrabungsstätte Gamzigrad; Landschaft bei Niš
Das Eiserne Tor

sind in vier Rängen bemalt. In der linken Konche des Naos sieht man im unteren Rang Heilige und Propheten, darunter die Nemanjiden Sava I. (zweiter von rechts) und Simeon und die in der Ostkirche verehrten Onofrius, Maxim, Marcarius und Pachomius. Die Reihe darüber schmücken Medaillons und den dritten Rang die eigentlichen Szenen der Passion: Unter ihnen die Kreuzabnahme und Grablege. Sehr ausdrucksvoll ist die Szene gestaltet, in der die Soldaten um das Gewand von Jesus streiten. In der Kalotte ist Johannes der Theologe als Bischof von Konstantinopel dargestellt. In der rechten Konche werden die Heiligen und die Medaillons fortgesetzt. Im dritten Rang sind die Fußwaschung und darüber in der Kalotte Szenen aus dem Leben der Muttergottes dargestellt. Im Altarraum kann man rechts das Abendmahl und links die Auferweckung des Lazarus erkennen. Manchmal öffnen die Mönche bereitwillig die Königspforte der Ikonostase, um dem Besucher die Apsismalerei zu zeigen. In ihr ist, wie der Kanon es ver-

Das Johanneskloster ist nicht leicht zu finden, lohnt aber den Weg

langt, die Apostelkommunion dargestellt. Darunter steht die Muttergottes mit ausgebreiteten Armen.

Die Westwand zieren Kaiser Konstantin und seine Mutter Helena und die Koimesis. Interessant ist die Beschriftung der Malerei: In ihr erkennt man griechische, altserbische und bulgarische Schriftzeichen.

Das Kloster hatte in vielen Kriegen sehr gelitten, während der serbisch-bulgarischen Auseinandersetzungen im 19. Jahrhundert hielten sich bulgarische Mönche im Kloster auf. Dank einer umfassenden Renovierung in den 1970er Jahren ist der gesamte Klosterkomplex heute in einem ausgezeichneten Zustand.

Der Stolz des Klosters war eine wertvolle Doppelikone, die auf ihrer Vorder- und Rückseite bemalt worden war. Sie war ein Geschenk der Kaiserin Helena, Gemahlin des letzten byzantinischen Kaisers Konstantin XI. Palaiologos. Während der bulgarischen Besetzung wurde sie entwendet und nach Sofia verbracht. Heute ist in der Kirche die Kopie dieser Ikone ausgestellt. Eine weitere Ikone entstand nach dem Original vom Kloster Hilandar vom Athos. Auch die Ikonenwand hatten die Bulgaren nach Sofia gebracht. An ihrer Stelle wurde nach dem Ersten Weltkrieg die heutige installiert. Im Kloster findet seit zwölf Jahren die Veranstaltung ›Malerkolonie Kloster Poganovo‹ statt. Künstler werden während dieser Tage im Kloster aufgenommen und finden hier in der Abgeschiedenheit und Ruhe Anregungen und Sujets für ihre Malerei.

Kirchen zwischen Pirot und Niš

In Richtung Niš, nur wenige Kilometer von Pirot entfernt, liegen mehrere Kirchen. Darunter ist die Kirche der heiligen Paraskeva (црква Св. Параскева) im Dorf Staničenje (Станичење) aufgrund ihrer Malereien besonders hervorzuheben. Liebevoll wird sie von einem Kustoden betreut, der gleich hinter der Kirche wohnt und sie gerne dem Besucher öffnet. Das Kleinod stammt aus der ersten Hälfte des 14. Jahrhunderts und ist nicht ganz leicht zu finden. Wer von Pirot kommt, muß die Schnellstraße nach rechts verlassen, in einer Schleife die Straßenbrücke passieren und erreicht nach einem Kilometer das Dorf Staničenje. Das Kirchlein steht am Ortseingang von Bäumen versteckt und wirkt zunächst eher unscheinbar. Der Sakralbau besteht aus einem Raum und einer offenen hölzernen Vorhalle. An der Eingangswand sind Szenen aus dem Leben des heiligen Nikolaus, des ersten Patrons der Kirche, gemalt. Erst später wurde die Kirche der heiligen Paraskeva (auch Parašiva oder Petka) geweiht. Die in Serbien und Bulgarien sehr verehrte Heilige lebte im 10. Jahrhundert bei Konstantinopel, ihre Gebeine wurden in die Apostelkirche von Konstantinopel gebracht, wo sie Wunder wirkten. Nach mehrfacher Rettung der Gebeine vor den Türken fanden sie ihre letzte Ruhestätte in Iaşi, Rumänien.

Das Innere der Kirche war einst vollständig bemalt. Die Malereien am Tonnengewölbe sind zerstört. In der Apsis sieht man die Verkündigung, die Apostelkommunion und die Muttergottes, flankiert von Heiligen. Passions- und Muttergottesszenen schmücken den Hauptraum. Die Nordseite zeigt drei Frauen mit Soldaten, die Beweinung Christi und die Kreuzigung. Die Westseite ist teilweise zerstört, der Muttergottestod läßt sich jedoch noch erkennen. Auf der Südseite ist deutlich die Kreuztragung zu sehen. Die untere Reihe des gesamten Raumes schmücken Heilige und die Stifter, der Geistliche Muškarac, seine Frau und ein Kind. Unter den Heiligen stehen links vom Eingang Konstantin und der heilige Nikolaus.

Auf der Strecke Pirot–Niš befinden sich noch einige Klöster und Kirchen: Sv. Dimitrije (Св. Димитрије) bei Bela Palanka und Kloster Veta (Вета).

Fährt man von Pirot in Richtung Osten, ins Balkangebirge, so trifft man auf das Kloster Sv. Bogorodica (Св. Богородица).

Vranje

Der Autoput, die Transitstrecke nach Makedonien, Griechenland und in die Türkei, wird im Süden Serbiens derzeit großräumig saniert. Wenn man Nebenstraßen nutzt, sollte man vorher ihren Zustand erfragen.

Die orientalisch anmutende, lebendige Stadt Vranje (Врање) liegt nur 40 Kilometer von der makedonischen Grenze entfernt. Sie hat sich zu einem kleinen Industriestädtchen mit Textil- und Möbelfabriken entwickelt. Außerdem ist hier die älteste Tabakfabrik Serbiens, die 1895 gegründete ›Duvanska Industrija Vranje‹, DIV, zu Hause. Seit 2003 ist ›British-American Tobacco‹ mit 70 Prozent an ihr beteiligt.

Vranje wurde bereits im Jahr 1093 erwähnt, als Vukan, der Groß-Župan von Raška, gegen Byzanz zog. Dabei eroberte er die Städte Vranje, Skopje und Polog am Šargebirge. Vom 12. Jahrhundert bis zur türkischen Eroberung gehörte die Stadt zu Serbien. Es gab jedoch Zwischenspiele: Nach der Schlacht am Amselfeld herrschte der Despot Uglješa, 1454 schlug der Vojvode Nikola Skobaljić bei Vranjska Banja die Türken. Aber von 1455 bis 1878 blieb der Ort in türkischer Hand. Zeuge der Befreiungskriege war die Brücke Beli Most (Бели Мост) von 1844. Wie ganz Serbien schmückt die Stadt ein Befreiungsdenkmal, ›Onkel Mita‹, benannt nach einem serbischen Soldaten. Nach zweimaliger Zerstörung durch die Bulgaren wurde es wiederaufgebaut.

In der langen Fußgängerzone, die derzeit renoviert wird, reihen sich erstaunlich viele Geschäfte und Boutiquen aneinander. Im Zentrum, in der ul. Kralja Stefana Prvovenčanog (ул. Краља Стефана Првовенчаног), steht der Pašin-Konak (Пашин Конак) von 1765. Der Konak besteht aus zwei Teilen: dem Bau für die Männer zur Straße hin (selamluk), und dem für die Frauen zur Hofseite

Legende

1 Hotel ›Vranje‹
2 Hotel ›Simpo-Pržar‹
3 Restaurant ›Vranje Merak‹

(haremluk). Im Obergeschoß waren beide Teile durch eine Holzbrücke verbunden. Beide Stockwerke sind vollständig mit Dielen ausgelegt, reichverzierte Holzdecken schmücken die Zimmer. Das renovierte Gebäude beherbergt heute das Nationalmuseum von Vranje mit einem sehenswerten Bestand an Trachten und Gerätschaften für Haus und Hof.

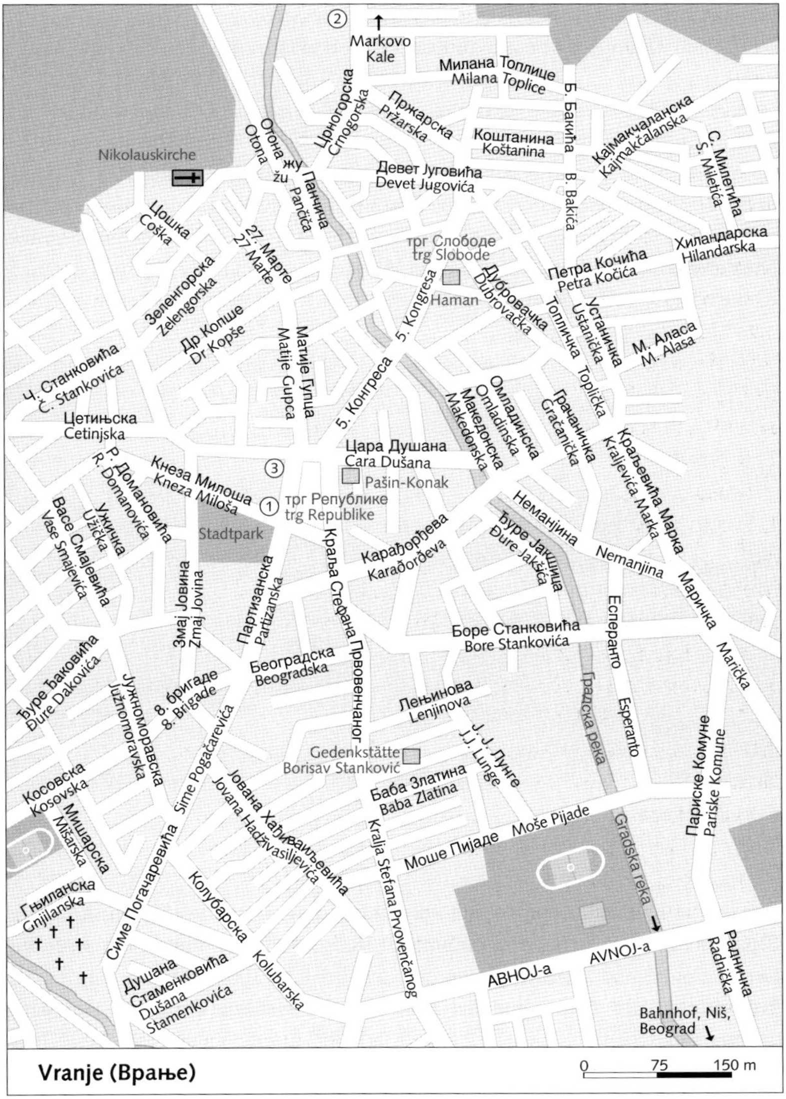

Vranje (Врање)

In Vranje wurde der serbische Dichter Borislav Stanković (1876–1927) geboren. Sein Geburtshaus wurde zur Gedenkstätte umgestaltet, wird aber derzeit renoviert. Es liegt im Zentrum in einer kleinen Nebengasse, deren Kopfsteinpflaster an das alte Vranje erinnert. Im Stadtpark, der nach der Befreiung von den Türken angelegt wurde, steht das Denkmal des Dichters. Borislav Stanković hat den Südosten Serbiens in die Erzählliteratur eingebracht. Sein Roman ›Hadschi Gajka verheiratet sein Mädchen‹ liegt in deutscher Übersetzung vor. Das Werk spielt in Vranje am Übergang von der türkischen Herrschaft zu den serbischen Befreiungskriegen und zeigt den sozialen, wirtschaftlichen und moralischen Verfall der serbischen Feudalherrenschicht auf. Stankovićs Drama ›Koštana‹ schildert das Leben von Vranje in Liedern.

Ältestes Gotteshaus der Stadt ist die Nikolauskirche (Sv. Nikole/Св. Николе) in der ul. Josifa Pančića (ул. Јосифа Панчића), die 1345 von Zar Dušan gestiftet wurde. Alle anderen Sakralbauten gehen auf das 19. und 20. Jahrhundert zurück. Die türkische Epoche ist mit dem alten Hamam aus Stein und Ziegeln in der ul. 5. Kongresa (ул. 5. Конгреса) vertreten.

Der alte Hamam

Wenige Kilometer nordöstlich von Vranje liegt der Kurort Vranjska Banja (Врањска Бања), in dem viele Roma zu Hause sind. Berühmte Trompeter wie Ekrem Sajdić und Nenad Mladenović, der im Jahr 2003 in Guča zum besten Trompeter gekürt wurde, sind hier aufgewachsen, während der große Trompeter und vielfache Sieger von Guča, Boban Marković, aus dem nahegelegenen Vladičin Han stammt.

Vorwahl: 017.

Hotel ›Vranje‹ [1], im Zentrum, Tel. 223 66. Einer der schöneren Großbauten.
›Simpo-Pržar‹ [2], Tel. 239 00, Fax 213 91; 3 Sterne, EZ 3300, DZ 5400 Dinar. Außerhalb des Zentrums auf einem 712 Meter hohen Berg, mit schönem Blick auf die Stadt. Das Hotel gehört zur ›Simpo‹-Kette und ist sehr gepflegt, gehobene Preise auch im Restaurant.
Motel ›Vranje‹, Tel. 238 63. Einladendes Haus an der Strecke Belgrad–Niš–Athen, 40 km von der makedonischen Grenze. 33 Zimmer, gutes Restaurant, ganzjährig geöffnet.
▸ Vranjska Banja: Hotel ›Železničar‹, ul. Kralja Petra 1, Tel. 546-432, Fax -795; 2 Sterne.

Restaurant ›Vranje Merak‹ [3], Tel. 327 59. Im Zentrum von Vranje, örtliche Spezialitäten.

Nationalmuseum, im Konak; Mo–Fr 8–15, Sa/So 10–14 Uhr.
Stanković-Gedenkstätte, ul. Babina Zlatina 9; Di–Sa 9–12, So 9–15 Uhr.

Kloster Prohor Pčinjski

An der Grenze zu Makedonien, am Fluß Pčinja, dem südlichsten Punkt Zentralserbiens, liegt das Kloster Prohor Pčinjski (Прохор Пчињски), benannt nach seinem Patron, dem Slawenheiligen Prohor von Pčinja. Die Straße dorthin ist in einem ausgezeichneten Zustand, da hier auch Militär ansässig ist. Von der Hauptstraße kommend, erblickt man tief unten wie in einer Schlucht liegend das Kloster mit seinem hochaufragenden Glockenturm.

Die Legende berichtet, daß Prohor von Pčinja dem byzantinischen Feldherrn Romanos IV. Diogenes prophezeite, Kaiser zu werden. Als sich die Weissagung erfüllte, stiftete der Kaiser Romanos Diogenes (1068–1071) dem Prohor post mortem eine große Kirche, hier an dieser Stelle, wo er ihm zum erstenmal begegnet und seine Prophezeiung gehört hatte. Der heilige Prohor wirkte im 11. Jahrhundert gemeinsam mit Johannes von Rila (Bulgarien), Gavrilo von Lesnovo und Joakim von Osogovo als Missionar. Seine Verdienste im Sinne einer Aufklärung führten bald nach seinem Tode zu seiner Heiligsprechung.

Die Kirche aus dem frühen Mittelalter wurde unter Stefan Uroš II. Milutin (1282–1321) renoviert und von den Türken 1371 erstmals zerstört. Auf ihren Grundmauern entstand 1489 ein neues Gotteshaus, das vollständig ausgemalt wurde. Das Kloster entwickelte sich trotz türkischer Besetzung zu einem bedeutenden serbischen Kulturzentrum mit eigener Malerwerkstatt. Immer wieder muß-

Im Grenzgebiet zu Makedonien liegt Kloster Prohor Pčinjski

ten aber Verwüstungen und Zerstörungen in Kauf genommen werden, so daß der heutige Bau auf das Jahr 1899 zurückgeht. In ihm sind glücklicherweise Reste des 15. Jahrhunderts erhalten geblieben, die sich zu verbergen suchen. Man betritt zunächst eine dreischiffige Kirche mit einer Westempore und zwei Kuppeln. Sie wurde im 19. Jahrhundert vollständig ausgemalt. Im rechten Seitenschiff sieht man den Patron der Kirche, den heiligen Prohor Pčinjski. An der Westseite ist der Architekt mit dem Bauplan dargestellt. Außerdem sind die Wände mit schönen ländlichen Szenen geschmückt.

Eine nach links verschobene Ikonostase, die sich folglich nicht zentriert in der Mitte des Kirchenschiffes befindet, macht deutlich, daß die Kirche auf einen Vorgängerbau aufgesetzt wurde. Von außen erkennt man diesen Vorgängerbau in der Apsis, und auf der Südseite der Kirche befindet sich eine kleine Kapelle des 15. Jahrhunderts. Da die Mönche eine Tür in der Ikonostase offen lassen, kann man die Kapelle von innen, aber auch durch eine Tür in der Außenmauer betreten. In ihr sind Fragmente der Malerei erhalten, die einen Eindruck von der ehemaligen Ausstattung geben. Der Konak entstand im 18. Jahrhundert.

Im Kloster fand am 2. August 1944 eine Tagung der Volksbefreiungsversammlung Makedoniens (ASNOM) statt, auf der der Anschluß Makedoniens an Jugoslawien verkündet wurde. Heute scheint die Politik weit weg, alles wirkt idyllisch wie ein großer Bauernhof mit einer schönen Kirche.

Das Preševotal

Neben dem Kosovo ist das Preševotal in Südostserbien eine Problemzone, auch wenn man im Westen davon wenig hört. Noch im Jahr 2004 warnte der Schweizer Auslandsdienst vor Reisen in den Südosten Serbiens. Zum Preševotal gehören die Gemeindebezirke Preševo (albanisch Presheva), das zu 90 Prozent von Albanern bewohnt wird, Medveđa (albanisch Medvegja), in dem die Serben dominieren, und der Hauptort des Tales, Bujanovac (albanisch Bujanovci), mit 55 Prozent Albanern. Mit dem Zerfall Jugoslawiens war es auch hier wiederholt zu Unruhen und ernsthaften Spannungen gekommen. Die Albaner betrachten das Gebiet als Teil des Kosovo und nennen es Ostkosovo. Es war nach 1945 nicht dem Kosovo, sondern dem serbischen Kernland angegliedert worden. Insgesamt leben hier 100 000 Menschen, unter denen die Roma und die Serben die größte Minderheit darstellen. Die Albaner strebten zunächst eine Autonomie und, im Falle einer Grenzveränderung, den Anschluß an das Kosovo an. In einer Volksabstimmung 1992 stimmten einem diesbezüglichen Vorschlag 99 Prozent der Albaner zu. Dies wurde jedoch von Belgrad nicht anerkannt. In den drei Gemeindebezirken hatte sich deshalb seit dem Jahr 2000 eine albanische Befreiungsarmee etabliert (UÇPM, Ushtria Çlirimtare e Preshevës, Medvegjës, dhe Bujanovcit), die leider immer wieder durch gewaltsame Übergriffe von sich reden machte. Sie war nach eigenen Angaben im Jahr 2001 aufgelöst worden. Bald darauf kam es jedoch zu einem Überfall auf das Preševotal durch die albanische nationale Armee (AKSH). Diese war, einem öffentlichen Bekenntnis zufolge, von der großalbanisch ausgerichteten albanisch-revolutionären Partei (PRSH) unterstützt worden. Heute hat sich die Lage beruhigt, politische Lösungen wurden vorerst gefunden: So wurde nach vorgezogenen Kommunalwahlen in Bujanovac und Preševo vom 28. Juli 2002 die PVD (Partei des demokratischen Handelns, serbisch PDD) unter der Führung von Riza Halimi stärkste Kraft. In Bujanovac ist mit Nagip Arifi erstmals ein Albaner zum Bürgermeister gewählt worden. Sie kooperieren mit der Regierung in Belgrad.

Rund um den Kukavica

Etwas außerhalb, vier Kilometer nördlich von Vranje, befinden sich die Ruinen der mittelalterlichen Festung Markovo Kale (Марково Кале), die auf den Kraljević Marko zurückgeht. Sie entstand vom 12. bis 17. Jahrhundert mit einem unregelmäßigen Grundriß auf einer oberen und unteren Terrasse, die mit einer kleinen Residenz und einer Kirche bebaut wurde. Die Straße, die zur Festung verläuft, führt weiter nach Leskovac und ist in weiten Teilen erneuert. Leider ist ein Teilstück von etwa sechs Kilometern nicht asphaltiert, gebirgig und besser mit einem Allradfahrzeug zu befahren. Man umfährt auf dieser Strecke den Gebirgsstock des Kukavica, dessen höchste Erhebung der Vlaina mit 1441 Metern ist.

Bei Vučje (Вучје) befinden sich die Reste einer alten Burg (Zeleni Grad/ Зелени Град), von der Nikola Skobaljić tapfer gegen die Türken gekämpft haben

Die kleine Kirche von Vučje

soll. Die Ruine, 1454 von den Türken erobert, ist in das Areal eines Kraftwerks integriert. Unterhalb steht ein malerisches Kirchlein neueren Datums.

Mitten im Wald, etwa sieben Kilometer außerhalb von Vučje, steht das Panoramahotel ›Vlaina‹, das derzeit grundlegend saniert und bald zur Erholung einladen wird.

Fünf Kilometer vor Leskovac, nicht weit vom Dorf Strojkovce (Стројковце), stehen die Reste des Klosters Rudare (Рударе) mit einer der heiligen Paraskeva geweihten Kirche, dem Konak und einem Friedhof des 18. Jahrhunderts. Die Malereien der Kirche sind durch eine Kalkschicht übertüncht. Einst war man stolz auf ein Kapitell aus der Zeit Justinians vom 6. Jahrhundert, doch das Kloster zerfällt völlig. In Strojkovce steht ein Museum für Textilmaschinen.

Leskovac

Die Stadt Leskovac (Лесковац) war einst ein Synonym für die Industrialisierung Südserbiens, die nach dem zweiten serbisch-türkischen Krieg 1877/78 begann. Bis zu den Balkankriegen gehörte es zu den wichtigsten Industriezonen Serbiens, was ihm den Namen ›serbisches Manchester‹ einbrachte. Vor allem die international agierende Textilindustrie, darunter die Seidenspinnerei K. Ilić und die Weberei G. Petrović & Co standen für den Erfolg. Noch in den 80er Jahren ließen so bekannte Firmen wie ›Trumpf‹ und ›Hugo Boss‹ in Leskovac fertigen. Mit den Konflikten um und in Serbien belegte die Europäische Union die Textilindustrie mit einem Embargo, das seit der Wahl von Präsident Tadić aufgehoben wurde. Daneben war auch die chemische Industrie heimisch, die pharmazeutische und kosmetische Produkte herstellte. Die Fabriken stehen jedoch größtenteils still, warten auf Käufer und bedürfen dringend der Modernisierung.

Die Stadt liegt in einer ausgedehnten Tiefebene am Fluß Veternica. Sie war bereits in vorgeschichtlicher Zeit von Illyrern (Dardanern) und Kelten besiedelt. Später schufen die Römer auf einer Anhöhe eine Befestigung. Im Mittelalter hieß das Gebiet Dubčica und kam schon im 12. Jahrhundert unter Stefan Nemanja zum serbischen Staat. Nach der Einnahme durch die Türken 1454 entwickelte es sich zu einem wichtigen Handelszentrum. Seit 1878 wurde es serbisch. Die bulgarische Besetzung im zweiten Balkankrieg und die beiden Weltkriege haben der Stadt schwer zugesetzt und Platz gemacht für kommunistische Neubauten, wie sie in fast jeder serbischen Stadt anzutreffen sind. Eine verkehrsreiche Hauptstraße führt mitten durch das Zentrum. Nur wenige alte Gebäude haben Kriege und Zeitgeist überlebt: das Bora Dimitrijević-Piksla Haus und das Šop-Djokić-Haus, beide im Konakstil. Das eine beherbergt ein Restaurant mit nationaler Küche, das andere wird als Verwaltungsgebäude genutzt. Die älteste Kirche der Stadt stammt vom Beginn des 19. Jahrhunderts. Es handelt sich um einen Längsbau ohne Kuppel mit Anbauten an der West- und Südseite. Auf einer Anhöhe liegt der von Bogdan Bogdanović gestaltete Gedenkfriedhof für die Opfer des Zweiten Weltkrieges. Leskovac besitzt auch ein Heimatmuseum mit einer serbischen und einer türkischen Abteilung, es ist aber leider in bedauernswertem Zustand.

Vorwahl: 016.

Hotel ›Beograd‹, bul. Oslobođenja (бул. Ослобођења), Tel. 25 20 42, Fax 25 06 40; 2 Sterne. Im Zentrum, mit Parkplatz.

›Dubočica‹, bul. Oslobođenja, Tel. 526 59; 1 Stern.

Restaurant ›Kozara‹, Tel. 21 20 44.

›Kondir‹, Tel. 25 25 06.

Die Jašunja-Klöster

Zwischen Leskovac und Niš befinden sich einige Klöster. Während die UNESCO-Kulturdenkmäler, aber auch die Klöster im Norden und in den Grenzbereichen sehr gepflegt und mit viel Aufwand teilweise wieder sogar völlig neu aufgebaut werden, trifft man bedauerlicherweise hier im Süden immer wieder auf Denkmäler, die dem Zerfall preisgegeben sind. Die Jašunja-Klöster (Јашуња Манастири) liegen am gleichnamigen Flüßchen. Eines erreicht man über das Dorf Bogojevce (Богојевце), indem man am Ende des Dorfes sieben Kilometer auf einem Schotterweg bis zu einem Waldstück fährt. Die Einheimischen nutzen die Umgebung für Feste und zum Picknick. Die Johannes dem Täufer (Sv. Jovan Preteča/ Св. Јован Претеча) geweihte Kirche spendete 1517 der Edelmann Andronik Kantakuzen. Das einschiffige Kirchlein ohne Kuppel wurde auf einem Vorgängerbau errichtet. Erstaunliche Malereireste stammen von 1524 und 1693, glücklicherweise hat man mit der Sicherung begonnen. Das zweite Kloster am Fluß besitzt eine Muttergotteskirche von 1499, die ein Werk der Nonnen Ksenija, Teofana, Marta und Marija war. Sie ist ebenfalls einschiffig, ohne Kuppel, und erhielt später eine offene Vorhalle. Von der ursprünglichen Malerei sind Porträts der Nonnen, Maria Tempelgang und eine Marienikone erhalten.

Beim Dorf Pečenjevce (Печењевце) überquert man den Fluß Leskovac und fährt durch das Dorf Razgojna (Разгојна) hinauf in die Berge. Unterhalb des Dorfes Babičko (Бабичко) liegt im Wald die Ruine vom Kloster Babičko. Die dem Erzengel Michael geweihte Kirche entstand, einschließlich ihrer Malereien, im 16. Jahrhundert.

Das Johannes dem Täufer geweihte Kloster

Niš

In Niš (Ниш) beginne der Orient, so schrieben viele Balkanreisende. Tatsächlich ragen schon bei der Einfahrt in die Stadt die Minarette hervor, während sich die Kirchen eher zu verstecken scheinen, obwohl die Saborna crkva (Саборна црква) sogar eine schöne Ikonostase von Đorđe Krstić aus dem 19. Jahrhundert birgt. Die Stadt mit ihren 170 000 Einwohnern, eine der größten Serbiens nach Belgrad und Novi Sad, liegt 193 Meter hoch und ist der wirtschaftliche und kulturelle Mittel-

Blick auf den Oslobođenja-Platz im Zentrum von Niš

punkt Südserbiens. Entsprechend leidet sie heute unter der wirtschaftlichen Depression. Die gesamte Elektronikindustrie, die hier ansässig war, wurde stillgelegt, wodurch allein 50 000 Menschen arbeitslos wurden. Lediglich die Tabakfabrik wurde bereits privatisiert und bietet weiterhin Arbeitsplätze. Die Universität von Niš, die 1965 gegründet wurde, ist mit ihren mehr als 25 Fakultäten eine der größten des Landes. Nicht zuletzt wegen seiner Studenten ist Niš trotz aller Probleme besonders am Abend eine sehr lebhafte Stadt mit viel Musik und einem intensiven Nachtleben. Alljährlich findet hier das Jazzfestival des Balkans statt. Ein großer Sohn der Stadt ist der Filmregisseur Predag Antonijević. Die Stadt an der Mündung der Nišava in die südliche Morava breitet sich zu beiden Seiten des Flusses aus. An der Flußpromenade sind, neben Restaurants, die Universität und der große Markt plaziert.

Geschichte

Niš liegt an der bis heute wichtigsten Verkehrsader der Balkanhalbinsel. Von hier zweigt der Hauptweg nach Vorderasien über Sofia nach Istanbul ab. Das Becken von Niš verbindet die Wege zur unteren Donau, zum Maricatal (Bulgarien), zur Ägäis und zur Adria nach Kotor und Dubrovnik durch das Tal der westlichen Morava. Ihre strategische Position an dieser Verbindungslinie von Westen nach Konstantinopel erkannten die Römer sehr schnell und gründeten in den Jahren 4 bis 6 nach Christus an der Stelle eines illyrischen Dorfes ein Castrum zur militärischen Nutzung. Der Grundstein zur Festung Naissus, einem wichtigen Stützpunkt der illyrischen Provinz Moesia superior, war damit gelegt. Der Stadtname ist thrakischen Ursprungs, was auf die Mehrheit der damaligen Bevölkerung schließen läßt.

Im Jahr 280 nach Christus schenkte hier die Gastwirtin Helena dem römischen Mitkaiser Constantius (293–306) einen Sohn, den Constantinus (280–337, Kaiser seit 306), der als Konstantin der Große in die Geschichte eingehen sollte. Konstantin hatte das Christentum anerkannt und alle Repressalien gegen die Christen aufheben lassen. Er schmückte auch seine Geburtsstadt Naissus mit imposanten Bauten, die durch schriftliche Quellen bekannt wurden, in denen sie als vermögend und menschenreich erwähnt wird.

Der Niedergang von Niš begann mit der Zerstörung durch die Hunnen im Jahr 441 nach Christus. Justinian (527–565), der Erneuerer des Ostreiches, ließ die Stadt als Naissopolis wieder aufbauen und stark befestigen. Erneut wurde die Stadt durch die Awaren im 6. Jahrhundert zerstört. Ihnen folgten die Slawen, die sich nach und nach in den Trümmern der Stadt niederließen. Alle weiteren Versuche der byzantinischen Kaiser, das alte Imperium wieder zu errichten, blieben erfolglos. Im 9. Jahrhundert war die Stadt, als Nisus erwähnt, in bulgarischem, im 11. in ungarischem Besitz. Dem byzantinischen Kaiser Manuel Komnenos gelang eine kurzfristige Eroberung, Niš wurde dabei erneut befestigt (1152–1153). Danach eroberten es die Serben unter Stefan Nemanja. Die Kreuzritter zogen hindurch. Sagenumwoben ist das Treffen zwischen Kaiser Friedrich I. Barbarossa und Stefan I. Nemanja im Jahr 1189.

Die Nemanjiden stifteten mehrere Kirchen, von denen nur noch die Ruinen der Panteleimonkirche und die Dreifaltigkeitskirche in Gornji Matejevac (Горњи Матејевац) Zeugnis ablegen. Immer wieder wechselten die Herren der Stadt zwischen Serben, Byzantinern und Bulgaren.

Nach der Schlacht der Serben gegen die Türken an der Marica im Jahr 1386 drangen die Türken erstmals in die Regione ein, 15 Jahre später eroberten sie Niš nach 25tägiger Belagerung. Sie zerstörten die Festung und nutzten sie als Steinbruch für ihre Häuser. Viele Bewohner flüchteten in die umliegenden Dörfer.

Noch einmal konnten die Serben die Stadt kurzfristig für sich gewinnen. Doch von 1474 bis 1877 sollte es türkisch bleiben. Die Festung lag noch lange in Trümmern, statt von Mauern von hölzernen Pfählen umgeben. Die Bewohner siedelten auf das andere Nišava-Ufer über. In beiden Weltkriegen wurde Niš von fremden Truppen besetzt und schwer beschädigt. Während des Zweiten Weltkrieges unterhielten die Besatzer hier in ein Konzentrationslager, das viele Opfer forderte. Ein Gedenkpark wurde auf dem Hügel Bubanj angelegt. Der Denkmalkomplex geht auf den Zagreber Bildhauer Ivan Sabolić zurück.

Stadtbesichtigung

Herz der Stadt ist der trg Oslobođenja (трг Ослобођења), der vom Hotel ›Ambasador‹ überragt wird. In ihrem Zentrum steht ein Denkmal zur Erinnerung an die Opfer der Befreiungskämpfe gegen die Türken, die Gefallenen im Ersten Weltkrieg und während der Balkankriege, und im Hintergrund liegt die Festung. Der bul. Generala Milojka Lešjanina (бул. Генерала Милојка Лешјанина) teilt die große Fußgängerzone. Der Boulevard wird von wenigen historistischen Bauten gesäumt, dem Gebäude des Sinfonieorchesters von Niš und dem Verwaltungsgebäude des Nationalmuseums (Narodni muzej/Народни музеј). Außerdem steht hier auch die Hauptmoschee der Stadt, die nach den Unruhen im Februar 2004 im Kosovo in Brand gesteckt wurde, sich aber glücklicherweise wieder im Aufbau

Grünanlage vor der Festung von Niš

befindet. Das Nationalmuseum befindet sich in der ul. Pašica (ул. Пашица). Dem Gebäude gegenüber steht ein schöner alter Konak, in dem ein Restaurant untergebracht ist. Vom Freiheitsplatz ist es nicht weit zur Promenade mit einem Denkmal von Nadežda Petrović (1873–1915), der beliebten serbischen Malerin.

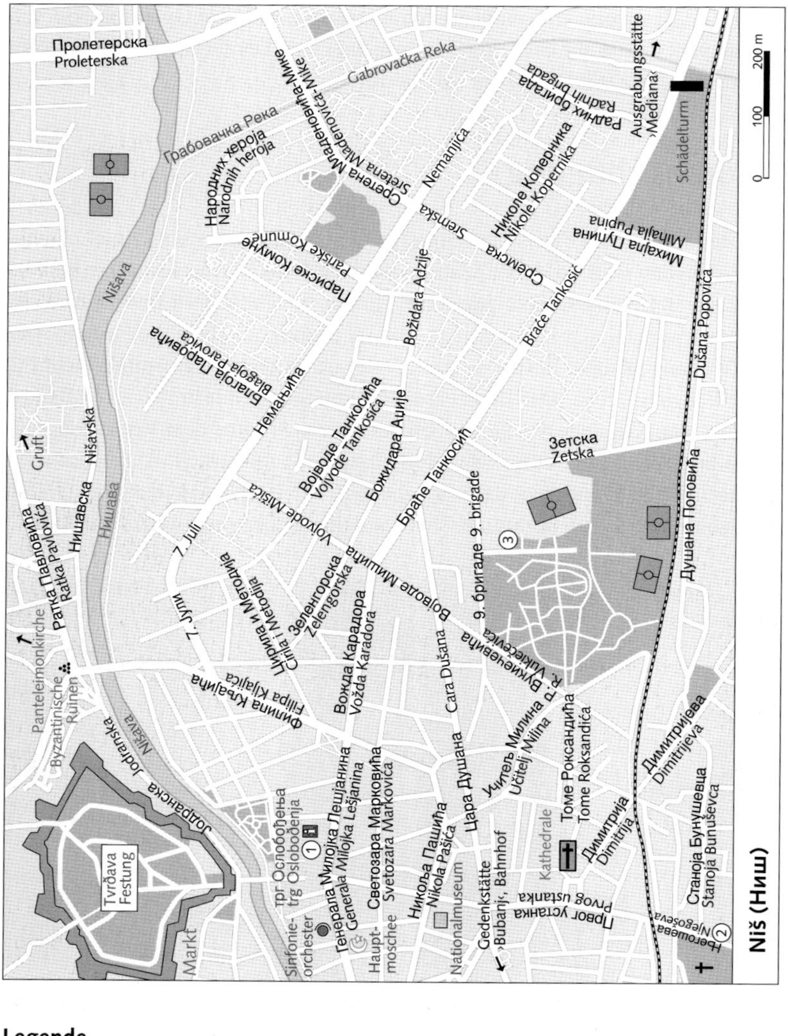

Legende

1 Hotel ›Ambasador‹
2 Hotel ›Aleksandar‹
3 Hotel ›Centroturist‹

Die Festung von Niš

Auf dem rechten Ufer der Nišava liegt die Festung von Niš (Tvrđava) mit einem polygonalen Grundriß, fünf Bastionen und fünf Toren. Innerhalb der Festung sind einige Bauten aus der Türkenzeit erhalten: die Moschee des 18. Jahrhunderts, Teile des Hamam, in dem heute schöne Lokale untergebracht sind, das Arsenal, das für Ausstellungen genutzt wird, und die Ruinen der türkischen Garnisonsbauten. Durch das wehrhafte, mit orientalischen Ornamenten verzierte Haupttor an der Nišavabrücke gelangt man in die Festung.

So wie die Festung heute zu sehen ist, entstand sie im 17. Jahrhundert an der Stelle eines römischen Castrums und einer mittelalterlichen Burg. Die den Türken zum mächtigen Gegner erwachsenen Habsburger gelangten sogar 1737 kurzfristig in den Besitz von Niš. Nach dem Abzug der Habsburger modernisierten die Türken die Festung. Man nutzte den bestehenden uralten Teil, verstärkte und verkleidete die Mauern mit allen Materialien, derer man habhaft werden konnte: Steinen aus den Gruben von Hum, Grabdenkmälern, Sarkophagen und Säulen. Als Bindemittel diente mit Sand gemischter, gelöschter Kalk, der zwischen die Steinblöcke gegossen wurde. Nur so konnte in kürzester Zeit eine Festung von immerhin 22 Hektar mit vier Toren entstehen: dem Istanbuler Tor nach Süden, dem Belgrader Tor nach Südwesten, dem Vidiner Tor, das auf den Berg Vidin ausgerichtet ist, und dem Jagodinaer Tor, das auf die Nišava und das Stadtviertel Jagodina hinausführte. Die Gedenktafel am Istanbuler Tor zeigt die arabische Inschrift:

Die Festung von Niš mit dem Hamam

›Der Kaiser, der wie Alexander majestätisch ist; der wie Darius berühmt ist, ist Ahmet-Han, der Sultan aller Weltsultane. Der Kaiser, welcher der Nachkommenschaft Städte bauen läßt, der Kaiser sondergleichen früher und in der Zukunft, was alle Weltweisen behaupten. Er übertrifft alle seine Vorfahren an Weisheit und Verwaltung.‹ Auf dem Haupttor von 1725 steht in arabisch geschrieben, daß Achmed Khan III. das Tor errichtet habe.

Im Inneren der Festung entwickelte sich die türkische Siedlung. Sie bestand aus zwei Teilen: dem reichen Hundscharviertel mit Luxusquartieren, den Frauengemächern und Hamams und dem Edirne-Bali-Viertel für die Beamten, Militärs und Handwerker mit Ladenflügeln und kleinen Läden. Im Zentrum der Festung standen mehrere Moscheen, eine Turmuhr und schön verzierte Brunnen.

Heute ist das Areal in einen Park umgestaltet, in dem sich neben römischen Resten, darunter Fragmente einer Straße, eine Moschee, das historische Archiv, im Norden die erhaltene Kurtine und der Wall sowie das Hamam befinden, in dem Restaurants und Cafés untergebracht sind. Außerdem schmücken ein Befreiungsdenkmal und Büsten berühmter Leute den Park, darunter Jelena D. Pesnik (1862–1945).

Der Schädelturm

Drei Kilometer von der Stadtmitte entfernt, an der Straße nach Dimitrovgrad, der einstigen Militärstraße nach Istanbul, steht der Schädelturm (Ćele Kula/Ћеле Кула) auf dem Gelände des Militärhospitals. Das Denkmal ist ein Zeugnis aus dem ersten serbischen Aufstand und eine Zweigstelle des Nationalmuseums. Zu Beginn des 19. Jahrhunderts wurden die Kämpfe zwischen Serben und Türken immer heftiger und häufiger und mündeten schließlich in einer allgemeinen Rebellion und einen Aufstand zur Erlangung der serbischen Unabhängigkeit. Nach ersten Siegen über die Türken 1805 in Ivankovac und 1806 in Mišar und Deligrad bereiteten die Aufständischen einen Angriff vor, um die noch von den Türken besetzten Gebiete zu befreien. Dabei wurde die südliche Front zur wichtigen Bastion, und der größte Teil der Truppen wurde in Richtung Niš verlegt. In den folgenden Kämpfen wurde das Gebiet nördlich von Niš 1809 zu einem Schlachtfeld. Die Aufständischen besetzten zunächst Stellungen in der Nähe des Dorfes Kamenica, sechs Kilometer nordöstlich von Niš. Uneinigkeit der Führung verzögerte den Angriff auf Niš. Den Türken, zunächst in Kämpfen gegen die Russen gebunden, kam die Überflutung der Donau zu Hilfe, so daß sie ihre Truppen nach Süden verlegen konnten. Sie erreichten Donja Vrazina und weiter Čegar. Unter der Führung des Serben Stefan Sindjelić wurde die türkische Garnison von Niš angegriffen, die Serben unterlagen jedoch auf dem nahen Hügel Čegar. Um

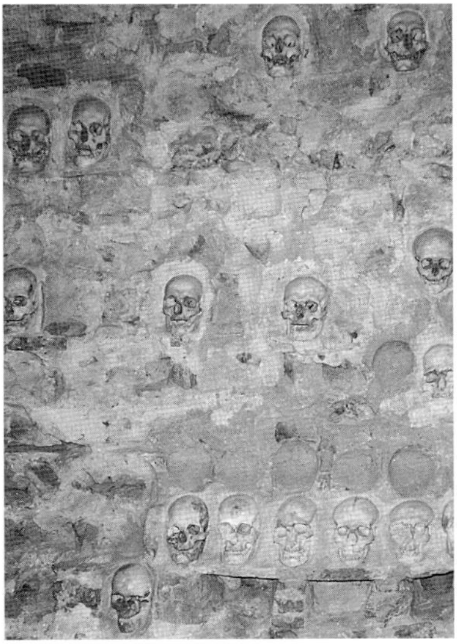

Der Schädelturm sollte die Feinde der Osmanen abschrecken

den Feinden nicht in die Hände zu fallen, hatten sich die Serben auf diesem Hügel verschanzt und mittels der Zündung des Waffenarsenals in die Luft gesprengt. Der siegreiche Pascha ließ zur Abschreckung vor weiteren Rebellionen den Leichen die Köpfe abschlagen, die gehäutet und mit Baumwolle gefüllt als Trophäe nach Istanbul gesandt wurden. Dem türkischen Sultan war dies nicht genug. Er erteilte den Befehl, die Schädel nach Niš zurückzubringen und in einen Turm einzufügen, der sich an einer belebten Straße befinden sollte, damit jedermann ihn sehen konnte.

Der drei Meter hohe eckige Turm entstand im Jahr 1827 an der Militärstraße von Niš nach Istanbul. In seine vier Seiten wurden 952 Schädel mit der Gesichtsfläche nach außen angeordnet. Einige Schädel fielen später heraus, andere gingen verloren. So mancher Schädel wurde von den Bewohnern heimlich entfernt und würdevoll begraben. Heute stecken noch etwa 60 Schädel in diesem Turm. Nach der Befreiung von Niš im Jahr 1878 wurde der Turm verhüllt und eingezäunt. 1892 fügte man eine Kapelle hinzu und konservierte das Areal als Nationaldenkmal. Auf dem Čegar-Hügel wurde zum Andenken an Stefan Sindjelić ein Denkmal errichtet.

Jagodina Mala

In Jagodina Mala, einem Vorort von Niš, hat man bei Grabungen byzantinische Reste gefunden, die gleich bei der Brücke am Ortseingang zu sehen sind. Im Jahr 1953 machte man in diesem Vorort den sensationellen Fund einer Gruft in einem Hof. Diese Gruft stammt aus dem 4. Jahrhundert und war mit Wandmalereien ausgestattet. Durch den Eingang an der Ostseite gelangte man in einen rechteckigen Raum von 2,63 mal 2,23 Metern mit einem Tonnengewölbe. Der Raum war durch niedrige Trennwände in drei Grabkammern geteilt. An den Wänden befanden sich Malereien mit christlicher Symbolik: Ost- und Westwand schmückten ein umkränztes Monogramm Christi oder vielleicht des Kaisers Konstantin, während an der Ostwand die Heiligenfiguren Peter und Paul standen. Im Stil war hier die spätrömische Tradition fortgesetzt worden, während sich die Ikonographie an die frühchristliche Katakombenmalerei anlehnte. Man hatte die Gruft renoviert und der Öffentlichkeit zugänglich gemacht. In der weiteren Umgebung konnten zwar weitere Grüfte freigelegt werden, deren Malereien jedoch zerstört waren. Heute kennt aber so gut wie niemand mehr diese Gruft. Sie befindet sich auf einem Areal mit mehreren Gebäuden: einem Verwaltungsgebäude und bescheidenen Wohnbauten. Dazwischen befindet sich ein kleiner rechteckiger Ziegel-Überbau, der nicht kenntlich gemacht ist. In Unkenntnis seiner Bedeutung wird er weder gehütet noch geschont und ist mehr oder weniger zu einer Müllhalde geworden.

Niš Mediana

Der ehemalige römische Villenvorort der Stadt Naissus Mediana (Ниш Медиана) diente als Kaiserresidenz. Seine Bauten entstanden vom Ende des 3. bis zum Ende des 4. Jahrhunderts. Er liegt etwa sechs Kilometer östlich in Richtung Pirot, gleich hinter dem Motel ›Mediana‹. Die römische Ausgrabungsstätte ist sehr schlecht beschildert, frei zugänglich und besitzt ein kleines Museum, das oft geschlossen ist. Im Sommer werden Ausgrabungscamps angeboten.

In der turbulenten Phase des römischen Reiches vom 3. bis 5. Jahrhundert nach Christus gelang es Nichtrömern aus der Provinz Illyrien, an die Spitze des Reiches zu gelangen. Einer war Constantius I. (293–306), römischer Kaiser, ein anderer sein Sohn C. Flavius Valerius Constantinus Augustus, Konstantin der Große. Kaiser Konstantin, ein großer Kunstmäzen, ließ sich in Mediana eine luxuriöse Residenz erbauen, in der er sich oft aufgehalten haben soll, um seinen Regierungsgeschäften nachzugehen. Eines seiner Gesetze wurde sogar 337, in seinem Todesjahr, in Naissus unterzeichnet. Nach Konstantins Tod wurde Mediana noch mehrfach in der römischen Geschichtsschreibung erwähnt. In der Stadt sollen sich die Söhne Konstantins, Constans und Constantinus, versöhnt haben. Noch unter Julian Apostata, der in Naissus seinen Sieg als Kaiser feierte, erlebte Mediana eine große Blüte. In der Chronik eines gewissen Amien Marcellin war für das Jahr 441 folgende Nachricht zu lesen: »Die Hunnenkönige unterwarfen die Provinzen von Illyrien. Sie haben Naissus, Singidunum und weitere große und kleine Städte in Illyrien zerstört.« Man geht davon aus, daß Mediana dasselbe Schicksal ereilte. Wiederaufgebaut von Justinian, konnte der alte Glanz jedoch nicht mehr erreicht werden. Im Laufe der Zeit bedeckte eine dicke Erdschicht die alte Villenstadt.

Um 1930 begann eine Gruppe von Amateurarchäologen von Niš mit bescheidenen Mitteln eine Ausgrabung an einem Ort mit Namen ›Bresje‹ zwischen Niš und Niš-Bad. Bald darauf entdeckte man ein erstes großes Gebäude mit einem

Ausgrabungen in Niš Mediana

mehrfarbigen Mosaik, Reste der Kanalisation, Rohrleitungen, Säulenfragmente und an bestimmten Mauerresten sogar Malereifragmente. Außerdem fand man mehrere Statuen aus Marmor und Bronze, darunter einen Gladiator und einen Kopf Konstantins des Großen sowie Silbermünzen aus der Epoche Konstantins. Neben Villen, Palästen und Thermen fand man auch ein Bauwerk mit einem spätantiken, ornamental gestalteten Bodenmosaik. Heute weiß man, daß sich in Mediana mehr als 50 Villen befunden haben, die von Gärten umgeben waren, die teilweise landwirtschaftlich genutzt wurden. Im Jahr 1963 wurden die Thermen und die dazugehörigen Hypocausten freigelegt. Sie befinden sich in der Nähe des Museums. Die Grabungen stehen jedoch noch am Anfang. Die kostbarsten Fundstücke von Niš und Niš-Mediana wurden nach Belgrad gebracht.

Vorwahl: 018.

Niš: Hotel ›Ambasador‹ [1], trg Oslobođenja, Tel./Fax 25-650, -833; 3 Sterne, DZ 2300, EZ 1500 Dinar. Das Hochhaus ist angeblich das beste Haus am Platz, aber leider sehr vernachlässigt.
›Aleksandar‹ [2], ul. Njegoševa, Tel. 562-076, Fax -056; 3 Sterne.
›Centroturist‹ [3], ul. IX. Brigade 10, Tel. 224 77, Fax 235 42; 3 Sterne.
Motel und Camping ›Nais‹, direkt am Autoput, Tel. 601-066, Fax -599.

Restaurant ›Hamam‹, in der Festung Tvrđava, Tel. 51 34 44, mobil 064/266 22 28. Ausgezeichnetes Essen bei ebensolcher Bedienung und zivilen Preisen. Eine Reservierung lohnt sich.

Nationalmuseum, ul. Pašica; Di–Sa 9–20, So 10–14 Uhr.
Schädelturm Di–So 9–19 Uhr.

Die Umgebung von Niš

Niška Banja (Нишка Бања) ist der nur zehn Kilometer im Südosten von Niš entfernt liegende Kurort, der sich in den Hügeln auf 250 Metern Höhe befindet. Er ist touristisch ausgebaut. Mehrere staatliche Hotels laden zum Kuren mit radioaktivem Wasser ein, das die Schmerzen bei Rheuma lindern soll.

Bela Palanka (Бела Паланка), das in Richtung Pirot nur 40 Kilometer von Niš entfernt liegt, war im 2. Jahrhundert nach Christus eine der großen Siedlungen an der Straße von Naissus (Niš) nach Serdica (Sofia). Reste dieses antiken Remesiana wurden während der archäologischen Forschungen, die nach dem Zweiten Weltkrieg begannen, entdeckt. Die Fundstücke wurden in die Museen vor allem nach Belgrad gebracht. Im Mittelalter fand die Ortschaft als Mokra Erwähnung, während die Kreuzritter die Stadt im 12. Jahrhundert verlassen vorfanden. Zur Zeit Stefan Dečanskis und nach der Schlacht bei Velbužd im Jahr 1330 war sie als

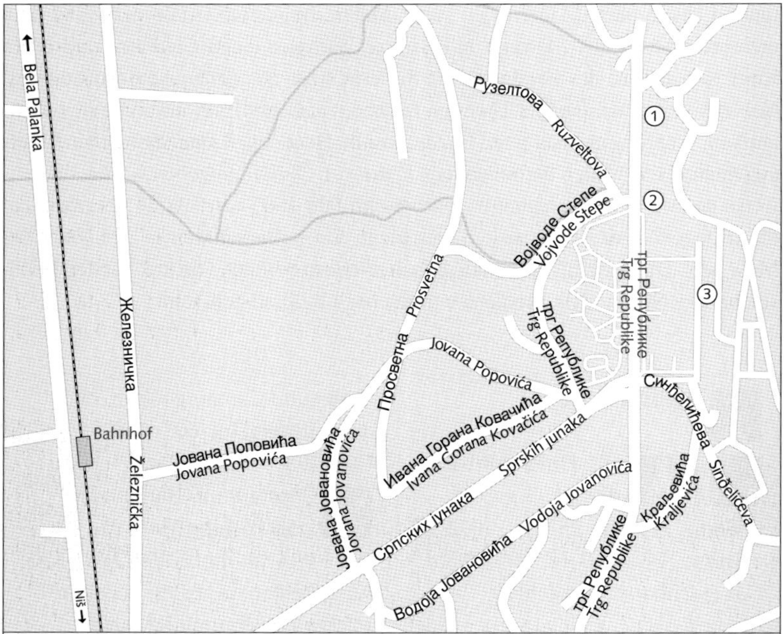

Niška Banja (Нишка Бања)

Legende

1 Hotel ›Ozren‹

2 Hotel ›Partizan‹

3 Gesundheitszentrum

Izvor bekannt. Türkische Quellen erwähnten den Ort im 16. Jahrhundert als Bunar-Baši, was die Hauptquelle bedeutet. Das Heer Süleymans des Prächtigen soll hier einmal stationiert gewesen sein.

Im 17. Jahrhundert wurde die Stadt wechselweise nach ihren Statthaltern Musa-Pascha-Palanka und Mustafa-Pascha Palanka genannt. Daraus entstand das türkische Ak-Palanka, übersetzt ins Serbische Bela Palanka.

Eine bedeutende Persönlichkeit der Stadt war Niketas von Remesiana, der von 366 bis 414 Bischof in Remesiana war. Er gehört zu den wichtigen Kirchenlehrern des frühen Christentums. Von ihm stammen nicht nur viele kirchenphilosophische Schriften, sondern auch der berühmte Lobgesang ›Te deum laudamus‹.

Außerhalb der Stadt in Richtung Mokra ist eine Dimitrijekirche zu besichtigen.

In der Sićevoschlucht steht das im 17. Jahrhundert erbaute und ausgemalte Kloster Sićevo (Сићево).

30 Kilometer in Richtung Norden, entlang dem Autoput, befindet sich an der Mündung der Moravica in die Morava die Stadt Aleksinac (Алексинац). Die Ortschaft ist jung, sie wurde 1566 als an der Straße nach Konstantinopel liegend erwähnt. 40 Jahre vor Niš konnte sie von den Türken befreit werden und wurde zunächst Verwaltungszentrum Südserbiens. Wenige historistische Bauten sind zu sehen, darunter eine Schule, ein Projekt von Dušan und Dragutin Živković im Stil der Renaissance. In einem kleinen Museum werden archäologische und ethnographische Fundstücke aufbewahrt.

Beim Dorf Bovan (Бован), neun Kilometer nördlich von Aleksinac, liegt die Moravicaschlucht, in der man Reste des alten Bovan, eines um 1395 lebhaften Handelsplatzes, ausgegraben hat. Mehrere Festungsreste befinden sich in der Umgebung: Korman, acht Kilometer westlich, Kulina, 15 Kilometer südwestlich, und Sveti Nestor, 15 Kilometer nordwestlich. Alle drei gehen auf das Mittelalter zurück.

Die Nišja in Niš

Bei Lipovac (Липовац) befindet sich das Kloster des heiligen Stevan (Св. Стеван), das 1399 der Mönch German errichten ließ. Die Wandmalereien stammen aus dem 16. Jahrhundert. Über ihm ragt die alte Festung Lipovac.

Nordwestlich von Aleksinac, rechts der Morava, liegt das Kloster des heiligen Roman (Св. Роман) aus dem 14. Jahrhundert. Im 18. Jahrhundert wurde es erneuert. Seine Kirche wird der Moravaschule zugerechnet. Glockenturm und Konak stammen aus dem 19. Jahrhundert. Beachtenswert sind reiche Holzschnitzereien am Hauptportal der Kirche.

Vier Kilometer westlich von Aleksinac steht eine Gedächtniskirche für den Grafen Nikolaj Nikolaevič Raevskij. Der Russe nahm freiwillig am serbischen Befreiungskampf teil und fiel hier. Er war das Vorbild für den Grafen Vronskij, den Hauptheld in Tolstojs Roman ›Anna Karenina‹. Kirche und Gedenkschule gehen auf seine Schwiegertochter, Gräfin Marija Raevskaja, zurück.

Vorwahl: 018.

Niška Banja: Hotel ›Ozren‹ [1], trg Republike bb, Tel. 542-008 Fax -805; 3 Sterne. ›Partizan‹ [2], trg Republike bb, Tel. 54 28 09; 2 Sterne. Gesundheitszentrum [3], ul. Srpskih junak 2, Tel. 54 14 14, Fax 54 20 84, radonnb@eunet.yu, www.radonnb.co.yu.

Von Niš ins Stari Ras

Auf dem Weg von Niš ins Stari Ras sind einige Klöster sehenswert. Man passiert zunächst das Städtchen Prokuplje (Прокупље), in dem viele Albaner leben. Das Städtchen am Fluß Toplica geht auf die Römer und frühen Byzantiner zurück, die die Festung Hammeum anlegten. Später nannte man es Komplos, und im Mittelalter tauchte der Name Prokuplje auf. 200 Jahre lang, im 16. und 17. Jahrhundert, bestand hier eine große Kaufmannschaft aus Dubrovnik.

Nicht weit von der Grenze zum Kosovo liegt das kleine Kuršumlija (Куршумлија) in der Region des südostserbischen Toplica, an der Mündung der Banjska in die Toplica. Die Ortschaft zwischen Prokuplje und Priština entstand als römisches Ad Fines zur Sicherung der Heer- und Handelsstraße zwischen Naissus (Niš) und Ulpiana (bei Priština). Als Toplica war es im 12. Jahrhundert eine der Residenzstädte Stefan Nemanjas. Ein Silberbergwerk brachte der Residenz die notwendige wirtschaftliche Grundlage. Die Regierungszeit Stefan Nemanjas darf als die Einleitung der großen Zeit der serbischen Monumentalbaukunst angesehen werden. Auch in seiner Residenz Kuršumlija stiftete der Großžupan zwei Kirchen, zu seinen ersten Gründungen gehörten die Marienkirche oberhalb der Mündung der Kosanica, die leider zerstört ist, vom Dreikonchentypus wurden nur noch Reste geborgen. Die Nikolauskirche über der Mündung der Banjska ist aufgrund ihrer Originalität besonders hervorzuheben. Sie beherrscht mit ihren weißen Mauern über dem Fluß Toplica die Umgebung. Nach ihr wurde der Ort für kurze Zeit Bela Crkva (Weißkirchen) genannt. Erst die Türken benannten die Ortschaft nach den Bleidächern ihrer Kirchen, den sogenannten Kuršun, in Kuršumlija um. Bis zur Mitte des 8. Jahrhunderts waren beide Namen gebräuchlich. Die Nikolauskirche hat man nach Zerstörungen wieder aufgebaut. Sie darf als eines der ersten Beispiele der Raškaschule angesehen werden, in der der Grundtypus vorgegeben war: ein einziger Raum mit einer relativ großen Kuppel, mit einem dreiteiligen Altarraum im Osten und einem Narthex im Westen. Im 13. Jahrhundert wurde die Vorhalle mit zwei Türmen und im 14. Jahrhundert auf der Südseite eine Kapelle angebaut. Die Kirche besteht aus Backsteinen und Mörtel.

In der Umgebung von Kuršumlija sind mehrere Festungsreste, darunter die kleine Marina Kula genannte Burg, zu entdecken. Unterhalb von ihr liegen Fragmente einer ehemaligen Markuskirche, die Reste einer frühchristlichen Basilika des 4. Jahrhunderts.

In Kuršumlijska Banja (Куршумлијска Бања) wird ebenso wie in Prolom Banja (Пролом Бања) gekurt. Aus vielen Quellen sprudelt warmes Mineralwasser aus dem Boden, das unter anderem bei rheumatischen Erkrankungen Hilfe verspricht.

Vorwahl: 027.

Kuršumlija: Motel ›Rado‹, Kastrati Magistralni put, Tel. 381-119 Fax -155; 3 Sterne.
▸ Kuršumlijska Banja: Gesundheitszentrum ›Žubor‹, Tel. 381-117, Fax -420.
▸ Prolom Banja: Hotel ›Radan‹, Tel. 88-111, Fax -092, prolom_banja@planinka.co.yu; 2 Sterne.

Der Nationalpark Suve Rudište

Der Weg in den Nationalpark Suve Rudište (Kopaonik) führt über Blace (Блаце) und den Luftkurort Brus (Брус), in dessen Umgebung sich mehrere sehenswerte Denkmäler befinden. Nur zwei Kilometer vor Brus befindet sich das Kloster

Lepenac (Св. Стефан, Лепенац). Es liegt erhöht über dem Fluß Rasina, umgeben von vielen Himbeerplantagen. Ein Mönch lebt zur Zeit im Kloster. Die Kreuzkuppelkirche mit Narthex im Westen ist dem heiligen Stefan geweiht und geht in ihrem Kern auf das 15. Jahrhundert zurück. Ihr hoher Tambour mit Kuppel ist von weitem durch die Bäume zu sehen. Die Kirche lag einst in Ruinen und wurde wieder aufgebaut. Wenige Spuren von Malereien sind zu erkennen.

Nicht weit von Brus sind Reste einer weiteren Stefanskirche in Milentija (Милентија) zu sehen. Die ehemalige Dreikonchenanlage aus dem 15. Jahrhundert wurde vom Würdenträger der Branković, Radić Postupović, gestiftet. Bei archäologischen Untersuchungen entdeckte man Fragmente der Steinplastik. An der Straße stehen Verkäufer, die einheimische Produkte wie Honig, hausgemachte Marmelade und natürlich Šlivovic anbieten.

Brzeće (Брзеће) liegt bereits auf 1100 Metern und ist ein Wander- und Skigebiet, nur 14 Kilometer vom großen Skizentrum entfernt.

Der Nationalpark erstreckt sich über 12 000 Hektar in Serbien und dem Kosovo. Der serbische Teil verläuft an der Grenze der Berge zum Kosovo. Auf dem Hochplateau des Kopaonik ist ein Paradies für Freizeitsportler angelegt: Bergklettern, Mountainbiking, Paragliding und Floßfahrten werden im Sommer geboten, während im Winter ein modernes Skizentrum zur Verfügung steht. Ein Zentrum des Skigebiets ist Blaževo (Блажево), das auf viele Gäste eingerichtet ist. 44 Kilometer lassen sich auf leichten bis mittelschweren Pisten auf Skiern zubringen. 20 Lifte, neue Appartementhäuser und Hotels stehen zur Verfügung. Das Plateau von Kopaonik liegt auf 1700 Metern Höhe und ist von weitem Grasland und malerischen Wäldern umgeben, in die viele Flußtäler eingeschnitten sind.

Hotel ›Kopaonik‹, Tel. 037/ 82 30 49, 036/710 25; 3 Sterne, DZ 1120, EZ und DZ 2000 Dinar. 11 km von Brzeće entfernt auf der Paßhöhe im Wintersportgebiet an der Grenze zum Kosovo.

▶ Kopaonik: ›Grand Hotel Sportcenter‹, Tel. 036/710 27; 4 Sterne. Im Zentrum des großen und modernen Skigebietes.
Hotel ›Putnik Klub A‹, Tel. 036/ 716 00, Fax 71-606; 4 Sterne.
›Srebrnac‹, Tel. 037/827-744, Fax -711; 2 Sterne.
Mehrere Appartementhäuser mit Ferienwohnungen.
›Apartement Settlement Konaci-Sunčani Vrhnovi‹, Tel. 036/719 77; 4 Sterne.
›Apartement Settlement JAT‹, Tel. 036/710 43, jatkop@beotel.net, www.jatkopaonik.com; 2 Sterne.

Ein Abstecher in die Provinz Kosovo

Die autonome Provinz Kosovo (albanisch Kosova), die in den letzten Jahren vielfach in die Schlagzeilen geriet, grenzt im Norden an Zentralserbien und gehört völkerrechtlich bis heute zu Serbien. Seit 1999 steht das Gebiet unter UN-Verwaltung, die Kosovo-Force-Truppen, kurz KFOR, sind hier stationiert. Die Zukunft der Provinz ist bis heute umstritten, demnächst sollen Verhandlungen über den zukünftigen Status und den Abzug der KFOR-Truppen beginnen.

Das Kosovo mit seiner wechselvollen Geschichte steht vor einer Wende, die besonders für die Serben schmerzlich sein dürfte. Es bleibt zu hoffen, daß der reiche Schatz an Klöstern zukünftigen Generationen erhalten bleibt.

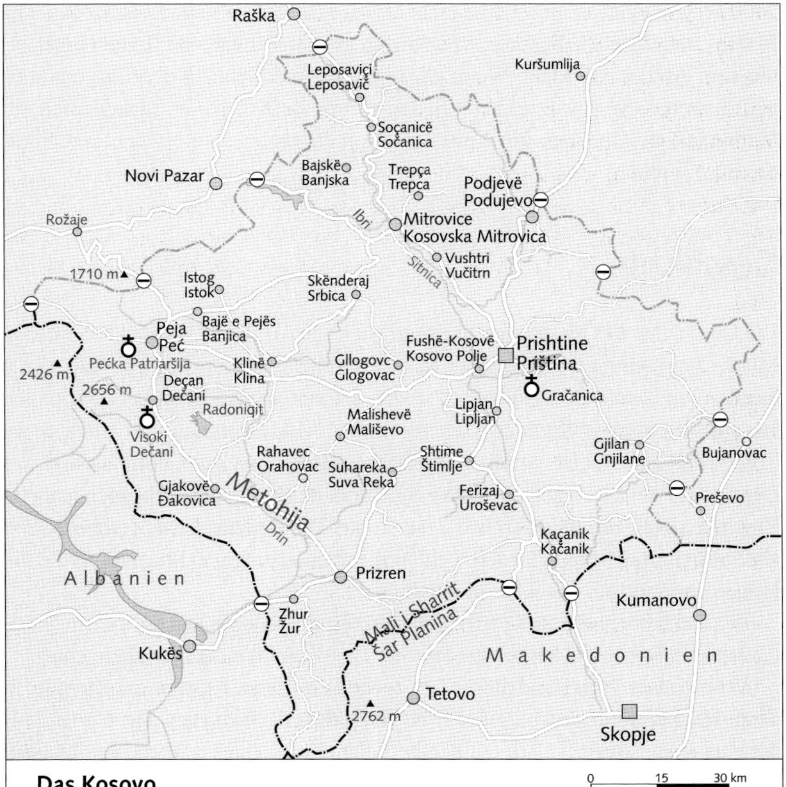

Das Kosovo

Im Kosovo mit einer Fläche von 10887 Quadratkilometern leben etwa 2,1 Millionen Menschen, genauso so viele wie in der doppelt so großen Provinz Vojvodina. Davon sind über 80 Prozent Kosovo-Albaner muslimischen Glaubens. Weiterhin sind hier Serben, Roma und andere Minderheiten ansässig. Viele Serben sind seit Beginn der offenen Auseinandersetzungen von 1999 abgewandert. Heute werden hier noch etwa 200 000 Serben gezählt. Davon leben viele im nördlichen Teil.

Auf dem Gebiet des Kosovo befindet sich neben römischen, osmanischen und albanischen Denkmälern ein reicher Schatz mittelalterlicher serbisch-orthodoxer Klöster und Kirchen.

Geographisch besteht die Provinz aus zwei Talbecken: dem Amselfeld (serbisch Kosovo Polje, albanisch Fusha e Kosovës) um die Hauptstadt Priština und der Ebene von Dukagjin, die von den Serben wegen ihres Reichtums an Klöstern Metohija (Klostergut) genannt wird. Diese Becken werden durch ein Mittelgebirge voneinander getrennt und sind zum Teil von Hochgebirgen von 2000 bis 2500 Metern Höhe umgeben, die mehr als die Hälfte der Provinz ausmachen. Die Boden- und Klimabedingungen begünstigten schon immer die Landwirtschaft, die vom Anbau von Mais, Wein, Obst und Getreide lebt. In den Bergregionen trifft man auf die Schafzucht. Im Süden grenzt das Kosovo an Makedonien, im Südwesten an Albanien, im Westen an Montenegro und im Norden und Nordosten an Serbien.

Geschichte

Die Geschichte des Kosovo ist zu einem wichtigen Teil die Geschichte Serbiens. Mit der Begründung des serbischen Staates durch Stefan Nemanja um 1170 wurde das Kosovo dessen Bestandteil und wegen der dort vorhandenen Erzvorkommen zur wirtschaftlichen Grundlage der serbischen Machtentfaltung. In Novo Brdo, Trepča und anderen Bergorten wurde schon damals, auch mit Hilfe sächsischer Bergleute, Edelmetall gefördert. Der Reichtum des Kosovo besteht auch heute in Blei und Silber, in Zinkerzen und Braunkohle. Die Bodenschätze werden derzeit aber nicht hinreichend gefördert. Fehlende Privatisierung und Stagnation sind die Folgen der politisch ungeklärten Situation.

Für 200 Jahre blieb das Kosovo Zentrum des mittelalterlichen serbischen Großreiches, weswegen die Serben die Provinz als ›Wiege ihrer Nation‹ betrachten.

Vom großen Wohlstand dieser Zeit zeugen die vielen Klöster und Kirchen, in denen das kulturelle und religiöse Erbe der Serben bis heute bewahrt wurde. Leider ging ein kostbarer Teil des mittelalterlichen Kulturgutes während der jüngsten Ausschreitungen im Februar 2004 in Flammen auf.

In Peć befand sich der kirchliche Mittelpunkt Serbiens, der Sitz des serbischen Patriarchats. Die historisch bedeutsame Schlacht auf dem Amselfeld von 1389 gegen die Türken, die mit der Niederlage der Serben endete, führte zu Veränderungen in der Region. So verließen viele Serben das Kosovo und zogen nach Norden. Dies war aber nur eine von vier folgenreichen Schlachten auf dem Amselfeld. Schon 1169 hatte hier Stefan Nemanja die Vorherrschaft Serbiens erfochten, und im Jahr 1448 versuchten die Ungarn, die Türken zurückzudrängen und verloren gegen Murad II. Im Jahr 1915 fand eine vierte Schlacht zwischen den Truppen der Mittelmächte und dem letzten Aufgebot der Serben statt.

Vertreter der serbisch-orthodoxen Kirche im Kosovo

Die Osmanenzeit

Ende des 17. Jahrhunderts kam es zum zweiten Exodus aus dem Kosovo. Die Serben hatten sich zunächst mit Unterstützung der Habsburger gegen die Osmanen aufgelehnt. Die Habsburger wurden jedoch bald darauf in anderen Kriegen gebunden und zogen sich hinter die Donau zurück. Der serbische Aufstand brach zusammen, und aus Furcht vor osmanischen Repressalien zogen viele Serben unter Führung des Patriarchen Arsenije Crnojević von Peć die Flucht auf habsburgisches Territorium vor. Dabei gelangten sie in das Gebiet der heutigen Vojvodina.

In kleinerem Umfang verließen die Serben in den 60er Jahren des 20. Jahrhunderts das Kosovo aus wirtschaftlichen Gründen.

Die Albaner sehen im Kosovo ebenfalls ihre Heimat und führen ihre Ansprüche auf die Antike zurück. Das Kosovo war im Altertum Siedlungsgebiet der Dardaner, die zu den illyrischen Stämmen gerechnet werden. Die Albaner, die ihre Herkunft von den Illyrern ableiten, waren also bereits zur Römerzeit im Kosovo, lange vor den Slawen, die erst im 6. Jahrhundert einwanderten. Den Albanern war es trotz Römern und Slawen gelungen, ihre Identität zu retten. Da die Quellen vom 6. bis zum 11. Jahrhundert die Albaner nur äußerst spärlich erwähnen, geht man davon aus, daß sie sich in einigen Rückzugsgebieten, vor allem in den Gebirgszonen, Sprache und Volkstum bewahrten.

Seit dem 13. Jahrhundert begannen die Albaner aus den umliegenden Gebirgslandschaften ins Kosovo einzuwandern. Zum Zeitpunkt der endgültigen Erobe-

Landschaft bei Suharekë (Suva Reka)

rung durch die Türken machten sie bereits vier bis fünf Prozent der Gesamtbevölkerung des Kosovo aus. Noch unter den Serben hatte bereits eine Assimilierung begonnen, der die türkische Herrschaft ein Ende setzte. An den Namen ist dies jedoch manchmal erkennbar. Die Albaner nahmen sehr bald den Islam an, was ihnen Vorteile gegenüber den Serben verschaffte und eine positive Auswirkung auf ihre Siedlungsausbreitung hatte. Die erhaltenen türkischen Steuerregister machen die Veränderungen in der Bevölkerungsstruktur im Kosovo deutlich. So gab es noch 1485 keine Ortschaft mit ausschließlich albanischer Bevölkerung. Schon 1582 überwogen in einigen Gemeinden die Albaner. Die Ortschaft Đakovica (Gjakovë) an der albanischen Grenze ist ein gutes Beispiel: Im Jahr 1485 wurde der Ort als Marktflecken erwähnt, 1582 überwog die albanische Einwohnerschaft, und 1782 sprach dort niemand mehr Serbisch.

Von 1459 bis 1912 war das Kosovo ein albanischer Regierungsbezirk unter osmanischer Oberherrschaft. Doch während des 19. Jahrhunderts hatte es mehrfach Bestrebungen nach Selbständigkeit gegeben. Im Jahr 1878 entstand die Liga von Prizren, die innerhalb des osmanischen Reiches einen gesamtalbanischen Nationalstaat in Form eines autonomen Albanien anstrebte und sich damit den Plänen des Kongresses von Berlin entgegenstellte. Sie wurde nach kurzer Zeit von den Türken zerschlagen. Ein weiterer, ebenfalls vergeblicher Versuch erfolgte 1899/1900 innerhalb der Liga von Peć.

Das Kosovo im 20. Jahrhundert

Nach den Balkankriegen von 1912/13 erhielten die Serben das Kosovo aus der Konkursmasse des Osmanischen Reiches. Zu diesem Zeitpunkt besaß die Provinz bereits eine mehrheitlich muslimische und albanische Bevölkerung. Die Regierung strebte eine Veränderung der Bevölkerungsstruktur an: Die Albaner sollten nach Albanien und die Muslime in die Türkei auswandern. Ein Umsiedelungsabkommen mit der Türkei von 1938 wurde wegen des Ausbruchs des Zweiten Weltkrieges nicht mehr umgesetzt. Gleichzeitig wurde der Zuzug von Serben gefördert. Enteignetes albanisches Land wurde an sie vergeben. Dieser Maßnahme war jedoch wegen der starken Geburtenrate der Albaner kein Erfolg beschieden.

Die Albaner waren Repressalien ausgesetzt, sie genossen keinerlei Minderheitenschutz. Die Schulen, die in ihrer Sprache unterrichteten, wurden geschlossen. Die Amts- und Schulsprache wurde ausschließlich serbokroatisch. Da die Albaner dies verweigerten, stieg in der Folge die Analphabetenrate. Der Versuch der

Die Serben stellen derzeit noch etwa zehn Prozent der Bevölkerung im Kosovo

Bildung einer politischen Organisation, ›Džemijet‹ (Gesellschaft), scheiterte nach der Verhaftung ihrer Führer. Kacak (von Schmuggler, Flüchtiger) war die Bezeichnung für eine gewalttätige Bewegung, die ebenfalls scheiterte.

Während des Zweiten Weltkrieges wurde das Kosovo unter Italien, Deutschland und Bulgarien aufgeteilt. Die Italiener verbanden den ihnen zugeschlagenen größten Teil des Kosovo mit Albanien und schufen so ein Groß-Albanien unter italienischer Herrschaft. Nach der Kapitulation Italiens 1943 folgten die Deutschen.

Nach dem Krieg wurde das Kosovo zunächst unter jugoslawische Militärverwaltung gestellt und zahllose Albaner wegen angeblicher Zusammenarbeit mit den Besatzungsmächten hingerichtet. Die Konferenz von Prizren im Juli 1945 entschied sich für den Anschluß des Kosovo an Serbien als autonome Region, eine sogenannte Oblast. Im Rahmen einer Balkanföderation war der Anschluß an Albanien geplant. Der Bruch zwischen Tito und Stalin machte diesen Plan zunichte. Das stalintreue Albanien unter Führung Hodschas wurde zum Gegner Jugoslawiens. Im Kosovo wirkte die Geheimpolizei mit allen repressiven Methoden, und viele Albaner verließen das Land. Die Situation besserte sich erst 1966 mit der Entmachtung des damaligen Innenministers Aleksandar Ranković. Als autonome Provinz verfügte das Kosovo seitdem über eine albanische Presse und albanische Schulen. Ihre Rechte als autonome Provinz, ›autonomna pokrajina‹, wurden in der Verfassung von 1974 ausgebaut.

Erste Unruhen gingen 1981 von den Studenten aus, die, vom Westen nur wenig beachtet, gegen schlechte Studienbedingungen protestierten. Wirtschaftliche Probleme, eine hohe Arbeitslosigkeit und Bildungsmängel konnten nicht bewältigt werden. Das Kosovo galt als Armenhaus Europas. Seit dem Ende des Zweiten Weltkrieges hatte sich der Anteil der Bevölkerung mehr als verdoppelt, was auf das überdurchschnittlich starke Anwachsen der albanischen Bevölkerung zurückzuführen ist und auch zukünftig eines der großen Probleme des Kosovo darstellt.

Das Kosovo nach dem Zerfall Jugoslawiens

Nach Titos Tod kam es zur Radikalisierung des Kosovo. Gleichzeitig wanderten immer mehr Serben aufgrund albanischer Schikanen ab. Ende Juni 1986 wurde die Autonomie des Kosovo, wie die der Vojvodina, massiv eingeschränkt. Milošević nutzte die Krisensituation in opportunistischer Weise und sprach von der Wiederherstellung Altserbiens. Massenkundgebungen in Belgrad folgten. Die kosovarische Regierung mußte auf Druck Belgrads zurücktreten. Demonstrationen und Hungerstreiks im Kosovo waren die Folge. Ende Februar 1989 wurde der Ausnahmezustand über das Kosovo verhängt. Eine serbische Verfassungsände-

Die Rambouillet-Konferenz 1999

rung sicherte Serbien die Kontrolle über Polizei, Gerichte, Zivilverteidigung und Besetzung der öffentlichen Ämter. Die von Milošević mit aktiver Unterstützung der serbisch-orthodoxen Kirche mit großem Pomp zelebrierte Gedenkfeier zum 600. Jahrestag der Schlacht auf dem Amselfeld wurde als Provokation empfunden. Im Jahr darauf verließen die albanischen Mitglieder die Kosovo-Regierung, am 2. Juli 1990 riefen albanische Abgeordnete des Kosovo-Parlamentes die Republik Kosovo aus, die kurz darauf durch den Beschluß Belgrads aufgelöst wurde.

Mit dem Mord an vier serbischen Zivilisten und zwei Polizisten machte die UÇK (Uhstria Çlirimtare Kosoves) erstmals von sich reden. Der Konflikt eskalierte 1998 mit einem Angriff auf die kleine Stadt Orahovac (Rahovec) im Süden, dessen Hintergründe bis jetzt nicht eindeutig aufgeklärt wurden. Die Rückeroberung von Orahovac durch die Serben gilt als Beginn des Bürgerkriegs. In seinem Verlauf wurden viele hundert Dörfer der Kosovo-Albaner in Schutt und Asche gelegt, hunderttausende Kosovo-Albaner in die Flucht getrieben. Andererseits wurden die Serben und viele ihrer Kirchen und Klöster Opfer der Kosovo-Albaner.

Im Januar 1999 kam es zum Blutbad von Rača, kurz darauf begannen Kosovo-Gespräche in Rambouillet. Die Konferenz scheiterte. Als die Serben nach dem Abzug der OSZE-Beobachter am 20. März den Ort Srbica (Skënderaj) angriffen, machte die NATO ernst. Am 24. März 1999 begann das NATO-Bombardement auf Serbien. In 78 Tagen und Nächten wurde nicht nur die militärische, sondern auch die zivile Infrastruktur Serbiens mit 23 000 Bomben und Granaten zerstört. Nach dem Einrücken der UNO-Friedenstruppen Kosovo Force (KFOR) verließen viele der 200 000 Serben das Kosovo in Richtung Serbien. Die Friedenstruppen hatten sie nicht vor Racheakten und Gewalttaten schützen können. Mit ihnen gingen viele Roma, die Opfer pogromartiger Übergriffe seitens der Kosovo-Albaner wurden. Nur wenige Serben und Roma sind zurückgekehrt.

Milošević sitzt nun in einem Gefängnis in Den Haag und sieht seinem Prozeß entgegen. Zoran Đinđić, die Hoffnung der liberalen Serben, lebt nicht mehr, und mehr denn je sind die Fronten verhärtet. Die serbische Regierung kann sich nicht durchringen, vom Kosovo zu lassen, und die internationale Gemeinschaft weiß keine Lösung außer der Aufstockung der Truppen auf 20 000 Mann. Die Albaner sind der KFOR-Verwaltung müde und fühlen sich mehr denn je gegängelt, während die Sicherheit der im Kosovo lebenden Serben bis heute nicht garantiert ist, was auch die jüngsten Ausschreitungen bestätigt haben. Nach den Ausschreitungen vom März 2004 hatte Serbien einen Plan zur Dezentralisierung des Kosovo vorgelegt, der eine weitgehend territoriale Autonomie für die serbischen Enklaven vorsah. Immer wieder werden Vorschläge zur Teilung des Kosovo laut. Im Oktober 2004 stand das Kosovo vor den Wahlen. Belgrad rief offiziell, leider mit Erfolg, die Serben zum Boykott auf. Die Wahlbeteiligung war daher sehr niedrig. Der frühe Tod des charismatischen Präsidenten Ibrahim Rugova im Januar 2006 stellte die albanische Führung vor neue Herausforderungen.

Serbisches Kulturgut im Kosovo

Das Kosovo war nicht nur weltliches Zentrum Serbiens im Mittelalter, sondern bis zum großen Exodus Ende des 17. Jahrhunderts auch geistliches Zentrum. Der Patriarch hatte hier seinen Sitz. Wer die Provinz noch während der jugoslawischen Ära besucht hat, weiß, welche Schätze sich hier verbergen.

Im Norden der Provinz und am Rand des Amselfeldes liegt die Stadt Kosovska Mitrovica (Mitrovice), einst Titova Mitrovica genannt, mit etwa 60 000 Einwohnern. Hier mündet der Fluß Sitnica in den Ibar. Nicht weit von hier befindet sich der Bergbauort Trepča, in dem Blei, Zink- und Silbererze verhüttet werden.

Die Stadt gilt als Zentrum serbisch-albanischer Auseinandersetzungen und ist in eine serbische Nordhälfte und eine albanische Südhälfte geteilt.

Nur wenige Kilometer südlich von Kosovska Mitrovica lag bis vor kurzem die mittelalterliche Kirche Dević, die leider während der jüngsten Ausschreitungen dem Erdboden gleichgemacht wurde.

Nordwestlich von Kosovska Mitrovica, in Banjska, steht eine Stephanskirche. Sie entstand nach dem Vorbild des Klosters Studenica auf den Fundamenten eines älteren Bauwerks von 1313 bis 1315 als Mausoleum für König Milutin. Den Bau der einschiffigen Kirche mit Querhaus, halbrunder Apsis und reicher Bauplastik überwachte Erzbischof Danilo II. Bereits im 16. Jahrhundert wurde die Kirche zur Moschee umgewandelt und erst 1940 teilweise wiederhergestellt.

Priština

Priština (Prishtinë) ist mit 210 000 Einwohnern die Hauptstadt des Kosovo. Sie befindet sich fast in der Mitte der Provinz. Die Stadt besitzt einen Flughafen. In Priština sind internationale Vertretungen ansässig. Seit 7000 Jahren ist der Ort nicht zuletzt dank seiner reichen Erzvorkommen besiedelt, er war im Mittelalter ein wichtiger Handelsplatz. Im Jahr 1314 gab der Nemanjidenherrscher Dušan seinen Hauptsitz Ras zugunsten von Priština auf und nutzte es bis zu seiner Krönung im Jahr 1346 in Skopje als Hauptstadt. Bis 1912 blieb die Stadt türkisch, bis heute geben ihr malerische türkische Häuser und viele Moscheen ein orientalisches Antlitz.

In der Umgebung gibt es viel zu sehen: die Reste der römischen Stadt Ulpiana, das Mausoleum von Sultan Murad, und nur zwölf Kilometer von Priština entfernt das bedeutende Kloster Gračanica (Грачаница), von weitem schon erkennbar an seinen prächtigen Kuppeln. Mit dem Kloster Dečani gehört es vielleicht zu den prächtigsten der serbischen Klöster im Kosovo. Das Kloster entstand 1313 als Stiftung König Milutins, als verspielte Variante einer byzantinischen Fünfkuppelkirche mit Kreuzgrundriß. In ihrer abgestuften, rhythmischen Höhenbewegung lehnt sie sich jedoch an die Tradition der Raškaschule an, ein Element, das der byzantinischen Tradition fremd war. Die farbigen Mauerflächen sind aus Ziegeln und Stein gefügt und präsentieren eine Verschmelzung von byzantinischer mit gotischer Architektur.

Berühmt sind die Malereien der Kirche, die aus verschiedenen Epochen stammen: Die ältesten von 1321/22 befinden sich im Naos, darunter der Abstieg Christi in die Hölle an der Ostwand und der Tod Mariens an der Westwand. Die detaillierten und erzählfreudigen Szenen im Narthex werden der Palaiologenrenaissance zugeordnet, einem Stil, dessen Beginn mit dem Datum 1261 anzusetzen ist, dem Zeitpunkt, als Michael VII. Palaiologus die Lateiner aus Konstantinopel vertrieb und das byzantinische Reich und ihre Kunst erneuert wurden. In diesem Raumteil ist auch der Nemanjiden-Stammbaum angebracht. König Milutin erkennt man am Kirchenmodell. Ihm gegenüber steht seine junge Frau Simonida.

Peć

Im Westen der Provinz Kosovo, am Rand der Beckenlandschaft Metohija, trifft man auf die Stadt Peć (Peja). Die überall sichtbaren Wohn- und Verteidigungstürme sind ehrwürdige Denkmäler reicher albanischer Bürger.

Zwei Kilometer vor Peć liegt unterhalb der Straße das alte Patriarchat von Peć (Pećka Patriaršija). Obschon es nicht ganz so prächtig sein mag wie Dečani, ist es älter und von großer historischer Bedeutung für die Serben. Das glücklicherweise intakte Frauenkloster spielt bis heute eine wichtige Rolle, obwohl das Patriarchat seit 1920 seinen Sitz in Belgrad hat. Der heilige Sava hatte einst seinen Nachfolger Arsenije (1233–1263) mit der Errichtung eines neuen Patriarchensitzes beauftragt. Es sollte das durch die Nähe zu Ungarn gefährdete Žiča ablösen. Auf diese Weise entstand am Ausgang der Rugovo-Schlucht innerhalb von 40 Jahren ein riesiger Klosterkomplex, der sich aus vier Kirchen und einer Kapelle zusammensetzt. Zunächst entstand im 13. Jahrhundert die Apostelkirche. In den Jahren 1316 bis 1324 ließ Erzbischof Nikodim an der Nordseite der Apostelkirche die Demetriuskirche anbauen. Unter seinem Nachfolger Danilo II. wurde südlich der Apostelkirche um 1330 die Kirche der Muttergottes Hodegetria mit einer Nikolauskapelle angeschlossen. Allen drei Kirchen wurde dann eine gemeinsame offene Vorhalle angefügt. Diese offene Säulenhalle wurde im 16. Jahrhundert zu einem fünften geschlossenen Gebäude umgebaut. Der gesamte Komplex wurde vor dem Zweiten Weltkrieg umfassend restauriert. Die Apostelkirche ist eine einschiffige Kirche mit Querschiff, Kuppel und halbkreisförmiger Apsis im Stil der Raškaschule. An die Apsis schließen sich Prothesis und Diakonikon als gesonderte bauliche Einheit an. Der Westteil der Kirche ist stark verlängert und trägt ein halbkreisförmiges Tonnengewölbe. Die Kirche ist ohne architektonisches Zierwerk und Bildhauerarbeiten. Die beiden nachfolgenden Kirchen entstanden nach byzantinischem Vorbild auf dem Grundriß eines griechischen Kreuzes, deren Fenster und Portale plastisch geschmückt wurden.

Kloster Dečani

Die Malereien im Inneren zeigen die Entwicklung dieser Gattung vom 13. bis zum 16. Jahrhundert. Ältester Teil ist die Kuppel mit der Himmelfahrt Christi, darunter sind in den Gewölbebögen die Ausgießung des heiligen Geistes und der ungläubige Thomas zu erkennen. Ein weiterer Bereich zeigt das Abendmahl und die Auferweckung des Lazarus. Die Malereien im Narthex gehen auf das 14. Jahrhundert zurück. Unter den Darstellungen sind besonders das Jüngste Gericht, das Menologion und der Stammbaum der Nemanjiden hervorzuheben.

Südlich von Peć befindet sich das Kloster Visoki Dečani im gleichnamigen Dorf im Tal der Daćanska Bistrica mit einer sehr gut erhaltenen Pantokratorkirche, eine der größten mittelalterlichen Kirchen Serbiens mit einer Länge von 36,5 Metern und einer Höhe von 30,5 Metern. In den Jahren 1327 bis 1335 ließ König Stefan Uroš III., mit Beinamen Dečanski, die Kirche als Mausoleum erbauen. Sein Sohn Dušan sorgte für die Vollendung und stiftete die Malereien. Die fünfschiffige Basilika besitzt einen weiten Altarraum und eine hohe dreischiffige Vorhalle. In ihrem Höhenstreben, ihrem Kreuzgewölbe, den gotischen Fenstern und dem reichen Skulpturenschmuck zeigen sich westliche Einflüsse der Gotik.

Die Malereien sind sehr reichhaltig. Kein Flecken Mauerwerk wurde freigelassen. Die sorgfältige Anordnung und systematische Gliederung der Themen zeigen ein wohldurchdachtes komplexes theologisches Programm. 22 Szenen widmen sich kleinteilig und fein ausgeführt dem Leben der Muttergottes, der Apostelgeschichte, der Genesis, König Salomon, dem Buch der Propheten, dem Leben der heiligen Nikolaus und Demetrius, den ökumenischen Konzilen, dem orthodoxen Kalender, dem unabdingbaren Nemanjiden-Stammbaum und hunderten von Einzelfiguren. Daneben besitzt das Kloster den Holzsarkophag für König Stefan Dečanski, ein einmaliges Beispiel der alten Schnitzkunst, den steinernen Thron Kaiser Dušans und einen Bronzekronleuchter mit Reliefdarstellungen, zweiköpfigen Adlern und Greifen, ein Geschenk der Fürstin Milica.

Das Kloster wurde von den Türken verschont und erfuhr auch keine Umwandlung in eine Moschee. Es verdankt diesem Umstand einen nicht unwesentlichen Teil seiner guten Erhaltung.

Prizren

Ein großer Teil der serbisch-mittelalterlichen Architektur liegt im Süden des Kosovo, an der Grenze zu Makedonien und Albanien in der malerischen Stadt Prizren und ihrer Umgebung. Die orientalisch anmutende Stadt liegt auf 420 Metern Höhe am Nordfuß des Šar Planina (Mali i Sharrit) in der Metohija. Die Stadt kann auf eine 2500 Jahre alte Besiedelung zurückblicken. Die Illyrer bewohnten es vom 7. bis 2. Jahrhundert vor Christus. Danach entstand das römische Theranda. Die Byzantiner hinterließen neben einer frühchristlichen Basilika eine Festung. Erst im Jahr 1455 wurde Prizren türkisch, in der Folge entstanden Bäder, Brücken, Moscheen und eine kostbare Bibliothek. Unter den drei schönsten islamischen Gebetshäusern ist die Sinan-Pascha-Moschee besonders hervorzuheben. Sie wurde 1615 vollendet und gilt als eine der größten auf dem Balkan. Die Stadt besitzt außerdem ein prächtiges türkisches Bad, das mit denjenigen in Skopje und Sarajevo vergleichbar ist. Etwa 50 000 Menschen leben in Prizren.

Die Festung Kaljaja am Rande der Stadt verfällt langsam. Auch die Serben haben Spuren hinterlassen. Die Ruine der Burg Rubnik war einst Residenz Zar Dušans. Unterhalb steht die Erlöserkirche, ein einschiffiger Kuppelbau, der auf das 14. Jahrhundert zurückgeht.

Kostbares christliches Denkmal war die Metropolitankirche, Bogorodica Ljeviška, der Muttergottes als Beschützerin der Schlafenden geweiht. König Milutin stiftete den Bau in den Jahren 1307 bis 1309 in dieser ehemaligen Zaren-

Blick auf Prizren

hauptstadt. Das Mittelschiff einer ehemaligen frühchristlichen Basilika wurde hier zum Kernbau einer Fünfkuppelkirche mit einem offenen Exonarthex, dessen Mitte von einem hohen offenen Turm überragt wird. Inspiriert von Byzanz, wurden ihre Mauern abwechselnd in Stein und Ziegel gefügt. Der Sakralbau wurde unter den Türken in eine Moschee verwandelt und ihre Wände mit Putz überzogen. Nach dem Zweiten Weltkrieg wurden die Malereien freigelegt und bestachen, trotz der Schäden, bis zum Jahr 2004 durch ihre Farbigkeit. Ins Internet wurden Fotos, die Spuren der Übergriffe vom Februar 2004 zeigen, eingestellt, zu sehen unter www.spc.org.yu/Vesti-2004/03/ljeviska. Ob eine Wiederherstellung des alten Glanzes nochmals möglich sein wird, bleibt offen.

Kleiner Sprachführer

Das serbische Alphabet

lateinisch	kyrillisch	Aussprache
A, a	А, а	a
B, b	Б, б	b
V, v	В, в	v wie deutsches w in Wasser
G, g	Г, г	g
D, d	Д, д	d
Đ, đ	Ђ, ђ	stimmhaftes dschj wie Karađorđe
E, e	Е, е	e
Ž, ž	Ж, ж	stimmhaftes sch, wie Journal
Z, z	З, з	stimmhaftes s wie Rose
I, i	И, и	i
J, j	Ј, ј	j
K, k	К, к	k
L, l	Л, л	hartes l, wie in ›Wall-Street‹
Lj, lj	Љ, љ	weiches l, wie in leise
M, m	М, м	m
N, n	Н, н	n
Nj, nj	Њ, њ	weiches n wie in Cognac
O, o	О, о	o
P, p	П, п	p
R, r	Р, р	r, immer Zungen -›r‹
S, s	С, с	stimmloses s wie Kasse
T, t	Т, т	t
Ć, ć	Ћ, ћ	tschj weich wie in Andrić
U, u	У, у	u
F, f	Ф, ф	f
H, h	Х, х	ch wie ach
C, c	Ц, ц	z wie deutsch Zimmer
Č, č	Ч, ч	tsch wie in Kutsche
Dž, dž	Џ, џ	stimmhaftes dsch wie in englisch John
Š, š	Ш, ш	stimmloses sch wie Flasche

Allgemeines

Hallo
zdravo

Guten Morgen
dobro jutro

Guten Tag
dobar dan

Guten Abend
dobro vece

Gute Nacht
laku noć

Auf Wiedersehen
do viđenja

Ja/nein
da/ne

Bitte/danke
izvolite/hvala

Herr/Frau
gospodin/gospoda

ich/er/sie
ja/on/oni

Mein Name ist …
zovem se …

Ich komme aus Deutschland/Österreich/der Schweiz.
Ja dolasim iz Nemačka/Austrija/Švajcarska

Wie geht es Ihnen?
kako si ste?

Uns (mir) geht es gut.
dobro smo (sam).

Es tut mir (uns) leid.
žao mi (nam) je.

Gestatten Sie?
dozvolite?

Wie heißt … auf serbisch?
kako se kaže … na srpskom?

und
i

oder
ili

in
u

mit/ohne
sa/bez

bis, zu
do

Was?
što?

Wie?
kako?

Wer?
kto?

Wann?
kad (a)?

Wo?/Woher?
gde?/odakle

Wieviel?
koliko?

dieser, diese, dieses
taj, ta, to

suchen
tražiti, tražim

haben, ich habe
imati, imam

zahlen, ich zahle
platiti, platim

sprechen, ich spreche
govoriti, govorim

kaufen, ich kaufe
kupiti, kupim

Ich möchte, wir möchten …
želim, želimo …

Zahlen

1
jedan (weibl. jedna, sächl. jedno)

2
dva (weibl. dve)

3
tri

4
četri

5
pet

6
šest

7
sedam

8
osam

9
devet

10
deset

11
jedanaest

12
dvanaest

13
trinaest

14
četrinaest

15
petnaest

16
šestnaest

17
devetnaest

18
osamnaest

19
devetnaest

20
dvadeset

21
dvadeset jedan (jedna, jedno)

22
dvadeset dva (dve)

30
trideset

40
četrdeset

50
pedeset

60
šezdeset

70
sedamdeset

80
osamdeset

90
devedeset

100
sto

200
dvesta

300
trista

400
četiristo

500
petsto

600
šesto

1000
hiljada

Zeit

Montag
ponedjeljak

Dienstag
utorak

Mittwoch
srijeda

Donnerstag
četvrtak

Freitag
petak

Samstag
subota

Sonntag
nedjelja

heute
danas

morgen
sutra

gestern
juče

morgens
ujutro

mittags
u podne

abends
uveče

halb
pola

Wie spät ist es?
Koliko je sati/Koliko ima sati?

Es ist ein (zwei) Uhr
Sada je jedan (dva) sat

Um wieviel Uhr?
U koliko sati?

Orientierung
hier/dort
tu/onde

rechts/links
desno/levo (lijevo)

geradeaus
pravo

Wo ist ...?
Gde (gdje) je ...?

Bitte, wo ist das Hotel ›Slavija‹?
Molim, gde je hotel ›Slavija‹?

Wie komme ich ins Zentrum der Stadt?
Kako dolazim u centar grada?

Stadt
grad

Straße
ulica

Platz
trg

Brücke
most, mostovi

Markt
pijaca

Kirche
crkva

Kloster
manastir

Moschee
džamija

Museum
muzej

Hof, Schloß
dvor

Festung
tvrđava

Friedhof
groblje

Weg
put, putevi

Gebirge
planina

Berg/Gipfel
brdo/vrh, vrhovi

Tal
dolina

See
jezero

Fluß
reka, (rijeka)

Unterwegs

Flughafen
aerodrom

Bahnhof
železnička stanica

Zug
povorka

Bus
autobus

Haltestelle
stanica

Ankunft
dolazak

Abfahrt
polazak

Ich möchte einen Fahrschein nach …
Hoću jednu cartu za …

Tankstelle
benzinska stanica

Unterkunft

Zimmer/Doppelzimmer
soba, sobe/dvokrevetna soba

Schlüssel
ključ, ključevi

Fahrstuhl, Lift
dizalo

Dusche/Bad
tuš/kupatilo

Toilette
zahod, toalet

Ich suche ein Zimmer.
Tražim sobe.

Haben Sie ein Doppelzimmer für eine Nacht?
Imate li slobodnu dvokrevetnu sobu za jednu noć?

Was kostet das Zimmer für eine Nacht?
Koliko košta soba na dan?

Wecken Sie mich bitte um sechs Uhr.
Molim vas probudite me u šest sati.

Wann gibt es Frühstück?
Kada je doručak?

Machen Sie mir bitte die Rechnung.
Spremite molim račun.

Bank und Post
Bank
klupa

Geld
novac

Post
pošta

Briefumschlag
kuvert

Postkarte
dopisnica

Briefmarke
poštanska marka

Notfälle
Arzt
lekar

Apotheke
apoteka

krank
bolestan

Krankenhaus
bolnica

Zeuge
svjedok

Panne, Schaden
kvar, kvarovi

Ich möchte einen Unfall (Überfall) anzeigen.
Želim prijaviti nestanak nesreću (prepad).

Wo ist die nächste Tankstelle/Telefonzelle?
Gde slijedeći benzinska stanica/telefonska kabina?

Einkaufen
Ich hätte gerne einen ...
Želim jedan ...

Diafilm
film za dijapozitive

Farbfilm
film u boji

Kasse
blagajna

prekrasan, prekrasna, -no
wunderschön

teuer
skup, a, o

Ausgang
izlaz

Eingang
uzlaz

Können Sie mir bitte wechseln?
Možete li mi usitniti novac?

Schilder

Pažnja
Achtung/Vorsicht

Zabranjeno
verboten

Pozor
Achtung

Granica
Grenze

Carina
Zoll

Obilazak
Umleitung

Obilazna cesta
Umgehungsstraße

Cesta s prednošću prolaza
vorfahrtberechtigte Straße

Izlaz
Ausfahrt

Prestrojavanje
Bitte einordnen

Radovi na cesti
Straßenarbeiten

Zaustavljanje zabranjeno
Halten verboten

Parkiranje zabranjeno
Parken verboten

Javna garaža
Parkhaus

Kamenje pada
Steinschlag

Kamenje pršti
Rollsplit

Oštećen kolnik
schlechte Fahrbahn

Opasnost na cesti
Gefahrenstelle

Najveća dopuštena brzina
Höchstgeschwindigkeit

Autocesta/Autoput
Autobahn

Radilište
Baustelle

Prometni čep
Verkehrsstau

Pješačka zona
Fußgängerzone

Essen und Trinken
Restaurant/Gaststätte
restoran/gostinica

Grillrestaurant
rostilje

Speisekarte
jelovnik

Frühstück
doručak

frühstücken
doručkovati, -ujem

Mittagessen
ručak

Abendessen
večera

Salz/Pfeffer
so/biber

Zucker
šećer

Aschenbecher
pepljara

Wir möchten nur eine Kleinigkeit essen.
Želim samo nešto malo pojesti.

Guten Appetit!
prijatno!

ausgezeichnet/schmackhaft
odlično/ukusan

Die Rechnung, bitte.
Račun molim.

Es stimmt so.
U redu je.

Speisekarte
jelo
Essen, Speise

piće
Getränk

pečen (i), a, o
gebacken

pržen
gebraten

gekocht
kuvan

na žaru
vom Rost

pohan
paniert

lešo, kuhan
blau, gesotten

sladak
süß

hladan
kalt

Frühstück
hleb/beli hleb/kifla
Brot/Weißbrot/Brötchen

putra
Butter

džema
Konfitüre

meda
Honig

sir
Käse

užički kajmak
serbischer Rahmkäse

kačkavalj
Schafskäse, Hartkäse

ovčji sir
Schafskäse

kozji sir
Ziegenkäse

bijeli sir
Quark, Topfen

kobasicu
Wurst

šunku
Schinken

jaje, jaja
Ei, Eier

kuvano jaje
gekochtes Ei

jaje na oko/jaje kajgana
Spiegelei/Rührei

Vorspeisen

čorba
Eintopf

riblja juha
Fischsuppe

miješana salata
gemischter Salat

salata od cikle
Rote Beete-Salat

salata od krastavaca
Gurkensalat

salata od kupusa
Krautsalat

srpska salata
serbischer Salat

zelena salata
grüner Salat

srpski pasulj
serbische Bohnen

Fleisch

meso
Fleisch

svinjetina/govedina/teletina
Schweinefleisch/Rindfleisch/
Kalbfleisch

pile/guska/patka
Hähnchen/Gans/Ente

zec/sma
Hase/Reh

tripice
Kutteln

jetra
Leber

pečeno teleće
Kalbsbraten

ćevapčići
gegrillte Fleischklößchen verschiedener Fleischsorten

ðuveč
Reisgericht mit Gemüse und verschiedenem Fleisch

kobasice
Würstchen

ražnjići
Fleischspieße vom Rind oder Schwein

burek
mit Käse gefüllter Blätterteig

mućkalica
geschnetzeltes Fleisch und Gemüse

Plješkavica
Hackfleischsteak

Plješkavca na kaimaku
Hackfleischsteak mit Rahm

Sarma
geschnetzeltes oder gehacktes, mit Reis vermischtes Fleisch in Kohl- Wein- oder Bohnenblättern.

Fisch

riba
Fisch

skuša/pastrmka
Makrele/Forelle

šaran/smuð
Karpfen/Zander

losos/orada
Lachs/Goldbrasse

Beilagen

prilozi
Beilagen

restani krompir/pečeni krompir/kuhani krompir
Röstkartoffeln/Bratkartoffeln/ Salzkartoffeln

riža
Reis

okruglice
Knödel

žganci
Polenta

Gemüse

povrće
Gemüse

paradajza
Tomaten

buranija
grüne Bohne

celer
Sellerie

cvjetača
Blumenkohl

češnjak/crni (luk)
Knoblauch/Zwiebeln

gljive
Pilze

leća
Linsen

tikva
Kürbis

masline
Oliven

sataraš
gedünstete Tomaten und Paprika

punjene tikvice
gefüllte Zucchini

ajvar
Paprika- oder Auberginenpaste, wird kalt wie Ketchup benutzt

Nachtisch

voće, voća
Obst

voćno salatu
Obstsalat

jabuka
Apfel

šljiva
Pflaume

kruška
Birne

jagoda
Erdbeere

sladoled
Eis

Kuchen
kolač

vrhnja
Sahne

palačinke sa sirom
Pfannkuchen mit Quark

savijača s jabukama
Apfelstrudel

Getränke

karta pića
Getränkekarte

čaj, čajevi
Tee

čaj sa limunom
Tee mit Zitrone

kafa
Kaffee

mleka
Milch

Kaffee (Espresso) mit Milch
kafa (espresso) sa mlijekom

turska Kafa
Türkischer Kaffee

mineralna voda
Mineralwasser

gazirana/negazirana
mit/ohne Kohlensäure

čašu vode
Glas Wasser

čaša
Glas

polar litar
halber Liter

boca
Flasche

sok od narandže
Orangensaft

sok od grožda
Traubensaft

limunada
Limonade

suho/blago
trocken/mild

belo vino/crno vino
Weißwein/Rotwein

ružica
Roséwein

vino u boci
Flaschenwein

pivo/pivo domaće
Bier/einheimisches Bier

pivo svijetlo/pivo tamno
helles Bier/dunkles Bier

iz bureta
vom Faß

liker
Likör

rakija
Schnaps

Reisetips von A bis Z

Angeln

Flüsse, Seen, Kanäle und Stauseen sind reich an Forelle, Zander, Hecht, Karpfen, Wels und sogar Lachs.
Die Fischfanggebiete sind die kalten Berggewässer im Zlatibor-Gebirge, Tieflandgewässer wie die Donau sowie die Gewässer der Timokregion.
Für einen Angelschein wende man sich an die jeweiligen Hafenbehörden an den Flüssen oder an die örtlichen Fremdenverkehrsämter.

Anreise mit dem Auto

Wer sich für die Anreise mit dem eigenen PKW entschließt, hat mehrere Möglichkeiten:
Soll die Serbienreise in der Vojvodina beginnen, fährt man am besten über Ungarn. Ab dem Grenzübergang Nickelsdorf hinter Wien beginnt die sehr gute ungarische Autobahn, die bis Budapest führt. Danach folgt man dem bereits vorhandenen, aber noch nicht ausgebauten Umgehungsring in Richtung Szeged sowie einem Autobahnteilstück bis 50 Kilometer vor Szeged. Am Grenzübergang Horgoš erfolgt eine zügige Einreise.
Wer seine Serbienreise in Zentralserbien starten möchte, kann über Slowenien und Kroatien sowie Bosnien und Herzegowina nach Serbien einreisen. Von Ljubljana in Slowenien bis Belgrad beträgt die Entfernung 520 Kilometer. Der Ausbau der Autobahn ist noch nicht ganz abgeschlossen.
▸ Die Autobahngebühren in Serbien sind seit 2004 für Ausländer zweimal so hoch wie für Einheimische und erreichen ein weit höheres Niveau als in Ungarn und in Österreich, obwohl die Strecken noch nicht vollständig ausgebaut sind. Für die etwa 100 Kilometer von Šid bis Belgrad zahlt man 430 Dinar, was sechs Euro entspricht.
▸ Grenzübergänge
Ungarn/Serbien: Horgoš und Kelebija im Norden der Vojvodina, Bačka Breg, Batina und Erdut in Westen der Vojvodina.
Kroatien/Serbien: Bačka Palanka/Ilok, neu eingerichtet; Tovarnik und Sremska Rača.
Bosnien und Herzegowina/Serbien: Mali Zvornik und bei Višegrad.
Rumänien/Serbien: Jaša Tomić, Srpska Crna, Vatin (kurz hinter Vršac) sowie Bela Crkva.
Bulgarien/Serbien: Die großen Grenzübergänge sind wenige Kilometer von Negotin und von Zaječar und weiter im Süden Dimitrovgrad/Caribrod.
Makedonien/Serbien: Über Prohor Pčinjski und Strezovce nach Kumanovo in Makedonien.

Anreise mit der Bahn

Auch mit der Eisenbahn ist Serbien zu erreichen. Tag- und Nachtzüge verbinden das Land mit Europa. Eine günstige Verbindung ist die Strecke über Wien.

Kreuzfahrtpassagiere in Novi Sad

Anreise mit dem Bus

Viele Gastarbeiter nutzen die preiswerten Busverbindungen. Nach Serbien starten Busse von vielen großen Städten Deutschlands. Eine Busfahrt von München-Fröttmaning dauert 17 Stunden und kostet einfach derzeit 70 Euro.

Anreise mit dem Flugzeug

In Belgrad steht der internationale Flughafen Surčin zur Verfügung, für Inlandflüge der Flughafen von Niš.

Von Deutschland starten täglich Direktflüge der Lufthansa und der serbischen Fluggesellschaft JAT nach Belgrad. Daneben werden Zubringerflüge von allen Städten Deutschlands nach Wien angeboten. Die Austrian Airlines fliegt von Wien direkt nach Belgrad. Die Flugzeit von München nach Belgrad beträgt eine Stunde und zehn Minuten.

JAT Belgrad, bul. Umetnosti 16, 11000 Belgrad, Tel. 011/311 42 22, www.jat.com.

JAT Frankfurt, Hochstr. 48/1, 60313 Frankfurt a. M., Tel. 069/ 209 56, Fax 28 42 63, frankfurt@jatair.de.

Flughafen Frankfurt, Internationales Terminal 1, Halle C, Tel. 069/ 69 06 00 42, Fax 69 05 97 30, D.Breneselovic@jatair.de.

Anreise mit dem Schiff

Seit zwei Jahren werden regelmäßig Donaukreuzfahrten angeboten. Die Schiffe legen in Passau, Linz und Wien ab.

Ärztliche Versorgung

Die medizinische Versorgung ist zwar flächendeckend, die technische Ausstattung der Krankenhäuser durch die NATO-Bombardements jedoch sehr in Mitleidenschaft gezogen worden. Die Mitnahme einer Grundausstattung an Medikamenten ist angebracht. Trotz Sozialversicherungsabkommen zwischen Deutschland und der Staatengemeinschaft Serbien und Montenegro empfiehlt es sich, eine Auslandskrankenversicherung mit Rückholversicherung abzuschließen und die gängigen Schutzimpfungen aufzufrischen. Wer sich zu einem Jagd-, Land- oder Sportaufenthalt in den Wäldern aufhält, sollte sich einer Impfung gegen Tollwut unterziehen und sich gegen Zecken schützen.

Die Alte Apotheke in Negotin

Autofahren

Serbien verfügt über ein gut ausgebautes Tankstellennetz. Alle Treibstoffarten werden angeboten: Diesel (Dizel), Super, bleifrei (Super 98), Normal bleifrei (Bezolovni). Nur vor längeren Waldstrecken sollte man sich vorsehen; Strecken, auf denen mehr als 40 Kilometer keine Ortschaft und auch keine Tankstelle anzutreffen ist, sind in Serbien nicht selten.
In Serbien gilt für Autofahrer 0,5 Promille wie in Deutschland.
Die Geschwindigkeitsbegrenzungen sind für Pkw auf Autobahnen 120 km/h, auf Landstraßen 80 km/h.
Die Pannenhilfe des AMSS (Automoto Association Serbija) bietet 24 Stunden Bereitschaft und hat die Notrufnummer 987.

AMSS-Zentrale Belgrad, ul. Ruzveltova 27, Tel. 011/344 15 15.

Diplomatische Vertretungen

▸ In Deutschland

Botschaft der Republik Serbien und Montenegro, Taubertstraße 18, 14193 Berlin, Tel. 030/895 77 00, Fax 825 22 06, botschjugo@knuut.de.

Generalkonsulat von Serbien und Montenegro, Klosterstraße 9

40211 Düsseldorf, Tel. 0211/ 239 55 00, Fax 679 86 36.

Konsulat von Serbien und Montenegro, Böhmerwaldplatz 2, 81679 München, Tel. 089/ 982 47 50, Fax 98 13 19.

▸ In Österreich
Botschaft von Serbien und Montenegro, Rennweg 3, 1030 Wien, Tel. 01/7132 59-5, -6, Fax -7, ambasada@yugoslavia.at, www.yugoslavia.at.
Weitere Konsulate gibt es in Graz und Salzburg.

▸ In der Schweiz
Botschaft der Republik Serbien und Montenegro, Seminarstraße 5, 3016 Bern, Tel. 031/35 26 35-3, -4, -5, Fax 351 44 74, info@yuamb.ch, www.yuamb.ch.
Ein weiteres Konsulat gibt es in Zürich.

Mission Permanente de Serbie et Montenegro, 5, Chemin Thury, 1206 Geneve, Tel. 022/83 93 34-4, -1, Fax -59, mission.yugoslavia@ties.itu.int.

▸ Vertretungen in Serbien
Botschaft der Bundesrepublik Deutschland, ul. Kneza Miloša 74–76, 11000 Belgrad, Tel. 011/30 64 30-0, Fax -3, germemba@eunet.yu.
Außerdem gibt es zwei Außenstellen in Podgorica und Priština.

Delegiertenbüro Dr. Ilse Richter, ul. Kralja Petra 61, 11000 Belgrad, Tel. 011/63 04 51, 064/155 34 48.

Botschaft der Republik Österreich, ul. Kneza Sime Markovica 2, 11000 Belgrad, Tel. 011/303 19 56, Fax 63 56 06, beograd-ob@bmaa.gv.at.

Botschaft der Schweizerischen Konföderation, ul. Bircaninova 27, 11000 Belgrad, Tel. 011/306 58 20, Fax 65 72 53, vertretung@nbel.rep.admin.ch.

Ein- und Ausreisebestimmungen
Zur Einreise nach Serbien ist ein noch mindestens drei Monate gültiger Reisepaß erforderlich. Bei Aufenthalten bis zu drei Monaten benötigen EU-Bürger und Schweizer kein Visum. Ausländer müssen sich innerhalb von 24 Stunden polizeilich anmelden.
Bei Unterkunft in einem Hotel wird die Anmeldung von diesem übernommen.
Für die Einreise mit dem Pkw werden der internationale Führerschein, Kfz-Papiere sowie die grüne Versicherungskarte verlangt.

Feiertage
1./2. Januar: Neujahr
7. Januar: Weihnachten
15. Februar: Nationalfeiertag
1./2. Mai: Tage der Arbeit
Karfreitag, Ostermontag, je nach Religionszugehörigkeit an verschiedenen Tagen

Auf dem Gemüsemarkt

Fotografieren und Filmen
Klöster und Kirchen unterstehen dem Patriarchat in Belgrad; sie dürfen generell von außen, aber nur in Ausnahmefällen von innen fotografiert werden. Vorsicht ist an militärischen Anlagen und besonderen, mit Verbotsschildern ausgewiesenen Zonen geboten.

Informationen
Die Fremdenverkehrsämter Serbiens im Ausland sind häufig an die JAT-Vertretungen angeschlossen. In allen größeren Städten in Serbien werden sogenannte ›Vodič‹ kostenlos herausgegeben, in denen die Veranstaltungen und wichtige Informationen in der Landessprache und in Englisch aufgeführt sind.

▶ In Deutschland
JAT-Berlin, Kurfürstenstraße 126/II, Zimmer 414, 10785 Berlin, Tel. 030/213 20 03, 217 73 62, Fax 218 55 14, jat-berlin@t-online.de. Weitere Informationen im Internet: www.Serbia.sr.gov.yu.

▶ In Österreich
Krügerstraße 2/7, 1010 Wien, Tel. 01/51 23 65-7, -8, Fax -715, jat@vienna.at.

▶ In der Schweiz
Limmatkai 62/II, 8001 Zürich, Tel. 01/25 88 78-7, Fax -8.

▶ In Serbien
Touristeninformation Belgrad, ul. Dečanska 1, 11000 Belgrad,

Tel. 011/32 48-404, Fax -770, www.belgradetourism.org.yu.

Goethe-Institut, ul. Kneza Mihajlova 50, 11000 Belgrad, Tel. 011/ 63 19 35, 62 56 77, Fax 63 67 46, www.goethe.de/belgrad.
Mo–Mi 12.30–16.30,
Di, Do 12.30–18, Fr 10–13 Uhr.

Deutsch-Serbische Gesellschaft ›Demokratija‹ e.V., Tel. 0621/ 542 98 46, www.demokratska.org. Mo–Fr 12–19 Uhr. Deutsche Vertretung der Demokratischen Partei Serbiens.

Gesellschaft für technische Zusammenarbeit (GTZ), Herr Trojanov, ul. Županа Vlastimira 6, 11000 Belgrad, trojanow@gmx.de.

Kreditanstalt für den Wiederaufbau (KfW), Herr Maak, Tel./Fax 011/ 36 71 12 73, 66 65 44.
kfwbelgr@eunet.yu,
kfwbelgrad@compuserve.com.

Europäische Agentur für Wiederaufbau, trg Republike 5/IV, 11000 Belgrad, Tel. 011/302 34 33, Fax 302 34 00.

Mietwagen

Das Mietwagenangebot in Serbien ist gut. Am Flughafen von Belgrad stehen internationale und nationale Anbieter zur Verfügung. Vom Kleinwagen (ab ca. 50 Euro/Tag) bis zur Luxuskarosse sind bei rechtzeitiger Reservierung viele Typen zu bekommen. Ein Großteil der Wagen ist neu. Außerdem sind Mietwagen in allen größeren Städten, wie Novi Sad, Niš, Subotica und Kragujevac zu bekommen.
Eine zuverlässige nationale Agentur ist ›Primero Rent a Car‹:
Büro Flughafen Belgrad,
Tel. 011/228 63 62.

Büro Zentrum Belgrad, bul. Avnoja 59, Tel./Fax 011/301 50-04, -36, Fax -37, www.primero.co.yu.

Notruf

Polizei, Tel. 92
Feuerwehr, Tel. 93
Notarzt, Tel. 94.

Öffnungszeiten

Es gibt in Serbien keine einheitlichen Öffnungszeiten. Die Supermärkte haben sehr großzügige Verkehrszeiten. In Belgrad sind sie täglich 6–21, Sa 8–15 und sogar So 10–15 Uhr, die Banken täglich 8–19, Sa 8–15 Uhr geöffnet.
Die Museen sind in der Regel Di–So 10–18 Uhr geöffnet.

Post

Die Postämter sind von Mo–Sa geöffnet. Eine Briefmarke für eine Karte nach Westeuropa kostet derzeit 29 Dinar. Die Zustellung dauert etwa zehn Tage.

Sprache

Im ganzen Land wird Serbisch gesprochen. Die Verständigung ist teilweise in Englisch möglich. Einige Serben waren als Gastarbeiter in deutschsprachigen Ländern und können auch Deutsch, daneben spricht man Ungarisch, Kroatisch, Rumänisch und Albanisch.

Strom

Die Stromversorgung im Land wird von dem staatlichen Unternehmen ›Elektro Privreda Srbije‹ geregelt. Die Stromspannung beträgt überall im Land 220 Volt, 50 Hz. Mitgebrachte Geräte können ohne Adapter angeschlossen werden.

Telefon

Telefonieren ist am günstigsten per Telefonkarte, die man in verschiedenen Einheiten beim Zeitungsverkauf und an Kiosken erhält. Überall gibt es Kartentelefonautomaten. Das Telefonieren nach Europa ist sehr einfach, statt der doppelten Null wählt man 99, also für Deutschland 9949, dann die Vorwahl und die Nummer.
Die Vorwahl für Serbien lautet 003 81, für Belgrad 011, für Subotica 0245, für Novi Sad 021 und Niš 018.

Trinkwasser

Serbien hat in Folge des Bombardements Engpässe in der Trinkwasserversorgung. Es empfiehlt sich, kein Leitungswasser, sondern das herausragende Mineralwasser, das aus den vielen Quellen abgefüllt wird, zu trinken.

Unterkunft

Die Hotels in den Städten sind teilweise privatisiert und wenn sehr aufwendig renoviert. Hier findet man alle Kategorien, vor allem in Belgrad, vom Luxushotel bis zum kleinen Zwei-Sternehotel. Die Preise überschreiten in Belgrad allerdings teilweise westliches Niveau, während man im Landesinneren sehr preiswert übernachten kann. Insgesamt müssen Abstriche am Komfort gemacht werden. Da die Übernachtungsmöglichkeiten noch nicht flächendeckend gewährleistet sind, vor allem aber zu den Ferienzeiten

Das Schloßhotel ›Fantast‹ in der Vojvodina

von serbischen Urlaubern in Anspruch genommen werden, ist es ratsam, sich rechtzeitig nach einer Bleibe umzuschauen, um nicht nachts bei schlechter Beleuchtung suchen zu müssen.

An der Donau gibt es besonders gute Möglichkeiten zum Campen, im Landesinneren vor allem an den Stauseen, im Taragebirge, dem Zlatibor und im Erzgebirge. Ein Verzeichnis steht derzeit noch aus. Die Campingsplätze sind aber auf den vor Ort erhältlichen Regionalkarten, vor allem der Donaukarte, gut markiert.

Zahlungsmittel

Die Landeswährung ist der Dinar. Ein Dinar besteht aus 100 Para. Es gibt Scheine der Landeswährung zu 10, 20, 50, 100, 200, 1000 und 5000 Dinar und Münzen zu 0,5, 1, 2, 5, 10 und 20 Dinar.
Das Wechseln in die Landeswährung empfiehlt sich an Grenzübergängen, Banken, Touristenämtern und in größeren Hotels. Vorsicht vor Wechselangeboten auf der Straße ist geboten. Reiseschecks in Euro oder US-Dollar werden nur von Banken und offiziellen Wechselstuben (Menjačnica) angenommen. Kreditkarten, bevorzugt Visa, akzeptieren größere Hotels, einige private Restaurants und Geschäfte sowie internationale Autovermietungen. Von Traveller-Schecks sei abgeraten. Es ist zu schwierig, eine der wenigen Banken zu finden, in der sie eingelöst werden. Beim Wechseln sollte man darauf achten, kleine Scheine zu erhalten. Die Bevölkerung verfügt über so wenig Einkommen, daß auf einen 1000-Dinar-Schein häufig das Wechselgeld nicht herausgegeben werden kann. An Bankomaten, die es vorwiegend in den größeren Städten und vor allem innerhalb der besseren Hotels gibt, sind Abhebungen täglich bis zu 30 000 Dinar möglich. Der Kurs beträgt derzeit 88 Dinar/1 Euro. Der Euro wird dem Dollar gegenüber bevorzugt. Die Lebenshaltungskosten sind für Touristen noch sehr günstig.

Zeit

In Serbien gilt die mitteleuropäische Zeit. Das Land stellt wie Westeuropa auf Winter- und Sommerzeit um, so daß keine Zeitverschiebungen entstehen.

Zollbestimmungen

Ein- und Ausfuhr von Waffen, Drogen und Munition und Jagdtrophäen ist verboten. Jagdwaffen dürfen nur im Rahmen organisierter Gruppenreisen ein- und ausgeführt werden.
Die Einfuhr von Bargeld ist auf 120 000 Dinar (nur in Banknoten bis 1000 Dinar) beschränkt. Devisen dürfen ohne Einschränkung eingeführt werden, allerdings sind Beträge über 2000 Euro bei der Einreise anzumelden und der Beleg bis zur Ausreise aufzuheben.
Ausgeführt werden dürfen 1 Liter Wein oder 0,7 l Spirituosen, 200 Zigaretten oder 50 Zigarren oder 250 g Tabak.

Glossar

Alt-Serbien
(Innerserbien, Uža Srbija)
1. Staatsgebiet Serbiens im 19. Jahrhundert mit historischem Kernland Raška und Šumadija.
2. Jugoslawische Volksrepublik Serbien ohne die autonomen Provinzen Vojvodina und Kosovo.
3. Im nationalistischen Sinn Bezeichnung für das Kosovo als Kernland des mittelalterlichen Serbiens.

Anastasis
Griechische Bezeichnung für Christus in der Vorhölle. Die in der Bibel angedeutete Vorstellung, daß Christus nach seinem Kreuzestod in die Vorhölle hinabgefahren sei, um die Seelen der Gerechten zu befreien, wurde seit dem frühen Mittelalter zum Thema der bildenden Kunst.

Archivolte
Profiliertes Band an der Stirnseite eines Bogens (Fenster, Portal), kann mit Skulpturen geschmückt sein.

Alter der Tage
Typus der Christusdarstellung in der Ostkirche. Christus wird als Greis mit grauem oder weißem Haar und Bart charakterisiert.

Apsis/Konche/Exedra
Meist halbrunder, mit Halbkuppel überwölbter Raum, der einem Hauptraum ein- oder angebaut ist. In der serbisch-orthodoxen Kirche blieb dieser Teil der Geistlichkeit vorbehalten.

Archimandrit
Abt einer Klosteranlage, Vorsteher mehrerer Klöster.

Arianismus
Frühe christliche Lehre aus dem 4. Jahrhundert, die auf dem Konzil von Nicäa 325 von den Bischöfen des Römischen Reiches verdammt und 379 durch Theodosius I. im ganzen Reich verboten wurde.

Basilisk
Mischwesen zwischen Schlange, Drache und Hahn mit tödlichem Blick. Das Fabelwesen steht in der christlichen Kunst für den Tod und den Teufel.

Ban
1. serbokroatisch für ›Herr‹. Ursprünglich höchster Würdenträger nach dem Fürsten.
2. Bezeichnung für die Befehlshaber in den ungarischen Grenzmarken sowie der mittelalterlichen bosnischen Herrscher.
3. Von 1849 bis 1868 ein direkt der Krone unterstellter Statthalter.

Bedesten, Bezistan
Markthalle, Bazar.

Beg, Bey
Türkischer Ehrentitel (Herr); seit dem 15. Jahrhundert: ein aus der Offizierskaste hervorgegangener Beamter, dem die Verwaltung eines

Sandžaks anvertraut wurde. Daraus gingen viele Namen wie Begović (Sohn eines Beg) hervor.

Bema
In der byzantinischen Kirche die erhöhte Bühne für die Presbyter in der Apsis. In den Ostkirchen der erhöhte, von der Ikonostase abgeschlossene Altarraum.

Despot
Byzantinischer Titel, vom griechischen Wort Despotes (Hausherr). Bis zum 12. Jahrhundert häufig Titel des regierenden Kaisers. 1163 von Kaiser Manuel I. als persönlicher Titel an seinen Schwiegersohn verliehen. Seitdem die nach dem Kaisertitel (Basileus) ranghöchste Würde. Seit dem 13. Jahrhundert Bezeichnung für Herrscher griechischer Teilreiche, sogenannte Despotate, ein Titel, der später auch an ausländische Potentaten vergeben wurde und den die Türken für ihre Vasallen wie Stefan Lazarević übernahmen.

Diakonikon
Sakristei der orthodoxen Kirchen.

Donjon
Haupt- oder Wohnturm einer Burg.

Dreikonchentypus
Grundriß einer kreuzförmigen Kirche, deren an der Vierung gelegene Kreuzarme gleich lang sind und in gleich großen Apsiden enden. Im Inneren entsteht die Wirkung eines Zentralraumes. Im Westen wird häufig ein Vorschiff (Pronaos oder Narthex) und eine Vorhalle (Exonarthex oder Atrium) angefügt.

Exonarthex
Äußere Vorhalle einer orthodoxen Kirche, die geschlossen, aber auch offen sein kann.

Ferman
Ein im Namen des Sultans ausgefertigter Erlaß.

Fes (Fez)
Orientalische und balkanische Kopfbedeckung, eine krempenlose Mütze aus roter Wolle mit flachem Deckel und hängender Quaste.

Gepiden
Ostgermanisches Volk. Nach dem Tod des Hunnenkönigs Attila drangen sie nach Südosteuropa vor, ließen sich an der Theiß und in Sirmien nieder und nahmen das arianische Glaubensbekenntnis an.

Gespan
Vom ungarischen Wort ispán, entspricht dem slawischen Župan.

Gusla
Südslawisches Streichinstrument mit einer Saite.

Guslar
Der Spieler einer Gusla, der dabei epische Gesänge vorträgt.

Hajduken
Die ursprüngliche Bezeichnung für ungarische Hirten, die im 15. und 16. Jahrhundert zur Grenzverteidigung gegen das Osmanische Reich eingesetzt wurden und sogar in die ungarischen Parteienkämpfe eingriffen. In Südosteuropa wurde die Bezeichnung zum Sammelbegriff für alle, die für die Armen und gegen Besetzer kämpften. Vor allem in bulgarischen und serbischen Volksliedern wurden ihre Taten verherrlicht.

Hieromonachos
Ein zum Priester geweihter Mönch.

Ikonostase
In der orthodoxen Kirche eine mit Ikonen geschmückte hölzerne Bilderwand, mit drei Türen, die den Altarraum vom Gemeinderaum trennt. Ihre Mitteltür führt zum Altar.

Igumenos (Hegumenos)
Vorsteher eines Gemeinschaftsklosters, der auf Lebzeiten gewählt wird und in geistlichen Fragen eine unbeschränkte Verfügungsgewalt besitzt.

Karawanserei
Persisches Wort für einen Warenumschlagplatz und eine Übernachtungsstation, die auch als Han, im Serbischen Bezistan bezeichnet wird. Häufig waren sie Stiftungen von Wesiren.

Kralj
Serbisches Wort für König, abgeleitet von Karl (dem Großen).

Knez
Fürst, serbischer Titel.

Köprülü
Osmanisches Geschlecht albanischer Herkunft, benannt nach seinem späteren Sitz im anatolischen Köprü. Es stellte im 17. und 18. Jahrhundert bedeutende Großwesire.

Koimesis
In der orthodoxen Kirche das Fest Maria Tod und Himmelaufnahme, übersetzt aus dem griechischen Muttergottes Entschlafen. Ein beliebtes Thema in der bildenden Kunst und häufig in der byzantinischen und orthodoxen Kirche der Westseite des Naos vorbehalten.

Konak
Türkisches Wort für ein palastartiges Amtsgebäude, im Serbischen auch für die Residenzen der Fürsten und die Wohngebäude der Klöster übernommen.

Kosmet
Zusammenfassende Namensform der Regionen Kosovo und Metohija unter Tito.

Kuruzen
Ursprüngliche Bezeichnung für die Kreuzzugsteilnehmer; im 16. Jahrhundert wurde der Begriff auf auf-

ständische ungarische Bauern und im 18. Jahrhundert auf Verfechter der ungarischen Unabhängigkeit gegen das Haus Habsburg übertragen.

Lisene
Ziermotiv der Architektur; ein wenig hervortretender Mauerstreifen ohne Kapitell und Basis.

Lünette
Halbkreisförmige, oft dekorierte Fläche, häufig über dem Portal einer Kirche.

Mausoleum
Griechisch-lateinisches Wort für einen monumentalen Grabbau.

Mekteb
Muslimische Glaubensschule.

Menäum
Das liturgische Monatsbuch der orthodoxen Kirche mit den Texten für jeden Tag des unveränderlichen Festzyklus.

Menologion
Das liturgische Monatsbuch der orthodoxen Kirche mit Lebensbeschreibungen der Heiligen jedes Monats.

Naos
In einer byzantinischen und orthodoxen Kirche der Hauptraum (Hauptschiff) des Gotteshauses, an den die Apsis anschließt. In ihm wird die Liturgie abgehalten.

Narthex
Die auch Pronaos genannte Vorhalle einer frühchristlichen, byzantinischen und allgemein der orthodoxen Kirche. Sie ist durch Säulen, Gitter oder eine Wand vom Kirchenschiff (Naos) abgetrennt beziehungsweise mit diesem verbunden. In der klassischen byzantinischen Kirche lautete die hierarchische Ordnung im Kirchenbau: Narthex, Naos, Bema. Schließt sich ein weiterer, meist durch Bogenstellungen geöffneter Vorraum an den Narthex an, so unterscheidet man einen äußeren, den Exonarthex, und einen inneren, den Esonarthex. Beide können überkuppelt und mit Kapellen im Norden und Süden versehen sein.

Pantokrator
Der Allherrscher; Darstellung des thronenden Christus in der christlichen, vor allem der byzantinischen und serbisch-orthodoxen Kirche.

Pascha
Im osmanischen Reich Titel ›Exzellenz‹ der höchsten zivilen und vor allem militärischen Würdenträger; in der Spätzeit war der Rang einem General vergleichbar.

Paschalik
Das Wort leitet sich vom Pascha ab und meint einen Verwaltungsunterbezirk, eine Art Generalgouvernement. Es kann auf dem Balkan auch ›Wilayet‹ genannt werden.

Pastophorien
Die häufig rechteckigen, zu beiden Seiten des Altarraumes angefügten Räume, die zur Aufbewahrung kultischer Geräte und Gewänder, aber auch von Reliquien, dienen können.

Pforte
Bezeichnung für das Osmanische Reich, benannt nach der ›Hohen Pforte‹, dem Eingang zum Ministerium des Großwesirs in Istanbul.

Prothesis
Griechische Bezeichnung für den an der Nordseite der Hauptapsis gelegenen Nebenraum, der mit dem Altarraum und dem Naos verbunden ist. Er diente der Vorbereitung der Eucharistie.

Presbyterium
Der den Priestern vorbehaltene Raum einer Kirche, in dem sich der Altar befindet, im Gegensatz zum Gemeinderaum. Später wurde diese Bezeichnung auf den Chor übertragen.

Raška
Kerngebiet des mittelalterlichen serbischen Staates, das sich vom Župan zum serbischen Königreich entwickelte.

Sandžak
Einst ein türkischer Verwaltungsbezirk, der nach den Fahnen, den Einsteckmalen im Boden, benannt wurde. Heute Begriff für eine Region in Südserbien im Kerngebiet des mittelalterlichen Raszien, der Sandžak Novi Pazar, der größtenteils von Muslimen bewohnt wird.

Sarmaten
Iranisches Nomadenvolk, den Skythen verwandt; sie drangen von Südrußland an die Donau vor. An der Donaumündung siedelte einer ihrer Hauptstämme, die Roxolanen. Sie wurden später von den Gepiden und den Hunnen überrannt.

Serbokroatische Sprache
Von Vuk Karadžić geschaffene und in der Folgezeit weiter vereinheitlichte Schriftsprache der südslawischen Völker in Kroatien, Bosnien, Serbien und Montenegro; Staatssprache des ehemaligen Jugoslawien; in Kroatien und zum Teil in Bosnien in lateinischen Lettern, in Serbien und Montenegro in kyrillischen Lettern.

Skupština
Serbisches Wort für Parlament.

Srbljak
Lebensbeschreibung eines serbischen Heiligen.

Stari Vlah (auch Vlach)
Einerseits Bezeichnung für die Region und ihre Bevölkerung nördlich

der Donau, die römische Elemente bewahren konnten. Andererseits Bezeichnung für eine Region innerhalb des mittelalterlichen serbischen Königreichs der Nemanjiden. Dieses reichte von Sarajevo an die Kopaonikberge heran und hatte seine Zentren in den Tälern von Lim und Drina.

Stećci
Totenkultsteine oder Grabsteine des Mittelalters.

Stele
Aufrechtstehende, meist reliefierte Gedenk- oder Grabplatte.

Seraph
Aus dem Hebräischen (Schlange): mythisches Wesen, Engel mit sechs Flügeln, Händen und menschlicher Stimme.

Tambour
Bauelement; zylindrischer oder polygonaler Unterbau einer Kuppel.

Trompen
Architekturelement, das zur Überleitung von einem quadratischen in einen polygonalen Raum, häufig einer Kuppel, dient; nischenartige Wölbung in Trichter- oder Halbkugelform.

Typikon
Stiftungsurkunde und Satzungsbuch eines griechisch-orthodoxen Klosters.

Türbe
Serbisch: Turbe; türkisches Wort für einen monumentalen Grabbau mit Krypta und überkuppeltem Betraum.

Vožd
Anführer (serbisch).

Vladika
Bischof der orthodoxen Kirche (serbisch).

Vojvode
Titel (serbisch Vojevoda), entspricht einem Herzog.

Wesir, Großwesir
Türkischer Begriff, der bei den Osmanen seit dem 14. Jahrhundert für den obersten Würdenträger benutzt wurde. Später war es in den meisten islamischen Staaten ein Minister.

Zograph
Ikonenmaler.

Zadruga
Südslawische Großfamilie.

Zeta
Mittelalterlicher Name für das frühere Dioclea und das heutige Montenegro.

Župan
Im Mittelalter bei West- und Südslawen das Oberhaupt einer Bluts- und Wohngemeinschaft; später Vorsteher mit richterlichen Befugnissen einer Verwaltungseinheit.

Serbien im Internet

Das Informationsangebot im Internet über Serbien ist sehr vielfältig. Viele Webseiten sind in englischer und serbischer Sprache. Daneben gibt es vor allem über die Vojvodina und ihre Städte, über Serbien im allgemeinen und die Hauptstadt Belgrad viele deutschsprachige Angebote.

www.serbien-montenegro.de
Offizielle Seite der Staatengemeinschaft Serbien und Montenegro.

www.serbia.sr.gov.yu (engl.)
Offizielle Seite der Republik Serbien.

www.beograd.org.yu (dt., engl.)
Informationen zur Stadtgeschichte, Museen, Veranstaltungen und Wissenschaft und Bildung.

www.jat.com (engl.)
Seite der Jugoslavija Airlines. Flugpläne, Flotte, Pilotenschule, Flugzeugmuseum und Informationen zur Zukunft der Fluglinie, die privatisiert werden soll.

www.osteuropa-infoseite.de
Das Informationsangebot erstreckt sich über Wirtschaft, Politik, Geschichte und Kultur.

www.open-encyclopedia.com/ List_of_Serbs (engl.)
Auf dieser Seite werden wichtige Persönlichkeiten Serbiens und ihre Lebensdaten lexikalisch aufgeführt.

www.auswaertiges-amt.de
Basisinformationen zum Land, Links informieren über die Sicherheit, bilaterale Abkommen, wirtschaftliche Perspektiven und vieles andere.

www.beo-books.de (dt., engl.)
Seite über Bücher aus Serbien, mit aktuellem Kulturkalender.

www.reintegration.net (engl.)
Aktuelle Daten zu Wirtschaft und Gesellschaft.

www.tob.co.yu (engl.)
Seite der Belgrader Touristenorganisation.

www.economy.co.yu (engl.)
Hier werden vor allem Informationen zur Wirtschaft geboten.

www.swissinfo.org (dt.)
Swissinfo bietet außergewöhnlich aktuelle politische Informationen zu Südosteuropa.

www.Crkva-bezanijska.org.yu (engl.)
Offizielle Webseite des serbisch-orthodoxen Patriarchats.

www.derreisefuehrer.com
Die Seite bietet einen kurzen Einstieg in Land, Leute, Sehenswürdigkeiten und Naturschönheiten.

www.guca.co.yu. (engl./dt.)
Ausführliche Seite zum Festival in Guča, mit vielen Bildern, Musik und Links.

Literaturhinweise

Geschichte

Libal, Wolfgang, Das Ende Jugoslawiens. Chronik einer Selbstzerstörung, Wien 1991.

Razumovsky, Gräfin Dorothea, Der Balkan. Geschichte und Politik seit Alexander dem Großen. München 1999.

Stökl, Prof. Günther, Serbisches Mittelalter. Altserbische Herrscherbiographien Band I/II.

Weithmann, Michael, Balkan-Chronik. 2000 Jahre zwischen Orient und Okzident.

ders.: Krisenherd Balkan. Ursprünge und Hintergründe des aktuellen Konfliktes. Heyne-Sachbuch.

Belletristik

Albahari, David, Tagelanger Schneefall. Zsonlnay Verlag 1997.

Andrić, Ivo, Die Brücke über die Drina. Suhrkamp Verlag 2003.

ders., Omer-Pascha-Latas. Suhrkamp Verlag 2002.

ders., Wesire und Konsuln. Suhrkamp Verlag 2001.

Dragan, Velikic: Der Fall Bremen. Ullstein Verlag 2002.

Handke, Peter, Eine winterliche Reise zu den Flüssen Donau, Save, Morawa und Drina. 3. Auflage, Frankfurt am Main 1996.

Jähnichen, Manfred, Das Lied öffnet die Berge, Gollenstein Verlag 2004.

Kiš, Danilo, Die Dachkammer. München 1990.

ders., Schuhe. Friedenauer Presse 1997.

Lenz, Siegfried, Das serbische Mädchen. Dtv-Verlag 1997.

Muharem, Serbezovski: Zigeuner erster Klasse.Gollenstein Verlag 2003.

Pavić, Milorad, Das Chasarische Wörterbuch, Lexikoroman in 100 000 Wörtern. München 1988, 368 Seiten.

Pavić, Milorad, Landschaft in Tee gemalt. Carl Hanser Verlag 1991.

Rütten, Ursula (Hrsg.), Belgrad, mein Belgrad. Sechs Autoren porträtieren ihre Stadt. Hamburg: Rotbuch Verlag 1998.

Schulte, Jörg, Europa erlesen. Belgrad: Wieser Verlag 2001.

Śosić, Bora, Die Zollerklärung. Suhrkamp Verlag 2001

Tišma, Aleksandar, Treue und Verrat, Carl Hanser Verlag, 1999.

Tišma, Aleksandar, Reise in mein vergessenes Ich, Tagebuch 1942–1951, Carl Hanser Verlag 2003.

Velikić, Dragan, Der Fall Bremen, Ullstein Verlag Berlin 2002.

Velmar-Janković, Svetlana, Das schwarze Licht. Serbische Erzähler der Gegenwart, Wien 1989.

Sprachführer

Engelbrecht, Jelena, ReiseWortSchatz Serbisch, Reise Know-How-Verlag, Bielefeld 2003.

Serbisch, Langenscheidt Sprachführer, 2005.

Landkarten

Slowenien, Kroatien, Bosnien-Herzegowina, Jugoslawien und Makedonien, RV-Verlag, mit lateinischer und kyrillischer Beschriftung.

Eine gute Serbien-Montenegro-Karte wird von Gizi-Map in Ungarn herausgegeben.

In Serbien sind gute Regionalkarten zum Beispiel über die Vojvodina, die Donau sowie Serbien und seine Klöster direkt am Flughafen, den Tankstellen oder in großen Buchhandlungen zu bekommen.

Über die Autorin

Birgitta Gabriela Hannover hat Kunstgeschichte, Theaterwissenschaft und Archäologie in München und Wien studiert. Reisen nach Ost- und Südosteuropa folgte ein einjähriger Aufenthalt in Moskau, der mit einer Tätigkeit am Theater verbunden war. Ihre zahlreichen Einsätze als Studienreiseleiterin führten zu einer kontinuierlichen und intensiven Verbindung zu den im Umbruch befindlichen Ländern im Osten. Vielfach hat sie Serbien in eigener Regie durchstreift, und dieser Reiseführer ist als Bilanz der dabei gewonnenen Eindrücke zu betrachten.

Kartenregister

Ortsregister

Personenregister

Bildnachweis

alle Fotos Birgitta Gabriela Hannover, außer:

Bojan Hohnjec/Nationale Tourismus Organisation Serbiens: S. 181
Ivan Ivanovic: S. 84o., 85u., 87, 192, 193, 194, 197, 437, 440
Branko Jovanovic/Tourist Organization of Belgrade: S. 19, 91, 92, 94, 101, 105u., 106, 107, 114, 115, 129, 183, 184/185, 286
Diana Kosaric: S. 11, 68, 84u., 85o., 86, 95, 184, 185u.
Aleksandar Plackov/Nationale Tourismus Organisation Serbiens: S. 145
Norbert Rütsche: S. 59, 413, 414, 415, 420, 422

Dragoljub Zamurovic/Nationale Tourismus Organisation Serbiens: S. 67, 284 u., 285 u.
Nationale Tourismus Organisation Serbiens: S. 83, 158 159, 174, 186, 198, 205, 248, 266, 283, 284 o., 285, 328, 442

Titelbild: Kloster Ravanica, Detail
S. 14/15: Markt in Kostolac
S. 88/89: Belgrad, Blick auf Zemun
S. 142/143: Stausee in der Vojvodina
S. 244/245: Sonnenblumenfeld bei Veliko Gradište
S. 374/375: Kloster Rudare

Anzeige

Trescher Verlag

Der Osteuropaspezialist

Armenien entdecken
3000 Jahre Kultur zwischen West und Ost, 19.95 €

Bulgarien entdecken
Unterwegs zwischen Schwarzmeerküste, Balkan und Donau, 16.95 €

China-Handbuch
Erkundungen im Reich der Mitte, 17.95 €

Donaukreuzfahrt
Von Passau bis zum Schwarzen Meer, 15.95 €

Estland entdecken
Skandinavische Impressionen im nördlichen Baltikum, 16.95 €

Flußkreuzfahrten auf dem Dnepr
Unterwegs zwischen Kiev und der Krim, 13.95 €

Flußkreuzfahrten in Rußland
Unterwegs auf Wolga, Don, Jenissej und Lena, 14.95 €

Georgien entdecken
Unterwegs zwischen Kaukasus und Schwarzem Meer, 18.95 €

Istrien entdecken
Unterwegs zwischen Poreč, Pula und Opatija, 13.95 €

Kasachstan entdecken
Auf Nomadenwegen zwischen Kaspischem Meer und Altaj, 18.95 €

Kirgistan entdecken
Zu den Gipfeln von Tien-Schan und Pamir, 14.95 €

Krakau entdecken
Unterwegs zwischen Weichsel und Hoher Tatra, 14.95 €

Kroatien entdecken
Unterwegs zwischen Istrien, Slawonien und Dalmatien, 14.95 €

Litauen entdecken
Europas neuer Mittelpunkt im Baltikum, 14.95 €

Trescher Verlag im Internet unter www.trescherverlag.de
mit ausführlichen Infos über alle unsere Bücher und Onlineshop

Trescher Verlag

Der Osteuropaspezialist

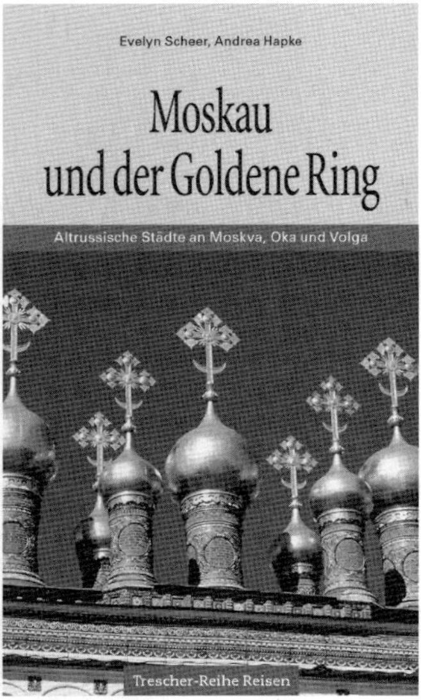

Makedonien entdecken
Unterwegs auf dem südlichen Balkan, 16.95 €

Montenegro entdecken
Zwischen Adria und Schwarzen Bergen, 14.95 €

Moskau und Goldener Ring
Altrussische Städte an Moskva, Oka und Volga, 19.95 €

Die polnische Ostseeküste
Unterwegs zwischen Oder und Frischem Haff, 13.95 €

Rumänien entdecken
Kunstschätze und Naturschönheiten, 19.95 €

Sibirien entdecken
Städte und Landschaften zwischen Ural und Pazifik, 18.95 €

Die Slowakei entdecken
Unterwegs zwischen Donau und Hoher Tatra, 13.95 €

Slowenien entdecken
Unterwegs zwischen Alpen und Adria, 13.95 €

St. Petersburg entdecken
Die europäische Metropole und ihre altrussischen Nachbarn, 15.95 €

Tschechien entdecken
Unterwegs in Böhmen und Mähren, 15.95 €

Transsib-Handbuch
Unterwegs mit der Transsibirischen Eisenbahn, 19.95 €

Turkmenistan entdecken
Versunkene Wüstenstädte an der Seidenstraße, 16.95 €

Die Ukraine entdecken
Zwischen den Karpaten und dem Schwarzen Meer, 19.95 €

Usbekistan entdecken
Auf der Seidenstraße nach Samarkand, Buchara und Chiwa, 17.95 €

Trescher Verlag im Internet unter www.trescherverlag.de mit ausführlichen Infos über alle unsere Bücher und Onlineshop